秉正与突破

上海司法行政研究（2017）

Uphold Justice and Explore Innovation
Shanghai journal of judicial administration（2017）

陆卫东　主编

知识产权出版社

图书在版编目（CIP）数据

秉正与突破：上海司法行政研究：2017／陆卫东主编.—北京：知识产权出版社，2018.1

ISBN 978-7-5130-5365-5

Ⅰ.①秉… Ⅱ.①陆… Ⅲ.①司法—行政—研究—上海—2017 Ⅳ.①D927.510.61

中国版本图书馆CIP数据核字（2017）第319405号

责任编辑：齐梓伊
封面设计：棋　锋
责任出版：刘译文

秉正与突破
——上海司法行政研究（2017）

陆卫东　主编

出版发行：知识产权出版社有限责任公司	网　　址：http://www.ipph.cn
社　　址：北京市海淀区气象路50号院	邮　　编：100081
责编电话：010-82000860转8176	责编邮箱：qiziyi2004@qq.com
发行电话：010-82000860转8101/8102	发行传真：010-82000893/82005070/82000270
印　　刷：北京嘉恒彩色印刷有限责任公司	经　　销：各大网上书店、新华书店及相关专业书店
开　　本：720mm×1000mm　1/16	印　　张：14.25
版　　次：2018年1月第1版	印　　次：2018年1月第1次印刷
字　　数：400千字	定　　价：68.00元

ISBN 978-7-5130-5365-5

出版权专有　侵权必究
如有印装质量问题，本社负责调换。

坚守公平理念
秉持正义理徳
追寻法治理想

序 言

2017年，上海司法行政系统在市委、市政府、司法部和市委政法委的坚强领导下，深入学习贯彻党的十九大和市第十一次党代会精神，全面贯彻落实党的十八大以来中央和市委一系列重大决策部署，紧紧围绕服从服务国家战略和上海工作大局，始终坚持以人民为中心的发展理念，加速推进司法行政改革，在全系统凝聚了想改革、谋改革、促改革的一致共识，建立了全过程、高效率的改革落实机制，形成了一批标志性、引领性、支柱性的改革成果，司法行政改革取得了新进展；加快推进公共法律服务体系建设，基本建成纵横覆盖的公共法律服务平台，"12348上海法网"率先在全国发布上线，法律服务行业更加规范有序，公共法律服务体系建设实现了新突破；深入推进普法依法治理，积极开展了形式多样的法治宣传教育和多层次多领域法治创建，全社会法治观念和法治意识明显增强，法治建设得到了新加强；以为党的十九大营造安全稳定的社会环境为工作主线，创新发展人民调解和法律援助工作，认真践行治本安全观，扎实推进监狱、戒毒、社区矫正和安置帮教工作，坚决打赢了十九大安全保卫战，维护安全稳定作出了新贡献；突出思想引领、坚持严管厚爱，不断强化思想理论武装、能力素质培养和纪律作风养成，队伍建设呈现了新气象。

在全面履行司法行政职能的同时，全市司法行政系统紧紧围绕司法行政改革发展的各项目标任务和存在的体制性、机制性、保障性障碍和问题，深入开展调查研究，形成了一批较高质量的研究成果，涵盖司法行政改革、创新社会治理、法律服务、执行矫治等各个方面，其中，有不少文章体现了较强的前瞻性、指导性和针对性，为司法行政改革发展提供了有力的智力支持。

当前，中国特色社会主义进入新时代，立足新的历史方位，上海司法行政必须担负新使命，实现新作为。我们要以习近平新时代中国特色社会主义思想为指导，全面深入学习贯彻党的十九大精神，紧紧围绕服从服务国家战略和上海工作大局，始终坚持以人民为中心的发展理念，深刻把握新时代社会主要矛盾的变化，深刻把握法治国家、法治政府、法治社会一体建设的目标，深刻把握打造共建共治共享社会治理格局的要求，深刻把握深化司法体制改革的部署，以问题为导向，以改革为牵引，以发展为目标，大兴调查研究之风，认真对标找差，不断改革创新，着力破解制约司法行政改革发展的体制性、机制性、保障性障碍，深入推进平安上海、法治上海和过硬队伍建设，全面提升司法行政工作能力和水平，不断提高人民群众获得感、幸福感、安全感，为把上海建成更有序、更安全、更干净的社会主义现代化国际大都市提供更优质的法律服务和更有力的法治保障。

陆卫东[*]

2018年1月

---

[*] 上海市司法局党委书记、局长，上海市监狱管理局第一政委。

目 录

序 言

001　序言　　　　　　　　　　　　　　　　　　　　　　　　　陆卫东

改革引领

001　上海司法行政系统队伍现状与发展研究　　　　　　　　　　刘卫萍
011　深化司法行政改革　健全司法行政体系　　　　　　　　　王 磊　常雪峰
019　民主法治示范村居创建评估指标体系实践研究　　　　　　　陈春兰　等
026　论拓展法律规范体系建设的价值取向　　　　　　　　　　　沈国明
035　司法行政机关在法学教育制度改革中的科学定位与作用发挥　任永安

执行矫治

044　恢复性司法理念下的上海社区矫正工作创新与发展　　　　　刘建华
052　刑满释放人员精准帮扶工作机制建设研究　　　　　　　　　陈耀鑫
060　试析戒毒工作一体化建设的挑战与路径　　　　　　　　　　周广洪
067　老病残犯监管改造模式构建初探　　　　　　　　　　　　　王 毅　余 飞
075　行刑一体化视角下刑罚执行体制改革研究　　　　　　　　　吴 彬　黄腾达

法律服务

083　加强司法鉴定执业活动行政监管若干思考　　　　　　　　　王 协　等
091　上海公证行业发展问题与对策　　　　　　　　　　　　　　王 琼　陈律伦

100 新常态下我国涉外法律服务市场的规范和准入标准研究 俞卫锋
108 推进区县公共法律服务体系建设若干思考 金海民　朱叶萍
115 "一带一路"涉外法律服务若干问题研究 李志强

社会治理

122 依法分类处理信访诉求若干问题研究 曹家侃　刘　华
130 多元化纠纷解决机制建构的价值路径思考 李瑜青　夏　伟
139 "互联网+"时代新媒体普法问题研究 张文瑶
145 医患纠纷人民调解效能评估指标体系构建与应用 黄俊艺　韩舒立
155 新时期人民调解创新发展路径选择浅析 包　蕾　王　静

法苑圆桌

163 医患纠纷人民调解：探索建立第三方评估机制、推进工作效能再上台阶
171 法律服务上海"四个中心"建设新途径：公证与金融对接
180 老病残罪犯监管改造：教育矫治与人文关怀并重
188 恢复性司法：助推上海社区矫正工作创新发展
196 走出去，中国律师的国际化之路
205 强化政治担当　推进改革落地

214 后　记

CONTENT

Preface

001　Preface　　　　　　　　　　　　　　　　　　　　　　　　　　　　　　*Lu Weidong*

Reform Leads

001　Current Development and Future of Staffing in Shanghai Judicial Administration　　*Liu Weiping*
011　Improving Judicial Administration System by Deepening Reforms　　*Wang Lei　Chang Xuefeng*
019　Putting in Place an Assessment Indicator System for Building Model Villages of
　　　Democracy and Rule by Law in Shanghai　　　　　　　　　　　　　*Chen Chunlan etc.*
026　On Value Orientation for Legal Norm System Expansion　　　　　　　*Shen Guoming*
035　On the Positioning and Role of Judiciary Administration Authorities in Reforms
　　　of Law Education Systems　　　　　　　　　　　　　　　　　　　　*Ren Yong'an*

Implementation & Remedy

044　Innovative Developments in Community-based Corrections for Restorative Justice
　　　in Shanghai　　　　　　　　　　　　　　　　　　　　　　　　　　*Liu Jianhua*
052　On Building a Working Mechanism for Targeted Assistance to Released Inmates　　*Chen Yaoxin*
060　Challenges and Means to an Integrated Method of Drug Treatment　　*Zhou Guanghong*
067　A Preliminary Look into Correction System in Jails for Elderly, Sick Inmates
　　　and Those with Disabilities　　　　　　　　　　　　　　　　　　　*Wang Yi　Yu Fei*
075　Reforming Criminal Punishment Execution System as Relevant Powers Integrate　　*Wu Bin　Huang Tengda*

Legal Service

083　Enhancing Administrative Supervision of Practices of Judicial Forensics　　*Wang Xie etc.*
091　Developments, Challenges and Solutions for Notary Services in Shanghai　　*Wang Qiong　Chen Lülun*

100	Market Standards and Entry Requirements for Provision of Legal Services that Involve Foreign Nationals and Enterprises *Yu Weifeng*
108	Some Thoughts on Improving Public Legal Services System at District Level *Jin Haimin Zhu Yeping*
115	Issues Concerning Provision of Legal Services that Involve Foreign Nationals and Enterprises for "Belt and Road Initiative" *Li Zhiqiang*

Social Governance

122	On Several Practical Issues in Sorting Out Demands from Letters and Visits *Cao Jiakan Liu Hua*
130	Value Approach to Building an Alternative Dispute Mediation Mechanism *Li Yuqing Xia Wei*
139	On Promotion of Law in the "Internet+" Era *Zhang Wenyao*
145	On Building and Implementing an Index System for Efficiency of People's Mediation in Doctor-patient Disputes *Huang Junyi Han Shuli*
155	The Analysis of Innovative Development Path of People's Medation in New Period *Bao Lei Wang Jing*

Round-table Discussion

163	People's Mediation in Doctor-Patient Disputes: Improving Effectiveness by Putting in Place Third-party Assessment Systems
171	Connecting Public Notary Services and Financial Industries: A New Approach for Legal Professional to Contribute to Shanghai's "Four Center" Strategy
180	Management and Correction for Elderly Inmates, Inmates with Disabilities and Chronicle Diseases: Putting Emphasis both on Correction and Care
188	Recovery-oriented Justice: Innovations in Promoting Community Correction
196	How Chinese Lawyers Go Global
205	Implementing Jail System Reforms in Shanghai to Show Further Political Undertaking

214	Postscript

改革引领

上海司法行政系统队伍现状与发展研究

刘卫萍[*]

> **内容摘要：**队伍是做好一切工作的保证。建设一支高素质的干部队伍是进一步加强和改进司法行政工作、提升整体工作质量水平的必然要求。本文在对上海司法行政队伍结构进行统计分析的基础上，从队伍现状、问题梳理、成因分析、对策研究等方面入手，以发展的眼光提出了加强和改进队伍建设的整体规划和方法路径。
>
> **关 键 词：**司法行政　司法体制改革　司法行政职能

---

[*] 刘卫萍，女，湖北天门人，研究生学历，经济学博士，上海市司法局党委副书记、政治部主任。

司法行政工作是政治性很强的业务工作，也是业务性很强的政治工作，在维护社会和谐稳定、推进依法治国、保障公平正义中发挥着不可或缺的重要作用。十八大以来，党中央对法治建设提出了新的更高要求，上海第十一次党代会提出要把上海建成法治环境最好的城市之一。上海司法行政如何按照"勇当排头兵，敢为先行者"要求，顺应形势，抢抓机遇，展现更大作为，实现更大发展，作出更大贡献，锻造一支信念坚定、素质优良、结构合理、敢于担当的过硬队伍是关键，是根本，也是保证。

一、上海司法行政系统队伍建设整体现状——全方位梳理把握

（一）基本情况

1. 人员结构

目前，上海司法行政系统队伍总数约8.1万人。其中：行政管理人员约0.16万人，约占队伍总数的2.4%；监管执行人员（含监狱、戒毒、社区矫正人民警察）0.8万余人，约占队伍总数的10%；法律服务人员2.1万人，约占总数的24%；社会组织人员5.1万人，约占总数的62%；辅助人员0.13万余人，约占总数的1.6%（如图1）。其中，男性约4.6万人，占总数的56.8%，女性3.5万，占总数的43.2%。

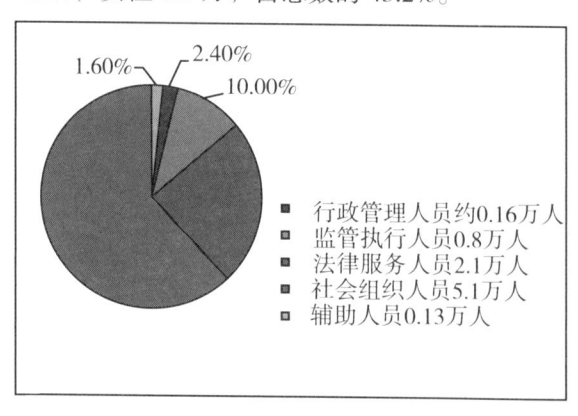

图1　队伍结构情况

2. 年龄结构

队伍中，35岁及以下约2.5万人，占总数的30.8%；36岁至50岁约3.4万人，占总数的41.9%；51岁及以上约2.2万人，占总数的27.3%（如图2）。

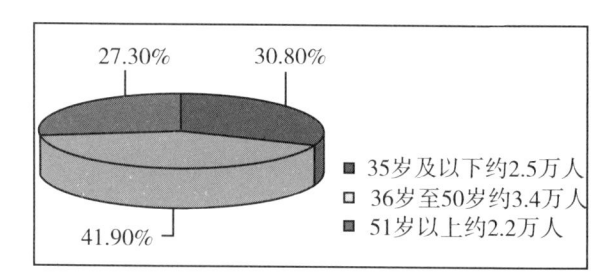

图2　年龄结构占比情况

3. 政治面貌

队伍中，中共党员约3.6万人，占总数的44.1%；团员约1万人，占总数的13.0%，民主党派、无党派约0.13万人，占总数的1.6%，群众约3.4万人，占总数的41.3%（如图3）。

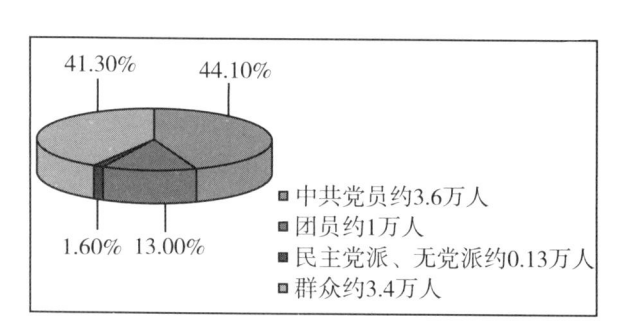

图3　政治面貌占比情况

4. 学历结构

队伍中，硕士及以上学历的0.72万余人，占总数的8.9%；大学本科学历的约2.5万人，占总数的30.7%；大学专科及以下学历的约4.9万人，占总数的60.4%（如图4）。

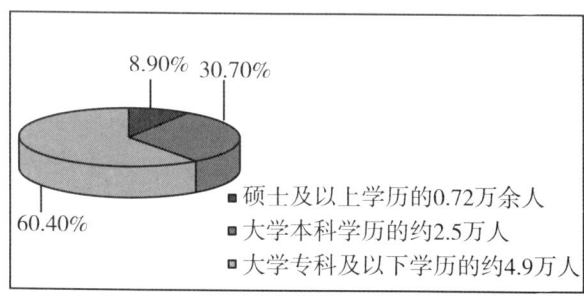

图4　学历占比情况

5. 专业背景

队伍中，拥有法律专业背景的约3万多人，占总数的37.5%，非法律类约3.6万人，占总数的44.4%。此外，还有约1.5万人没有接受全日制高等教育，主要集中于社会组织队伍中，占总数的18.1%（如图5）。

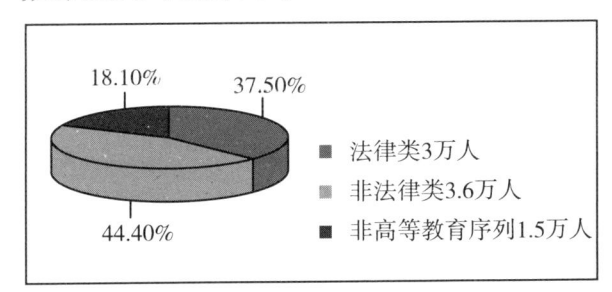

图5 专业背景结构

（二）主要特点

1. 队伍构成多元多样

司法行政工作涵盖执行矫治、法律服务、法制宣传等多项职能，根据工作性质特点可划分为行政管理、监管执行、法律服务、社会组织、辅助人员等五个类型，其中每个类型又各包含2~4支子队伍，人数总量大，成分多元，类型多样；根据体制与编制隶属关系、队伍开放度、管理紧密度及人员流动情况来分，还可分为体制内编制内、体制内编制外等类型。数量庞大，构成复杂是司法行政队伍的一个显著特点。

2. 年龄结构相对合理

统计显示，队伍中35岁及以下的占总数的30.4%，36岁至50岁的占总数的42.4%，51岁以上的占总数的27.2%，比例基本为3:4:3，年龄段呈纺锤形分布，年龄结构相对合理。其中，从事监管执行、法律服务等行业，45岁以下占比超过总数的65.0%，队伍年轻化水平较高；从事行政管理、司法鉴定等行业，50岁以上占比稍高，达到总数的35%。

3. 党团员数量"剪刀差"明显

统计显示，队伍中党员比例为总数的44%，团员比例占到总数的13%以上。其中，从事监管执行、行政管理等体制内编制内党团（员）比例达到总数的90%以上。其中从事法律服务类的律师、公证、司法鉴定等行业中党（团）员占比约为总数的30%，而从事人民调解、矫正帮扶等行业的辅助文职人员、志愿者党（团）员比例还不到总数的14%。总体上看，行政管理、监管执行、法律服务、社会组织、辅助人员五支队伍的党（团）员占比依次递减，反之群众占比依次增高，党（团）员占比数呈现明显"剪刀差"状。

4. 整体学历素质较高

统计显示，队伍中具有硕士及以上学历的0.72万人左右，约占总数的9%；大学本科学历的2.5万人左右，约占总数的31%；大学专科学历及以下4.9万人左右，约占总数的60%。其中从事行政管理、监管执行等体制编制内队伍及从事律师、公证、司法鉴定等法律服务行业人员中，本科以上学历的达到85%，45岁以下的第一学历为本科的达到97%。其他如人民调解组织、帮教志愿组织等体制外队伍中大专学历及以下占比为84.4%，整体学历层次较低，一定程度上体现了该类队伍的短板所在。

5. 法律专业背景明显

统计显示，队伍中拥有法律专业教育背景的较多，占整个队伍的37.5%。其中从事监管执行、行政管理、法律服务等三类队伍的法律专业分别占到队伍总数的46.0%、63.2%和83.4%，体现了司法行政队伍的政法属性和行业特色。与此同时，从事社会帮教、人民调解等工作的基层社工队伍中，拥有法律专业教育背景的比较少，不到总数的20%。

二、当前队伍建设面临的新形势新任务新要求——多维度分析研判

近年来，上海市司法局党委坚持以"政治坚定、业务精通、作风优良、执法公正"为目标，按照"文化引领、价值认同、制度保障"的思路，抓班子、带队伍，激活力、提效能、强素质、树形象，扎实打造了一支过硬的司法行政队伍，为推动上海司法行政工作发展提供了有力的智力支撑和人才保障，取得了一定的工作成效。但随着法治化进程

的不断加快和体制机制改革的深入推进，经济结构、利益格局也不断深化调整，特别是受到多元文化的影响和冲击，队伍建设中还存在一些难点、弱点问题与不足，迫切需要补齐短板、破解难题。

（一）深刻把握新形势新任务对司法行政队伍建设提出的新标准新要求

一是要把强化四个意识、锤炼政治品质作为加强队伍建设的第一要务。坚持党的领导是实现"两个一百年"目标、实现中华民族伟大复兴中国梦的关键所在，政治意识、大局意识、核心意识、看齐意识是新形势下坚持和维护党的核心领导地位的具体内容和体现。司法行政机关是国家政权的重要组成部分，要为司法活动提供可靠的保障，要为经济社会的发展提供可依赖的法律服务，就必须要始终坚持党的核心领导，带头做到始终讲政治、顾大局、识大体。司法行政队伍总量庞大、类型多样、构成复杂，强化"四个意识"是确保思想上绝对忠诚、组织上自觉服从、行动上坚定看齐的前提基础，锤炼过硬政治品质是党员干部自觉把对党的忠诚转化为舍身忘我的工作热情，自觉把对党的信仰转变为履职尽责的自觉追求的生动实践，也是司法行政队伍的政治本色最好体现。

二是要把培育创新精神、强化价值认同摆在加强队伍建设的突出位置。创新是司法行政事业兴旺发达的关键，是司法行政事业不竭动力的源泉。当前，全国司法行政改革正在扎实推进，不久前召开的上海第十一次党代会作出要推进上海城市建设更上新台阶的战略部署，上海司法行政也提出了内涵式、集约式、融合式发展目标要求，上海司法行政工作虽然整体基础较好，但对标全国司法行政改革战略部署，对照"世界级"大都市建设目标和上海司法行政发展要求，必须增强忧患意识、培育创新精神、强化价值认同，来进一步聚焦中心、强化活力、激发动力。司法行政工作肩负着刑罚执行、法治宣传、法律服务等职能任务，同经济社会发展和人民群众生活关系密切，只有团结引领、激励激发广大司法行政工作者以更加强烈的责任意识、更加果敢的责任担当，不断完善解决问题、推动发展的长效机制，才能切实履行好维护社会和谐稳定职责，才能更好服务经济社会民生。

三是要把健全培养机制、提升核心能力作为加强队伍建设的关键要素。履行好党和人民赋予的职责任务，既要有坚定的立场，勇于负责、善于作为，又要有科学的态度、过硬的本领。司法行政队伍相比其他政法队伍具有门类多、差别大、建设难度大的特点，迫切需要我们加强统筹设计、抓好分类指导。十八届四中全会明确提出了政法队伍"正规化、职业化、专业化"发展方向，按照中央提出的目标要求，要把加强锻炼培养、精技强能作为加强干部队伍建设的必要措施，不断改进方式方法，大力加强职业道德建设，推进职业良知和职业伦理教育，切实提升职业素养和服务水平，以过硬能力素质让人民群众在每一项执法执业活动中都能感受到社会公平正义。

四是要把加强文化引领、激发动力活力作为加强队伍建设的重要举措。文化是软实力，具有凝聚、融合、约束、规范、导向和激励作用。上海司法行政系统在长期实践工作中形成了"崇法、秉正、鼎新、善治"的具有自身特色、行业特点的司法行政文化精神，影响和激励着一代代司法行政人做改革前行的"燃灯者"、平安建设的"守夜人"和科学矫治的"引航员"。当前上海司法行政工作处于改革发展的关键阶段，要发挥好文化的激励引导和辐射带动作用，不断丰富和发展体现时代精神、富有职业特点、彰显人文理念的上海司法行政文化体系，使司法行政文化成为内涵式发展过程中凝聚人、引导人、激励人的重要抓手，不断拓宽工作思路，赢得更大的发展空间，凝聚起司法行政新一轮改革发展的最大公约数。

（二）当前队伍建设中存在的突出问题和不足

一是理想信念、精神状态上有差距。政治敏锐感还不是特别强，政治意识、大局意识、危机意识有待进一步强化。主要表现在有个别同志对新形势下司法行政群众性、基础性、社会性本质属性认识还不到位，对推进司法行政改革的积极性主动性不够。少部分同志对改革任务的重要性必要性认识不清，面对改革前进中的困难、障碍和阻力，产生焦虑、疑惑和畏缩情绪，在个体履职状态上，有"慢作为""绕道走"甚至"不知所措"的情况。还有少部分同志觉得上海司法行政总体工作走在全国前列，就片面认为各项工作都已经处于全国领先，缺乏精益求精、再接再厉的冲劲闯劲，缺乏比、学、赶、超的精神状态，主动作为和开拓创新步伐不大。

二是管理体制、培养机制不健全。加强队伍建设的方法手段还不够丰富、体制机制还比较单一，同形势任务发展需求还不适应。表现在对一些受体制限制的突出问题、共性问题、急难问题，没有研究出好的方法路径，如市司法局对区司法局、司法所业务指导，司法所对文员和社会组织人员使用管理上的"管用分离"等现象和问题，影响制约了整体行政效能的发挥。表现在奖惩激励措施运用还不均衡，物质奖励得多，精神奖励得少；正激励运用得多，负激励运用得少甚至没有，除非有触发"底线"和严重违法违纪事件发生时，才不得不痛下杀手。

三是能力素质、纪律作风上有不足。进取意识、责任意识和危机意识不强，自我要求不严、主动担当不够。主要表现在综合素质同新形势新任务新要求还不适应，如法律服务人才发展不平衡，法律服务行业中"低端"法律服务领域的过度竞争和"高端"服务的供给匮乏同时并存，外向型、复合型的高层次法律服务人才比较缺乏，国际化水平不高，竞争力不强。表现在少数干部履职能力提升还较为紧迫，如面对高智商罪犯和具有反改造经验的"老官司"、面对高学历高素质的法律服务从业人员，一些年轻干部有时会感到束手无策。表现在极少数党员干部大局意识淡漠，价值取向偏离，自身要求不严，如出现少数法律服务从业人员缺乏诚信意识，违反职业道德和执业纪律的现象，甚至有极个别的违反党纪国法，走上犯罪道路。

（三）深层次分析与思考

一是司法行政职能历史演变对干部队伍建设产生影响。中华人民共和国成立至今我国司法行政体制的历史沿革，大致可以分为"1949年至1959年的建立、被撤销时期，1979年至1983年恢复、建设时期以及1983年至今的稳定期"等三个阶段（如表1）。

表1 司法行政体制历史改革记载

年代	主要职能	大事记
中华人民共和国成立初期司法部建立到司法部被撤销时期（1949~1959年）	负责司法行政政策的厘定； 法院、检察署的机构设置、人员编制、干部任命、干部培训、办公楼建设、物资装备及财政保障等司法行政工作； 律师、公证工作； 狱政工作； 法制宣传工作。	1. 1949年9月27日，司法部成立； 2. 1950年11月30日，监狱、看守所及劳动改造队划归公安部管理； 3. 1951年9月4日，检察机关司法行政工作由最高检管理； 4. 1959年4月28日，第二届全国人民代表大会第1次会议通过决议，撤销司法部。
十一届三中全会后恢复司法部及职能调整时期（1979~1983年）	负责法院的机构设置、人员编制、办公机构、干部任命、物资装备、财政保障以及法院、检察院的干部培训等司法行政工作； 律师、公证工作； 法制宣传工作； 法令编纂工作； 院校管理及司法外事工作。	1. 1979年9月13日，第五届全国人民代表大会常务委员会第11次会议决定，设立司法部； 2. 1982年8月6日，司法部和最高院联合发文，司法部原主管的法院职能移交最高法管理； 3. 1982年12月4日，《宪法》颁布，确立了司法行政工作的宪法地位； 4. 1983年9月26日，公安部劳改局、劳教局划归司法部。

续表

年代	主要职能	大事记
稳定发展时期（1983年至今）	监狱劳教管理； 律师公证管理； 法制宣传教育； 基层及人民调解； 院校及科研管理； 司法协助与外事管理； 参与有关立法工作。	1. 1985年12月13日，全国政法干部院校工作座谈会，对政法干部培训进行调整； 2. 1986年起，实行全民普法教育； 3. 1986年8月15日，司法部、最高法、最高检、公安部联合印发《人体重伤鉴定标准（试行）的通知》； 4. 1998年起司法部负责指导"面向社会服务的司法鉴定工作"； 5. 1999年12月22日，部属5所政法高校划转教育部及有关省市； 6. 2001年11月21日，成立司法考试司，承担对法官、检察官、律师职业资格的考试管理； 7. 2013年12月28日，劳教制度正式废止。

从总的发展趋势来看，司法部工作职能是随着社会的进步不断调整并完善。从中华人民共和国成立初期建立的"大司法"雏形，到最终形成具有中国特色社会主义的司法行政体制框架，其职能先后经历了9次重要调整（如图6）。

再以上海市为例，自2000年以来，司法行政事业发展迅速，尤其是随着"社会管理与服务"特点的日趋凸显，工作职能的拓展也愈发频繁，上海市司法局先后9次调整内设机构，平均1.5年调整一次。

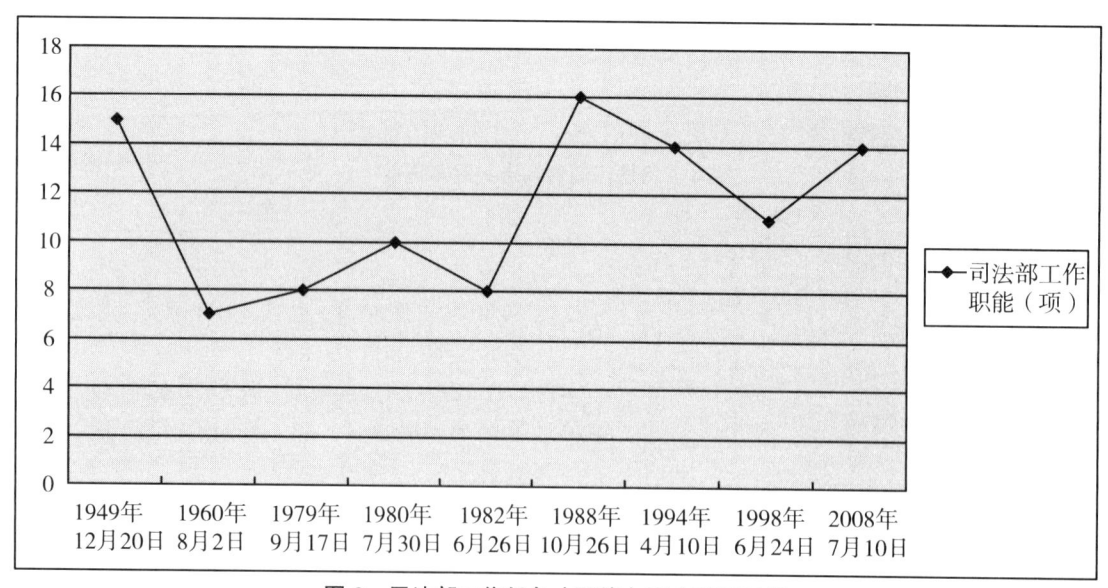

图6 司法部工作任务（职能）重大变革时间

职能的频繁变更说明了司法行政工作职责任务会随着社会形势的变化和需求不断丰富和完善。党的十八届四中全会《决定》中，涉及司法行政工作11项业务工作、6项综合工作及2项队伍建设工作，为体制改革机制创新提出了更高的要求。但与此同时，数次改革对司法行政队伍自身建设也带来一定的挑战。特别是改革中涉及的权力分配、机构调整、运行监督及人员分流等问题，短时期内不适配、不适应等磨合冲突表现还是比较明显。

二是大的社会环境对司法行政队伍建设产生影响。随着社会经济不断发展，人民群众对警察、律师、公证、法律援助、司法鉴定等业务需求和工作标准不断提升，但对司法行政工作却不大熟悉和认同。尤其对公务员群体更存有偏见，"仇官""仇警"等现象很容易被网络误传和放大，主观上误解和客观上需求之间的不平衡，易导致司法行政工作者产生心理落差，自我认同度降低，客观上也对司法行政人才的吸引产生冲击，如2011年以来，上海司法行政系统累计辞职、调离162人（第一学历均为大学本科以上）；2014年全市公务员招录报考人数大幅下降，跌至近五年最低。

三是法律渊源及政策的缺少和滞后对司法行政队伍整体建设产生影响。随着司法行政工作职能的不断扩充，但相关上位法律、政策却没有及时跟上支撑，也给队伍建设带来阻力与障碍。如社区矫正、社区帮教志愿等方面的法律条文几近空白，对文员的招录、使用、管理，缺少明晰的上位法支撑；对社区矫正执法力量的厘定在《人民警察法》的修改中尚未明确。又如对工勤的定性和管理，规定和政策的实效性也明显滞后等（如表2）。由于法律、政策的缺漏和滞后，或多或少束缚了队伍发展动力，阻塞了人力资源管理通道，制约了队伍均衡发展。

表2 司法行政工作法律渊源统计

法律渊源	领导干部	行政管理	人民警察	律师	公证	司法鉴定	基层鉴定	人民调解	社会帮教	矫正社工	文员
法律	0	2	5	4	1	1	0	1	0	0	0
行政法规	3	14	9	3	0	0	0	2	0	0	0
司法解释	9	9	3	17	24	7	0	9	0	2	0
部门规章	198	439	126	467	561	58	21	31	0	8	0
行业规定	103	130	0	74	34	1	0	1	0	0	0
合计	313	594	143	565	620	67	21	44	1	10	0

三、新时期加强司法行政队伍建设对策研究——系统化设计规划

从可操作、能实践的角度进行系统性的对策研究，既向上寻求支持、争取顶层设计，又向外联合力量、争取借助外力，更多的是向内突破瓶颈、理顺体制、创新机制，构建要素齐全、机制健全的队伍建设体系（如图7）。

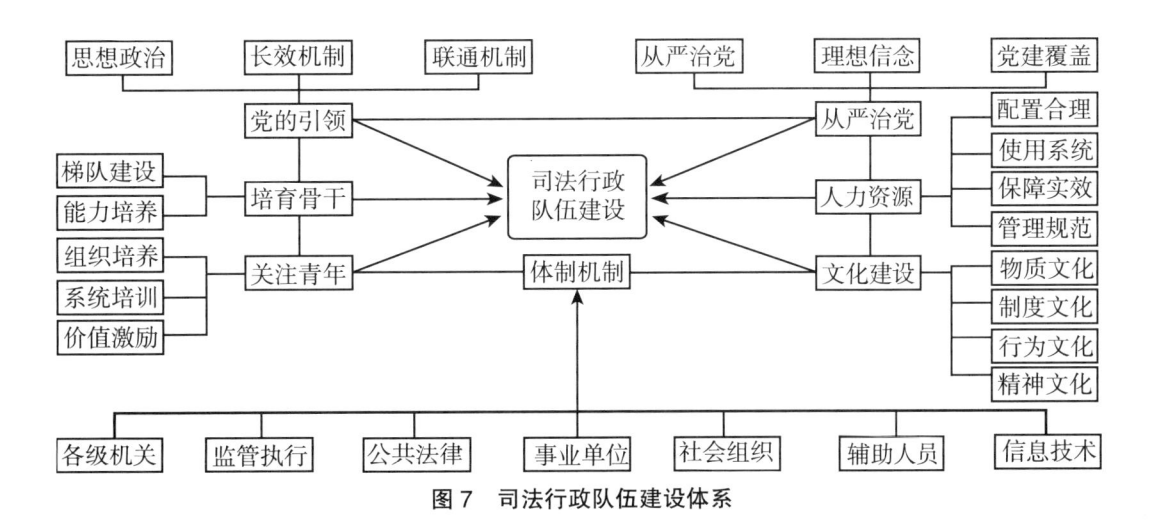

图7 司法行政队伍建设体系

（一）遵循客观规律，把握发展方向，抓好队伍建设前瞻整体规划

把握队伍建设发展方向。认真贯彻落实中央《关于新形势下加强政法队伍建设的意见》和司法部《关于新形势下加强司法行政队伍建设的意见》，针对不同队伍的结构特点、知识层次、思想差异制定专项规划，切实提高队伍建设针对性。坚持创新思路、改进方法，加强队伍建设基础性、应用性研究，每年立项一批专门课题，针对队伍建设焦点难点，积极探索应对之策，切实增强队伍建设的时代性、感召力。面对队伍建设信息化、复杂化、多元化的新形势，不断强化互联网思维、新媒体意识，鼓励创新方法手段载体等，大力推广富有成效的项目举措，不断提高队伍建设现代化水平。

建立队伍建设长效机制。坚持政工部门与业务部门齐抓共管，推动队伍建设向基层一线延伸，促进队伍建设与业务工作深度融合。通过定期听取系统队伍建设情况汇报，以政工例会、情况通报会、项目评估会等形式落实队伍建设评估制度，研究阶段性队伍建设目标举措，设定时间节点，分步稳妥推进，实现队伍发展评估常态化。

凸显队伍建设乘积效应。注重行业内纵向发展与行业间横向协作，拓展联系交流渠道，启动行业间、系统间双边、多边合作机制，通过签订队伍合作协议等方法途径，共建共融、互助共赢，凸显队伍建设乘积效应，切实提升司法行政队伍建设整体效能。

（二）坚持从严治党，坚定理想信念，以党的建设统领队伍建设

始终把思想建设摆在首位。思想建设是队伍建设的核心和灵魂。围绕深入学习中国特色社会主义理论体系、习近平总书记系列重要讲话精神以及中央、市委重要精神，各级党组织主要负责人每年要开展不少于两次主题党课宣讲；各级党委中心组以及基层党支部将其纳入政治学习重要内容，每月开展一次专题学习；全体党员要通过扎实认真的学习，做到学有所获、心有所敬、行有所循，切实增强"四个自信"。落实"两学一做"常态化制度化要求，结合本市司法行政各支队伍实际，开展针对性专项教育活动，引导广大司法行政工作者牢记宗旨、明确身份、爱岗敬业。加大思想政治教育培训力度。把马克思主义理论教育和党性教育作为各类培训的主课，进一步提高本市司法行政工作者政治理论素质。注重全天候收集队伍思想信息，加强整体掌控、及时引导，形成队伍思想动态的收集、研判、引导三级机制，针对性解决司法行政工作者思想问题和实际困难。

始终铸就绝对忠诚的政治品格。坚持司法行政队伍政治属性，坚持党对司法行政工作的绝对领导，以党的十八大、十八届三中、四中、五中、六中全会精神及习近平总书记系列重要讲话精神为行动指南，确保党的路线方针政策在司法行政系统得到不折不扣地贯彻落实。坚决维护党中央权威，自觉在思想、政治、行动上同以习近平同志为核心的党中央保持高度一致。强化党性观念和组织纪律意识，确保队伍建设有思想引领、信念支撑，努力建设一支忠于党、忠于国家、忠于人民、忠于法律的高素质队伍。

始终把牢全面从严治党这根主线。把思想教育从严、干部管理从严、作风要求从严、组织建设从严、制度建设从严作为重中之重，严格落实从严治党责任，认真履行抓班子带队伍职责，坚持以严标准要求干部、严措施管理干部、严纪律约束干部。推动改进作风常态化落实党建工作责任制，完善党建工作报告、述职、评议、考核制度。针对性开展警示教育。立足从严治党、从严管理、从严监督，结合身边违法违纪案例及队伍"多发病"，每年针对性开展警示教育。充分运用好系统内的廉政教育资源，建立完善一批廉政文化教育基地。严肃纪律惩戒，抓早抓小预防警示，让干警职工守住和远离法律底线、纪律红线。

（三）坚持抓住重点，培育骨干力量，加强干部队伍选配工作质量

着力健全选人、用人、管人制度。围绕"顶

层设计、科学决策、驾驭大局、开拓创新、队伍引领、贯彻执行、包容相适"等干部能力要素，制定符合司法行政职业特点的干部考核评价办法，注重考察政治品格、法治素养、业务能力、责任担当和工作实绩，确保选拔任用的干部忠诚可靠、德才兼备。进一步优化班子知识、专业、经历和年龄结构，不断提高班子整体效能和专业化水平。注重运用好各个年龄段干部，调动不同层级干部的积极性主动性，重点要加强特别优秀的干部尤其是年轻干部的培养使用。

着力完善后备干部建设体系。加强干部梯队建设，用发展性的思维建立、配齐干部梯队。建立干部退出淘汰机制，对不能胜任新时期履职要求的干部坚决予以调整。着力完善干部轮岗交流管理办法，进一步拓展干部队伍轮岗交流、上挂下派、外派外挂途径措施，探索系统内不同行业间的交流培养模式。加大干部轮岗、轮训、交流、挂职、选派等培养力度，尤其是到域外、基层、急难险重等条件艰苦地区或岗位锻炼力度，提升干部队伍素质。

（四）推进体制革新，创新工作机制，引领队伍一体均衡发展

优化体制内与体制外管理衔接机制。加强对区司法行政机关的业务指导与管理考核，深化司法行政机关与各级政府间的联动配合，逐步理顺司法所管理体制，建设专群结合、适应履职要求的基层司法行政队伍。推进公共法律服务队伍"两结合"管理模式，健全司法行政机关监督指导体系与行业自主管理体系。加快行业协会、公共法律服务机构建设步伐，重视行业协会领导层的梯队建设和中青年后备力量培育。加大对人民调解、矫正社工、安置帮教志愿者等社会组织的扶持力度，将其纳入政府购买服务目录和承接社区服务的社会组织指导目录。探索建立选拔优秀法律服务工作者进入各级党政机关领导岗位的工作机制，特别是加大从优秀律师，公证员中推荐法官，检察官力度。

创新体制内工作激发机制。巩固深化监狱现代警务机制，建立公正、廉洁、文明、高效的新型监狱体制。探索建立减刑、假释、暂予监外执行办案质量终身负责制，打造"阳光执法新机制"。探索构建适应戒毒管理职能的现代警务机制，研究形成运作的整体框架。进一步推进事业单位改革，出台人事管理等相关规定，实行薪酬与服务水平挂钩的绩效工资制度，建立绩效考核体系，规范队伍管理，激发队伍活力。

（五）重视人力资源，聚焦管理效能，提高队伍配、用、留、管水平

加大人力资源配置力度。顺应现代监狱管理模式及四位一体戒毒模式专业人才需求，采取有力措施，提升人才资源吸引力。适度调整域外监狱民警招录政策，激活专项编制，按需充实警力，调控队伍流动周期。推动公共法律服务队伍专业化建设，加快国际金融、航运、贸易等紧缺型律师、公证人才的培养。加强社会工作者队伍职业化建设，加强培养管理、严格职业准入，提升社会工作者从业质量。

完善人力资源培养体系。建立日常与专项、常规与重点、实践与理论、初任与晋级、线上与线下等相结合的多类别、多层级、多方面、多维度的培训体系。健全安置帮教志愿服务激励体系，完善人民调解社工、社会帮教志愿者薪酬水平与服务时间、服务评价等相对接的管理激励机制。指导行业协会抓紧制定紧缺人才培养计划，加大重点、高端、国际领域的人才储备力度，重点培养各行业领域领军人才。

实现人力资源规范管理。强化政工部门归口管理责任，抓好目标管理考核工作，将对制度的执行、行纪行风、社会责任、诚信评价、服务满意度、职业道德、投诉率等因素一并纳入其中。抓好监管执行队伍执法管理，完善奖惩办法，落实责任追究，定期召开派驻民警考核联席会，加大警务督察力度，实现警务一体化管理。建立公共法律服务职业道德、行风行纪、个人诚信等的监控体系，对严重违规的吊销执业执照，促进法律服务行业自律。参照公务员法、相关社会工作

者管理章程等法律规章，细化完善各类配套措施，抓好事业单位、社会组织队伍人事规范管理工作。

（六）关注青年队伍建设，注重文化引导作用，推动司法行政事业接力发展

研究出台青年队伍建设发展规划，将青年队伍建设纳入各系统各行业党委重点工作范畴，研究制定本单位青年队伍建设方案，形成"有依据，讲实效，可操作，见起色"的实施办法。完善中层干部定期谈话及资深导师工作带教机制，加大轮岗力度，丰富青年人知识结构和工作能力，帮助找准职业定位和发展方向。

丰富拓展"崇法、秉正、鼎新、善治"的司法行政文化内涵。要从物质、制度、行为、精神等方面入手，结合自身行业特征、机构特色、单位特点，抓住历史传承及理念灵魂，丰富建设载体和渠道，全力打造各支队伍专属的文化品牌，不断增强队伍凝聚力。

深化司法行政改革　健全司法行政体系

王　磊　常雪峰[*]

> **内容摘要**：党的十八大以来，司法部和各级司法行政机关全面深化司法行政改革，刑罚执行和教育矫治体系、服务和保障司法活动体系、法治宣传和公共法律服务体系不断健全完善，司法行政改革的主体框架基本确立。2017年司法行政改革工作要突出重点、攻克难点、狠抓落实，进一步加强组织协调，坚定不移地把司法行政改革向纵深推进。
>
> **关 键 词**：司法行政制度　司法行政体系

---

[*] 王磊，男，辽宁宽甸人，大学本科学历，法学学士，司法部法制司副司长；常雪峰，男，河北隆尧人，研究生学历，法学硕士，司法部法制司法律法规处干部。

司法行政制度是为国家法治建设和司法活动提供服务和保障的法律制度，是中国特色社会主义司法制度的重要组成部分。深化司法行政改革，对于推进国家治理体系和治理能力现代化、建设社会主义法治国家具有重要意义。党中央高度重视司法行政改革。2014年4月，习近平总书记在听取司法部工作汇报时对司法行政改革作出重要指示，充分肯定了司法行政改革取得的成绩，对按照改革的总体部署和要求，相继推进各项重点改革，提出了明确要求。2015年5月以来，习近平总书记先后6次主持召开中央全面深化改革领导小组会议，听取司法部汇报，审议通过了关于完善法律援助制度、完善国家统一法律职业资格制度、深化律师制度改革、完善国家工作人员学法用法制度、推行法律顾问制度和公职律师、公司律师制度、发展涉外法律服务业的意见。习近平总书记在会上发表重要讲话，对司法行政事关全局、事关长远的重大问题作了深刻阐述。习近平总书记的重要指示和重要讲话，为深化司法行政改革指明了方向、提供了基本遵循。李克强总理对司法行政工作作出重要指示，提出明确要求。孟建柱书记、郭声琨国务委员等时任中央政法委领导同志多次出席司法行政工作重要会议，对司法行政工作和司法行政改革作出重要指示，对做好司法行政改革工作具有重要指导意义。这充分体现了党中央、国务院和中央领导同志对司法行政工作和司法行政改革的高度重视和大力支持。

党的十八大以来，司法部和各级司法行政机关认真贯彻落实中央部署要求，紧紧围绕统筹推进"五位一体"总体布局和协调推进"四个全面"战略布局新要求，紧紧围绕人民群众对司法行政工作的新期待，坚持稳中求进工作总基调，坚持以改革为动力，全面深化律师、法律援助、司法考试、监狱、社区矫正、法制宣传、司法鉴定等方面的改革。经过3年多的努力，先后出台实施60多个司法行政改革文件，十八届三中全会部署的司法行政改革任务基本完成，十八届四中全会部署的司法行政改革任务按照中央规划顺利推进，全面深化司法行政改革的主体框架基本确立，中国特色社会主义司法行政制度进一步完善和发展。

一、刑罚执行和教育矫治体系不断健全完善

（一）监狱制度改革不断深化

全面贯彻落实习近平总书记对监狱工作重要指示，贯彻落实中央关于完善刑罚执行制度、深化监狱制度改革的部署要求，召开全国监狱工作会议，印发《关于进一步加强监狱工作的意见》，对全面做好新形势下监狱工作、深化监狱制度改革作出部署。一是规范刑罚执行制度。制定下发贯彻中政委〔2014〕5号文件精神的通知，从严把握部分罪犯刑罚变更执行，建立职务犯罪罪犯减刑、假释、暂予监外执行提级审核和备案审查制度。修订《监狱提请减刑假释工作程序规定》，进一步规范监狱提请减刑、假释工作。会同有关部门印发《暂予监外执行规定》，依法、科学地划定保外就医严重疾病范围，从严掌握暂予监外执行适用条件，严格审批程序，建立保证人制度。印发《监狱暂予监外执行程序规定》，规范监狱办理暂予监外执行工作程序，提高刑罚执行刚性。印发《关于计分考核罪犯的规定》，完善计分考核制度，提高监狱执法公信力。二是进一步深化狱务公开。在9个省市11所监狱试点基础上，印发《关于进一步深化狱务公开的意见》，在全国范围内全面推开深化狱务公开工作，开展专项督察，以公开促公正。三是保障罪犯合法权益。会同有关部门出台《监狱罪犯死亡处理规定》，明确罪犯死亡处理原则，进一步规范监狱罪犯死亡报告、通知、调查、检察、尸体、遗物处理等程序。印发《罪犯会见通信规定》，规范罪犯会见通信管理工作，保障罪犯合法权益。四是修改监狱法。研究提出监狱法修订草案送审稿，已经提请国务院审议。

（二）社区矫正工作全面推进

认真贯彻落实习近平总书记对社区矫正工作重要指示，深入贯彻落实中央关于"健全社区矫正制度、制定社区矫正法"的部署要求，会同最

高人民法院、最高人民检察院、公安部联合召开全国社区矫正工作会议,制定下发意见,全面推进社区矫正工作;联合召开全国社区矫正教育管理工作会议,大力加强社区矫正教育管理工作。一是积极推进社区矫正立法。会同国务院法制办、中央政法委牵头成立了由中央12个有关部门组成的社区矫正立法工作协调小组,多次进行专题调研、召开工作会议,就立法中的重大问题进行深入研究、沟通协调,积极推进立法草案审核修改工作。目前,社区矫正法征求意见稿已向社会公开征求意见。二是加强社区矫正工作衔接配合。会同有关部门联合印发《关于进一步加强社区矫正工作衔接配合管理的意见》,围绕社区矫正工作实践中一些亟待解决的问题,进一步加强各有关部门的工作衔接配合,确保社区矫正依法适用、规范运行。三是加强机构队伍和场所设施建设。省级司法行政机关普遍成立了社区矫正管理机构,98%的地(市、州)和98%的县(市、区)司法局成立了专门的社区矫正工作机构。配备社区矫正专职工作人员,抽调一定数量原劳教部门的人民警察,招聘专职社会工作者,招募社会志愿者,建立了一支专群结合的社区矫正工作队伍。加强社区矫正中心建设,全国有百分之六十多的县(市、区)建立了社区矫正中心。

(三)特殊人群救助管理制度不断完善

认真贯彻落实中央关于"完善对社区服刑人员、戒毒人员、刑满释放人员的救助管理"的部署要求,大力加强特殊人群救助管理。一是完善对社区服刑人员救助管理。会同有关部门联合印发《关于组织社会力量参与社区矫正工作的意见》,着力解决社区服刑人员就业入学和社会救助、社会保险等问题。二是完善对戒毒人员救助服务。会同国家禁毒办、中央综治办等10个单位联合印发《关于加强戒毒康复人员就业扶持和救助服务工作的意见》,完善对戒毒康复人员的就业扶持政策,加强职业技能培训,落实医疗保险、戒毒医疗、社区救助等社会保障政策措施。三是完善对刑满释放人员救助管理。会同中央综治办、国家发展改革委等12个单位联合印发《关于加强刑满释放人员救助管理工作的意见》,落实刑满释放人员社会救助措施、就业扶持和社会保险政策,加强过渡性安置基地建设,加强教育帮扶工作。会同有关部门联合印发《关于社会组织参与帮教刑满释放人员工作的意见》,鼓励、引导和支持社会组织充分发挥积极作用,参与帮教刑满释放人员工作。

(四)司法行政戒毒制度不断健全完善

坚决贯彻党中央关于废止劳动教养制度的决策部署,印发意见,实现原劳教职能、场所和人员顺利转型。坚持把戒毒工作作为新时期司法行政工作重点之一,按照"四个转变、一个提高"的工作思路和要求(即转变职能、转变工作理念、转变工作方式方法、转变管理方式,提高干警素质),积极推动职能转型,建立了中国特色社会主义司法行政戒毒制度。一是建立健全戒毒管理组织机构。司法部成立戒毒管理局,全国31个省(区、市)和新疆生产建设兵团成立戒毒管理局,对职能及内设机构进行调整,健全了戒毒管理组织机构体系。二是做好职能转变工作。司法部召开了全国司法行政戒毒工作会议,出台《关于进一步加强司法行政戒毒工作的意见》,对全面落实司法行政戒毒工作任务作出部署安排。三是健全完善戒毒工作制度。先后印发《司法行政机关强制隔离戒毒管理工作规定》《强制隔离戒毒人员行为规范》《强制隔离戒毒人员教育矫治纲要》《强制隔离戒毒所所务公开工作意见》《强制隔离戒毒所安全警戒工作规定》等规范性文件,司法行政戒毒制度全面建立。四是不断增强干警队伍履职能力。加强纪律作风建设,加强专业化建设,组织开展干警全员轮训,引进戒毒工作急需的专业人才,队伍专业结构不断优化。

二、服务和保障司法活动体系不断健全完善

(一)律师制度改革不断深化

认真贯彻落实十八届三中、四中全会关于深化律师制度改革的部署要求,健全完善中国特色

社会主义律师制度，充分发挥律师在全面依法治国中的重要作用。一是落实深化律师制度改革的意见。中办、国办印发《关于深化律师制度改革的意见》，就完善律师执业保障机制，健全律师执业管理制度，加强律师队伍建设，充分发挥律师在全面依法治国中的重要作用作出部署安排。司法部认真贯彻落实该意见要求，首次会同最高人民法院、最高人民检察院、公安部联合召开全国律师工作会议，对律师制度改革作出全面部署；研究制定了贯彻落实该意见部署的改革任务的分工方案，明确了当前和今后一个时期律师工作改革发展的政策措施。二是加强律师执业权利保障。会同有关部门联合印发《关于依法保障律师执业权利的规定》，一些地方推动设立诉讼服务平台，建立律师安检绿色通道，17个省（区、市）已出台实施细则。三是规范律师执业行为。修订《律师执业管理办法》和《律师事务所管理办法》，进一步加强律师事务所管理。印发《关于加强律师队伍教育管理工作的意见》，大力加强律师队伍教育管理。印发《关于进一步加强律师协会建设的意见》，充分发挥律师协会行业自律作用。四是完善律师队伍结构。中办、国办印发《关于推行法律顾问制度和公职律师公司律师制度的意见》，对积极推行公职律师、公司律师制度，充分发挥公职律师、公司律师作用提出明确要求。司法部认真贯彻落实中办、国办上述意见部署要求，印发通知，积极稳妥推行公职律师、公司律师制度，26个中央部委开展了公职律师工作，司法部聘任8名法律顾问，部署开展了公职律师工作。五是加强律师职业道德建设。印发《关于进一步加强律师职业道德建设的意见》，中华全国律师协会印发《律师职业道德基本准则》，全面提高律师职业道德水平，保障律师事业健康发展。会同有关部门联合印发《关于进一步规范司法人员与当事人、律师、特殊关系人、中介组织接触交往行为的若干规定》，规范律师与司法人员的接触、交往行为。

（二）法律援助制度不断完善

认真贯彻落实十八届三中、四中全会关于"完善法律援助制度，扩大援助范围"的部署要求，进一步加强法律援助工作，完善中国特色社会主义法律援助制度。一是落实完善法律援助制度的意见。中办、国办印发《关于完善法律援助制度的意见》，明确了扩大法律援助范围、提高法律援助质量、提高法律援助保障能力等政策措施。司法部召开全国法律援助工作电视电话会议，举办培训班，对学习贯彻该意见要求，全面加强法律援助工作，完善法律援助制度作出部署安排。推动25个省（区、市）党委、政府印发实施意见或办法，22个省（区、市）将法律援助工作纳入民生工程、纳入基本公共服务体系、纳入政府绩效考核、社会治安综合治理和平安建设考核体系。二是扩大法律援助范围。继续推动省级政府调整法律援助事项范围和标准，扩大法律援助补充事项范围，建立了经济困难标准动态调整机制。认真贯彻落实国务院、中央军委《关于加强军人军属法律援助工作的意见》，制定实施办法，进一步扩大军人军属法律援助覆盖面，完善政策支持和相关保障。积极参与刑事案件速裁程序试点、认罪认罚从宽制度试点工作，推动建立健全向法院、看守所派驻法律援助值班律师，提供法律帮助工作机制。研究起草了《关于开展法律援助值班律师工作的意见》。三是提高法律援助质量。进一步规范法律援助执业行为，推广组建专业化服务团队，提高案件办理专业化水平。继续实施法律援助案件质量评估试点工作，进一步加强案件质量管理，完善办案质量监督管理机制。研究起草了《关于律师开展法律援助工作的意见》，并经中央政法委审批同意。四是积极推进法律援助其他改革。总结评估《法律援助条例》实施情况，研究起草了法律援助法草案初稿。会同最高人民法院印发《关于加强国家赔偿法律援助工作的意见》，进一步规范和促进人民法院办理国家赔偿案件的法律援助工作。会同最高人民法院研究建立了法律援助参与申诉案件代理和死刑复核案件办理工作机制、措施。

（三）完善国家统一法律职业资格制度工作扎实推进

国家统一法律职业资格制度是选拔培养高素质社会主义法律职业人才的基础性制度，是对国家司法考试制度的改革和完善。中办、国办印发《关于完善国家统一法律职业资格制度的意见》，明确了完善国家统一法律职业资格制度的政策措施。司法部认真贯彻落实该意见的部署要求，下发通知，对认真学习贯彻习近平总书记在中央全面深化改革领导小组第十三次会议上的重要讲话和该意见要求，切实做好将司法考试制度调整为国家统一法律职业资格考试制度的实施准备工作。目前，司法部正在会同有关部门牵头研究制定贯彻落实该意见部署的重要举措的分工方案，积极推动修改完善相关法律，确保改革于法有据。

（四）司法鉴定管理体制进一步健全

认真贯彻落实十八届四中全会关于"健全统一司法鉴定管理体制"的部署要求，适应以审判为中心的诉讼制度改革要求，不断健全科学合理、统一规范、运行高效、监管有力的司法鉴定管理体制。一是将环境损害司法鉴定纳入统一登记管理范围。会同最高人民法院、最高人民检察院印发《关于将环境损害司法鉴定纳入统一登记管理范围的通知》，对环境损害司法鉴定实行统一登记管理；会同环境保护部印发《关于规范环境损害司法鉴定管理工作的通知》《环境损害司法鉴定机构登记评审办法》《环境损害司法鉴定机构登记评审专家库管理办法》，规范环境损害司法鉴定管理。二是建立司法鉴定管理与使用相衔接运行机制。针对审判过程中司法鉴定管理与使用脱节，司法鉴定委托与受理不规范，鉴定人出庭作证落实不到位，司法鉴定执业违法违规行为时有发生等突出问题，会同最高人民法院印发《关于建立司法鉴定管理与使用衔接机制的意见》，建立司法鉴定管理与使用衔接机制，加强沟通协调，完善工作程序，加强保障监督，严处违法违规行为。三是加强司法鉴定标准化建设。会同有关部门联合印发《人体损伤致残程度分级》，进一步统一人体损伤致残程度鉴定标准，解决了我国人身损害伤残等级鉴定缺少统一标准的问题，有效遏制和减少重复鉴定，维护司法公正。同时，印发《司法鉴定程序通则》，规范鉴定机构和鉴定人的司法鉴定活动。研究起草了《关于健全统一司法鉴定管理体制的实施意见》。

（五）人民监督员选任管理方式改革扎实推进

认真贯彻落实十八届三中、四中全会关于"完善人民监督员制度"的部署要求，扎实推进人民监督员选任管理方式改革。会同最高人民检察院印发《深化人民监督员制度改革方案》，对人民监督员选任管理方式改革进行部署。会同最高人民检察院印发《人民监督员选任管理办法》，规范人民监督员的选任和培训、考核等管理工作，保障人民监督员依法充分履行职责。会同最高人民检察院召开深化人民监督员制度改革电视电话会议，举办培训班，对贯彻落实上述办法要求，全面推开人民监督员选任管理方式改革进行部署。通过改革，人民监督员的广泛性、代表性进一步增强，选任程序进一步严格规范，履职抽选更加科学公正，制度机制不断健全完善。目前，25 个省份共选任人民监督员 13 490 名。

三、法治宣传和公共法律服务体系不断健全完善

（一）法治宣传教育深入推进

全面贯彻落实十八届四中全会对法治宣传教育提出的新论断、新任务、新要求，会同中宣部、全国普法办印发《关于认真学习贯彻落实党的十八届四中全会精神 深入开展法治宣传教育的意见》，深入推进法治宣传教育和依法治理。一是全面启动"七五"普法。召开第八次全国法治宣传教育工作会议，对贯彻落实中共中央、国务院转发的《中央宣传部、司法部关于在公民中开展法治宣传教育的第七个五年规划（2016—2020 年）》作出全面部署。二是完善国家工作人员学法用法制度。会同有关部门联合印发《关

于完善国家工作人员学法用法制度的意见》，进一步健全完善国家工作人员学法用法制度，推动国家工作人员学法用法进一步制度化、规范化，切实提高国家工作人员法治素养和依法办事的能力。三是突出抓好领导干部学法用法和青少年法治教育。推进领导干部学法用法，推动各级党校、行政学院、干部学院、社会主义学院将法治教育纳入干部教育培训规划。加强青少年法治教育，会同教育部、全国普法办联合印发《青少年法治教育大纲》，推动将法治教育纳入国民教育体系，进学校、进课堂、进课本。四是健全普法宣传教育机制。研究起草了《关于实行国家机关"谁执法谁普法"普法责任制的意见》，指导地方和部门行业建立普法责任制，法官、检察官、行政执法人员、律师以案释法、媒体公益普法等制度。五是推进多层次多领域依法治理。研究起草了《关于深入开展多层次多形式法治创建活动的意见》，推动法治创建在省、市、县、乡各层面普遍开展。

（二）公共法律服务体系建设有序推进

认真贯彻落实十八届四中全会关于"推进覆盖城乡居民的公共法律服务体系建设，加强民生领域法律服务"的部署要求，深入贯彻落实《关于推进公共法律服务体系建设的意见》，加快建立健全符合国情、覆盖城乡、惠及全民的公共法律服务体系。一是健全完善公共法律服务网络。建立健全县、乡、村司法行政法律服务中心站点，加强"12348"法律服务热线建设，充分利用微博、微信公众号、法律服务APP等平台方便群众进行法律咨询和寻求法律帮助。建立一村（居）一法律顾问制度等，推动公共法律服务向基层、乡村延伸。二是深入开展老年人法律服务和法律援助工作。会同全国老龄办印发《关于深入开展老年人法律服务和法律援助工作的通知》，不断拓宽老年人法律服务和法律援助覆盖面，健全服务网络，创新服务方式方法，提升服务水平。三是推进中西部地区临街一层法律援助便民服务窗口建设。深入开展调研，进行督导检查，中部和西部地区临街一层法律援助窗口建成率分别达到94.9%和73.9%。四是解决欠发达地区公证资源不足问题。印发《关于加快解决部分地区公证员不足问题的意见》，提出了加快解决部分地区公证员不足问题的政策措施。五是推进行业性、专业性人民调解工作。会同中央综治办、最高人民法院、民政部联合印发《关于推进行业性专业性人民调解工作的指导意见》，进一步加强行业性、专业性人民调解组织队伍建设，全力化解行业、专业领域矛盾纠纷。

（三）仲裁、公证等改革扎实推进

认真贯彻落实十八届四中全会关于"完善仲裁制度""发展公证法律服务业"等部署要求，扎实推进各项改革。一是完善仲裁制度。印发《关于进一步规范和加强仲裁机构登记管理的意见》，进一步规范仲裁机构登记、变更备案工作，完善登记管理制度，加强对仲裁机构监督管理。二是推动公证工作改革发展。会同中编办、财政部研究起草了《关于推进公证机构改革发展有关问题的通知》，提出进一步深化公证机构改革的政策措施。三是发展涉外法律服务业。会同外交部、商务部、国务院法制办印发《关于发展涉外法律服务业的意见》，对发展涉外法律服务业作出全面部署。四是完善政策措施。深入调查研究，研究形成发展法律服务业的政策措施，纳入了国务院办公厅《关于加快发展生活性服务业促进消费结构升级的指导意见》。

同时，积极推进国际刑事司法协助立法，向中央政法委报送了《国际刑事司法协助法（草案修改稿）》。印发《关于进一步加强涉法涉诉信访工作的意见》《司法行政机关信访事项终结办法》，改革司法行政涉法涉诉信访工作。参与人民陪审员制度改革试点工作，试点地区新选任人民陪审员9673人。印发《关于司法行政工作参与和保障司法责任制改革的通知》，积极主动配合其他牵头部门，做好司法部参与的其他各项司法体制改革工作。

四、坚定不移地把司法行政改革向纵深推进

2017年是全面深化司法行政改革向纵深推进的关键一年。中央有关文件对司法部牵头、参与的改革任务作了明确规定。中央政法工作会议、全国司法厅（局）长会议对深化司法行政改革进行了全面部署。司法行政改革的任务已经明确。要抓紧抓好，确保按期保质完成各项任务。

（一）当前的主要任务

一要抓好重要改革文件制定出台。在监狱制度改革方面，要研究制定开展罪犯危险评估的指导意见。在法治宣传教育方面，要推动关于国家机关"谁执法谁普法"普法责任制的意见、关于深入开展多层次、多形式法治创建活动的意见尽快出台。在律师制度改革方面，要研究制定公职律师管理办法和公司律师管理办法。在完善法律援助制度方面，要建立申诉法律援助制度，推动关于开展法律援助值班律师工作的意见尽快出台。在健全统一司法鉴定管理体制方面，要推动健全统一司法鉴定管理体制的实施意见尽快出台。在完善统一法律职业资格制度方面，要研究制定国家统一职业资格考试实施办法。在人民调解工作方面，要研究制定关于加强人民调解员队伍建设的意见。

二要抓好已出台改革方案的落实。目前，司法部已出台的改革文件占三中、四中全会部署的司法行政改革任务的85%以上，抓实施、抓成效的任务越来越重。要强化工作措施，抓好已出台改革文件的落实落地，重点抓好完善法律援助制度、完善国家统一法律职业资格制度、深化律师制度改革等支柱性改革方案的落实。要认真研究制定改革配套文件，将方案具体化为操作性强的办法措施，细化为创新性的制度机制，确保方案落地生根。要做好改革评估，总结各项改革中好的经验做法，研究解决遇到的问题，顺利推进改革。要把贯彻实施改革方案与贯彻落实全国监狱工作会议、全国律师工作会议、全国法律援助工作电视电话会议、全国社区矫正教育管理工作会议精神结合起来，确保各项改革举措有效实施。

三要积极做好参与配合的改革工作。要积极参与配合"统一刑罚执行体制""完善仲裁制度、提高仲裁公信力"等改革，配合第一牵头部门研究制定符合司法规律、符合中国国情的改革方案。要抓住政策机遇，紧密跟踪公安机关人民警察管理制度改革进展情况，结合司法行政实际，落实监狱戒毒人民警察管理制度和保障性政策。

（二）深化司法行政改革需要把握的三个问题

一要坚持符合司法规律和符合现阶段国情相统一。司法行政改革只有遵循司法活动的客观规律，才能有生命力。同时，司法体制改革必须与现阶段我国的基本国情，与经济社会发展进程相适应。如果脱离国情谈改革，就无法使改革落地生根，改革蓝图可能成为"空中楼阁"。

二要坚持整体推进和重点突破相统一。要进一步加强改革的总体规划，切实增强改革的系统性、整体性、协同性。习近平总书记强调："重要领域'牵一发而动全身'，关系到改革大局；关键环节'一子落而满盘活'，关系到改革成效。"[1] 要抓重要领域、关键环节，把那些难啃的"硬骨头"列为重点，加大攻坚力度，以重点改革突破带动司法行政改革全面推进。

三是坚持积极进取和稳扎稳打相统一。习近平总书记指出，"第一位的是拿出全面深化改革的勇气，搞改革不可能都是四平八稳、没有任何风险。只要是经过了充分论证和评估，只要是符合实际、必须做的，该干的要大胆地干。"[2] 要按照中央的部署要求，坚定不移把司法行政改革向纵深推进。同时也要看到，改革不可能毕其功于一役，要稳扎稳打，积小胜为大胜。对于改革过程中已经出现和可能出现的问题和困难，要一个一个解决和克服，做到蹄疾而步稳。

---

[1] 中共中央宣传部：《习近平总书记系列重要讲话读本》，学习出版社、人民出版社2016年版，第79页。
[2] 中共中央宣传部：《习近平总书记系列重要讲话读本》，学习出版社、人民出版社2016年版，第81页。

（三）进一步加强和改进司改组织协调工作

党的十八大以来，各级司法行政机关普遍设立的司法行政改革领导小组及办公室，推动改革工作。目前，司法部全面深化司法行政改革领导小组办公室日常工作由法制司承担，各省（区、市）司法厅（局）的司法行政改革日常工作多由法制处、办公室等综合处室承担。当前，改革协调、督办、督察、信息、保密、宣传等任务越来越重。在现有条件下，进一步加强和改进司改组织协调工作，要重点做好以下三个方面。

一要把督察贯穿改革工作全过程。要按照中央部署要求，督任务、督进度、督成效、察认识、察责任、察作风，确保司法行政改革落地生根。要增强督察工作主动性，积极帮助基层出主意、想办法、解难题，提出针对性、可操作性的建议，打通改革的"最后一公里"。要进一步健全完善督察工作制度，把改革督察作为经常性工作长期抓下去，形成长效机制。

二要把调查研究贯穿改革工作全过程。改革只有进行时没有完成时。站在全面依法治国的战略高度，如何破解影响司法行政机关履职能力充分发挥的体制性、机制性难题，进一步充分发挥司法行政工作的重要作用？如何加强司法行政队伍正规化、专业化、职业化建设，完善司法行政队伍职业保障制度？这些问题，都是关系司法行政改革发展全局的重大问题。回答好这些问题，不能闭门造车，而是要深入进行调查研究，在科学论证的基础上研究提出符合我国国情、符合司法行政规律的理论概括和政策设计。要通过广泛深入的调查研究，加强理论思考，加强政策谋划，做好理论准备、实践探索。

三要进一步做好司法行政改革宣传工作。要加强正面宣传，汇聚起各方面支持司法行政改革的正能量，营造司法行政改革的良好舆论环境。要切实做好网络舆情应对和处置工作，对社会高度关注、可能引起争议、误读甚至炒作的热点难点问题，要制定预案，妥善应对，为司法行政改革营造良好的舆论氛围。

全面深化司法行政改革的任务光荣而艰巨。要全面贯彻党的十八大和十八届三中、四中、五中、六中全会精神，深入学习贯彻习近平总书记系列重要讲话精神和关于司法行政改革工作的重要指示，全面贯彻落实中央关于司法行政改革的决策部署，坚定改革信心，增强改革定力，突出重点、攻克难点、狠抓落实，不断把司法行政改革向纵深推进，提升司法行政工作能力和水平，完善和发展中国特色社会主义司法行政制度。

民主法治示范村居创建评估指标体系实践研究*

陈春兰 等

> **内容摘要**：课题主要以民主法治示范村居建设评估体系为研究对象，立足上海基层民主法治建设的实际，从基层、民主、法治等系列概念辨析入手，研究分析民主法治示范村居建设指标体系应有的功能、现状，提出符合实际且具可操作性的民主法治示范村居建设评估体系架构并指出其应用途径和方法。
>
> **关 键 词**：基层民主法治　评估指标　基层社会治理

---

* 本文系上海市司法局、上海市浦东新区司法局联合调研组调研成果。课题组组长：陈春兰，上海市司法局副局长。副组长：朱剑华，上海市司法局原副巡视员；黄爱武，上海市浦东新区司法局原副局长；王奕蓉，上海市司法局办公室副主任；包志勤，上海市司法局法治宣传工作处（依法治市工作处）调研员。成员：张宝鹏，上海市司法局法治宣传工作处（依法治市工作处）主任科员；金欣鑫，上海市司法局法治宣传工作处（依法治市工作处）主任科员；高燕，上海市浦东新区司法局法宣处主任科员；顾珃，上海市浦东新区司法局主任科员。主要执笔人：张宝鹏，男，河北邯郸人，研究生学历，法学硕士；金欣鑫，女，湖南长沙人，研究生学历，法学硕士；顾进，男，上海人，研究生学历，法学硕士；高燕，女，浙江长兴人，研究生学历，法学硕士。

一、基层民主法治创建评估指标体系概念及其辨析

（一）基层民主法治建设概念

基层，是在国家与社会建设和发展中处于基础性地位的区域。由于研究目的不同，不同学者对基层的外延和内涵的理解不尽相同。总体而言，实行直接性管理，是基层这个概念最突出的特点，即直接面对人民群众，直接接受人民群众的监督，其一切管理活动都具有直接性而没有什么中间环节。① 但从可操作化的层面考虑，普遍的观点认为基层在地域概念和等级层次上是指城市社区和农村村庄。本课题研究讨论的基层范围大致与此相同，主要指街镇政权以下。

基层民主法治，包含民主和法治两个维度。目前关于基层民主的内涵，学术界仍有不同的看法。一种观点是从社会结构的角度出发，将基层民主主要概括为三个方面的内容，即"以村民委员会为核心的农村基层民主建设""以社区居民自治为核心的城市基层民主建设"和"以职工代表大会为核心的企事业基层民主建设"。② 这是对基层民主范围的狭义理解。第二种着重从基层民主的政治制度和民主实践着眼，认为基层民主应该包括基层政权机关和基层群众性自治组织，以及一些国家机关、社会组织和团体。这种观点与第一种相比，主体范围更加扩大，是对基层民主广泛意义上的理解。《中国的民主政治建设》白皮书中指出，目前中国已经建立了以农村村民委员会、城市居民委员会和企业职工代表大会为主要内容的基层民主自治体系。③ 本课题所指的基层民主主要指基层自治，指广大人民在基层群众性自治组织中（指村居），依法直接行使民主选举、民主决策、民主管理和民主监督的权利，对所在基层组织的公共事务和公益事业实行民主自治，即狭义上的基层民主（以村民委员会为核心的农村基层民主建设、以社区居民自治为核心的城市基层民主建设）。法治，即缘法而治。基层法治即基层治理的法治化，基层社会的政治、经济、文化等一切活动依照法律管理，公民、各种社会组织的所有行为依照法律进行。它的本质在于崇尚宪法和法律在国家政治、经济和社会生活中的权威，并运用这种权威，通过各种形式和方法使各个领域逐步迈入法治化、规范化管理的一种社会管理方式。民主与法治是相辅相成的，现代意义的法治，是民主的产物，是民主发展的制度成果，又是民主发展的根本保障。基层民主建设出现的种种问题，归根结底需要法治建设来解决；发展基层民主，需要以法治建设为根本途径。

（二）基层民主法治建设评估指标体系概念

近年来，一些地区开始尝试对本地区法治建设情况进行评估，出现了各类"法治建设指标评估体系""法治指数"等评估指标方法，在这类评估体系中，尽管涉及基层民主与法治建设方面的内容，但对基层民主法治建设总体状况进行系统衡量和评估的很少见。司法部在2003年《关于开展民主法治示范村活动的通知》（司发通〔2003〕61号）中曾给出一个民主法治示范村的指导标准，但标准过于原则抽象，无法量化，操作性不强。2014年3月，江苏盐城推出全国首个法治社会建设考评指标体系，该体系涵盖五大类18项30个指标，其中或有多个指标涉及基层民主法治建设。《辞海》对"指标"的解释是：综合反映社会现象某一方面情况的绝对数、相对数或平均数。④ 基层民主法治建设是不断发展完善的，它的应然状态是无限美好的。因此，建构一个地区的基层民主法治建设指标体系，我们只能阶段性的设定一个目标，将该目标的内在构成

---

① 郑孟状、姜煜洌、张珊丹、周晓婷："关于基层民主法治建设状况的调研及相关问题的思考"，载《宁波大学学报（人文科学版）》2006年第3期。
② 王一程："改革开放以来的中国基层民主建设"，载《政治学研究》2004年第2期。
③ 详见《中国的民主政治建设》白皮书"城乡基层民主"部分，国务院新闻办公室2015年10月19日发表。
④ 夏征农：《辞海》，上海辞书出版社1979年版，第1586页。

要件逐一分解成具体的、可测量和可考评的指标，将各个指标通过定性、定量、规整而组成的一套指标群和"操作系统"就是基层民主法治建设指标体系。由此而知，基层民主法治建设评估指标体系从概念来讲，其内涵是指一系列指标内容，即反映一个地区基层民主法治建设现状与预测其发展趋势的指标群组，其外延则包含指标择选、考核、评估、运用、转化整体过程的实施规则、方法等内容。

二、基层民主法治建设评估指标体系的主要功能

（一）传承引导功能

传承引导功能，即目标引领性，通过建构科学的指标体系为基层民主法治建设提供行为标准与目标指引。微观来看，每个指标及其数值都是一个标准、目标；宏观来讲，整个评估体系是一个总目标，只有达到每一个指标所设定的数值，才能实现总目标。传承引导功能就是通过指标体系的微观与宏观互动，将基层法民主法治建设宏观、抽象的要求转换成具体的、可操作性的准则，为推进基层民主法治建设提供科学的目标指引。

（二）量化评价功能

量化评价功能是评估指标体系的核心功能，主要表征是评价和判断，即通过指标数值，对基层民主法治建设进行科学评价和判断，为下一步工作的开展提供决策依据。发挥好量化评价功能，需注意两个方面的内容，其一，评估指标体系囊括不了法治建设的所有要素，须通过科学的方法从中择取有代表性、可操作性、可对比性的指标；其二，量化评价功能的发挥关键在于评价的标准和规则的设定，评估评价既要全面和客观，又能反映重点和难点。发挥好量化评价功能，使决策者能全方位的掌握基层民主法治建设客观现状，进而为其制定对策和方案提供科学依据。

（三）激励约束功能

激励约束功能是量化评价功能的延续。评估是行为，推进工作是目的。指标体系具有时间的延展性，可以实现纵向的自我对比，通过一个阶段的评估，可以发现优势成长的效果、问题改进的效果，进而有针对性地进行激励和约束；指标体系也具有横向对比性，通过同纬度主体之间的对比，可以找到各自的优势和不足，通过激励先进、鞭策后进这样一个约束机制倒逼民主法治建设上台阶。

（四）预测矫正功能

预测矫正功能是指指标体系具有应然的理性，也即远期目标性，它是传承引导功能的延伸。评估指标体系的远期目标指引为民主法治建设提供了一个可预期的发展愿景，通过评估可知现状与目标的差距，进而更准确的预测路径发展的趋势，为制定相应的政策提供依据。在目标与现状之间，评估的过程是一个不断"纠偏"的过程，即对于与指标体系所反映出来的数值相左的工作或其他内容，在研判之后可对其进行"矫正"。

三、上海市基层民主法治建设及其评估现状

（一）上海市民主法治示范村居创建及评估现状

上海市民主法治示范村居创建可分为两个阶段，第一阶段（2014年之前），上海共有40个村获得"全国民主法治示范村"称号。在这个阶段，全市范围内开展过两个批次的市级民主法治示范村居评选活动，全市约70%的村居通过创建验收。第二阶段（2014年至今），2014年司法部、民政部下发《关于第六批"全国民主法治示范村（社区）"评选推荐工作的通知》，首次将城区居民区纳入表彰范畴。上海也首次通过差额推荐的方法从全市17个申报村居中差额推荐8个村居参加评选，共有7个居民区和1个村获得司法部、民政部表彰。两个阶段的差异主要表现在评审推荐程序上，2014年以前的推荐都是等额推荐，这是由于2014年以前城市居民区没有被纳入评比的范围，司法部、民政部给予上海的名额恰与本市郊区数额一致，因此，2014年以前都是在各郊区县申报的基础上等额推荐。2014年，城市居民区被纳入评比范畴，推荐程序也改为差额推荐，在第六个批次的推荐工作中，全市共有17个居民区、村参加了申报。为确保差额推荐程序公平、结果公正，也首次采用了社会独立第三方评审推荐的方式，在全市普法依法治理专家库中随机抽选五位专家组成评审委员会，对参与申报的村（社区）进行集中评审。

（二）存在问题与改进方向

1. 理论与实践相结合方面

从"五五"普法开始，上海就不断探索通过设置科学的激励机制推进基层民主法治建设。在评估标准和方式的构建上，不仅在理论层面组织专家学者进行调研讨论，更注重吸收总结基层一线的实践经验。但就目前情况看来，理论成果与实践应用仍存在脱节，理论上的评估方案不能涵盖基层民主法治实践全过程，操作性较差。同时，由于缺乏对各区零散性的基层实践经验系统性的总结和整理，难以形成具有逻辑统一性和广泛适用性的评估体系。在理论与实践两方面都有较好基础的情况下，理论研究的转化应用和基层民主法治实践的升华提炼，是上海构建基层民主法治创建评估体系的关键环节。

2. 城镇乡村二元评估体系的机构与整合方面

司法部、民政部的第六批"全国民主法治示范村（社区）"的评选，已将城区基层民主法治创建纳入其中。上海的城市化、法治化程度在全国均处于先进水平，在推进城乡民主法治建设评估方面也起步较早，"五五"普法期间就开展了市级民主法治村、居的评选活动，但尚未形成较为完整的、科学的评估标准。城市居民区和农村虽都属于基层自治组织，但是，由于组织架构和土地财产权等方面的差异，二者在推进民主法治进程的依据、重点和形式亦有较大差异，不可适用同样的评估标准。如何设计出既相互独立又有机结合、既成体系又可操作的民主法治示范村、民主法治示范社区评估标准，是构建基层民主法治创建评估体系的重点问题。

3. 评估体系的前瞻性和稳定性方面

目前上海开展的民主法治示范村、居的评选，基本是对照司法部、民政部"全国民主法治示范村（社区）"评选推荐的要求与节点推进的，在发挥主动性和先进性方面还有待提高。基于评估指标体系本身具有事后评价与事前指导的双重功能，需要在充分领会上级精神和研究本地实践经验、需求及发展方向的基础之上，研究制定一个可在中长期阶段持续发挥评价、指引和激励效用的基层民主法治建设评估体系，保障评估工作的长效性与实效性。评估体系功能的发挥，应使民主法治示范村居评估工作的开展既可直接与司法部、民政部"全国民主法治示范村（社区）"评选推荐相对接，又可成为整合、表彰、推广本地城乡基层民主法治建设先进经验的平台。

四、构建基层民主法治建设评估体系的原则与内容

构建基层民主法治建设评估体系，要在党的十八大、十八届三中、四中、六中全会和市十一次党代会精神指引下，以贯彻落实《村民委员会组织法》《居民委员会组织法》以及本市人大有关配套条例和市政府有关配套政策为内容，以创新社会治理加强基层建设为出发点，强化基层民主法治制度建设、增强村居民法治意识，促进基层村居和谐稳定。

（一）指标设置的原则

1. 全面性原则

所谓全面性原则，是指基层村居民主法治建设评估指标体系必须全面反映基层村居民主法治建设的全过程、全要素。影响民主法治建设的要素很多，指标体系也不可能无限的纳入和罗列，但是，在建构一个地区的基层民主法治建设指标体系时，还是应尽可能地全面性展现村居民主法治建设的肌体，尽量谋求指标的全面、协调和一致性，凡是影响到村居民主法治建设的关键要素都应该纳入到指标体系当中。结合我国基层民主政治实际，基层民主法治建设指标体系全面性原则主要体现为应坚持党的领导、人民当家做主、依法治理有机统一的大原则，应确保实现村居民依法直接行使民主权利、民主管理村居事务，实现村居党组织领导下的村居自治，实现基层党委政府与村居自治的有效衔接和良性互动的大目标。

2. 引领性原则

在上文提到，指标体系的一个重要功能就是引导功能，即通过科学的指标设置，引领基层民主法治建设有序推进。因此，基层民主法治建设指标体系必须有一定的前瞻性，力求体现引导功能。根据我国基层民主法治运作实践，引领性原则主要表现在民主的贯彻、自治的运行、法治的保障上，即在理清民主、自治、法治三者关系的基础上，通过科学的指标设置，引导农村和居民区朝着民主法治应有含义的方向前进，构建以村居民为主体，以党的领导、依法办事、人民当家做主相统一为引领的新型治理机制。

3. 可操作性原则

可操作性原则是指指标设置应具有便捷性和实效性，主要表现为结构的简洁性和内容的可操作性。结构的简洁性主要指指标体系"级别"不可过多，结合基层民主法治建设指标评估对象，指标架构以两级为宜，即指标内容架构可设为两级指标、三级数据。内容的可操作性是指定性指标的清晰化和定量指标的明确化。在具体标准内容上，还须以两个组织法为基本内容，注重各项基层民主自治制度的有效落地。

（二）市民主法治示范村（居）评估体系的初步建构

基于农村与城市居民区的主体定位和功能不同，应分别构建两套指标体系，即《上海市民主法治示范村评估体系》和《上海市民主法治示范社区评估体系》。两个指标体系一级指标相同，二级指标根据二者主体地位和功能不同有所差异。一级指标可从五个维度来设定，分别是加强党的领导、自治参与度、制度和秩序规范度、法治宣传教育规范度和民主自治成效及创新。

推进基层民主法治建设，加强党的领导是根本。建立和完善有效发挥党的领导的体制和机制，对于深化基层民主法治建设具有决定性的作用，因此，将"加强党的领导"作为一级指标放在指标体系的第一部分。一级指标"加强党的领导"项下的二级指标设置，民主法治示范村指标体系有四个具体项目，分别是建立村级党组织会议制度和党政联席会议制度、党务公开运作良好、村级群团组织健全和严格按照法律规定协助上级政府开展工作；民主法治示范社区指标体系有三个具体项目，即制定并实施社区党员代表议事制度、党务公开运作良好和严格按照法律规定协助上级政府开展工作。需要指出的是"严格按照法律规定协助上级政府开展工作"指标，在两个指标体系中都有出现，主要基于两方面的考虑，一是贯彻市委近年来创新社会治理加强基层建设的要求，二是减轻基层负担、发挥基层自治作用需要在党的领导下才能有效进行。

推进基层民主法治建设，释放"自治"效能是目的。在"自治参与度"类项目中，主要指标所反映的是法律及政策所规定的"四民主两公开"的落实情况，且定量化指标占比较大，其中，"村"类自治化项目16项，定量化指标12项，包括了选举登记率、投票率、参选率、民主评议率、村务公开次数等内容；"居"类自治化项目16项，定量化指标12项，包括了参选率、直选率、居委班子成员坐班率、属地化率等内容。这些指标的遴选，都考虑到了上海现有的工作实际以及基层政权建设重点引导的方向。

推进基层民主法治建设，完善保障体系是手段，必须体现出良好的自治秩序成效。在指标体系第三部分，主要是围绕制度和秩序规范度来展开。在此类指标中，定性类指标占比较大，项目主要是围绕建立健全各项自治保障制度来展开。在"村"类具体项目中，共有14项指标，包括制定村民自治章程或村规民约、村民代表议事制度、村务公开制度、民主理财制度、年度刑事案件发案率、违法上访情况、矛盾化解率、领导班子违纪情况等内容；在"居"类具体项目中，共有14

项指标，包括制定并实施居民自治章程或居民公约、居民代表议事制度、居委会例会制度、居委接待居民制度、小区群租情况、年度刑事发案情况、居委班子成员违法违纪情况等内容。

推进基层民主法治建设，法治宣传教育工作是重要内容。村民法律意识、法治思维的提升，对于夯实法治社会基层基础具有重要的意义，因此，在设置基层民主法治评估具体项目时，主要围绕村居法制宣传阵地建设来展开，主要包括了村居法制宣传阵地建设情况、法律服务和援助工作站所建设情况、法治宣传教育开展情况等内容。

推进基层民主法治建设，激励和发挥人民群众的积极性和主动性是关键。从各地的民主自治实践来看，在村居党组织的领导下，在人民群众的大力支持下，创造出了许多民主法治建设工作中的好经验、好做法，如村委员会"海选"的做法，就源于吉林省农村，并被写入《村民委员会组织法》。同时，设立民主法治示范村居创建这样一项工作，必须要鼓励创新，必须要发挥创建村居的示范带动作用。因此，在设置民主法治示范村居创建工作指标体系中，必须纳入创新或特色指标。在设置此类工作项目上，村居共有两项指标，分别是民主自治创新情况和获得奖励表彰情况。

五、基层民主法治建设评估体系应用范围及需注意几个问题

（一）民主法治示范村居创建评估体系的应用

1. 用于民主法治创建活动

由国家司法部和民政部联合发文组织的民主法制村及民主法治示范村创建活动，在全国范围内已开展多年。2014年起又将创建范围从村扩大到居，形成了民主法治示范社区（居委会）和民主法治示范村两大创建活动并存的格局。在全国范围内，这种创建活动每两年开展一次；部分省市在自己行政区域内每年开展一次。研制民主法治示范村居创建评估体系，直接缘于民主法治创建的需要。因此，民主法治创建活动是该评估体系的第一应用领域。

2. 用于精神文明创建活动

党的十八届四中全会通过的《中共中央关于全面推进依法治国若干重大问题的决定》指出了"把法治教育纳入精神文明创建活动"的要求。近期，中办、国办印发了《关于进一步把社会主义核心价值观融入法治建设的指导意见》，其中的"法治教育"绝非局限于学校课堂，而是指各行各业各单位、特别是基层社区学习现代民主法治的全过程。学习、操练民主法治的"法治教育"，也是精神文明建设的重要内容之一。创建，是民主法治建设和精神文明建设的有效载体和抓手，制度与文化（包括教育）两大要素的成长，统一于"创建"过程中。因而，把法治教育纳入精神文明创建活动，在基层就需要应用民主法治示范村居创建评估体系。

3. 用于社会治理考核评估

"完善党委领导、政府主导、社会协同、公众参与、法治保障的社会治理体制"是《中共中央关于制定国民经济和社会发展第十三个五年规划的建议》中提出的"坚强保证"重要举措之一。村居是社会治理体制的基础点，故需要应用民主法治示范村居创建评估体系来考核一下党政（市区街镇）领导、主导的如何；评估一下社会协同的水平、公众参与的实效。用好这一评估体系，有助于推进社会治理精细化。

4. 用于社会建设评析研究

社会建设，是我国"五位一体"现代化事业中的重要方面。按照民主法治、公平正义、诚信友爱、充满活力、安定有序、人与自然和谐相处的总要求建设和谐社会，起点就在基层的村居。应用民主法治示范村居创建评估体系，能帮助我们评价基层社会建设的进程、分析社会建设的问题、研究社会建设的特点；同时，这样的评析研究也会促进民主法治示范村居创建评估体系本身的不断完善。

（二）民主法治示范村居创建评估体系的应用方法

1. 做好准备工作

民主法治示范村居创建评估体系的许多指标数据，来源于平时的积累收集。如有可能，平时就将评估指标所用到的数据列入工作记录项目，并尽可能地进入办公自动化系统或电子统计表格，以利村居测评时数据生成，直接计算或采集方便。暂时没有电脑录入并贮存评估所需数据的情况下，更要提前做好相关准备工作，调整补充好原有的工作报表，包括记录台账等。提前印制好录入数据、统计数据、汇总数据等表格材料，也是重点的准备工作。

2. 研究制定权重

民主法治示范村居创建评估体系由两级指标、三级数据构成，"村"的三级数据有39个，"居"的三级数据有40个。为了在评估过程中既兼各种指标数据的内容又突出重点，需确定好权重比例。如在《上海民主法治示范村评估体系》中，第11个指标数据"建立村民主理财小组"比较重要，其权重可定1.2或1.5；在《上海民主法治示范社区（居委会）评估体系》的5个两级指标中，第3个两级指标"制度和秩序规范度"的内容在实践中比较重要，其权重比例可设在28％至33％之间。权重的确定，要经专家充分讨论和论证。

3. 强调统一性规则

应用民主法治示范村居创建评估体系时，要注重统一性。评估的对象、时段、标准、范围、权重、统计方式和数量单位等，都须统一。包括计算过程中保留小数点后两位，余数也要明确统一采用"四舍五入"的方式计入。最后一级指标的数值可以统一按百分制的思路，小数点前有两位数，满值为百分；也可以统一按千分制的思路，小数点前有三位数，满值为千分；一般情况下不会出现满百分或满千分。

4. 注重灵活应用

民主法治示范村居创建评估体系的应用，可根据现实情况和工作需要，灵活选择方法和手段。如有些自治创新亮点很难对应现有的评估标准，可采用单项加分法；为了提高评估效率，可在有了初选对象基础上缩小范围展开评估；对街镇（甚至区县）创建评优，可用所占比例数的方法来排序推先；每过三至五年，可采用一次创建评估与民意评估（问卷调查）相结合的方法等。

论拓展法律规范体系建设的价值取向

沈国明[*]

> **内容摘要**：中国特色社会主义法律体系形成以后，并不意味着立法工作量的减轻或停滞，经济社会转型会对立法质量和立法精细化提出新的更高要求。加强立法工作、拓展法律体系建设应坚持的价值取向主要包括坚持党的领导、确立市场经济导向、保障人权、实现公平正义、关注民生、立足法典化等多个方面。
>
> **关 键 词**：法治中国　法律规范体系　立法活动　法典

---

[*] 沈国明，男，江苏常州人，上海交通大学凯原法学院讲席教授，博士研究生导师。

2010年，全国人大宣布具有中国特色的社会主义法律体系已经基本形成，其标志性事件是《中华人民共和国社会保险法》的出台，使社会法领域有了基本法律遵循。至此，我国形成了三个法律层次、七个法律部门；各部门的基本法律都已经出台；法律总量已经颇具规模。在现在看来，法律体系形成主要是对现存法律文本的大体覆盖面做一个事实确认，并宣告我们实现了法治建设的一个阶段性的宏伟目标，但这不意味着对立法理念、立法质量、法律作用等内容进行了实质性评价。在这里明晰法律体系形成的时间节点，对于明确该分水岭前后两个时间段法治建设的任务是有益的，也有利于区分前后两个阶段的法治建设重点和难点。法治初建时面对"无法可依"的难题，急需大量立法，立法的指导思想是"有比没有好""宜粗不宜细"，但是法律体系形成之后，立法工作应更加注重科学化、民主化，更加注重立法的质量。①

一、法律体系形成之后我国立法工作存在的问题

我国法律体系形成之后，立法工作依然面临着很多问题和难题。从宏观上讲，为解决转型时期法律内部矛盾和冲突问题，在今后相当长一个时期里，法律的"立、改、废"仍然是立法机关的艰巨任务。从微观上讲，主要表现在以下两个方面：一是法律体系需要不断完善，补短板；二是立法质量和立法科学性亟须随着实践的发展而不断进行提升。

宏观上讲，法律体系必须具有统一性和协调性，这也是古今中外一个基本经验。我国的立法在坚持社会主义根本制度下，经历了数次体制改革，法律价值随着日益明晰的政治民主化、经济工业化、社会城市化、人的社会化，也发生了根本性的变革。总体上而言，我国改革的主要轨迹就是市场因素不断增加的过程。从改革开放之初坚持"以计划经济为主、市场经济为辅""让市场在资源配置中起基础性作用"，演变到现在的"让市场在资源配置中起决定性作用"。在此过程中，相关法律对市场主体的认定、对经济关系主体权利义务的配置和调整，基本处于不断变化的动态过程。这就导致一个非常客观的结果：法律的生命周期相对短暂，一般都在5年至10年。如果我们审视20世纪70年代末法治重建之初出台的规则的话，就会发现，当时的立法能用来调整当下的社会关系的已经寥寥无几。在这种背景下，导致我国每个阶段进行的立法之间不可避免地存在矛盾和抵触。这些法律之间的冲突实质上是我国巨大的社会转型以及法治发展的渐进性和阶段性等决定的。而法律本身发展的滞后性和相对稳定性，更是使得这种法律内在冲突成为一种客观现象。

在这里就需要区分哪些领域是社会发展导致的法律冲突，哪些领域是法律自身的原因导致的法律内在不协调。如随着社会发展，有些领域的立法已经不能满足经济社会快速转型的需要。这主要表现在城镇化的发展，亟须对传统社会的户籍制度、土地管理和规划制度、社会保障制度等进行根本性的变革。在民生领域，教育制度、医疗保险制度、住房制度等事关基层民众的切身利益的领域，也需要进行指导思想上的革新，以便为建立更为公平合理的具体制度进行立法设计。今后，随着我国社会成功转型，各项制度不断健全和完善，我们可能有机会比较从容地解决法律内部的矛盾和抵触，法律生命周期也可能随之延长。但是，从法律与社会发展的内在联系看，有一个基本判断不会改变，那就是，在今后相当长的时期里，法律的"立、改、废"仍然是立法机关的艰巨任务。而法律自身的不周延和天生的滞后性也可能导致法律要不断进行"立、改、废"，这也需要进行法律的更新。

微观上，其主要表现在以下两个方面。首先，法律体系要不断完善，补短板。我国的法治是建

---

① 沈国明："民主立法不一定符合科学立法"，载http://news.ifeng.com/a/20140905/41883236_0.shtml，2017年7月8日访问。

立在我国改革实践当中，而改革所具有的阶段性和渐进性，都决定了我们对中国问题的把握仅仅是阶段性的，而随着改革的深入发展，人们对改革中的问题认识不断深入，前一个阶段的立法在后一个阶段实践来看，可能存在这样或那样的问题。以我国土地法律制度改革为例，改革开放初期，我国土地能否批租给私人使用，是个法律上的疑难问题。后来学界经过讨论，最终推动宪法层面的修改，由原来禁止批租给私人使用，到可以合法批给私人使用。这主要表现为1988年宪法修正案规定：宪法第10条第4款"任何组织或者个人不得侵占、买卖、出租或者以其他形式非法转让土地。"修改为："任何组织或者个人不得侵占、买卖或者以其他形式非法转让土地。土地的使用权可以依照法律的规定转让。"但是，随着我国改革实践的不断深入，现在人们越来越发现，该条修正案也面临很多难题。如该修正案的土地使用权应该如何解释，其中争议最大的是集体土地使用权可否在法律规定的前提下进行转让。在这方面，学界研究的共识是集体土地使用权应该可以依法转让。但是，这里存在的问题是，集体土地应作狭义上的解释，即集体建设用地使用权，甚至更狭义上而言是集体经营性建设用地。目前，关于集体经营性建设用地如何进行依法转让，还处于试点探索阶段，还没有形成系统的规范性文件。中国处于快速发展期，这使得法律周期变得很短，中国的法治，特别是我们的法律为什么总是让人感到滞后，一个重要的原因就是我们经济社会发展太快，法律要调整的很多社会关系没有稳定下来。

在互联网时代，这个问题表现得更为尖锐。互联网时代，各种信息流通过互联网传播，推动社会经济的空前发展。但是，互联网是一把"双刃剑"，最典型的例子就是互联网金融领域。很多互联网金融公司由于缺少相应的准入门槛，以至于很多投机分子利用这个制度漏洞进行欺诈，不仅诈骗金额数额巨大，而且社会影响很坏，不利于社会金融秩序和安全秩序的稳定。因此，网络背景下，加强新型行业的规制成为立法的重中之重。因为，新型行业的立法既需要规范，也需要宽容和鼓励；如何在二者之间取得平衡，立法需要与时俱进。在这个领域，立法明显滞后，极有必要制定网络立法总体规划，积极构建互联网法治体系，经过这一段野蛮生长，对企业而言，理想状态似乎不应该是"互联网+"，而应当是"产业+互联网"，法学界应当积极推动传统法律适用延伸到网络空间，规范网络执法，引导网络守法，这也提示我们，法律体系形成以后，完善法律体系的任务须臾不可放松。

其次，立法质量和立法科学性亟须提高，立法工作面临更多挑战。社会主义法律体系的基本建成，使得我国基本实现了有法可依。但是，在这种背景下谈立法工作，还意味着立法面临更多挑战。这主要是因为立法工作不仅仅需要一定数量的立法，还要随着社会转型发展，不断提升立法质量和立法的科学性。立法质量的提升和立法科学性的强调，离不开对经济社会发展规律的把握，而认识和把握社会领域的规律不是一件容易的事。这是因为，与法治建设初期相比，社会关系变得庞杂和复杂，社会领域的权利义务的配置难度大大增加。尤其是在社会分工日益精细化的今天，各个领域、各个行业都有自己独特的行业规则或习惯，不同利益群体诉求日益多元，权利诉求的冲突及纠纷更加显化，权利主体意识和法律意识不断高涨等，给平衡各方利益带来很大难度。行政权力在此过程中发挥着重要功能，但也亟须进行规制。如上海自贸区的改革，探索采用负面清单的管理模式，就是在充分发挥市场作用的同时，也要发挥政府的推动作用。但政府与市场的关系需要重新厘定，行政权力对市场干预的减少，势必重塑符合市场经济需求的法律体系。我们所制定的规则，应当遵从市场规律和市场经济发展规律。可是，认识上的局限性会影响立法的科学性。民主立法可以适当弥补认识上的缺陷，但不能认为民主立法就一定会引出符合科学的立法。由权利义务配置引发的争议，甚至会导致对立法机关的代表性产生质疑。

二、加强立法工作，拓展法律体系建设应坚持的价值取向

在经济、社会整体发展战略中，法律体系是完善中国特色社会主义法治体系、建设社会主义法治国家总目标的根本依据。它为最终总目标的实现及其具体途径的抉择提供必要规范指引。但法律"作为社会控制的一种技术不是中性的，它必然包含着制定者的价值追求和价值取向"。尤其是受到法的制定者和实施者的政治理想和道德观念及其阶级意志等因素的制约或影响。作为中国特色的社会主义法律体系，必然会受到法的制定者和实施者的政治理想和道德观念及其阶级意志等因素影响。

（一）坚持党的领导

在立法领域加强党的领导是完善法律规范体系的根本政治保障。社会主义法律体系初步形成以后，立法领域面临很多难题。一方面，立法滞后、法律体系不周延、体系不严密等客观因素本身就制约法律体系的完善和发展；另一方面，在社会急剧转型时期，很多重大问题的处理都需要通过全面深化改革来进行推进，党的重大改革决策，如农村土地制度改革、监察委员会制度改革、中国（上海）自由贸易试验区改革和司法体制改革等如何与宪法和立法相衔接，而这些改革本身就要打破既有的规范体系，如何依法推进改革，如何借助立法来获得改革措施的深入和持续，而立法又如何在党的领导下，不断有效反映党的全面深化改革的意志和主张的过程。对于这些问题的研究，都必须要加强和关注。对此，党的十八届四中全会明确提出：加强党对立法工作的领导，完善党对立法工作中重大问题决策的程序。党中央向全国人大提出宪法修改建议，依照宪法规定的程序进行宪法修改。法律制定和修改的重大问题由全国人大常委会党组向党中央报告。

一方面，针对立法者无法解决的问题，尤其是立法者无法破解的难题，都可以借助党的领导来加以推进或寻找到破解之道。另一方面，党领导立法也是改进和加强党的领导的方式方法。

1. 从党领导立法的优势上而言，坚持党领导立法能为法律体系的完善提供根本政治保障

社会转型期，改革的深化与遇到的问题不断向现行法律体系提出了很多的难题。如全面深化改革与于法有据内在统一，要求现行改革必须在遵循法律体系的基础上来进行，但是改革本身又可能突破现行法律体系。因此，如何在协调二者的基础上来发展法律体系，很多情况下，都需要党中央来进行决策部署，有时通过试点或逐步推进的方式进行，没有党中央的决策部署，这些改革与法律规范体系的紧张关系有可能极大制约改革。如自贸区法治建设、农村宅基地试点改革，都是在党中央的决策部署下，在消除二者之间的内在紧张关系的基础上进行推进的。

与此同时，从法的价值层面上而言，对于社会转型，尤其是社会主义法律体系初步建成之后，很多改革都需要在维护基本的社会秩序的前提下进行。立法是确立重大社会利益调整的政治行为，涉及基本社会秩序的维护、社会正义的实现以及人们自由的限度等问题。只有在立法领域中，通过民主和科学的法律规范体系的建设，才有可能实现这些法律价值。而这些价值的实现，离不开中国共产党的领导。"在利益多元化和社会矛盾多变的当今中国，只有通过党的统一领导才能有效化解社会矛盾、维护社会稳定、实现利益均衡。"[②]

2. 加强党对立法的领导也是改进党的领导的方式方法的重要内容

立法活动本身是民主性和科学性很强的一项复杂的技术性活动。党领导立法必须按照立法规律和立法程序来进行。因此，从这个意义上而言，加强党对立法领导本身也是改进党的领导的重要内容。

[②] 汪习根、宋丁博男："论党领导立法的实现方式"，载《中共中央党校学报》2016年第2期。

从宏观上而言，加强党对立法的领导和坚持人大主导立法是统一的。加强党对立法的领导主要是指党对立法政治方向、意识形态和组织等方面的领导，如对法律，特别是重大的基本法律是否坚持正确的政治原则、保持正确的政治方向、是否坚持了马克思主义的立法思想和方法以及为立法工作推荐合格的人才等方面进行领导。而对人大根据合法程序和合法职权进行的立法，要根据宪法与法律进行支持和肯定，并在此基础上带头守法，维护宪法和法律的权威。③

从微观上而言，在法律修改和完善方面要坚持党的领导。在宪法的修改和完善方面，党中央通过向全国人民代表大会提出修宪建议，或者发现和确立宪法惯例等方式，来实现党的领导。在法律制定和修改中的重大问题上，党中央通过"党组"依照党内程序实现党对立法的领导，在这方面要加强党内组织制度的建设，以便更好地与人大党组的衔接。在重大立法人事上，对立法机关的编制等问题要给予大力支持；对于立法机关报送的立法规划进行讨论、审定，是党对国家整体性立法工作进行领导的重要方式。

无论在宏观上或微观上的领导，都建立在人民当家做主和尊重人大主导立法的原则下，都是代表广大人民群众最根本的利益的前提下进行的改进和完善。这无论是对加强和改进党的领导，还是完善社会主义法律体系而言都是十分重要的，二者相互促进，相得益彰。

（二）确立市场经济导向

法律规范体系的形成与发展，与改革开放以来所确立的社会主义市场经济体制改革具有内在的联系。经过近四十年改革开放，我国经济社会成功转型，随着我国法治建设不断向社会领域拓展和深化，社会成员的法治意识和权利意识大大增强，遵守法律，通过法律寻求利益保护的意识也明显增强。以往很多人认为上法院是很没面子的事，现在则不像过去那样畏惧诉讼，诉讼成为解决纠纷的主要途径，即使对政府的决定也不是无条件服从，相反，会对政府行为的合法性、合理性有自己的判断，甚至会通过行政诉讼"讨个说法"。这种变化形成了实现法治的基础条件。虽然传统文化的影响仍然很大，市场经济也还没有达到特别发达的程度，接受法治的社会基础还不牢固，但是与四十年前相比，情况已经得到极大改善。这是我们当下完善法律规范体系的社会背景。离开这一点来谈法律规范体系，很多法律问题则是无法进行有效的解释或解决的。

法治需要与时俱进，党的十八届四中全会《决定》指出："社会主义市场经济本质上是法治经济。使市场在资源配置中起决定性作用和更好发挥政府作用，必须以保护产权、维护契约、统一市场、平等交换、公平竞争、有效监管为基本导向，完善社会主义市场经济法律制度。"在法律规范体系完善方面，加强对以市场化为导向的法学理论研究非常紧迫。市场经济的发展，尤其是党的十八届三中全会提出的"让市场在资源配置中起决定性作用"对法学理论提出新的要求。在价值多元的纷繁变革中，法律要能在市场化改革的过程中发挥作用，法学必须先进行一定的改革。对此，法学要同经济学结合深入社会经济生活。④过去由于法律缺失较多，甚至有的部门法学还只停留对在"立法原则"进行研究的水平上，而且，往往还将此比作"中国特色"。今后，法学可能转向更务实地对条文的研究，更注重理论同实际的结合，也更容易同世界对话。当然，法学工作者应提高自己，尤其要注意完善知识结构，特别是要了解经济，深入社会经济生活之中，使自己的研究能够更贴近社会实际，以适应时代的需求。在此过程中，来发展和完善社会主义法律规范体系。

坚持以市场化为导向的法律规范体系完善应在尊重"市场在资源配置中起决定性作用"的前

---

③ 沈国明："论依法治国、依法执政、依规治党的关系"，载《东方法学》2017年第4期。
④ 沈国明：《渐进的法治》，黑龙江人民出版社2008年版，第22页。

提下,要"更好发挥政府作用"。在新一轮社会财富分配过程中,城市居民并不处于有利地位,农民也不处于有利地位。市场化进程中财富的重新分配是不可避免的。但分配得不公平,过于两极分化,就会导致社会整合的严重困难。更严重些,还会导致下一轮的再清算。于是寻求最佳的改革道路或方案的努力,就必然转化为使改革方案尽可能少地损害人们利益的思考。法律应该积极参与降低改革成本的努力,以缓解各类社会矛盾。

（三）保障人权

法治的核心要义就是制约公权力,保障公民私权利。在完善社会主义法律规范体系的过程中,也要坚持此导向,注重保障人权,制约公权力。法治与人治的最大区别不在于是否建立了普遍社会秩序,而在于是否能够制约公权力,将权力关进制度的笼子。在法治状态下,公权力运作遵循"法定职责必须为、法无授权不可为"的原则。不可否认的是,当前个别领导干部还存在权比法大的观念,将法律视为对付群众的工具;更有甚者以言代法,将自己置于法律约束之外。因此,依法制约公权力行使具有很强的现实针对性。法治强调依法办事,强调保障人民享有广泛而充分的权利,建立权力运行和监督体系,让权力在阳光下运行,让公权力运作有规则、有边界。法治作为治国理政的工具,强调科学监督制约公权力,对于党和政府保持健康肌体至关重要,对于释放和增强社会活力、促进社会公平正义、维护社会和谐稳定、确保国家长治久安具有重要意义。

当前威胁公民私权利的主要力量还是公权力。权力本身是一把"双刃剑",其既可以推进社会有序发展,也可能成为危害公民主体的武器。就权力运行规律而言,"权力使人腐败,绝对的权力绝对使人腐败"。⑤"一切有权力的人都容易滥用权力,这是万古不变的一条经验。有权力的人使用权力一直到遇有界限的地方才休止。"⑥因此,对待公权力与对待公民私权利秉承着不一样的规制方法:"法无明文规定即禁止。"从这个意义上而言,行政法律规范体系建设就是建立在政府公权力是一种必要的恶而存在的。正如习近平总书记所说:"要将公权力关进制度的笼子里。"也如西方法学家所言:"如果人人都是天使,那么就不需要政府。如果政府是天使,就无须对政府实行内部和外部控制。而在构建一个由人来统治人的政府时,最大的困难就在于,你必须首先让政府有能力控制受它统治的人,其次是,强迫政府控制自身。"

在保护公民私权利的方面,对于公民而言,也要按照法治的基本精神和原则进行维权和主张自己的要求。尽管法律对于公民的权利维护是按照"法无明文规定即自由"的原则,但是也应该按照理性、相关道德法则等基础性准则来审视自己主张的合理性。否则,社会成员将自己的权利看成无比重要,而无视或忽视他人权利的存在,甚至只要权利而不想承担义务,最终都会导致权利诉求的任意和恣意,进而产生破坏法治的负面影响或结果。正所谓"过犹不及"。

（四）实现公平正义

社会主义法律规范体系是社会公平正义的根本保证。要建成中国特色的社会主义,实现公平正义,完善的法律规范体系是不能缺失的。习近平强调,"把促进社会公平正义作为核心价值追求,把保障人民安居乐业作为根本目标",这对于完善法学理论和制定法治工作方针政策具有重大指导作用。近年来法学理论已经由"效率优先、兼顾公平"转向把促进社会公平正义作为核心价值追求。对此,各项立法的价值取向也在逐渐改变。历史已经证明,在现代社会,一个相对成熟的法律规范体系是社会和谐稳定的前提和基础。这是因为,在现代社会,人、财、物和信息流动性很强,社会关系日益精细、多元和复杂,只有靠具有普

---

⑤ [英]阿尔顿:《自由与权力》,侯健、范亚峰译,译林出版社2014年版。
⑥ [法]孟德斯鸠:《论法的精神》,张雁深译,商务印书馆1961年版,第154页。

适性的法律规范才能调整这些多元的权利诉求。

良好的制度基础是最大限度化解社会不和谐因素的重要前提。随着改革的日益深化，越来越多的"硬骨头"需要啃，改革的难度加大了而不是减少了。对此，在深化改革的道路上，我们既要解决体制上的一些亟须攻克的难题，又要维护公平正义，两者不可偏废。从某种意义上而言，解决难题和维护公平正义是一个问题的两个方面。前行中很多的难题都涉及利益的分配问题，但是，受历史条件所限，很多的利益分配只能做到相对公平，但随着经济社会的发展，我们逐步突破了历史条件的限制，就需要在更为宏观的层面来进行相关制度设计，这就需要改革。而社会公平正义的诉求是推动经济社会发展的原动力，只有通过劳动创造更多的社会财富，才有可能真正实现较为公平公正的利益分配机制。这些问题主要表现在下岗失业、"三农问题"、城镇拆迁、贫富差距、社会治安、环境保护、医疗服务、养老和医疗保险等社会保障问题。这些问题的处理和当前我国发展阶段性具有内在联系，这些问题具有涉及面广、单靠政府自身无力解决等特点，因而需要在改革不断深入推进下，尤其是我国经济社会不断发展过程中来加以解决。好的制度设计有助于推动在经济社会发展中来解决该问题。

应该看到，相对完善的法律规范体系本身是个系统工程。而这种系统规范体系是与我国当前的社会问题的复杂性相契合的。当前，我国社会转型巨大，社会问题和其他问题交织在一起，不可能只靠某一方面的法律规范"单打独斗"，而应当发挥法律规范体系的作用，发挥法律规范的综合效应，解决一些大面积存在的社会问题更是如此。与此同时，从法律规范自身而言，其虽然是明确的、确定的，但是这种明确和确定仅仅是相对的。当人们对法律规定的合理性产生质疑时，就会诉诸正义等超法律的东西。正义本身又是变化无穷、令人难以捉摸的。有时每个人基于自己的立场可能会认为对自己有利的就是正义的，最终导致矛盾和争议处于无法终结的状态。反过来，又不得不诉诸法律。这就是法律和超法律之间的二元悖论。这种悖论表明，我们在维护权利、诉诸法律的过程中，不要轻易否定法律规范。否则，有可能只寻求个案正义，而否定具有普遍正义性质的法律。只有在法律本身的规定让社会大众难以接受的情况，才需要重新解释、修正法律本身的内涵。正是从这个意义上而言，法国法学家热内说的"通过法律来超越法律"，才是我们守候公平正义、使用法律的不二法门。

（五）关注民生

目前，发展不平衡的问题、社会事业发展滞后的问题亟待解决。为此，党的十八届四中全会明确提出："加快保障和改善民生、推进社会治理体制创新法律制度建设。依法加强和规范公共服务，完善教育、就业、收入分配、社会保障、医疗卫生、食品安全、扶贫、慈善、社会救助和妇女儿童、老年人、残疾人合法权益保护等方面的法律法规。"

以土地制度改革为例，土地是社会转型时期非常重大的经济、社会乃至政治问题。其不仅涉及农民权益的维护，也涉及国家城市化发展和农村社会的稳定。从这个意义上而言，如何有效平衡城市发展用地和农民土地权益维护之间的关系，是当代社会一个重大的民生问题。数据显示，由于土地征收、征用所导致的社会矛盾乃至群体性事件已经占据转型时期矛盾总量的很大比重，并且有逐年攀升的趋势。因此，合理地规制土地领域的违法行为已经成为一项重大的法律课题和政治任务。现实中，有些案例表明农村土地权益维护和地方政府城市发展用地之间形成了一种博弈和紧张的关系。但是，地方政府不能借口城市发展任意剥夺老百姓的合法土地权利。例如，有的村委会领导和开发商等群体勾结起来非法获取农民集体的土地所有权，而村民则通过暴力手段来维权，最终导致双方引发冲突，并导致以暴制暴的悲剧发生。按照我国宪法规定，农村和城市郊区的土地，除由法律规定属于国家所有的以外，属于集体所有。而且我国土地管理法对于农用地转化为非农用地设定了非常严格的转用条件、标准和转用程序，违背这些规定都属违法征地行为，并且规定了征地后要及时足额将农用地征收补偿款送到农民手中。实践中，有部分村委会以及开发商乃至地方政府违背相关法律规定，擅自将这些农地转化为非农用地，并且擅自克扣或扣减农地补偿款，并最终导致农民集体反抗。这些都表明一些地方政府在执行农村土地法律制度方面，为了获取非法利益并没有按照我国宪法和土地管理法等规定进行执法。但是，在此过程中，农民合法土地权益的维护就只能诉诸农民自身，进而导致农村社会不和谐、不稳定局面的出现。因此，对于这种任意侵害农村集体土地和农民土地权益的行为，相关法律制度应该逐步健全和完善起来。尤其是在农民土地权益遭受到侵害以后，要通过相关司法渠道来让农民权益获得及时救济，否则再完善的法律都可能成为"没有牙齿的老虎"。

（六）立足法典化

法典化是法治国家建设的重要内容，也是完善社会主义法律规范体系的主要任务。在市场经济改革的过程中，由于每个利益主体都想获得自己利益的最大化，都试图选择一种最有利于自己的分配方案，因此，利益分配方案选择的过程就是一种利益博弈的过程。但是，这种博弈需要明确的法律规范体系进行设定，以确保最终标准选择的确定性。否则，就会陷入无穷无尽的争议之中，最终影响到人们的正常工作和生活。而法律就为这种确定性提供了相对明晰的标准，并最终使争议和矛盾得以尽快解决。因此，法典化是我们这个时代推进依法治国的最大目标追求之一。

法典化建设不是一蹴而就的。在推进法典化过程中，推动法典化建设本身是没有争议的，争议的是如何形成法典。法典是制定出来的，它的优劣很大程度上取决于人们对制度所要调整的社会关系的认识。历史和实践不断证明，与社会现实相契合的制度，才能真正发挥其有效性。因此，在制定《民法典》过程中，能否对所要调整的相关社会关系进行准确而系统的认识，是判断立法质量和科学性的一个重要尺度。但是，正确的认识不可能轻易形成，需要经过实践—认识—再实践—再认识的过程。改革实践就经历了这样的过程，许多具体条文是经过实践探索，然后形成规则，最终上升为法律的。对市场经济规律的认识深化了，很多实践也许不必像以前那样在制度完全缺失的情况下进行，但是总体看来，法典从初建到完善，仍然需要经历一个实践检验过程。法典化建设是一个不断完善、不断发展的过程，不可能建设一个没有任何问题的法典。甚至在法典制定好了以后，仍然存在诸多漏洞。这是因为：一是我国处于快速发展期，这使得法律周期变得很短，我国的法治特别是法律，总是让人感到滞后，一个重要的原因就是经济社会发展太快，法律要调整的很多社会关系没有稳定下来。二是法律本身是由语言组成的，语言本身存在言辞不一、内含与外延不周延等问题，也会导致法律常常滞后于常识、人情。

法典化面临最大的难题是如何在协调"恶法非法"和"恶法亦法"这两种法律观中进行抉择。尤其是当今社会转型时期，人们由"是非之争"转到"利益之争"，人们更多的是按照自己的利益立场来判断"恶法"与否，进而导致对自己有利的就是"善法"，对自己不利的就是"恶法"。这种判断对于整个社会秩序的维护和良性发展产生诸多负面影响。与此同时，在当今民主和法治日益完善的今天，大多数案例中法律与正义等冲突能够在法律体制内得以有效地化解。对于一些无法通过法律自身加以解决的案件毕竟是少数。公民维护和主张权利应该在法律的框架下进行，严格按照法律的规定和精神来维护和主张自己的合法权利；在特殊案件中，如果面对法律和正义的冲突，也应该尽量通过法律及其法律的基本原则和基本精神来指导自己的维权行为。只有当现象的法律和正等基本法律价值产生根本性冲突，进而达到社会大众普遍无法接受的情况下，我们才能通过修正法律本身的方式来加以改进和完善相关法律。

结　语

立法工作事关法治中国建设的全局。社会主义法律体系基本建成之后，我国立法的重心又不断进行调整。尤其是我国社会转型和改革所具有的阶段性和渐进性特征，使得我国立法工作有了新的使命。从宏观上而言，为解决转型时期法律内部不断产生矛盾和冲突的问题，在今后相当长一个时期里，法律的"立、改、废"仍然是立法机关的艰巨任务。这也印证了法律是稳定的，但需要不断进行更新的法律理论命题。从微观上而言，主要表现在以下两个方面：一是法律体系需要不断完善，补短板；二是立法质量和立法科学性亟须随着实践的发展而不断进行提升。而这些立法任务的完成，都需要相应的价值导向进行有针对性的指引。笔者认为应加强立法领域的价值导向研究，尤其在社会主义法律体系基本建成，立法质量和立法科学性要求亟须提高的背景下，本文认为，在立法领域加强党的领导是完善法律规范体系的根本政治保障；应重点挖掘社会主义市场经济体制改革与立法具有的内在联系；在完善社会主义法律规范体系的过程中，应注重保障人权，制约公权力；使立法更全面、更系统地体现社会公平正义的诉求；立法工作应更为关注和保障民生，并为此提供相应的制度化保障机制；立法应更为关注法典化、成文化的发展规律，尤其注重在掌握社会经济发展规律的基础上，来推进法典化建设。

司法行政机关在法学教育制度改革中的科学定位与作用发挥

任永安[*]

> **内容摘要**：我国法学教育制度历经多次改革调整，高校教育规模和法治人员数量都取得了很大成就，为保障经济社会健康发展和推进国家法治建设提供了必要的人才资源和智力支持。当前，我国的法学教育制度存在着一系列影响和制约法学教育良性发展的体制和机制性问题，如法学专业人才培养模式与法律职业需求之间存在脱节、法学人员泛滥、法学教材鱼龙混杂等。司法行政机关作为法学教育的重要参与者，在现有职权范围内，应科学定位，充分发挥自身的职能作用，推进法学教育制度的改革和完善；此外，还要按照法学教育的客观规律，赋予司法行政机关对法学教育新的权限和职能，使得法学教育的管理主体基本回归本位。
>
> **关 键 词**：司法行政机关　法学教育　改革完善

---

[*] 任永安，男，河北邯郸人，研究生学历，法学博士，理论经济学博士后，司法部司法研究所（研究室）处长、研究员。

党的十九大对深化依法治国实践提出了新的要求。依法治国离不开法治人才的培养和使用。党的十八届四中全会提出，加强法治工作队伍建设，创新法治人才培养机制。习近平总书记在考察中国政法大学时强调，法学学科是实践性很强的学科，法学教育要处理好知识教学和实践教学的关系，要打破高校和社会之间的体制壁垒，将实际工作部门的优质实践教学资源引进高校，加强法学教育、法学研究工作者和法治实际工作者之间的交流。法学教育工作在实现依法治国过程中的重要性、特殊性更加显著。这为进一步深化法学教育制度改革指明了方向，提出了新的任务。

当前，我国的法学教育制度并不完全适应经济、社会的发展需要，存在着一系列影响和制约法学教育良性发展的体制和机制性问题，如职能部门权责不清晰、设立法学院系的门槛过低、法学教育内容与司法实践相脱离、法学人才交流体制不顺畅等。对于这些问题，需要深入研究分析，深化改革创新，科学配置部门职权，进一步完善法学教育制度。

司法行政机关作为法学教育工作的重要参与者，承担着重要职责，在推进法学教育制度改革的过程中，应当积极发挥作用，为依法治国、建设社会主义法治国家提供更多的高质量的法治人才。

一、司法行政机关在法学教育中的现有职责

在我国的法学教育工作中，教育部门是主管部门，通过行政手段具体负责法学教育的规划、发展、教学、教材等事务；司法行政部门是参与指导部门，通过组织司法考试、参与法律硕士招录来履行职责；政法委作为我国政法专职部门的综合协调和指挥部门，在政法队伍人才招录培养等方面，联合教育部门出台了一系列措施，起到主导和影响作用；最高人民法院、最高人民检察院、公安部门、安全部门等单位，通过积极参与政法队伍人才招录培养与干部培训教育，参与法学教育的相关工作，为法学教育的最终人才使用提供平台和需求；中国法学会通过修订章程，变更自身属性，设立专业研究会，深入教育系统，凝集法学专家队伍，从而参与法学教育的发展方向和教学内容。这就是目前我国各个相关单位对于法学教育的职责及影响的客观现实。

在2008年国务院机构改革之前，司法部承担了"管理部直属的高等政法院校，指导全国的中等、高等法学教育工作和法学理论研究工作"的职责；2008年机构改革之后，在《国务院办公厅关于印发司法部主要职责内设机构和人员编制规定的通知》（国办发〔2008〕64号）中，在"司法部主要职责内设机构和人员编制规定"的"二、主要职责"中没有司法部关于法学教育的规定，也就是司法部不再有此项职能，但在"三、内设机构"中的"（八）国家司法考试司"中注有"参与指导面向社会的法学教育和司法行政系统高等职业教育工作"，由此可见，司法部仍然承担着参与指导面向社会的法学教育和司法行政系统高等职业教育工作的职能。这为司法行政部门在法学教育工作中的职权、任务、责任提供了法定依据。这也是2000年五所政法高等院校调整之后司法行政部门与法学教育工作之间新的关系界定。

根据法定职责，当前司法行政机关在法学教育中的直接管理权限主要有以下两个途径。

（一）通过全国法律硕士专业学位教育指导委员会参与指导法学教育

1998年3月，司法部联合教育部成立全国法律硕士专业学位教育指导委员会，其主要目标是："为加强高层次应用型、复合型人才的培养工作，促进法律硕士专业学位教育的健康发展，适应社会主义法制建设和市场经济发展的需要"；机构性质是："经国务院学位委员会、国家教育委员会和司法部批准建立的指导全国法律硕士专业学位教育的专业性组织"；主要职能包括："指导、协调全国法律硕士专业学位教育活动；加强培养单位与法律实际部门的联系；推动法学教育的国际交流与合作；促进我国法律硕士专业学位教育水平的不断提高。"指导委员会后更名为"全国法

律专业学位研究生教育指导委员会",委员会成员每届任期四年,设有秘书处。

全国法律硕士专业学位教育指导委员会的主任是司法部部长,主管副部长是副主任。司法部原来通过该委员会定期组织考试和遴选法学院校开展教学活动,从而指导高等院校的法学教育事务。目前,随着教育部门关于专业性硕士招生考试和日常教育制度的改革实践,司法部只是承担组织政法单位在职人员参加招生考试报名工作,已经很难参与考生考试命题和入学后的教学活动了,其职能大大萎缩。

（二）指导司法行政系统高职院校的法学教育

我国司法行政系统所属院校,多是高职高专院校,共有20余所,包括政法院校4所、司法警官职业学院18所,不含占比例少数的本科院校和成人教育学院。开设的专业有"法律执行""法律实务"和"司法技术"三类,在校生近10万。①司法部通过组建全国高职高专教育法律类专业教育指导委员会,对系统内高职院校的法学教育进行直接指导。

二、我国法学教育由于相关部门职权配置不科学出现的主要问题

从我国法学教育相关职能部门的设置和职权配置来看,并不科学合理,严重影响法学教育的作用发挥和良性发展,主要表现在以下几个方面。

（一）管理方式粗放,缺乏统一有效的发展规划

教育行政部门几乎管理全国的高等院校,并且负责所有学科的规划与部署。这些学科按照不同分类,涵盖哲学、经济学、社会学以及理学、工学等,可能多达12个大学科门类、506种本科专业。②法学是其中一个学科,下设32种专业,占到所有专业总数的6%。可见,如果从专业数量来看,法学各个专业在教育行政部门的整体专业布局中的分量和影响微乎其微。这也就充分说明教育行政部门对于法学教育的工作规划和工作安排相比较于原来司法行政部门主管法学教育时期对其工作的重视与部署,显得相对不足或者说不够重视的原因和问题了。通俗地讲,就是目前教育行政部门负责的学科管理和指导事务太多了,精力和财力有限,无暇或难以顾及法学教育的规划与发展。

（二）法学教材相对混乱,有些质量不高

原来由教育部和司法部统一编写和审定的教材,我们一般称为统编教材。与此相对应的,由各个高等院校和出版社、个人等组织编写的教材,则称为自编教材。统编教材由权威专家严格依照课程标准编写,具有统一性和计划性强的特点;而自编教材更多的体现了灵活性,强调优势与特色;出版社主持的编写则更多地考虑市场因素。对于统一的法学规划教材,老一些的法学专家学者、法律实务人员都记忆犹新,在司法部主管全国法学教育工作时,组织专家学者撰写出版了"九五"规划高等学校法学系列教材、高等政法院校规划教材等,③这些教材都是由当时的知名专家撰写,水平较高,受到高校学生的欢迎,影响了几代法学人才的成长与培养。

目前,我国法学教材存在的主要问题有两个方面:一是我国法学教材的编写总体质量不高,即使是规范教材和推荐教材,在教材建设的模式和编写风格、内容、质量等方面也都存在着需要改革的地方,例如:内容和风格上的普遍雷同;结构和逻辑关系松散;注重法律知识的传授,缺乏对法律思维与法律操作技术、法学思维方式的论述;缺乏学术规范,规范性注释较少等。④二是随着经济社会的快速发展,有些统编教材内容显

---

①濮方平、严浩仁:"司法行政系统行业院校解决可持续发展的关键问题及途径",载《中国司法》2013年第3期。
②参见教育部《普通高等学校本科专业目录（2012年）》公布的数据。
③贺卫方编:《中国法律教育之路》,中国政法大学出版社1997年版,第41页。
④吕英花:"我国高等法学教育中的教材建设若干问题研究",首都师范大学2005年硕士毕业论文。

得相对过时,或者与司法实践的变化不相一致。三是有些新近建立的法学院校,法学教师为了评审职称或者推销书籍谋利,匆忙而粗陋地撰写出版了一批法学教材,强行让本校学生作为正式教材,这些撰写人员缺乏深入而细致的研究,导致教材之间重复、雷同,甚至出现观点错误,客观上使教材降格于"编著"的水准。

(三)法学院校设立门槛较低,法学人员泛滥

原来司法部主管法学教育时,对于设立法学院系一贯坚持"从严审批"的原则,严格按照较高标准决定批准事项。高等院校改革后,教育部门主管法学教育工作,受到高校扩招政策的影响,以及全国高校隶属教育部门,其难以回避高校纷纷要求设立法学院系的客观现实,从而放低了法学院系设立的门槛,导致全国高校中成立法学院系的"大跃进"现象。新成立的法学院系的整体教学实力参差不齐,鱼龙混杂,造成法学毕业人数泛滥,连续几年成为高校毕业生就业率较低的专业之一。截至2015年,我国有630所高校开设了法学教育专业,法学专业的学生达到76万人,其中本科生超过45万。法学专业的学生在10年的时间内数量翻倍,法学教育已失去精英型教育的本质属性,完全变成了普及法律性的大众教育,没能适应法律实践的快速发展。

(四)法学教育与法律实践衔接不够,法学教育与法律人才需求不相适应

当前,全国高校粗放式地开展法学教育工作,培养的法学人才难以满足社会对精英型法律人才的需求。由于法律的系统性和逻辑性较强,法学教育应属于精英教育,作为维护社会正义与公平底线的法律职业从业者必须是高素质、高技能、高水平的专业人才队伍。而随着我国法学教育由精英教育向大众教育的转变,其规模过于庞大,层次形式过多,理论基础教育不扎实,学生的法律精神培养不足,法学教育与司法实践联系不够紧密,法学人才与社会需求之间还有差距。

三、司法行政机关在现有职权下推动法学教育制度改革的路径与措施

现今,司法行政机关对于法学教育的影响已是大大减少和降低,作用极其有限。但作为承担诸多司法行政事务的政府部门,从司法权的科学配置,进而从司法行政权的科学配置的范畴来考虑,司法行政理应负责法学教育的相关工作,或者说最起码应当以司法行政机关指导全国法学教育为主、其他部门参与的行政格局。笔者认为,指导法学教育应当属于司法行政权,法学教育的目的是培养法律专门人才,为行使司法权提供专门人才,为保障司法职权行使服务。所以,这项职权不同于其他行政性事务,还是作为司法行政职权由司法行政机关负责比较妥当。

鉴于此,在现有情况下,司法行政机关对于推动法学教育工作的改革和完善,应当先围绕固有职权,科学设定改革的路径与措施,同时积极争取相关部门的支持与配合。此外,还要主动向中央司改部门反映现实情况,参与做好法学教育改革的顶层设计工作。

目前,司法行政机关在既有职权内对推动法学教育制度改革所能发挥作用的事项,应当从以下几方面着手。

(一)科学界定法律职业资格考试与法学教育的关系

法律职业资格考试与法学教育具有本质的不同。2015年12月,中共中央办公厅、国务院办公厅下发《关于完善国家统一法律职业资格制度的意见》(以下简称《意见》),明确提出将司法考试制度调整为统一法律职业资格考试制度,要求在司法考试制度确定的法官、检察官、律师和公证员四类法律职业人员基础上,将部分涉及对公民、法人权利义务的保护和克减、具有准司法性质的法律从业人员纳入法律职业资格考试的范围,并改革法律职业资格考试内容,加强法律职业资格考试科学化、标准化、信息化建设。可见,统一的法律职业资格考试是在司法考试的基础上根据我国司法实践的需要,特别是全面推进依法

治国中对法治人才的实际需求,而重新设定条件开展的职业资格类考试。该考试属于对应考人员是否具备将来能够适应法治岗位所需要的必备的基本素质、职业道德、法律知识水平等方面的测评。

法学教育和法律职业资格考试既有区别又紧密联系。法学教育是传授学生法律知识,培养学生法律素养,属于高等教育活动;而法律职业资格考试是考核、测评应试人员是否具备从事法治工作岗位所必须具备的法律知识、法律思维,是一种测试能力水平的活动。一般来说,应试人员只有接受良好的法学教育,才能具备扎实、系统的法律知识,也才可能通过法律职业资格考试;而法律职业资格考试的内容、方式在某些方面来讲,影响着法学教育的内容和方式。如果从生产产品和使用产品的角度来讲,法律职业资格考试就是检验产品质量的过程,而法学教育就是生产产品的过程。但法学教育的内容肯定要多于法律职业资格考试的内容,法学教育的"产品"也必定多于"参加法律职业资格"的产品数量。两者的关系还是比较明细和清楚的,对此我们要分别科学界定,不能混为一体。特别是司法行政部门,在组织和实施统一的法律职业资格考试工作中,要明白自己的职责,明白对法学教育的有限影响力。

(二)贯彻实施统一的法律职业资格考试制度

中共中央办公厅、国务院办公厅下发的《关于完善国家统一法律职业资格制度的意见》决定完善国家统一法律职业资格制度,实行统一的法律职业资格考试。这项改革的目的重在培养和发展社会主义法治工作队伍,为全面推进依法治国提供人才保障。该《意见》明确规定的改革事项主要包括:法律职业的范围和取得法律职业资格的条件;法律职业的准入条件;建立健全国家统一法律职业资格考试制度;统一职前培训的内容和方式;完善对法律职业资格的管理。

在法律职业资格考试制度实施伊始,应当在司法考试的基础上采取新的改革措施,包括:(1)完善报考资格,设置法学本科毕业的资格条件。(2)改革命题设计。考试内容要以本科知识为主导,不宜过多涉及"争议性"的学术前沿问题,不应超越本科法学教育的内容承受之限。(3)改革考试方式,实行多次考试制度,在时机成熟时引入口试制度。[5](4)借助现代高科技,设立考试网络平台,完善题库,实现便民、高效的信息化考试制度。

司法部应当充分利用负责实行统一的法律职业资格考试工作的有利时机,协调各方力量,积极作为,制定严格的审查程序,对于无法达到合格级别的高校,可以暂停该学校毕业生参加国家统一法律职业资格考试,并督促其限期整改,以此推动提升法学教育的整体质量和水平。"对于那些已经开办法律院系的全日制高等学校,司法行政机关应当充分运用其管理国家统一法律职业资格考试的便利,对于这些高校的法学教育水平、师资状况、办学质量、人才培养、毕业生水平等进行定期审查和评估。经过这种定期的、动态化的审查和评估,司法行政机关可以对各高校法学教育水平设置卓越、优秀、良好、合格、不合格等若干级别。对于那些办学水平持续下降的高校,司法行政机关可以公开进行警示。"[6]

(三)对全国司法行政系统主管的法律院校教育进行统一规划指导和监督管理

目前,有一些省(市)司法厅(局)还管理一部分院校,司法部对这些院校的高等职业教育承担指导职能,并且也相应地建立了一些工作机制,只是由于各种原因,对这些院校法学教育工作的指导力度、深度,特别是整体性长远规划还缺少有效的指导制度和工作机制。

司法行政部门管理的院校,除中央司法警官学院等几所高等院校外,多数是高职院校,即使包括中央司法警官学院在内,这些院校所开设的专业也多是围绕司法行政的业务进行教学的,特

---

[5] 曹义孙:"中国法学教育的主要问题及其改革研究",载《国家教育行政学院学报》2009年第11期。
[6] 陈瑞华:"司法行政体制改革的初步思考",载《中国法律评论》2017年第3期。

别是警官类院校，主要以监狱、戒毒、社区矫正、司法所等工作需要的专业人员进行教育和培养。这是司法行政院校的自身特色，是其他院校不可替代的。因此，对于司法行政院校的性质和定位要科学界定，作为最高司法行政机关的司法部有必要系统制定统一的司法行政院校中长期发展规划和教育教学实施纲要，根据司法行政工作特点，提出统一要求，建立相应的监督管理机制；并且还要争取政策支持，对这些院校的优秀毕业生具有一定的选择使用权。这样能够保证司法行政系统院校学生与司法行政工作的有效对接。当然，对于司法行政机关招收工作人员，还是要遵守国家关于公务人员招收的相关规定，只是能够选择部分人员即可，以此保证司法行政队伍的多元化与创造性。但对于司法行政系统院校的教育可以提出统一、明确的具体要求。

四、赋予司法行政机关在法学教育工作中新的职能与权限

司法部作为国务院政府部门，从自身的职能定性来看，理应代表国务院，负责法学教育的指导工作，而实际上只承担着"参与指导法学教育"的职责，不能很好地指导法学教育工作，这的确暴露出法学教育在体制机制方面的缺陷。

在我国法学教育工作体制机制没有发生大的调整的前提下，司法行政部门受限于既有职权，不能更好地对法学教育进行主导管理。如果从法学教育属于司法行政事务的层面来看，在司法体制改革的顶层设计上，的确应当赋予司法行政部门对法学教育的更多职权，这样才能真正实现法学教育与司法实践的深度融合，促进我国法治化建设的整体发展。

（一）研究和确定法学教育的特殊性质，制定和出台法学教育特殊的管理措施

法学属于社会科学的范畴，法学与其他社会科学具有本质的区别，特别是在我国全面推进依法治国的关键时期，其社会作用和历史意义尤其显著。因此，法学教育不同于一般的社会科学教育，其具有特殊的运行规律和发展趋势，需要认真研究和正确对待。在目前情况下，有必要对我国的法学教育历史进行认真总结，并根据新时代中国特色社会主义的发展要求，制定和出台符合法学教育规律、满足依法治国现实需要的法学教育管理制度和管理措施，特别是要对法学教育相关部门的职权进行重新梳理，恢复司法行政机关指导全国法学教育的工作职能。

（二）将教育部门主管的部分政法院校重新划归司法行政部门，作为法学教育制度改革和试点的平台

要想全部恢复司法行政机关指导法学教育工作的职能也许不太现实，但将教育部主管的几所政法高校重新划归司法部管理，是一个相对简单可行的短期措施，如将中国政法大学重新划归司法部管理。中国政法大学原来是司法部主管，与西南政法学院、中南政法学院等共计五所政法院校，属于司法部直属院校。这五所院校连同北京大学、中国人民大学、吉林大学、武汉大学等法律系，合称"五院四系"。这些政法院校曾经为我国的法学教育作出了巨大贡献，是司法行政部门对法学教育工作进行指导的平台和途径。后来由于高校调整，这些院校脱离司法部。现在，有必要进行试点，赋予司法部主管几所政法院校，通过管理这几所政法高校，来引导和影响其他院校的法学教育工作，为国家法治建设提供高水平的法治专门人才。根据试点情况再决定法学教育制度的整体改革举措。

当然，在现有的教育体制下，要想单独把几所政法院校重新划归司法部主管，还是十分困难的，其中最为突出的问题是高校财政保障和教师队伍思想认识问题。单就中国政法大学来讲，据了解，国家财政对中国政法大学每年划拨的财政经费是10多亿元，这是在教育部统管的大的教育财政之下的经费保障，而司法部能否从财政部门争取到更多经费支持，对于中国政法大学来讲存在不确定感。关于教师的思想问题，这是个大问题。由于职业属性，高校教师思想相对多元而

开放,特别是法学教授,本身从事的是中外法律制度的研究和教学,对于人权等事务相对敏感和热情。从法学教师思想管理方面来讲,教育部主管政法院校有其较大优势,如果司法部主管政法院校,运用行政手段对法学教师思想进行指导和管理,可能是个非常棘手的问题,几乎没有可以实际运用的更好的资源优势。这个问题也是原来司法部主管五所政法院校遇到过的问题,因而需要很好地分析研究,慎重决策实施。

（三）借鉴美国相关经验,建立法学院认证制度

基于上述关于司法部恢复管理政法院校的现实阻却,需要从司法行政机关目前承担的职能权限对法学教育的影响进行重新思考与研究,也就是换一个角度和视角对司法行政职能与法学教育的关系进行新的研究和分析。为改革和完善法学教育制度,就司法行政机关自身具备的行政职权,完全可以发挥新的作用,我国可以参考和借鉴美国法学院的认证制度。这也是一些法学教授提出的法学教育改革思路之一。[⑦]

1. 美国法学院认证制度的运行机制

在美国,负责全国法学教育以及法学院评估与认证工作的并非教育部,而是美国律师协会（American Bar Association,ABA）。ABA成立之时,美国法学院并无统一的办学标准,入学门槛有高有低,培训时间长短不一,夜校与全日制学院并立,导致律师职业素质与服务水平参差不齐,法律服务市场鱼龙混杂。为了改变这种状况,ABA设置专门的法学教育与资格认证分部以及相应的理事会与认证委员会,来负责制定法学院的设置标准并进行法学院认证。

对于美国的法学院而言,最重要的就是ABA的认证,其认证与否以及认证的结果都对法学院具有实质性影响。未通过ABA的认证,其学生就不得报考各州的律师资格考试;通过ABA的认证,其认证结果将会作为各个机构对该法学院进行评估排名的依据,而排名结果直接影响其生源,进而影响法学院自身的发展。制定法学院设置标准并进行认证,是ABA行使职业控制权的体现。目前全美共有4000余所大学,但被ABA认证的法学院仅有205所,可见ABA认证条件之苛刻。

2. 美国法学院认证制度的具体内容

ABA认证制度的依据是其每年更新的法学院认证标准及程序规则,其中,法学院认证标准涉及法学院设置的方方面面,直接规定关于法学教育的各项细节与指标。2017年版的《标准》共计七章,包括：一般目的与程序；组织与管理；法学教育方案；教师；录取与学生服务；图书馆与信息资源；教学设施、设备与技术。

3. 对美国法学院认证制度的评价

经过一百多年的发展,美国的法学院认证制度已经相当成熟。其运行机制决定了ABA对法律职业入口的有效控制,无论法律界如何探讨法学院的培养目标以及卓越法律人的具体标准,法学院都必须按照ABA颁布的《标准》进行设置并组织法学教育。ABA颁布的《标准》明确将法学教育定位为职业教育,一切以与法律职业对接为目的,从法学院的组织与管理、法学教育方案,到教师、图书馆与信息资源、教学设施、设备与技术,都进行了详细的规定,对法学教育方案、课程选择与课程内容、教师规模、图书馆设置等关键问题甚至进行了明确的量化要求,与此同时又保留了适度的弹性,在规范之上又为法学院预留了自主权,提升了《标准》的可执行性。

虽然美国的法学教育并不完美,当前也面临诸多困境与挑战,但是得益于其对法学院的认证制度,一举解决了当时面临的培养目标不统一、课程安排不合理、法学院教育与法律职业脱节、评估机制不完善等问题,而这些问题也是我国当前法学教育同样面临的主要问题。

---

⑦ 本部分重点参考中国政法大学许身健的观点。参见许身健："完善法学教育:路径与方法",载《中国法律评论》2017年第3期。

4. 完善我国法学院认证制度

完善的法学院认证制度对保证法学教育质量和发展方向是十分必要的，然而，我国法学院认证制度尚不完善。目前，我国法学教育由教育部从统筹管理全国高等教育的层面进行宏观指导，对高等教育主体进行认证的主要依据和标准较为粗疏，规范作用有限。如果将各项指标具体到高等院校下设的法学院，就更难保证法学院在大学内获得充足的重视和资源。为解决这一难题，美国法学院认证制度的成功经验能够为我们提供一个新的改革理念与改革路径。

司法部应充分利用将司法考试制度调整为国家统一法律职业资格考试制度，以及全面深化司法体制改革的有利时机，主动作为，积极改革，借鉴和吸收美国的成功经验，完善我国的法学院认证制度。由司法部作为完善并执行法学院认证制度的主体，能最大程度根据法律职业的实际要求制定认证、评估的标准，进而充分发挥国家统一法律职业资格考试的桥梁作用，实现法学教育与法律职业的有效衔接。制定符合国情的法学院认证制度，一方面要积极吸收借鉴国外成功经验，少走弯路；另一方面也要充分考虑我国法学教育的现状，有选择地吸收和转化，不能盲目照搬照抄，同时充分考虑两者差距，对改革可能产生的负面影响作出充分的预判，制定预防和应对措施。

近日，教育部印发《普通高等学校师范类专业认证实施办法（暂行）》（以下简称《办法》），目的在于构建中国特色、世界水平的教师教育质量监测认证体系，分级分类开展师范类专业认证，以评促建、以评促改、以评促强，全面保障和提升师范类专业人才培养质量。《办法》包括认证办法和认证标准两个部分。认证办法由指导思想、认证理念、认证原则、认证体系、认证标准、认证对象及条件、认证组织实施、认证程序、认证结果使用、认证工作保障、争议处理和认证纪律与监督12项构成；认证标准分为三级，覆盖中学教育、小学教育、学前教育三类专业。[8]此师范类专业认证制度为法学教育专业认证制度的建立提供了可资借鉴的模式和样板。

（四）重新筹建中央政法管理干部学院，加强对政法干警的教育和培训

原中央政法管理干部学院，成立于1985年10月8日，承担全国法院、检察院和司法行政系统地（市）以上领导干部及其后备人员和政法干部院校法律师资的培训任务，直属于司法部管理。2000年在全国高等教育管理体制改革中，中央政法管理干部学院撤销建制并入中国政法大学，划归教育部直接管理，中央政法管理干部学院的牌子自此注销，其职能也自行消失。

与中央政法管理干部学院性质相同，机构对等的各省（市）设立的政法管理干部学院，有的还继续保留，如天津、广西政法管理干部学院；有的因教育形势发展，同时招收高考毕业生，纳入职业教育系列，如河北政法职业学院，实际上是"一个学院，两块儿牌子"；有的直接升格为普通高校，如上海、山东政法学院；有的并入其他高校，如湖南政法管理干部学院并入湖南师范大学，其政法干部培训职能也并入该校，学院的牌子注销（中央政法管理干部学院同样处理）；有的与其他院校合并，如辽宁政法职业学院，同时还有一个牌子"辽宁公安司法管理干部学院"。总的来看，原来中央及各省（市）设立的政法管理干部学院都因教育制度的改革而进行了不同类型的变换，现在来看，这些变化，适应了教育改革的需要，但脱离了政法干部培训教育的实际要求。现在全国的政法干部数量更多，面临的社会、经济领域新形势、新问题更多，人民群众、中央领导对政法干警的要求也更高，政法干警的培训任务更重，但相关的专业培训院校已不能满足实际工作的需求。所以，有必要重新考虑政法干警专职培训机构的建立健全问题。先恢复中央政法管理干部学院，统一规划培训教育纲要，部署中

---

[8]李海楠："师范类专业认证制度意在从源头提升教师素质"，载《中国经济时报》2017年11月10日版。

长期培训任务,从而提高政法干警的思想意识和业务素质。

(五)统一法律职业人员职前和日常教育培训机构

随着我国经济社会的快速发展,法官和检察官的数量逐年增加,人民群众对法检人员的要求越来越高,法官、检察官的培训任务越来越重,但由于缺乏中央统一的发展规划,法院、检察院相继建立自成一体的培训机构,并且又紧跟高等教育改革的步伐,逐渐从培训机构的名称、学习人员不断变革发展,现在法院系统从中央到地方建立了国家法官学院及其分院,检察院系统亦是如此。当然,这些分院有的是原来各省建立的,现在加挂国家法官学院、国家检察官学院"分院"的牌子,而有的是后来设立的。学院及分院的主要任务就是培训法官、检察官,部分承担学历教育任务。在法院、检察院两个系统之外,公安、安全和司法行政部门也都有自己的业务培训机构。从培训机构主要面对的本系统的行业性质来看,公安、安全部门具有自身特殊性,而司法行政部门与法院、检察院具有内在的统一性和紧密联系性,特别是在构建统一的法律职业共同体的当下,三者的关系更进一步。如果从机构属性来讲,司法行政部门本身就是为司法提供保障和服务的,是承担司法行政多数职责的具体行政部门。法官、检察官的业务培训属于司法行政事务,并且法官、检察官、律师、公证员四者之间,从业务属性和具体事务来讲,都是一体的,性质相近,事务相同,对这四类人员的业务培训完全可以合并实施。因此,有必要将法院、检察院、司法行政三个系统的法官、检察官、律师、公证员、人民调解员等法治人才培训资源整合,统一法律职业人员职前和日常教育培训机构,由司法行政部门具体管理和指导,以便为法检两院减负。这是法检培训业务正式回归司法行政属性的直接体现,也是统一法律职业制度建立与实施的核心内容。

(六)借用医学教育的改革模式,司法行政部门与教育部门联合制定法学教育改革计划和中长期规划

法学教育与医学教育,在某些方面有共同属性,都是专业性较强、实践性较强的人才培养活动。为推进医学教育,2001年7月,卫生部与教育部共同组织、制定了《中国医学教育改革和发展纲要(2001—2015)》。该纲要是21世纪我国医学教育改革和发展的纲领性文件,是指导医学教育进行规模、布局、层次、结构调整的依据,对我国后来医药教育事业的改革与发展产生积极而深远的影响。2017年7月,国务院办公厅印发《关于深化医教协同进一步推进医学教育改革与发展的意见》,就推动医学教育改革发展作出新的部署,提出:到2020年,医学教育管理体制机制改革取得突破,医学人才使用激励机制得到完善;到2030年,医学教育改革与发展的政策环境更加完善,具有中国特色的标准化、规范化医学人才培养体系更加健全,医学人才队伍基本满足健康中国建设需要。

可见,关于医学教育体制改革,卫生部先是联合教育部共同下发文件,进行改革部署,后来是通过国务院下发文件进行工作部署。法学教育改革可以借鉴医学教育改革的模式,中央授权司法行政机关联合教育部门,对法学教育改革事项共同制定改革计划和中长期发展规划,再通过国务院下发文件的方式,进行工作部署。在当前的教育体制下,采取医学教育的改革模式,对法学教育进行改革是一种比较合理可行的途径和方式。

执行矫治

恢复性司法理念下的上海社区矫正工作创新与发展

刘建华[*]

> **内容摘要**：本文从恢复性司法的概念、特征和原则入手，归纳总结了恢复性司法在本市社区矫正工作中的运用途径与方式以及对社区矫正工作的促进意义，对于进一步完善社区矫正制度，拓展社区矫正工作方法与路径，最大限度地实现社区矫正工作的功能具有重要意义。
>
> **关键词**：刑罚执行　社区矫正　恢复性司法

---

[*] 刘建华，男，安徽黄山人，大学学历，上海市司法局原巡视员。

兴起于20世纪70年代的恢复性司法，对世界刑事司法产生了深远影响。恢复性司法推动着刑事司法的具体实践，丰富了刑事司法的内涵，拓展了刑事司法的路径，促进了刑事司法制度的完善。恢复性司法适用于刑事司法的各个环节，已在审查起诉、审判阶段得到充分运用。作为刑事司法不可缺少的一环，在刑事执行阶段，尤其是在社区矫正工作中，运用恢复性司法也十分重要。2016年度上海社区矫正工作部门初步探索了恢复性司法，获得了许多收益与启示。运用该理念对于推动上海社区矫正工作发展起到了积极作用。本文结合上海初步实践，对社区矫正工作如何运用恢复性司法进行梳理、归纳与研究，以期对我国社区矫正工作发展有所裨益。

一、恢复性司法的概念、起源与特征

（一）恢复性司法的概念

1999年联合国预防犯罪和刑事司法委员会作出了《制定和实施刑事司法调解和恢复性司法措施》的决议。2002年4月该委员会召开的第十一届会议通过了《关于在刑事事项中采用恢复性司法方案的基本原则》决议案，将恢复性司法定义为：恢复性司法是采用恢复性程序并探求实现恢复性结果的任何方案。所谓恢复性程序，是指在调解人帮助下，被害人、犯罪人和任何其他受犯罪影响的个人或社区成员，共同参与解决由犯罪造成的问题的程序。所谓恢复性结果，是指通过道歉、赔偿、社区服务、生活帮助等使被害人因犯罪所造成的物质损失、精神损害得到补偿，使被害人受到犯罪影响的生活恢复常态。概括地说，所谓恢复性司法，是指有犯罪人、被害人、社区成员代表或社会组织共同参与、对话和协商，帮助犯罪人认识其犯罪行为给他人和社会所造成的危害，以犯罪人真实悔过、道歉、自愿赔偿被害人物质损失和精神损害、向社区提供社会公益服务等积极的、负责的行为，获得社会成员的谅解与接纳，使之重新融入社会的一种司法模式。概而言之，恢复性司法是对刑事犯罪通过在犯罪方和被害方之间建立一种对话关系，以犯罪人主动承担责任消弭双方冲突，从深层次化解矛盾，并通过社区等有关方面的参与，修复受损社会关系的一种司法活动。

（二）恢复性司法的起源

恢复性司法案例最早出现在加拿大安大略省南部的一个小社区。1974年，当地两个年轻人实施了一系列犯罪活动，侵犯了22个被害人的财产。在法庭上，这两个年轻人虽承认了罪行，却没有缴纳赔偿金。在当地缓刑局和门诺教徒中央委员会的共同努力下，两人与22名被害人分别进行了见面。通过见面，两人从被害人的陈述中了解到自己的行为给被害人造成的损害，并意识到赔偿金不是对自己行为的罚款，而是给被害人的补偿，6个月后，两人交清了全部赔偿金。这一案例被视为"被害人—犯罪行为人"和解程序，即"恢复性司法"的起源。受此启发，从1974年到70年代末，在加拿大和美国共出现了十几例这样的案例。此后，欧洲的挪威、丹麦、德国、法国，亚洲的新加坡、印尼，非洲的南非等国，都兴起了恢复性司法浪潮。

恢复性司法发端于少年刑事案件，并逐渐发展到成人轻罪乃至重罪案件。英国2000年就有1700名重罪案，如强奸、抢劫等仅仅通过"告诫"这种非常简单的恢复性司法程序结案。美国有90%的未成年人案均以恢复性司法方式结案。

（三）恢复性司法的特征

恢复性司法的主要特征包括，首先，它关注司法过程中对被害人的补偿、被害人与犯罪人之间关系的修复，以及补救由犯罪造成的其他损害。其次，它以谋求对被害人的物质和精神补偿为主，同时也关注犯罪人、社会关系或社会安全感的恢复，追求的是多方受益。再次，它既可以在审查起诉阶段，也可以是在审判阶段，还可以在刑事执行阶段，甚至在刑事执行完毕后使用。最后，参与和解、协商的人不仅包括被害人和犯罪人，还可以包括他们的近亲属、社区人员等，在实施过程中，司法人员是重要程序的主持者和调解者。

（四）恢复性司法的目的

恢复性司法的目的大致有：一是犯罪人主动自愿地承担个体责任，对自己的犯罪行为所造成的危害给予赔偿；二是被害人的利益得到救济、补偿，包括物质财产和精神人格两方面；三是使受损的社会关系得到修整、恢复；四是促进了犯罪人认罪悔罪赎罪。

恢复性司法强调恢复功能，即着眼于对被破坏的社会关系的修复，而不是对犯罪行为的单纯惩罚。因而，恢复性司法不仅有利于化解被害人与犯罪人之间的矛盾和冲突，满足不同利益主体的需要，也因为其能使国家、犯罪人、被害人、社区之间的利益得到合理的平衡，从而有利于实现法律效果和社会效果的统一，有利于社会和谐目标的实现。

（五）恢复性司法三大原则

一是自愿原则。联合国《关于在刑事事项中采用恢复性司法方案的基本原则》规定，只有在犯罪人及被害人自由和自愿同意的情况下，才可使用恢复性程序。二是可恢复性原则。在适用恢复性司法过程中，首先需要考虑的是被害人的损失补偿问题，同时还需要考虑对于社区秩序的恢复。三是司法参与原则。从恢复性程序的开始、执行直到结束，刑事司法程序时刻伴其左右并为其保驾护航，要使恢复性司法得到认可和广泛使用离不开司法保障。

二、恢复性司法与刑事司法各阶段及社区矫正的关系

联合国预防犯罪和刑事司法委员会《关于在刑事事项中采用恢复性司法方案的基本原则》第6条规定："在不违反本国法律的情况下，恢复性司法方案可在刑事司法制度的任何阶段使用。"也就是说，恢复性司法可贯穿于刑事司法的各个阶段，即既可以在刑事案件的侦查阶段、起诉阶段、审判阶段，也可以在刑事案件的执行阶段，甚至延伸到刑罚执行以后。

恢复性司法与刑事司法各阶段的关系可以做这样的表述：即恢复性司法贯穿于刑事活动的各个阶段，刑事司法各个阶段都可以适用恢复性司法，或者说在刑事司法的各个阶段都包含恢复性司法，恢复性司法构成刑事司法各阶段组成部分。因为，刑事司法各个阶段除存在恢复性司法，还有大量的非恢复性司法活动。非恢复性司法应当是刑事司法的主要部分，且在恢复性司法出现之前就已存在，恢复性司法丰富和拓展了刑事司法的各个阶段的内涵和形式。同时，在刑事司法的不同阶段恢复性司法有不同的表现方式，并对刑事司法的相应阶段有补充和丰富的作用。恢复性司法与刑事司法各个阶段的关系应当是包含于与包含的关系。如在审查起诉阶段的轻罪和亲友邻居之间案件的不起诉、在审判阶段的刑事和解及认罪认罚从宽制度等。社区矫正属于刑事执行阶段，自然也包含恢复性司法，至于以何种方式表现出来，则是需要研究探讨和实践探索。那些将整个社区矫正制度全部作为恢复性司法的观点是值得商榷的。

那么，如何判断某种方式是恢复性司法还是非恢复性司法呢？笔者认为，应当从恢复性司法的特征与原则来把握。

一是，是否符合自愿的原则。即是自愿还是强制是区分恢复性司法与非恢复性司法的一个标志。就社区矫正工作而言，社区服刑人员是否自愿通过道歉、赔偿、社区服务、生活帮助等途径修复与被害人以及因犯罪受到影响的社区关系是判断是否属于恢复性司法的标志。如果不是自愿的，而是被迫的或强制的，则不能认定为恢复性司法。当然，这里的自愿，既包括作为加害人的社区服刑人员的自愿，也包括受害人的自愿；既包括作为加害人的社区服刑人员的自觉自愿，也包括通过社区矫正工作等人员的教育引导，从不愿意到自觉自愿的过程，只要最终是加害人真实的意思表示即可。反之，如果通过强迫的方式进行则不能认定为恢复性司法，如强制性社区服务。

二是，是否在犯罪人与被害人之间建立了联系。这里的联系既包括直接联系，也包括间接联

系,既可以是作为加害人的社区服刑人员与被害人双方之间面对面,也可以是双方不见面,但有调解人将双方的意见作出明确地传递,双方均能够明确对方的意愿。如果没有在作为加害人的社区服刑人员与被害人之间建立联系,如仅仅是社区矫正工作人员与作为加害人的社区服刑人员之间的联系,即社区矫正工作人员对作为加害人的社区服刑人员的教育,则不能认定为恢复性司法。

三是,是否有司法的参与。在社区矫正阶段,如果没有司法的参与,即没有社区矫正工作机构及其工作人员的参与,仅仅是作为加害人的社区服刑人员与被害人自身之间或通过亲友、邻居或其他中间人来处理的,则不能认定为恢复性司法。不过,社区矫正机构委托其他社会组织或专业人士参与的,则可以认定为恢复性司法。

三、在社区矫正工作中运用恢复性司法的方法与途径

那么,在作为刑事执行阶段的社区矫正工作过程中如何适用恢复性司法呢?这是本文研究的重点与核心问题。由于恢复性司法需要在犯罪人与被害人之间建立对话关系,因此,存在刑事案件的被害人是开展恢复性司法的基础。又由于作为社区矫正对象的犯罪人,即社区服刑人员种类繁多,情况千差万别,如何确定适合适用恢复性司法的对象也是首先必须考虑的。再次,应当根据每个适合适用恢复性司法的对象情况分别采用或综合采用道歉、赔偿、社区服务、生活帮助等方式开展恢复性司法。

(一)要准确地确定适合适用恢复性司法的社区服刑人员

由于恢复性司法需要在犯罪人与被害人之间建立对话关系,因此,考察是否有被害人是前提和基础,但首先需要根据具体案情来选择适合适用恢复性司法的人员。

1.根据社区矫正罪犯的类型来选择

依据《中华人民共和国刑法修正案(八)》和第二次修正的《中华人民共和国刑事诉讼法》的规定,我国共对四大类罪犯依法实施社区矫正,即被判处管制、宣告缓刑、假释以及暂予监外执行的罪犯。上述四类罪犯中的每一大类罪犯中均存在被害人,因此,上述四大类罪犯中每一类均可适用恢复性司法。又由于恢复性司法需要运用道歉、赔偿、社区服刑、生活帮助等方法来实现,因此,四大类罪犯中的暂予监外执行类罪犯使用可行性较低。因为,暂予监外执行类罪犯自身疾病严重,需要治疗,有的生活不能自理,需要他人照顾,甚至还需要社会救助,或者在怀孕或者哺乳期间不宜从事某些活动。因此,在对象选择上,可以将重点放在管制、缓刑、假释人员身上。

2.根据十大犯罪类型特点来选择

我国《刑法》规定有十大犯罪类型,其中,存在被害人的案件主要集中在危害公共安全罪、侵犯公民人身权利罪和妨害社会管理秩序罪三大领域。社区矫正机构在实施恢复性司法的过程中,可以主要将上述三大领域犯罪的社区服刑人员作为选择对象。

3.根据犯罪时的主观心理状态来选择

由于犯罪人犯罪时的主观心理状态不同,对恢复性司法的接受程度也不同。一般来讲,过失犯罪较为容易接受恢复性司法,如交通肇事案、过失致人伤害案等类型的罪犯。在社区矫正过程中,就曾有过失犯罪的社区服刑人员主动要求赔偿被害人的先例。相比过失犯罪,故意犯罪虽然主动要求赔偿被害人的还未曾发现,但故意犯罪占刑事犯罪案件总量的绝对多数,实施恢复性司法影响面更广、更有意义,通过教育引导也可以有效实施,特别是初犯偶犯、主观恶习不深、认罪悔罪赎罪意愿强烈、曾有立功自首表现、中止犯罪、胁从犯罪等类型的社区服刑人员可以优先选择适用恢复性司法。

4.根据社区服刑人员个体情况来选择

虽然作为加害人的社区服刑人员有侵害对象(被害人),但是否能够适用恢复性司法还要看该社区服刑人员的个体情况,包括社区服刑人员的经济状况、精神状况、身体状况等。如果社区

服刑人员自身精神状况不佳，如重性精神疾病患者，则无法适用恢复性司法。如果社区服刑人员的经济状况不佳，自身还需要社会救助，则无法实施赔偿方案，但可以实施道歉、社区服务等方案。如果社区服刑人员身体状况不佳，则不能实施社区服务方案等。

（二）要选择确定适合并愿意适用恢复性司法的被害人

恢复性司法的特点之一，就是关注被害人，尊重被害人，使被害人的利益得到救济、补偿。因此，适用恢复性司法必须有被害人参与，这也是恢复性司法的前提和基础。选择被害人可以通过多种途径进行。如通过阅读判决书、与社区服刑人员及其家属谈话，通过法律援助机构、刑事法庭、公安机关等途径了解。在获得被害人相关信息后，再由社区矫正机构工作人员或委托的专业人员与之接触，并征得被害人的同意。在具体实施恢复性司法时，应当根据被害人的具体情况，包括经济状况、精神状况、身体状况以及心理状况的不同，采用相应的方式进行。如对于希望得到道歉的被害人，应当教育引导社区服刑人员道歉；对于未得到判决赔偿或未完全得到判决赔偿的，则应当教育引导有条件的社区服刑人员给予被害人赔偿或完全赔偿；对于家庭生活困难的被害人，就应当教育引导社区服刑人员在完成履行判决赔偿的金额完成之外，给予被害人进一步的补偿等。

（三）要搭建平台以供社区服刑人员与被害人开展对话

恢复性司法要求在加害人与被害人之间建立对话关系。因此，如果社区服刑人员没有侵害对象即被害人，也就无法在加害人与被害人之间建立起对话关系，也就失去了适用恢复性司法的基础。但仅有犯罪人或者仅有被害人单方的参与，而没有在犯罪人与被害人之间建立起对话关系，则不能认定为恢复性司法，如仅有政府、社会组织但没有犯罪人参与的刑事被害人救助。故此，要在社区矫正工作中适用恢复性司法必须将社区服刑人员与被害人联系起来并建立起对话关系。作为社区矫正工作的主体，社区矫正机构理所当然地应当成为恢复性司法的组织者、对话平台的搭建者。不过这并不意味着，具体的恢复性司法个案处理过程中一定要直接面对社区服刑人员和被害人，而是可以委托专业社会组织和专业社会工作者等具体组织实施。

社区矫正机构在搭建对话平台时，可以借鉴国外的做法。

1. 组织当事人双方调解

社区矫正机构应精心设计对话环境，在确保被害人安全的情况下会见犯罪人，在社区矫正机构或其委托的专业人员的主持下，由被害人向犯罪人讲述犯罪对其身体、精神、情感和经济造成的损害，并询问有关犯罪方面的问题，协助拟订补偿方案，犯罪人也可以讲述自己的经历并通过提供某种形式的补偿承担责任。根据案情和被害人与犯罪人双方个体情况，也可以采取非接触方式，由调解人帮助双方传递信息，促进双方意愿趋于一致，最终达成解决方案。

2. 召开家庭会议

即由专业人士作为协调员将受到犯罪影响的各方，包括被害人、犯罪人、家庭成员、朋友以及双方各自的支持者邀请到一起，讨论他们和其他人如何受到犯罪的伤害及如何修复这种伤害。会议可从犯罪人陈述案情开始，然后，对方讲述案件对其生活造成的影响。如果被害人愿意，也可以由被害人开启会谈，通过各自的叙说，让犯罪人能够正视其犯罪给被害人、被害人周围的人以及犯罪人自己的亲友带来的伤害，被害人则可以表达自己的感受并向犯罪人询问与案件有关的问题。在对犯罪后果进行了深入的讨论之后，协调员要求被害人确定其期望通过协商得到的结果。会议结束时，参与者们要共同签署一份能够概括他们的期望和承诺的协议。

3. 组织圆桌会议

建立由被害人、犯罪人、双方的亲友、司法人员和社会工作者以及与案件有利害关系的社区居民组成的"圆桌会议",会议由社区矫正机构主导,由接受过训练的社区成员负责推动程序的运行,同时,赋予被害人、社区成员、家庭成员和犯罪人发言权,所有参与者真诚地讨论,共同寻求对案件的理解,以促进对相关各方损害的修复,为犯罪人弥补损害提供机会,共同寻求建设性解决方案,并找到犯罪行为的深层次原因,营建良好的社区氛围,促进和分享社区的价值。

除上述方式外,本市社区矫正机构还开展了创造性的工作以拓展工作路径,如浦东新区司法局在某出租车司机被焚案中,前期采取加害人与对方家属非接触的方式,后期采取双方家属见面的方式,同样取得了良好效果。徐汇区司法局组织社区服刑人员向被害人道歉,组织交通肇事类社区服刑人员自愿参加交通执勤体验,金山区司法局和新航社工站在强制性社区服务之外,组织社区服刑人员自愿服务队提供敬老服务以及到指定的村居委会领取报纸分发到每家每户等方式,拓展了平台搭建的路径,促进了社区服刑人员与社区关系的融合。

(四)区别情况分别实施恢复性司法活动方案

1. 根据是否作为恢复性司法结果组织实施

在社区矫正阶段,一部分社区服刑人员本身就是审判阶段适用恢复性司法的结果,或者说,因在审判阶段适用了恢复性司法,通过赔偿等方式已经给予被害人一定的补偿,得到了被害人的谅解,最后由法院判决管制、宣告缓刑,而进入社区矫正,但大部分社区服刑人员并不是因为适用恢复性司法进入社区矫正的,而是因为其罪行本身就轻。对于假释人员来说,是因为服从监规,认真改造,有悔改表现而被假释进入社区矫正的,同样也没有适用过恢复性司法。对于第一类的社区服刑人员可以继续实施恢复性司法,后两类应当根据情况选择是否适用恢复性司法,但具体的实施方式应当有所区别,如对于在审判阶段使用过恢复性司法进入社区矫正的,可以进一步补偿被害人及其家庭,对于没有适用恢复性司法进入社区矫正的,则可以教育引导其对被害人进行道歉、补偿,参加社区服务、生活帮助等方式补偿被害人因犯罪遭受的物质损失与精神损害。

2. 根据社区服刑人员赔偿情况组织实施

由于社区服刑人员思想不同、家庭经济状况不同,每个社区服刑人员对法院判决的认识和执行情况千差万别,有的积极赔偿,有的则消极拒赔。因此,进入社区矫正阶段,社区矫正机构及其工作人员要区别情况加以处理。如对没有按照法院判决给予被害人赔偿的,可以通过细致耐心的教育,引导其对被害人进行赔偿;对于在审判阶段没有按照法院判决的数额给予被害人足额赔偿的,则可以通过细致耐心的教育,引导其给予被害人足额的赔偿;对于已经按照法院判决给予被害人足额赔偿的,则根据其家庭经济情况,动员其在法院判决赔偿标准的基础上作进一步的补偿。

3. 根据社区矫正执行方式组织实施

我国社区矫正工作包括三项内容:一是监督管理,二是教育矫正,三是适应性帮扶。在监督管理方面,可以将是否适用恢复性司法作为奖惩手段纳入整个管理体系之中,如将主动赔偿未完成的赔偿义务、主动赔偿判决余额部分、完成赔偿义务后进一步补偿被害人的,以及自愿向被害人道歉、自愿为被害人提供生活帮助、自愿参加社区公益劳动等行为设定为行政奖励和司法奖励的条件而不能作为惩罚的前提条件。在教育矫正方面,可以将适用恢复性司法作为教育工作目标任务。作为社区矫正工作的主体,社区矫正工作人员应当研究社区服刑人员的心理,并通过集中教育、个别教育、心理辅导等多种途径教育、引导相关社区服刑人员由被动到主动,由不自觉向自觉自愿的转化。这一过程虽然漫长,但为教育矫正工作提供了广阔的空间。在适应性帮扶方面,如果将适应性帮扶仅仅理解为对社区服刑人员本人提供生活上的帮扶,则不存在适用恢复性司法的问题。因为,对于生活困难的社区服刑人员提供生活上的帮扶并没有在社区服刑人员与被害人之间建立对话关系。因此,即使通过社会适应性帮扶，使社区服刑人员的思想、情感、生活发生了根本变化，也不能归属于恢复性司法范畴。不过，与集中教育、个别教育一样，如果通过对社区服刑人员的适应性帮扶，使社区服刑人员的思想、情感和生活发生根本变化，就能够为社区服刑人员赔偿被害人，参与实施恢复性司法奠定物质和思想基础。

4. 根据社区矫正自身阶段性特征组织实施

从我国社区矫正制度设计来看，大致有四个阶段，第一个阶段为调查评估阶段，犯罪人虽然没有正式进入社区矫正，但此阶段已进行社区矫正准备，因此属于社区矫正预备阶段。第二个阶段为社区矫正宣告阶段，正式进入社区矫正，但处于社区矫正初期。第三个阶段为社区矫正正式实施阶段，此阶段是社区矫正的主要阶段，是适用恢复性司法的主要阶段。第四个阶段为社区矫正宣告解除阶段，即结束社区矫正。上述每个阶段的目的与任务不同，社区服刑人员的心理状况不同，适用恢复性司法的方式应当有所不同。在审前调查阶段，犯罪人的案情基本明确，是否存在被害人已明确，犯罪人个人及其家庭赔偿能力基本明确，因此，可以开展恢复性司法适用可行性预备评估。至宣告阶段，可以提示存在侵害人的社区服刑人员适用恢复性司法。社区矫正实施阶段，可以具体制定适用恢复性司法方案，组织实施恢复性司法活动。宣告解除阶段，则应当结束恢复性司法活动。

四、社区矫正工作适用恢复性司法的作用与意义

（一）有利于社区矫正工作方式的调整

通过恢复性司法的运用，恢复性司法理念在社区矫正工作中得到了初步确立，重刑主义、惩罚为主的思想得到了一定纠正和调整。被害人与加害人对话关系的建立，无论对于被害人、作为加害人的社区服刑人员，还是恢复性司法组织者、其他参与者的思想、心理、认知和行为等都产生深刻影响。被害人的参与又促进了社区矫正参与主体由"二元结构"（即社区矫正工作参与人员，含社区矫正机构工作人员、社工、志愿者等，以及社区服刑人员）向"三元结构"（增加"被害人"）的转变，拓展了社区矫正工作的路径，丰富了社区矫正工作的内容，促进了社区矫正工作方式的转变。

（二）有利于社区矫正工作制度的完善

恢复性司法运用于社区矫正工作，使恢复性司法成为社区矫正制度的有机组成部分。如在监督管理制度方面，可增加社区服刑人员报告有关"恢复"的情况。在宣告制度中，可增加邀请被害人及其亲属参加。在教育制度中，可将教育引导社区服刑人员自愿参与恢复性司法作为基本教育内容。同时，增设自愿参加的社区服务，区别于强制性社区服务。在矫正过程中，可邀请被害人及其亲属、社区成员参与矫正方案制定，并在方案中设定恢复性司法目标，明确恢复性司法措施。在奖惩制度设计上，可将积极参与恢复性司法，主动自愿道歉、履行赔偿义务、进一步补偿被害人等行为作为奖励项目，并在实施奖惩时听取被害人及其亲属的意见等等。

（三）有利于社区服刑人员更加深刻地认罪悔罪赎罪

社区矫正工作的任务之一就是教育引导社区服刑人员认罪悔罪赎罪，恢复性司法就是促成加害人自愿通过道歉、赔偿等方式修复与被害人及社区的关系，这些方式，较之与社区服刑人员撰写认罪书、悔罪书等方式更为具体、深刻，更能触动和反映人的内心，而被害人当面表述所受伤害，使社区服刑人员心灵能够受到更为深刻的冲击，从而，丰富和完善了"认罪—悔罪—赎罪"体系的内涵。

（四）有利于进一步促进社会和谐

社区矫正的最终目标是帮助社区服刑人员适应社会，积极地融入社会，不再重新违法犯罪，促进社会和谐。恢复性司法是通过平等对话、犯罪人真诚认罪悔罪并通过具体的赎罪方式得到被害人的原谅，为社区所接受，实现社会的关系修复与和谐。这种建立在平等、自愿、协商、真诚基础上的和谐更加稳固、更加持久。

五、在社区矫正工作中运用恢复性司法应当注意的问题

（一）要防止将恢复性司法等同于社区矫正工作

由于恢复性司法概念引入社区矫正工作的时间不长，将社区矫正工作等同于恢复性司法的现象较为普遍。如前所述，恢复性司法贯穿于刑事司法各个阶段，并成为刑事司法各个阶段的组成部分。故此，恢复性司法不能也无法等同于刑事司法相应阶段。就社区矫正而言，社区矫正工作包含恢复性司法，恢复性司法只是社区矫正工作的一部分，恢复性司法虽然丰富和发展了社区矫正工作，但绝对不能等同于社区矫正工作。

（二）要将恢复性司法与非恢复性司法区别开来

恢复性司法与非恢复性司法并存于刑事司法各阶段，两者除在刑事司法各阶段所占的分量不同外，在适用对象、适用条件、适用原则上还存在明显差异，如自愿原则就是恢复性司法所独有的，非恢复性司法的强制性特征更为明显。如不作区分可能会导致对非恢复性司法措施合理性的怀疑以及具体措施的否定，如强制性社区服务措施。因此，正确把握恢复性司法的内涵、特征、原则以及恢复性司法与刑事司法各阶段的关系十分重要。

（三）要积极探索，稳步实施恢复性司法

恢复性司法在本市社区矫正工作的运用刚刚起步，无论是恢复性司法意涵的理解，还是恢复性司法具体方法的运用，以及恢复性司法制度的建立等都远未成熟，甚至存在许多运用上的困难与障碍。因此，需要社区矫正机构及其工作人员开拓创新，不断实践，使得恢复性司法得到更为广泛、正确地运用。特别是要结合实际，创新方法，不拘泥于国外的具体做法，努力追求社会效果与法律效果的最大化。要从恢复性司法的发展历程、我国当前司法改革项目——认罪认罚从宽制度中获得启示，积极稳步地推进恢复性司法。要通过恢复性司法活动，促成社区矫正制度更加科学、合理、完善和有效。

刑满释放人员精准帮扶工作机制建设研究

陈耀鑫[*]

> **内容摘要**：精准帮扶工作的开展意在更合理地使用帮扶资源，在科学评估帮扶需求的基础上，注重帮扶措施的科学化与帮扶投入的效益化。精准帮扶是刑满释放人员（以下简称刑释人员）帮扶帮教工作的应有之义和必然要求，将其作为一种工作理念提出，更有利于指导实践工作。根据中央推进安置帮教工作的有关要求，上海自2015年起就对精准帮扶工作进行试点，现结合试点及调研情况就进一步建立和完善精准帮扶工作机制进行探索和研究，以期为刑释人员更好地回归社会搭建平台、创造条件。
>
> **关键词**：刑满释放　精准帮扶　机制研究

---

[*] 陈耀鑫，男，上海人，大学学历，上海市社区矫正管理局局长。

一、开展精准帮扶工作的探索实践

（一）精准帮扶与精准扶贫

精准是相对于粗放而言，即精确、准确，旨在实现工作目标的效度。帮扶，是指帮助安置帮教对象解决在回归社会过程中遇到的基本的生活困难。近几年来，"精准"一词出现较多的是在扶贫领域，习近平总书记在2013年11月于湖南湘西考察时，首次提出了"精准扶贫"。[①] 2015年10月16日，习近平在2015减贫与发展高层论坛上强调，中国扶贫攻坚工作实施精准扶贫方略，注重六个精准（扶持对象精准、项目安排精准、资金使用精准、措施到户精准、因村派人精准、脱贫成效精准），坚持分类施策，因人因地施策，因贫困原因施策，因贫困类型施策。安置帮教工作中对刑释人员的帮扶与扶贫有类似之处，特别是经济困难方面，总体上来讲都是对弱势的补强，使工作对象处于正常的生活水准。精准扶贫的一套工作方法值得借鉴，实施精准帮扶是安置帮教工作发展的应有之义和必然要求。刑释人员能否正常回归社会受到诸多因素的影响：主观方面有是否愿意遵纪守法、重新做人的意识，也有社会大众、安帮工作人员对刑释人员、安帮工作的观念和态度；客观方面有前科经历（导致相应的社会反应）、家庭婚姻、就业及经济状况以及国家关于刑释人员的相关立法和社会支持条件等。每个刑释人员的主客观条件都是不同的，为了保证安帮工作效果，需要对刑释人员进行针对性帮扶，首先就要摸清帮扶对象的个性化需求，这是精准帮扶的前提和关键。

精准帮扶源自于帮扶对象需求的客观差异，核心是"对症下药"。帮扶对象对社会的需求期待不同，需要针对性的应对。在试点工作调查中，257名有帮扶需求的对象中，91人有民生帮扶需求，106人有就业帮扶需求，28人有心理帮扶需求，32人有关爱帮扶需求。这是对2400名帮扶对象调查和评估的结果。这种过程分为两个层次，一是是否需要帮助，二是何种需求。但是，实践中对所有帮扶对象采取"固定模式"的做法，不仅不能收到应有的效果，甚至令当事人反感，认为政府或工作人员并不真正重视帮扶工作，而是在应付。如每年监所必访，每个人标准一致，每名对象都送一套书、一块肥皂、毛巾，看似平等对待，但并不是所有的人都需要，而且使有限的帮扶资源没能收获更大的效果。因此，识别帮扶对象的合法合理的必要需求，进行适当帮扶，是很有必要的。

除了个性化需求，一些共性的问题也需要关注，如法律中对于刑释人员权利的限制，给其贴上永久的"犯罪人"标签，是非常不利于其回归社会的，特别是就业限制和政审制度，这也需要加以变革。

（二）上海需求导向型安置帮教模式的探索

为整合资源、加强创新，上海自2010年开始探索建立刑释人员需求导向型安置帮教工作模式，该模式将帮教对象的需求分为民生救助、就业谋生、感情修复、心理调适大类型，分别采取不同的帮扶措施。

1. 民生救助型帮扶

依托安置帮教领导小组，建立由司法行政、民政、社保、妇联、团委和村（居）等力量组成的民生保障网络，从多个方面开展帮扶服务。主要包括：（1）落实社会救助政策。对于家庭经济困难及本人或家人有重大疾病，符合社会救助范围的，及时落实相应的救助措施；对于不符合救助条件但确实存在困难的，给予3至6个月的临时救助。（2）落实刑释人员住房保障政策。对涉及动拆迁的服刑在教和刑释人员情况进行摸底调查，并与拆迁部门进行沟通，督促其保护上述人员的合法权益，需要前往监所进行协商的，司法所积极协调相关监所提供便利。（3）落实

[①] 唐任伍："习近平精准扶贫思想阐释"，载 http://theory.people.com.cn/n/2015/1021/c40531-27723431.html，2015年10月21日访问。

残疾对象的救助政策。对于残疾的刑释人员，符合办理残疾证条件，支持其办理，享受残疾待遇；对于有工作能力的，安置到街道的福利企业进行托底安置。（4）做好特殊对象未成年子女关爱活动。例如，在每年的"六一"儿童节开展座谈、家访慰问、参观互动以及对特殊对象未成年子女特别是单亲家庭子女开展多种形式的关爱活动等。

2. 就业谋生型帮扶

整合司法行政、人保、村（居）和就业援助员的力量，建立就业工作网络，多角度开展帮扶。主要包括：（1）积极开展就业指导。通过家访、面谈等形式，积极向刑释人员宣讲就业形势，宣传就业和创业政策，鼓励刑释人员参加技能培训，引导其理性就业。（2）加强就业服务力度。为刑释人员提供失业登记、求职登记、求职信息发布、技能培训和就业推荐等各项就业服务。（3）鼓励有条件的刑释人员自主创业。帮助刑释人员通过承包农田、个体养殖或个体经营等方式实现自主创业。（4）在城乡环境管理所设立过渡性安置基地。对于难以实现市场就业的刑释人员，根据其就业能力和意愿安置到过渡性基地。（5）推进刑释人员家属就业。对于无就业能力的刑释人员，通过过渡性基地安置和就业推荐等方式，帮助其有就业能力的家属就业。

3. 情感修复型帮教

注重将家属参与引入帮教全过程，并从三个方面开展帮教。（1）加强亲情伦理教育。充分发挥社区、妇联、团委等力量，对刑释人员和家属进行亲情伦理教育。（2）积极引导家属参与帮教。对于服刑人员，引导家属参与监所帮教，并鼓励家属自发进行探访，提高见面频率。同时，发展刑释人员家属为志愿者，鼓励家属关心、支持和监督对象的生活、工作和学习情况，营造家庭关怀的环境。（3）定期开展亲情活动。通过组织刑释人员和家属共同参与亲情活动、观看亲情伦理影片、参加公益性活动、参观公益性场所和展览会等形式，来共同参与和互动巩固亲情纽带。

4. 心理调适型帮教

充分发挥社工等具备心理咨询师资格的专业人士力量，为对象提供不同层次的心理健康服务。（1）开展心理测试和心理健康教育。通过开展心理测试，正确掌握刑释人员的心理状况，并针对普遍存在的心理问题进行心理健康教育。（2）依靠心理咨询师的力量，开展心理咨询。依据刑释人员的日常行为表现，结合心理测试报告，通过多种形式为刑释人员提供心理咨询，有效缓解了不健康的心理问题。（3）进行心理危机干预或心理治疗。对有严重行为偏差、存在心理疾病症状的，影响到正常工作、生活的刑释人员，协调心理学专家及心理医生进行危机干预处理或临床心理治疗。

（三）精准帮扶试点项目及其评价

需求导向型安置帮教工作模式为精准帮教工作指明了发展方向和目标定位，为更好地推进精准帮扶工作，上海自2015年开始在奉贤区进行精准化帮扶项目试点工作（备注：奉贤区刑满释放人员约为2400人，以2015年底数据为例）。

1. 试点目标

主要是帮助临释人员和刑释人员提高社会适应能力，克服困难，顺利回归社会融入社会，同时增强社会归属感和社会责任感，减少重新犯罪率。为更加直观清晰地评估精准化帮扶效果，试点项目采用刑释人员的五年内重新违法犯罪率作为评估指标。项目启动之时，试点区刑释人员的五年内重新违法犯罪率为2.41%（2014年12月底），计划通过精准化帮扶工作，使结项时试点区重犯率下降20%以上。

2. 试点项目的实施内容

（1）临释帮扶。通过开展鸿雁传书、走访服刑人员家庭、监所走访、重点必接等活动开展帮扶工作，做到无缝衔接，促使监所内的帮扶与地区帮扶紧密结合，确保帮扶工作的连续性。自2015年1月精准化帮扶项目试点开展以来，与监所内服刑人员鸿雁传书共59封，监所走访123人。大多数服刑人员能积极响应入监所走访活动，在交谈中能将有关信息进行交流，并愿意在出监所后与司法所联系。

（2）刑释解教后帮扶。一是民生帮扶。主要依托安置帮教工作站和志愿者工作站开展工作。2015年，通过各种形式的补助、协助调解、有关政策法规的咨询等形式，共开展215人次的民生帮扶，帮困金额达114 660元。在精准化帮扶工作中，充分发挥各镇（开发区、社区）安置帮教工作站的作用，通过工作站成员间互相配合和支持，在就业、社保、补助、落户等民生方面为辖区内的帮扶对象提供帮助。特别是对于同时有多种困难或有特殊困难的人员帮扶的疑难个案的处理，安置帮教工作站能发挥成员间的协调作用，提高了解决帮扶对象问题的效率。同时，在各镇（开发区、社区）成立的志愿者工作站依托社会资源，也创造性地开展了许多精准化帮扶工作，帮扶成效也比较明显。

二是就业帮扶。各区司法局充分利用社会组织等社会资源以及其他政府部门在培训、就业方面的本职职能，帮助有就业需求的刑释人员增加工作技能，提高就业能力，获得工作岗位。比如奉贤区利用区社会帮教志愿者协会"扬帆启航——特殊人群再就业服务项目"开展就业方面的帮扶。该项目专项经费20万余元，为200名刑释解教、社区服刑、戒毒、犯罪边缘青少年等特殊人员开展就业援助服务。各司法所积极联系所在镇（开发区、社区）为帮扶对象安排公益性岗位，共为刑释人员提供公益岗位20多人次，成功落实就业8人，安置帮教基地临时安置41人。同时发挥各村（居）委就业援助员的专业优势，积极为刑释人员介绍就业。2015年，奉贤区各司法所、社会组织推荐就业机会近200人次，成功就业33人。

三是心理疏导帮扶。试点中，在各司法所设立心理咨询室，每个心理咨询室都配备国家二级心理咨询师。各咨询室主要通过心理团康活动和个别辅导的形式开展工作，当出现突发事件需要心理救助时，及时进行心理危机干预。试点期间，12个司法所的心理咨询室开展团康活动和个别辅导100多人次，效果良好。

四是关爱帮扶。在关爱帮扶工作中，社会组织开展的公益类项目发挥了重要作用。比如奉贤思齐中心在"牵手同行——特殊人员关爱行动"项目和"有缘来牵手——助困难家庭子女健康成长"活动中，对32名对象子女开展一对一个案辅导，为32名贫困学生赠送了学习用品，对10名学习优秀、进步显著的对象子女进行了物质奖励，为10个有冲突、有需求的家庭开展"父母成长""教育理念"等内容的沙龙活动，以及开展帮扶对象子女户外历奇、健康成长小组、冬日送温暖等活动。例如，市爱心帮教基金会资助"爱心圆梦"公益项目，一共为20名家庭困难的服务对象未成年人子女，争取到了爱心助学资格，获得助学款共计14 300元；另有4名长期受到"爱心圆梦"资助的受助学生，在逆境面前没有自暴自弃，而是通过他们自身的不懈努力，在今年6月高考中，以优异的成绩考取了理想中的大学，获得优秀受助生奖励，共计7000元。又如区司法局与上海淑德公益基金合作开展的"爱的接力棒"学业辅导关爱活动，帮助59名有需求的对象子女辅导学业。同时，各司法所组织志愿者与48名帮扶对象子女签订"一对一"关爱协议书进行重点帮扶，整个项目期间，共有142人次帮扶对象子女参加了种形式关爱活动，受助金额共46 140元。

3. 效果评估

到2015年10月底，本项目已实施满10个月，进入总结评估阶段。此时，奉贤区刑释人员重新违法犯罪率为1.2%，较往年同期（2.04%）同比下降了41.2%，较项目起始时的重犯率（2.41%）下降了50.2%，成功达成项目预定目标，证明精准化帮教项目收到了良好的效果。该试点项目提前介入帮教、细化需求、引入多种力量、采用专业方法，一定程度上提高了帮教效果，但对如何进行需求评估并保证评估的质量这个重要环节没有太大的突破，但这是精准帮扶工作的关键，也是目前安置帮教工作中的难点，需要重点研究和解决。

二、当前精准帮扶工作存在的关键问题

（一）帮扶工作精准化的理念亟待强化

帮扶工作人员的主动性、精准帮扶意识不强。

这个从帮扶需求评估可以看得出。帮扶需求评估分两个层次，一是是否需要帮扶，②二是需要何种内容的帮扶。根据调研，可将对帮扶对象需求评估的启动分为两种情况：一是主动评估，根据监所或矫正机构提供的帮扶对象社会经济状况相关信息，对其是否需要帮扶、何种方面的帮扶进行评估，进而联系当事人；二是被动评估，是由帮扶对象主动到司法所要求帮助，然后安置帮教工作小组根据要求进行评估。第一种情况应是常态，《上海市安置帮教工作规定》（2013）明确规定，司法行政部门应当会同有关部门和单位定期对刑释人员的学习、生活、就业等情况进行分析、评估，开展针对性的帮助、服务。但一些街镇往往停留在被动评估状态，认为"有事了会找上门来，不来的都是没事的"。尽管这种情况是由于帮扶工作人员有限及其他原因，但却不利于精准帮扶工作的开展，说明精准帮扶的理念还不够牢固。

（二）对帮扶对象需求的评估方式仍比较粗放

现有的评估往往指向犯罪风险，缺乏针对性的需求评估，尽管犯罪风险一定程度上反映了帮扶需求。中办发［2010］5号文和市委办发［2010］24号文件均明确要求对刑释人员予以分类管理，根据（监所）评估结果，将刑释人员分为重点帮教对象和一般帮教对象。市社区矫正管理局制作了《刑释人员重犯影响因素平衡表》，对需求评估也有指导意义，但是部分受访工作人员觉得使用该表过于复杂，除非工作要求，一般不用，即使使用打分也酌情控制，不能将一些分值打得太高，以免出现较多的重点帮教对象，因为这会大大增加自己的工作量。需求评估仍是以监狱转递档案材料为基础加上日常工作走访，是一种粗放的经验模式，受工作人员积极性和经验限制较大，缺乏一个规范的需求评估机制。同时，帮扶对象信息共享机制不畅。许多信息需要专职干部或社工到社保中心（交保情况）、房产部门（拥有房产情况）、派出所（查流动情况、暂住情况）等部门去查询，才能确定，工作量很大，对评估工作有诸多的影响和障碍。

（三）部分帮扶对象抗拒、放弃或过分"依赖"帮扶

现行帮扶工作制度一般要求对所有对象进行关怀帮助，这本身寓有社会控制的功能，但也导致了一些不良后果：一是大部分刑释人员不需要帮助，认为"政府"联系他（或她）是一种干扰，对相应工作人员开展的工作也较为抵制；二是增加了安帮工作的工作量和帮扶成本。抗拒、放弃帮扶与过分"依赖"帮扶是实践中两种极端表现，都不利于帮扶工作目标的实现。

部分帮扶对象抗拒、放弃帮扶。有的刑释人员可能一直就抗拒与司法部门的接触，从服刑期间就抗拒帮教延伸到安置帮教。在监所走访中，有的服刑人员对于帮扶人员的到来态度不积极，面谈过程中不愿意多交流，出监所后也不愿意与司法所取得联系，即使存在困难也不愿意接受任何帮扶。这类人员可能不轻易相信他人，向往自由不愿意受到太多的约束或是想封存这段不光彩的过去，不愿意再被人提起。但是实施精准帮扶，必须了解他们的情况，这导致了司法所无法了解该对象的真实想法以及困难和需求，不利于将来工作关系的建立。放弃帮扶的情况多是出于帮扶对象的"任性"。有的帮扶对象急于求成，不理解申请过程需要一定的时间和流程；有的帮扶对象不愿意克服自身的困难，宁可放弃帮扶机会。这可能与他们的习惯性评价规则和行为模式有关。

与抗拒、放弃帮扶相比，比较多见的是部分帮扶对象过度"依赖"帮扶资助，即部分帮扶对象"贪得无厌"，把帮扶当作是一个索钱的渠道。这些帮扶对象游手好闲惯了，出狱后就找到司法所求助，钱花光了，就到司法所吵闹，严重影响

---

② 根据试点，奉贤区2015年初共2400名刑释人员经需求调查和评估，共有257人有帮扶需求，约占10.7%，也就是说，近九成的刑释人员出狱后回归社会，不需要特别的帮扶。

正常的办公。甚至出现"惯窃"刑释人员出狱后到司法所要钱，花光了然后再去偷，被抓住判刑后出狱再到司法所要钱，花光了再去偷，不思悔改、恶性循环。

（四）帮扶对象就业需求不切实际或就业后怠工、违法

就业是帮扶工作的重点，但是部分帮扶对象只希望做一些较为轻松、体面、报酬较好的工作，提出一些不切合实际的要求，帮扶人员费尽九牛二虎之力帮助帮扶对象找好工作，最终被其嫌钱少、地方远等原因一句话拒绝，（如一个刑满释放的犯人要求工资不能低于5000元，达不到5000元就来吵架。）严重影响帮教工作人员的工作积极性。有的帮扶对象被帮助找到工作后，出现怠工、违规甚至新的犯罪等现象（调研发现有帮扶对象被安排收停车费的工作，结果发现其截留停车费，还发现有的对象为了交差在帮扶下就业但却怠工），使得帮扶工作非常难做；有的帮扶对象什么事情都找帮扶工作人员，稍有不顺，以上访、闹事相威胁。针对上述现象，许多安帮工作人员提出疑问，上述这些服务对象是否值得让他们这样去做？在一定程度上影响了安帮工作人员的积极性。

（五）考核机制中过分重视重新违法犯罪率

现行安置帮教工作的考核标准是"三高一低"，即"入户率高、就业率高、社会保障高、重新犯罪率低"。虽然，重新犯罪率不是唯一的标准，但是重新犯罪的原因有很多，特别是一些刑释人员具有多次盗窃、诈骗前科或吸食毒品的背景，帮扶工作不可能一下子消除其全部犯罪风险，该指标是非常难以控制的。而将重新犯罪率低作为考核安帮工作的指标之一，也缺乏足够的科学性。反而，会增加安帮工作人员的畏难情绪，特别是一些帮扶对象比较复杂的街镇，滋生"干了白干"的思想，非常不利于安帮工作开展。

三、深化精准帮扶工作的思考与建议

（一）强化帮扶工作精准化理念

（1）在精准帮扶工作机制中，起主导作用的是帮教队伍；在每个帮扶工作人员的具体工作中，起决定作用的是其工作理念。理念决定行为，对精准帮扶理念没有清楚的理解，很难灵活地贯彻到具体工作中去，即使按照设计的工作流程或动作，也只能流于形式。

（2）精准帮扶的工作理念要求工作人员树立对待帮扶工作的每个环节都要有精准意识。这种意识培养和理念灌输不是工作布置能够完成的，要通过业务培训和专题研讨来贯彻。

（3）精准是理念，是方法，是效率。只有精准，才能做到轻重缓急、有的放矢，才能实现帮扶工作的效益最大化。

同时，还要增加帮扶工作的主动性。通常认为，刑释人员已经服刑结束，已经为自己的犯罪行为付出了应有的代价，是否需要帮助完全基于自己的意愿。加之，有个别帮扶对象抗拒、放弃帮扶的行为，使得帮扶工作人员懒于、惧于上门的心理，坐等帮扶对象上门。俗语云："上山擒虎易，开口求人难。"何况刑释人员在中国这样一个具有耻刑传统的环境中，一般刑释人员不愿意主动到司法所求助。加之，有些刑释人员因长期服刑，与生活脱节严重，也需要社会的关怀、指导和帮扶，这就需要我们的工作人员必须主动。

（二）注重帮扶对象意愿

帮扶工作目标的实现，特别是帮扶对象以积极的心态申请社会帮助、寻找就业机会、自主创业，尤其需要其自身的主动性。不然，帮扶工作人员忙前忙后，劳心劳力，帮扶对象坐享其成且认为理所当然，甚至到司法行政部门索要，实在令人心寒。针对当前"大水漫灌"式帮扶启动机制，建议借鉴境外一些做法，实行以当事人申请为主、司法机关（检察院、监狱等）建议为辅的启动方式。例如，台湾地区《更生保护法》第3条规定，应受保护之人，得向其住所、居所或所在地的更生保护会及其分会申请保护。如检察官、军事检察官、观护人或监狱长官，认为上述人等应受保护者，应通知各该受保护人的住所、居所或所在地的更生保护会及其分会，经其同意予以

保护。显然，无论是自行申请保护还是要求保护，都恪守维护受保护人自由意志的原则，不具权力色彩，受保护人接受与否，不受任何人强制或负担义务。当然，这并不排斥安帮工作人员主动关心、及时了解帮教对象生活情况。而且，安帮工作人员尽量鼓励、促进帮扶对象对生活的热爱，自强不息，通过自己的努力回归正常的生活。可以采用单独谈心的娓娓劝说，也可以在对象家人、亲友、志愿者的帮助下劝说；可以采用专题讨论式的头脑风暴，还可以采用典型案例的现身说法。帮扶永远是配角，只有帮扶对象自身主动行动起来，才有可能收到良好的效果。

同时，要防止对待帮扶对象的两种极端态度：一是对刑释人员过度包容，甚至"害怕"其不配合而一味迁就；另一种是对刑释人员充满歧视，动辄提醒其想想自己的"犯罪"过去，要感谢政府的帮助，配合自己的工作。安置帮扶工作不同于一般的扶贫帮困。虽然，从犯罪预防的角度看，即使是一般的扶贫帮困，也具有社会预防的功能，它能减少犯罪发生的结构因素，安置帮教工作中的帮扶对这种目标的设定更加明显，重新违法犯罪的考评指标就是明证。犯罪预防是精准帮扶毋庸回避的目标。从犯罪学角度看，安置帮教工作属于犯罪预防中的次级预防，③它针对表现出特定违法犯罪危险性的社会人群所实施的预防活动。相对于一般民众，刑释人员是一个高犯罪风险群体，对那些抗拒、放弃帮扶的对象，也要密切关注，如实向相关部门通报，做好预防。注意到精准帮扶对象的特殊性，关系到帮教工作人员和民众对帮扶对象的看法，进而影响到整个工作。所以，在帮扶工作中，要处理好对象的特殊性，依法依规帮教，既不能带有歧视，也不一味迁就。

（三）规范精准帮扶工作流程

精准帮扶是一项涉及面广、协调难度很大的工作，需要一套比较明确的工作流程，以利于各部门有效开展工作，经过试点探索，要做好这项工作，关键要在精准排摸确立需求、精准立项无缝对接、精准施策细化方案、精准责任落实到人等四个方面予以明确，以相对统一的流程增强精准帮扶工作的可操作性、有效性。具体来说，首先，要对帮扶对象需求类型进行详细调查，并在上述民生、就业、情感、心理四种类型基础上进行完善，或增加，或保留，或细化，使之概念清晰、符合实际、可操作性强。其次，根据现有法律制度，确定能够提供的帮扶项目或措施，对应司法行政部门可以独立完成、协调完成的需求，进行再次筛选、确认，使各类需求合理合法。再次，根据既定需求类型，制定符合需求的条件，例如，收入水平、住房条件、有无享受其他救助等，然后再根据这些条件制作需求评估的对照表，就像一把尺子，来衡量各种需求，并把对照表进行试用、评估、校正，然后投入使用。最后，要经过一系列科学评估，使其不仅能够明确各部门、各责任人的职责任务，而且要有可量化、可复制借鉴的成果或经验做法。

（四）借力信息化建设深化精准帮扶

近些年来，以互联网技术、物联网、大数据、云计算等信息科学技术为基础的上海智慧城市建设为社会治安治理的路径创新提供了难得的契机，将大大提高社会治安治理的工作成效，使社会治安治理走向智慧化、精准化、规范化。帮扶工作也可以利用互联网平台、大数据分析，整合就业培训、职业介绍、创业咨询、心理疏导、生活关怀、信息获取等相关资源，为刑释人员搭建良性互动、学习的平台，例如，与腾讯等通信公司合作，在微信、QQ内设置独立的、专门针对出狱人的APP应用平台。帮扶工作人员应组织刑释人员利用网络平台，使对象享受网上动态的技

---

③ 从组织层次和预防对象不同，犯罪预防可以分为初级预防、次级预防和三级预防。这种分类法来自公共医疗模式，是北美犯罪学家在借鉴医学上的流行病理学理论的基础上提出的。［英］戈登·休斯：《解读犯罪预防：社会控制、风险与后现代》，刘晓梅、刘志松译，中国人民公安大学出版社2009年版，第12页。

能培训、网上心理疏导、在线职业介绍平台等专门的服务，使更多专业志愿者科学、便捷、有效介入刑释人员帮扶工作，促进对象稳定就业、融入社会。

（五）促进精准帮扶的社会化、专业化

从境外经验来看，刑释人员的保护先从民间开始，从某种意义上说从事出狱人保护事业的民间团体推动了官方力量的参与。1776年美国费城世界上第一个出狱人保护组织——费城出狱人保护会（Philadephia Society Assisting Distressed Prisoners）由慈善家 Richard Wister 设立，经不断发展成为了一个行刑改良和出狱人保护的专门民间组织，而早在1772年，英国在监狱改革的鼻祖约翰·霍华德等人的支持下开始逐渐建立相关的民间保护团体。④ 近代以来，日本结合了西方发达国家的出狱人保护做法和本国现实情况逐渐建立了一套颇具特色的更生保护制度。日本更生保护事业由专门的公务专职人员和民间志愿者共同负责，维持的比例为1000∶50000，保证了专业性和社会参与性。以日本更生保护团体中的 BBS（Big Brothers and Sisters Movement）为例，截至2015年，在日本各地区的委员会数量478个，更生保护妇女协会会员数共有176 600人，协助就业安置的个人或者企业共14 488个。⑤ 在日本更生保护制度中，民间团体的数量随着行刑社会化的进一步深入而不断发展，其专门性和针对性也在进一步加强。

根据十八届三中全会精神，社会治理中激发社会组织活力，成为社会治理创新的重要突破口。⑥在安置帮教工作引入社会组织，在全国来看上海是领先的，2003年市新航社区服务总站设立并投入运行，随后在区县成立相应的社会组织和志愿者组织，在安置帮教工作中发挥了重要的作用。但是政府购买服务还处在发展阶段，许多问题亟待研究解决，如政府购买服务的边界是什么，如何考核这些服务，依托社会组织，如何将精准帮扶的目标和要求融入相应的考核指标等等。从目前来看，政府一方面要细化精准帮扶的各项目标和要求，形成若干项目，通过招标方式来购买社会服务，为社会组织提供发展空间；另一方面，做好服务和管理工作，建立面向全社会的竞争机制，严格考核监督，促进社会组织服务水平，提高帮扶质量。

徒法不足以自行。精准帮扶工作不仅需要机制及相关制度的完善，而且需要帮扶者和帮扶对象思想观念的改变，更需要社会环境的改变和社会各方的参与支持，多措并举、多方发力，共同努力为刑释人员提供更好的回归空间，而非让其顶着"犯罪人"的"帽子"一辈子。

---

④ 许福生：《刑事政策学》，中国民主法制出版社2006年版，第399页。
⑤ 日本法务省：《犯罪白皮书》，平成27年版，第2编第5章第5节。
⑥ 社会治理中社会组织的功能大致体现在三个方面：一是增加社会服务供给，更好地满足民众的需求，繁荣社会；二是承担了部分由政府承担的社会职能，有利于政府转型，以实现小政府大社会的发展目标；三是通过社会服务的平台，社会成员自身利益的诉求可以通过社会组织来表达，社会组织也可以在提供服务中发现问题、汇集意见，与政府沟通解决，起到预防和化解社会矛盾的功能。可见，社会组织是政府、社会成员之间的第三方，使原来较易形成政府与民众的直接冲突的格局下，提供了一个交流平台和缓冲地带，有利于促进社会和谐，使社会治理更富弹性。参见王瑞山："发挥社会组织在社会治理中的作用"，载《综治研究》2013年第11期。

试析戒毒工作一体化建设的挑战与路径

周广洪*

> **内容摘要**：戒毒工作一体化遵循戒毒工作规律，着眼戒毒人员属性，围绕教育戒治中心任务，促进核心要素聚焦、戒毒措施对接、戒治资源整合、工作力量协同，持续改进、梯度实现提高戒断率、降低复吸率工作目标。戒毒工作一体化建设通过完善工作体系、推进信息化工程、建构社会支持系统、搭建科研创新平台等路径，探索符合超大城市特点和规律的戒毒工作模式。
>
> **关键词**：戒毒工作　一体化建设　多元协同共治

---

* 周广洪，男，江苏启东人，研究生学历，军事学硕士，上海市戒毒管理局副局长。

劳教制度废止以来，司法行政戒毒系统以习近平总书记对司法行政戒毒工作的重要指示精神为指引，推进落实司法行政改革决策部署，创新理念思路、体制机制、方式方法，强化责任担当，全面履行强制隔离戒毒、戒毒康复和指导支持社区戒毒社区康复等法定职能职责，各项工作有新进展，工作局面有新突破。当前，司法部提出推进建立全国相对统一的戒毒工作基本模式，探索符合戒毒人员属性、戒毒工作特点、戒毒康复规律的戒毒工作基本模式，正成为一项重要而紧迫课题。面对司法行政戒毒工作任务持续重压、信息化技术手段深度融合运用、社会治理创新日益深刻精准等新形势新背景新任务，戒毒工作一体化建设势在必行，应当为上海社会综合治理工作创新发展发挥应有作用。

一、戒毒工作一体化实践特征

戒毒工作一体化的实践特征是遵循戒毒工作规律，着眼戒毒人员属性，围绕教育戒治中心任务，促进核心要素聚焦、戒毒措施对接、戒治资源整合、工作力量协同，持续改进、梯度实现提高戒断率、降低复吸率的工作目标。

（一）站位司法行政改革，完善戒毒工作基本职能

《中共中央国务院关于加强禁毒工作的意见》明确指出：积极探索科学有效的戒毒康复模式，全面推进社区戒毒、社区康复工作，规范强制隔离戒毒工作，研究完善戒毒康复场所管理体制，提高戒毒实效。司法行政戒毒工作包括强制隔离戒毒、戒毒康复和指导支持社区戒毒社区康复四项任务。戒毒工作仅靠单一运行的戒毒方式很难达到效果，必须将现有的戒毒形式进行有效整合，形成一体化、综合治理的格局。[①]上海司法行政戒毒系统亟须改变单一工作取向，通过革新工作理念，创新工作机制，完善体系，全面履行职责，努力探索具有上海特色、符合全国要求的一体化戒毒工作模式。

（二）遵循戒毒工作规律，促进戒毒措施无缝衔接

社区戒毒、强制隔离戒毒、戒毒康复、社区康复，四种戒毒措施有着法定性、系统性、科学性、专业性等特征。从系统论的角度来看，司法行政戒毒工作是一项系统任务，四种戒毒措施相互关联、相互影响，优化戒毒管理流程是影响戒毒成效的决定性因素。社区戒毒康复工作是强制戒毒工作的重要补充和延伸。[②]以戒毒成效为指标，社区戒毒为前端治理、强制隔离戒毒为中端保障、社区康复为后端巩固、戒毒康复为铆合手段。切实提高戒毒实效，必须以一体化为统揽，厘清四种戒毒措施的逻辑关系，形成相互衔接、互为巩固、合力推进的工作格局。

（三）对接社会治理创新，服务平安法治建设大局

上海正探索符合超大城市特点和规律的社会治理创新工作体系。其中，涉毒特殊人群服务管理是社会治理创新的重要内容之一，而目前相对单一主体、单线手段、单薄力量等瓶颈已经制约特殊人群的管理效率和效能。在戒毒工作一体化架构下，司法行政部门作为特殊人群专项组组长单位，戒毒管理组织系统和警力资源等职能优势得以发挥，健全完善戒毒工作网格化体系，综合实施执法、管理、服务等工作举措，创新对各类戒毒康复人群服务和管理，提高戒断率、降低复吸率，最大程度实现《禁毒法》《戒毒条例》等法律法规的立法目的，实现戒毒工作社会效果和法律效果的有机统一。

二、戒毒工作一体化建设挑战

司法行政戒毒工作经历了劳教戒毒的脱胎转型，正逐步推进定型、升级等各项任务。由于法制保障、体制机制、惯性思维等多种原因，探索推进戒毒工作一体化建设仍然面临诸多挑战。

---

① 徐万富等："戒毒工作一体化研究"，载《中国司法》2015年第8期。
② 霍瑞："触角无限延伸 关怀无处不在"，载《山西法制报》2016年11月3日。

（一）法定戒毒措施之间相对割裂

从司法行政戒毒工作视角来看，戒毒措施间相对割裂主要有两种现象。一是强制隔离戒毒管理体制问题。实际上就是强制隔离戒毒分段执行，或者叫管理机关二元制问题。虽然《禁毒法》形式上统一了强制性的戒毒措施，但是并未变更双轨制并行的固有模式。③《戒毒条例》第27条第2款规定，"被强制隔离戒毒的人员在公安机关的强制隔离戒毒场所执行强制隔离戒毒3个月到6个月后，转至司法行政部门的强制隔离戒毒场所继续执行强制隔离戒毒"。实务中，全国大部分地区执行上述分段模式，少数如云南省、湖北省襄阳市等地方进行了强制隔离戒毒全程由司法行政戒毒场所执行的探索实践。对此，国家禁毒办在"征集《禁毒法》修改建议"时，提出"管理机关的二元制是否有必要进行改革"的问题。二是指导支持社区戒毒社区康复不足的问题。劳教制度废止以来，据不完全统计，全国已有24个省区市司法行政部门，以建立工作指导站、后续照管站、委托集中管理、依托司法所平台等多种形式，开展指导支持社区戒毒社区康复工作。但仍有部分地区司法行政部门尚未开展或进度不大，有对各类法定戒毒措施衔接造成脱节的可能，解除强制隔离戒毒人员后续照管难以开展等问题。

（二）戒治信息互通共享存在障碍

目前的状况是，戒毒场所内外由于有形的高墙加上体制机制等诸多无形的高墙的存在，强制隔离戒毒、戒毒康复以及社区戒毒社区康复人员戒治信息尚未实现互通共享，存在信息"孤岛"现象。一是服务管理系统自成体系。社区戒毒、社区康复人员和强制隔离戒毒人员的管控信息分由公安机关动态管控系统、禁毒部门社会化信息动态管控系统、司法行政强制隔离戒毒系统生成，指标设置各异、统计口径不一、对接渠道不畅，容易产生信息重叠、人员脱管等问题。强制隔离戒毒解除后与社区康复的衔接工作不完善等多方面的原因，导致我国戒毒工作中的重要环节难以落到实处，发挥其应有的作用。④二是诊断评估信息未能连续贯通。就上海而言，强制隔离戒毒人员诊断评估执行三部委《强制隔离戒毒人员诊断评估办法》、社区戒毒社区康复人员评估执行《上海市社会面吸毒人员分类评估和综合干预工作暂行办法》，对诊断评估结果尚未形成共享机制。三是"大数据"对戒毒管理的影响作用远未形成。司法行政戒毒工作信息深度开发不足，信息化建设与上海社会治理创新"大数据"建设咬合不紧、接口不畅，信息化对戒毒工作决策、戒治流程设计、工作实证研究等方面积极作用远未发挥。

（三）戒治需求与供给间矛盾突出

从供给侧改革的角度来看，当前戒毒工作供给能力与戒毒康复需求间矛盾较突出。一是病残吸毒人员收治问题老大难。就在所强制隔离戒毒人员而言，在实证戒毒医疗中发现，戒毒人员普遍免疫力下降，患有高血压等严重慢性病的人员比例较高，病残年均增速较快，对患高血压戒毒人员实施5日观察后收治以来，患有严重高血压（收缩压200mHg以上）的人员增多，发病快、致命率高等特点较为突出。加之场所内戒毒医疗卫生资源不足、医护专业力量缺口较大，出现在所强制隔离戒毒人员戒毒医疗服务不到位，社会面被强制隔离戒毒的病残人员难以应收尽收等问题。二是多种药物滥用叠加现象突出。根据《2016年中国毒品形势报告》，目前毒品滥用结构发生根本变化，表现在以海洛因为主的阿片类毒品滥用人数增势放缓，以病毒、氯胺酮为主的合成毒品滥用人数增速加快，后者在全国现有吸毒人员中占比60.5%，在新增吸毒人员中占比超过80%，而且呈现出传统毒品、合成毒品和新精神活性物质叠加滥用特点。这就需要更高水平的分类分别分期分级管理、综合矫治、个别介入，也对传统意义上的教育戒治工作带来了新的挑战。三是社会面戒毒人员管控需求持续突出。根据上海市禁毒办有关情况通报，登记入库吸毒人员已超85000人，其中应报到社区戒毒社区康复人员

---

③ 包涵："中国强制隔离戒毒的法律定位及制度完善"，载《北京社会科学》2015年第5期。
④ 祝卫莉："我国禁毒工作实证研究"，载《青海社会科学》2015年第2期。

已超14000人。在社区戒毒社区康复人员日常管控中，超期未报到、严重违反协议等脱管失控现象时有发现。截至2016年8月底，全市社区戒毒人员执行率为83.8%，社区康复人员执行率为78.9%，这与社区戒毒社区康复"8·31"工程的目标要求仍有一定差距。

三、戒毒工作一体化建设路径

（一）构建一体化戒毒工作体系，健全戒毒工作机制

1. 健全戒毒措施衔接机制，建立戒毒工作环形链条

戒毒人员因吸食毒品种类的不同、成瘾程度的不一、身心健康水平的参差等因素，依法适用不同的戒毒措施。呈现出戒毒形式多样化，戒毒期限个别化，戒毒过程一体化，戒毒力量专职化，戒毒救助社会化的特征。⑤戒毒工作一体化依据《禁毒法》和《戒毒条例》等法律法规，全面履行司法行政戒毒职能职责，发挥司法行政系统职能优势，创新提前介入和后续照管的机制设计，实现社区戒毒、强制隔离戒毒、戒毒康复、社区康复戒毒措施的无缝衔接，促进戒毒措施有效覆盖、戒治信息连续流畅、戒治康复持续联动，形成完整戒毒工作链条，推动戒毒成效呈现螺旋式上升。（如图1）

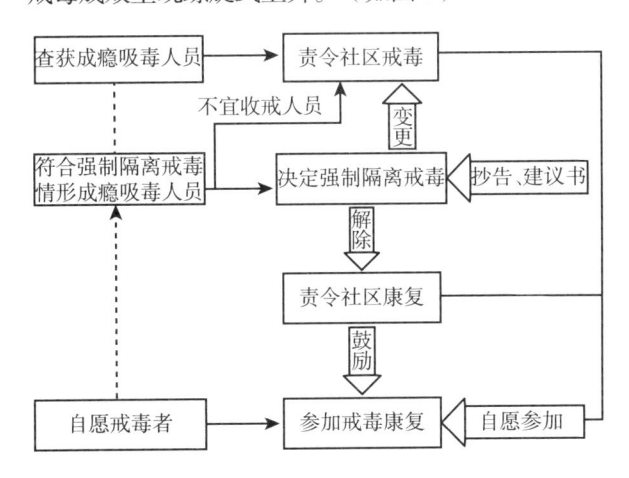

图1 四种戒毒措施无缝衔接

2. 加强司法行政参与机制，落实全程照管纵向贯穿

吸毒成瘾作为一种慢性易复发脑疾病，决定了戒毒工作持续性和持久性。聚焦戒毒人员一朝吸毒、终身戒毒的特点，就需要树立以人为本、终身关怀的理念，探索多元化、全流程的管理模式，加强司法行政全方位参与机制，纵向推进全程照顾。一是发挥司法行政戒毒主业专业优势。司法行政戒毒部门在多年戒毒工作实践的基础上，形成了较为完备的戒毒康复设施设备和工作平台，多维度探寻符合现代康复治疗理念的措施方法，"手指穴位康复操"已获得国家知识产权保护，在身心康复训练、诊断评估、就业技能培训、禁戒警示宣传、家属学校等方面成为特色品牌。延伸辐射这些优势资源，将在传播理性戒毒理念、科学戒治方法、成功戒断经验等方面发挥积极正面示范作用。二是抓实解除强制隔离戒毒人员后续照管。后续照管是指戒毒人员在戒毒场所完成戒毒离所后，对戒毒人员的戒毒责任从其在所期间主要由戒毒场所负担，转为由社会、家庭、社区等共同担负，对戒毒人员实施系统照管服务，帮助其解决回归社会后出现的生活困难，协助其顺利渡过复吸危机，继续进行教育、矫正、督导、帮扶等一系列有益于他们避免复吸、保持操守的再社会化活动。⑥有研究论证，解除强制隔离戒毒人员出所后的3个月是复吸的高风险期。为帮助解除强制隔离戒毒人员避免复吸，度过复吸高风险期，司法行政戒毒部门理应延伸服务管理措施，抓实后续照管工作，协调实现有学可上、有医可看、有业可就、困有所帮，帮助其出所后"软着陆"，顺利融入社会。

3. 强化职能部门协同机制，推进服务管理横向联动

戒毒工作是社会综合治理的重要内容，需要跳出"铁路警察、各管一段"的单线思维，强化

---

⑤莫关耀：《〈戒毒条例〉释义》，中国人民公安大学出版社2011年8月第1版，第3页。
⑥李国锋："强制隔离戒毒人员后续照管问题探讨"，载《中国司法》2015年第3期。

有关职能部门协同机制，避免单打独斗。一是发挥联席会议"指挥棒"作用。在各级禁毒委员会组织指导协调下，同级司法行政与公安、卫生、民政、财政、人保等部门建立联席会议会商机制，定期召开、互通情况，介绍禁毒、戒毒工作进展情况，协同分析、解决禁吸戒毒工作中出现的新情况、新问题，并为从宏观上把握戒毒工作的发展方向，及时调整戒毒工作重大政策和措施提供意见和建议。二是创新服务管理分类联动机制。吸毒成瘾人员遭受着生理、心理和社会等多方面的困境，有着多维度的戒治康复需求。在各级党委政府统一领导下，加强司法行政部门与公安机关对接人员送交执行、日常管控、脱失查找等工作；与民政部门对接低保申请、困难救助等工作；与卫生计生部门对接健康体检、转诊治疗等工作；与人保部门对接职业培训和就业扶持等工作，形成相关职能部门各司其职、各负其责、分类联动、齐抓共管的工作格局。

（二）建设一体化戒毒信息工程，整合戒毒工作资源

坚持信息资源共享与深度应用相结合，加强整体规划，提高信息互通和共享的程度，拓展信息技术应用的广度，以信息化引领社会治理体系和治理能力现代化。⑦建设一体化戒毒信息工作体系，加快戒毒工作资源整合，是戒毒工作一体化基础工程。

1. 集约推进信息化平台建设

信息化条件下，戒毒工作要融入社会治理创新，发挥服务社会功能，服务于平安建设，必须牢牢把握信息化建设抓手，集约打造信息化平台，通过资源、信息互联互通、共建共享，推进信息化与司法行政戒毒工作深度融合。要坚持同步规划、同步建设、同步发展，对标《全国司法行政信息化总体技术规范》等19项信息化标准，以网络、数据、硬件、技术、标准建设为主体，形成功能完备、覆盖完全、纵向贯通、横向联动、集成共享的一体化信息平台。

2. 加快信息资源整合开发

在信息化条件下，要突破场所、社区、部门之间的信息割裂瓶颈，通过对戒毒工作数据资源进行整体规划，统一数据标准和指标体系，统一数据采集、整理和运用的范围、流程，形成戒毒工作"大数据"，强化数据专业分析和深度应用，服务于戒毒工作决策、执行和评估等方方面面。一是要整合基础信息。要建立吸毒戒毒人员基础信息共享机制，整合公安机关动态管控系统、禁毒部门社会化信息动态管控系统、司法行政强制隔离戒毒系统基础信息，避免重复建设、资源浪费。二是要对接诊断评估信息。要加强各类戒毒人员诊断评估结果、信息的运用，提高有关结论的合法性、准确性、指导性。要以诊断评估数据流的无缝衔接，促进戒毒措施对接联动、戒毒成效持续巩固。

3. 深度推广运用信息化技术

信息化技术是改进戒毒工作方式、提升戒毒管理效率、丰富教育戒治内容、满足戒治康复需求的强有力支撑。充分合理运用信息化技术，可以有效实施分类分别分期分级的管理教育措施，精准化、有针对性落实教育戒治中心任务，解决或缓解警力资源不足、民警能力不足、空间布局不足等问题。充分利用现代科学技术成果，引入一些新型教育手段，如可利用现代通讯传媒技术，引入电视教学、多媒体远程教学、电话咨询、网络咨询等教学手段，以放大有限教育资源的作用效能。⑧一是要提升戒毒场所硬件水平。以戒毒工作需要和戒治需求为出发点，加强信息化警用装备配置，配备包括警务通、戒治一卡通、监控防控设备等在内的警务装备，提高快速反应和综合保障能力。二是要加快软件能力升级。要通过云计算、大数据等信息化技术，丰富教育戒治内

---

⑦孟建柱同志在中央政法工作会议上的讲话摘要。
⑧曾启尚、张军："对戒毒教育专业化的思考"，载《中国司法》2016年第11期。

容、方式和手段，开发符合戒毒人员属性和戒毒工作规律的软件，提高教育、医疗、康复等措施的精准度，助力场所软件能力提升。

（三）完善一体化社会支持系统，推进多元协同共治

戒毒工作是一项社会系统工程，离不开全社会的理解、支持和参与。加强对社会公众特别是戒毒者家庭成员、社区工作者、禁毒人员的吸毒成瘾机制和行为改变理论健康教育，建立戒毒康复人员的社会支持环境，成为亟待解决的减轻毒品危害的现实问题。⑨要进一步完善一体化社会支持系统，充分发挥家庭、专业组织、社会公众等社会因子的积极作用，形成社会共同参与、多元协同共治的戒毒工作大格局。

1. 家庭支持子系统

家庭，是戒毒人员吸毒违法时的重要背景因素之一，更是其戒除毒瘾、回归社会的关键依托。把握家庭支持这一关键，要加强家庭与戒毒工作部门的互动和合作。一是要加强双方沟通合作。在充分尊重和保障戒毒人员家属知情权的基础上，就教育戒治方案特别是需要家属配合的工作内容进行协商，争取到戒毒人员家属对针对性管理教育措施的理解与支持。有了家庭的合作配合，才能充分发挥出家庭因素对于戒毒的正向积极作用，亲情感化教育等才会效果更好、效率更高。二是要建立长期接纳关系。无论是对正在戒治的戒毒人员还是解除后回归人员，家庭总是其最值得依赖和托付的港湾。要通过家属学校、家庭走访等形式，鼓励家属长期接纳戒毒人员，不抛弃、不放弃。这一过程中，家属除了情感上包容以外，更要发挥督促劝诫作用，配合戒毒工作部门做好后续照管工作，以帮助戒毒人员真正顺利融入社会。

2. 专业组织支持子系统

社会专业组织是社会治理创新的重要主体之一。提高戒毒工作水平，同样需要多种社会专业组织提供专项援助、公益活动、志愿服务等支持。一是引进专业组织力量。要针对教育戒治工作中法律、教育、心理、社会工作等方面的多样化需求，采取购买服务、签订帮教协议、开展公益援助等方式，并选择交由社会上有资质的专业组织来实施，提供多元化戒治康复产品。二是助力民警能力提升。与专业化水平较高的社会公益组织建立长期合作关系，通过共建、合作、交流等方式，引进专业活水，丰富民警教育培训的资源和途径，提高民警心理咨询师、教师、康复师、营养师以及医护人员等能力素质。三是培育志愿服务力量。专业戒毒志愿服务目前是工作短板，需要以筹建戒毒志愿者队伍的方式予以补齐。要充分调动和运用上海志愿者力量资源丰富的优势，根据各类戒毒人员的康复需求，设计志愿服务项目，依法依规推进戒毒志愿者组织建设，常态化开展戒毒志愿服务活动。

3. 社会公众支持子系统

社会公众的支持是戒毒工作的有力支撑之一，争取新形势下的社会公众支持尤为重要。一是创新戒毒工作宣传。要适应信息化、全媒体时代的宣传工作要求，把握受众群体的特点，创新丰富戒毒工作宣传内容、平台和载体，深化所务公开工作，深度揭开戒毒工作神秘面纱，让社会公众知晓、理解，进而支持、参与戒毒工作。这样既能提高戒毒工作社会影响力，更能为戒毒工作营造良好社会氛围。二是积极开展禁吸戒毒宣教活动。要落实好青少年毒品预防教育"6·27"工程，正面讲好禁吸戒毒工作故事。要拓展禁吸戒毒宣教活动的覆盖面和受众度，在学校、社区、工厂、乡村等不同情境，针对青少年、娱乐业从业人员、外来务工人员等不同人群，专门设计开发禁吸戒毒宣教内容和形式，提高宣教活动亲和力、渗透力、感染力。

（四）打造一体化戒毒科研平台，提升戒毒工作能力

面对花样百出的新型毒品、叠加滥用的吸毒

---

⑨ 熊峰、李霞、朱长才："社区戒毒康复人员社会支持与社会适应能力相关性"，载《公共卫生与预防医学》2015年第3期。

趋势、构成复杂的戒毒人群等新形势，司法行政戒毒系统要打造一体化戒毒科研平台，以理论创新指导工作实践，以成果转化提高工作能力。

1. 学科建设

禁毒戒毒从来不是新话题，有着诸多前人的不懈探索、广泛实践和厚重积淀。从吸毒行为、人员管控、戒治康复、人才培养等主题研究，到司法行政戒毒工作管理、教育、医疗、康复、帮扶、习艺等方面工作的开展，都取得了丰富的成果内容。一是要与禁毒戒毒智库、有关高等学校、科研院所加强合作，加快知识谱系的梳理，加以分门别类，进而通过归纳、总结、抽象等方式上升到知识层面，进一步加快戒毒学科建设，如药物依赖病理学、强制隔离戒毒心理学、涉毒精神障碍诊疗等边缘交叉学科。二是要建构司法行政戒毒工作话语体系，从行政执法、执法监督、所务公开等多层次加强话语体系建设，主动回应社会关切、传递戒毒正能量，形成司法行政戒毒工作话语权。

2. 专业研究

戒毒工作专业化、科学化已是司法行政戒毒部门现实任务，加强专业研究迫在眉睫。一是要加强基础性研究。要站在戒毒工作前沿，运用新兴学科、交叉学科、边缘学科等视角，融入实证研究、定性分析、定量分析等研究方法，做好吸毒成瘾机理、戒毒行为矫治、戒毒人员再社会化等专题性基础研究，争取在前人的基础上有所突破。二是要加强应用性研究。司法行政戒毒工作的实践性很强，既要继承前人好的经验做法，也要采取新理念、新方法改进现有工作模式和方法，运用更好的工作措施、方案，推动戒毒工作更快、更好发展。

3. 创新机制

创新是一种发展理念，更是司法行政戒毒工作发展的驱动力和催化剂。要建立健全创新机制，为工作创新提供制度保障。一是要鼓励微创新。司法行政戒毒工作创新发展是顶层设计与基层实践的互动，是整体推进与重点突破的结合，要通过微创新，形成撬动工作的新支点。要从政治工作、管教工作、后勤保障等各个层面，从体制、机制、方式、方法等各个环节，在具体工作实践中鼓励小发明、小改造、小革新、小探索，形成微创新遍地开花的生动局面。二是要建立容错纠错机制。创新，就可能失败，可能有错误，需要在不断变化、不断调适的过程中取得创新成果。对创新过程中的失败或错误，要多一丝宽容和鼓励。同时要配套完善评估跟进机制，把握好创新的范围、尺度、节奏，充分发挥试错机制的积极作用。

老病残犯监管改造模式构建初探

王　毅　余　飞[*]

> **内容摘要**："模式"是指事物的标准形式。老病残犯的改造模式，是指老病残犯监狱为了改造罪犯，应当具有怎样的基本结构和功能。文章从系统论的角度，构建了老病残罪犯监管改造模式六大子系统及包含的主要要素，即：刑罚执行系统、安全防范系统、教育矫治系统、生命文化系统、科研评估系统和民警发展系统，并解析了六大子系统之间的关系以及实现整个模式的问题，最后从立法、政策、执行、创新和队伍层面提出了构建模式的主要路径。
>
> **关 键 词**：老病残罪犯　监管改造模式　系统论

---

[*] 王毅，男，江苏盐城人，大学学历，上海市南汇监狱党委书记、政委；余飞，女，浙江宁波人，研究生学历，教育学硕士，上海市南汇监狱办公室副主任。

上海市南汇监狱是关押老病残罪犯的功能性监狱，在法治化、公正执法、规范化管理、罪犯矫治、理论研究和民警队伍建设等方面积累了较为丰富的工作经验，初步探索构建起老病残罪犯的监管改造模式。

一、模式构建的目的、意义和方法

（一）构建的目的和意义

所谓"模式"，是指事物的标准形式，它体现事物的基本结构和功能。老病残犯的监管改造模式，是指监狱为了改造老病残犯罪犯，应当具有怎样的基本结构和功能。在长达9年的改造实践中，南汇监狱固然形成了较丰富的工作经验，但却没形成科学的、系统的模式。

1. 模式构建能使繁杂多变的老病残罪犯监管改造工作改变应付和被动的状态

模式具有结构的稳定性，是在坚持、巩固和发展的情况下形成的，促使事物走向标准规范。一旦有了模式，监管改造工作的总体方向就比较明确了。

2. 模式构建能使我们能够从理论上探索老病残罪犯监狱的工作规律

模式作为一个系统，是一个具有各种内在相互关联、作用的子系统和要素构成的有机整体。当构建起老病残罪犯监管改造模式后，我们就具备了一种系统论的眼光，更便于准确把握、运用老病残罪犯监管改造工作规律。

3. 模式构建能使老病残罪犯监狱形成发展的蓝图和愿景

已形成的工作经验，为我们构建模式提供了"雏形"，但"雏形"并不是模式。故构建过程不仅是总结已有经验，而且需要在此基础上提出理想化目标。这样就为老病残罪犯的改造提出了切实可行的发展目标和愿景。

（二）构建的方法

系统论是指把认识对象作为一个系统来分析、认识和考察的方法。运用系统论的方法构建模式，是指把老病残罪犯监管改造工作作为一个系统来分析、认识和考察，着眼于系统与其中要素之间，要素与要素之间，系统与环境之间的互相联系、互相作用的关系，对此进行整体性、综合性、动态性的分析和研究。因此，我们必须较准确地运用系统论的基本概念。

1. 系统

首先，应把监狱的整体工作作为一个系统去认识和分析。因为作为一所关押和改造老病残罪犯的监狱，它的执法、管理、教育改造、劳动、生活卫生等，已构成一个完整系统，任何监狱都是如此。

2. 子系统

任何系统都是由子系统构成的。老病残罪犯监狱应具有哪些子系统，这是模式构建的重心，也是模式是否科学的关键。并非任何一项工作都能够成为子系统，子系统应具备以下特征：（1）整体性，即它体现监狱的整体工作；（2）特定的层次性，即它在监狱的系统中处于一定的层次，具有一定的地位和作用；（3）动态性，监狱同社会环境之间是开放的，互动的。作为子系统须具有这种与社会环境之间的动态性。此外，子系统之间具有派生关系。随着子系统的派生，事物的构成日益复杂，同时也日益高级化。

3. 要素

子系统是由要素构成的。要素是指构成事物的基本因素，是直接参与确立系统质的元素，它们在相互作用中产生并保持了系统的结构和特质。要素，其实也是一种系统，只是更小的系统。在构建老病残罪犯监狱的监管改造模式时，如果确定了子系统，那么，下一步就是分析子系统里有哪些基本要素，这些要素的确立承载了老病残罪犯改造的特色。

二、模式构建的基本框架

（一）刑罚执行系统

1. 特色制度

它是指符合老病残罪犯改造的制度。成立之初，监狱制度几乎是照搬照抄其他监狱的。运行一个周期后，监狱发现制度存在不适应性、空白、甚至冲突等。为此，监狱通过立改废并举，努力解决制度结构不完整、内容不配套、程序不严密、可操作性不强等问题，确保制度规范立得住、行得通、用得好。如为掌握老病残罪犯身体情况，特制定《服刑人员健康档案管理办法》。这样的制度，监狱称之为特色制度，是上级规定没有或仅仅提到而已，但对南汇监狱来说，在实践中却又非常需要。

2. 狱务公开

监狱以司法部狱务公开试点工作为契机，以现代行刑特征、上海监狱特点和老病残罪犯监狱特色为出发点，分层调研需求，分类梳理内容；发挥罪犯"一卡通"优势，提升会见室功能，探索狱务公开活动。结合押犯实际，监狱大胆探索：公开方式上从"形态化"向"质态化"转变，由"大而全"综合型向"少而精"专项型转变；技术支撑上从"碎片化"向"系统化"转变；执法监督上从"单一化"向"多元化"转变，[1]如邀请执法监督员深入参与病犯个案研讨，走近并教育引导老病残罪犯。

3. 执法证据

老病残罪犯情况复杂，涉及保外、求医的在监狱信访中占35%多，还存在缠诉闹诉的极端个案；罪犯狱内正常死亡数十例，如何处置变为常态且又十分棘手。因此，如何规范证据收集与保存的程序，认定证据是否有证明力以及证明力的大小，实现执法公正、保护人权和化解危机，对监狱来说非常重要。监狱在实践中制定了《执法证据工作实施办法》，并列入民警应知应会内容；同时加大宣传，改变民警证据意识淡薄的习惯，切实提高"靠证据执法"和"用证据说话"的能力。

4. 生活卫生

作为物化的刑罚执行，按照《联合国囚犯待遇最低限度标准规则》《传染病防治法》《老年人权益保障法》《残疾人保障法》等，老病残罪犯的"住""吃""穿""医"需求都有别于一般监狱。考虑到他们的身体，"住"得方便；"吃"得安全，还得有助于其吸收营养和消化，能提高他们的免疫力；[2]"穿"得暖和合适，"医"得及时且谨慎。对那些生活无法自理的罪犯，监狱必须安排其他罪犯进行护理。

（二）安全防范系统

1. 场所警戒机制

鉴于不明确老病残罪犯监狱属于哪类安全等级的场所，监狱于2009年起就不断探索以着力维护监狱场所安全为出发点，整合人力物力资源，形成以指挥中心为龙头，以"指挥中心、监区、现场"为三级警戒架构，以人防、物防、技防、联防于一体，符合实战需要、反应灵敏、专业指挥、通讯畅通、协调有序的全覆盖、全天候的场所警戒机制。如半夜一旦罪犯病发需要就诊，指挥中心立即启动夜间急诊流程，确保及时把罪犯送到监狱总医院。

2. 疾病控制工作

"难、繁、杂"是监狱疾病控制工作的特点。监狱实际患病的罪犯超过1000人，近八成是慢性病、传染病和重症病例，年就诊数超过15 000人次，入院治疗430多人次，发出病重、病危通知120人次以上。为了解和控制他们的病情，监狱探索建立了罪犯生理心理预警机制。A级120余人，B级150人左右，C级210人左右。[3]基于此，监狱主动采取措施及应急预案。同时，罪犯长期服药850人

---

[1] 从"形态化"向"质态化"转变，从"碎片化"向"系统化"转变，从"单一化"向"多元化"转变是指狱务公开工作分别是指公开方式从表面化向实质工作深化，技术支撑从孤立的、单个的向系统要求推进，监督内容从会见监督向减假保、教育转化、个案协商等内容延伸。

[2] 老年犯吃老年餐，患高血压的吃低盐的菜肴，患糖尿病的吃低糖的菜肴。同时要给他们多吃一些能补钙的食物，因为是老年人或病人的钙本身就流失，一旦摔倒极其容易骨折，会带来不少问题。

[3] 这是南汇监狱提炼的罪犯生理心理预警机制。其中A级是指病情严重，有现实危险；B级指病情严重，存在潜在危险，但目前相对较稳定；C级指病情较重但平稳，危险程度较低。

左右，涉及340种药品，日服用量达到8700多粒。虽采取集中派药、监督服药、使用罪犯"一卡通"系统等方式，但药品管理风险始终存在。

3. 执法风险排查

老病残罪犯犯情狱情异常复杂，而一线近70%为青年民警，针对执法风险的突发性和隐蔽性、多样性和有针对性，监狱建立健全犯情狱情分析研判机制、罪犯自杀风险评估机制、安全隐患排查机制，并形成可操作简便、运行常态的工具，通过培训指引民警操作，使风险排查处于可预测和可防范状态。对涉及安全隐患的整改问题，监狱用常规的持续改进机制加以落实。

（三）教育矫治系统

1. 生命教育

老病残罪犯更具有现实高危性，开展生命教育就是促进他们正确认识生命，树立改造信心，养成健全人格；是控制和预防狱内罪犯自杀、自残、自伤发生的重要措施；更是提高老病残罪犯教育改造质量的新途径和新方法。监狱成立课题组，研究设计生命教育实施方案和大纲，初步形成课题成果。如开展生命教育课程、观看电影并探讨生命意义，邀请相关人士来监交流等等，鼓励罪犯尊重生命、爱护生命、珍惜生命。

2. 康复性劳动

为了发挥劳动矫治功能，不让老病残罪犯把"监狱当作是养老院、医院"，监狱于2008年起就提出并探索康复性劳动。该模式按照自愿参加、引导鼓励和区别对待的原则，引进"轻松、简单、易学"的劳动项目，以社会生存技能和劳动价值观提高为管理目标，结合康复医学上的作业疗法、恢复训练而开展的劳动矫正管理模式。经调查，这一模式得到了90%以上罪犯的认可，使他们体验到劳动的价值和意义，帮助他们重塑社会观和人生观。

3. 心理矫治

老年犯的心理表现主要是对老去、疾病以及死亡的恐惧与焦虑；病犯的心理问题普遍相对较为严重，表现为多种心理问题与生理疾病的交互影响并形成恶性循环；残疾犯存在强烈的自卑感以及敏感、多疑等特点。[④]因此，监狱借助社会资源，在对他们心理健康评估的基础上，分类开展针对性的心理健康教育，心理咨询和心理团训，开展逆商教育。如开展"生命""我和你"等为主题的团训，对不愿表达的病犯运用沙盘进行心理咨询等等。

4. 艺术矫治

我们发现，音乐、书法、绘画、舞蹈以及民间非物质文化遗产项目都是不错的内容。如监狱对精神病犯进行音乐疗法，通过实验发现，参加活动的精神病犯发病率明显降低；再如，用舞蹈来教育女犯，其中由残疾女犯领舞的《怒放的生命》在感动他人的同时，主角通过舞蹈不仅找回了自尊、自信和自强，而且出狱后也找到了工作；又如监狱近几年引进的上海非物质文化遗产项目，像三林刺绣、编棕龙、海派面塑等，都受到罪犯欢迎。

（四）民警发展系统

1. 执法专业化

这里的专业化，是指对老病残罪犯的执法具有特殊性，需要医疗疾病、心理咨询、应急处置方面的专业知识。基于不理想的民警结构，监狱立足基层、基础、基本功，突出"缺什么、补什么、弱什么、强什么"的原则，全面推进民警执法能力建设。因押犯特殊情况，监狱尤其重视民警获得并提升与职业岗位匹配的手语会话、急救医务、死亡处置等实战能力；同时培养矫治师、个别教育能手、青年讲师团、科研骨干，把民警职业发展直指"凸显价值的专业化"。

2. 人文精神培养

监狱对民警倡导"尊重生命、崇尚法律、践行公正、人文矫治"，要求做到细心、耐心、用心、恒心和正确对待罪犯切身利益、正确回应罪犯正

[④] 严励、王毅：《矫正与康复》，中国法制出版社2015年版。

当诉求、正确解决罪犯实际问题；对罪犯倡导"尊重秩序、尊重规则、尊重生命"，要求学会"在合作中改造、在自律中改造、在希望中改造"。同时，监狱强化"工作即学习、研究"理念，形成了"把大墙内的人改造好，让大墙外的人生活好"的工作价值追求。

3. 执法信息化

为提高老病残罪犯执法的准确性和针对性，监狱坚持"实用、管用、够用"原则，强化对罪犯全时空监控，健全罪犯信息库、民警职工信息库、监狱管理信息库和决策支持数据库，加大应用系统之间的数据共享和集成整合力度，形成监狱信息科技一体运作模式。近几年，监狱深化"制度＋科技"的实践应用，着力在老病残罪犯执法效能提升和一线民警减负上，重点建设以指挥中心为龙头的集管理、预警、防范控制于一体的信息化管理体系。

（五）生命文化[5]系统

1. 尊重生命

生命权是每一个个人所拥有的具有绝对价值的基本人权。对老病残罪犯来说，不仅老病残罪犯自身要尊重生命，而且罪犯之间也要相互尊重；同样，对民警而言，改造教育他们的前提就是要尊重他们的生命，从认识、行动和言语等方面不嫌弃他们的生理、心理所带来的各种疾病或情绪等，不侮辱他们的人格，尤其是要保障他们的生命权，这就是对他们最大的尊重。因为，只有尊重才能去建立信任关系。

2. 关爱生命

生命存在的一个根本要求，就是必须与自己的外部世界的对象进行物质、信息和能量的交换。因此，通过生命文化可以唤起和培养每一个现实的个人在关爱自己生命的同时，也关爱他人的、群体的和同类的人的生命尤其是弱者的生命，并通过关爱弱者生命以提升生命价值和生活意义。[6]对老病残罪犯而言，它意味着要关爱自我的生命与健康，同时关爱他人，这可能就是对自己家属的最大回报，也是对政府的最大感恩。对民警而言，它意味着，监管改造工作更要体现出人文精神，对他们实行人道主义。

3. 珍惜生命

生命文化研究，就是通过关于人的生命的权利与责任、生与死、事实与价值等个体生命过程的本质规定及其社会的、文化的和历史的价值评判根据的揭明，激活和启动个体生命的价值意识和实践理性，从而使得有限的个体生命更有价值、平凡的个人生活更有意义、有个性的人生更加自由。[7]生命，对老病残罪犯来说，既是渴望的，又是担忧的。在监狱如何度过刑期，不少人的心理是矛盾的。因此，监狱要对老病残罪犯的病情分级分类，通过多种渠道针对性教育引导，即便是躺在床上的，也要给他们以信心，使他们能从内心意识到活着是有价值的、有意义的。

4. 敬畏生命

生命文化研究将文化生命可能具有的能动性、主动性、目的性、创造性等主体的全部特性揭示出来，在一个可能的世界里展现生命文化所具有的能动活力和创造潜力，从而为现实的个人在与自己的外部世界的生命互动中提供价值目标和意义源泉，让生命奇迹和快乐生活成为每一个人努力去做就可以达到的生命常态和生活方式。[8]为此，监狱应充分发挥自身和社会力量，引导老病残罪犯改变消极人生观，树立正确的生命价值观，从尊重生命、关爱生命、珍惜生命提升至敬畏生命，激发改造积极性，让活着的生命质量得到改善。

---

[5] 生命文化，不是以作为自然现象的生命作为自己的研究对象的，而是以人的生命价值和生活意义为研究对象，而且是以人的生命价值和生活意义的自我实现和自我确证为研究目的的一门学问。见《江淮论坛》2009年第3期的"生命文化论纲"一文。
[6] 陶青："生命文化论纲"，载《江淮论坛》2009年第3期。
[7] 同上。
[8] 同上。

（六）科研评估系统

1. 理论探索

监狱从建监起，就明确了要发挥全体民警的智慧，坚持"人人动手，人人总结"的思路，用科研这一平台来探索老病残罪犯改造规律。监狱围绕老病残罪犯改造中碰到的热点和难点问题，组织民警成立项目组，从多角度进行不同研究，并邀请专家和高校老师评审，连续召开8届老病残罪犯监管改造工作研讨会，形成个案集和论文集，有50多篇研究成果得到发表。有些理论成果，还被转化成实践项目。

2. 调查研究

"没有调查，就没有发言权"。注重采取实证的研究方法，自行设计问卷，先后对老年犯、精神病犯、聋哑犯进行犯罪及改造问题的研究；同时，对老病残罪犯的心理健康、病情情况进行调查分析，建立心理生理健康库；对老病残罪犯的死亡、保外就医、康复性劳动、教育需求、狱务公开等等进行调查；甚至对老病残罪犯监狱的警力运作如何，我们也进行跟踪调研。

3. 评估量表制作

考虑到问题解决的权限，监狱主动出击，尽自身最大的努力来解决。如面对老病残罪犯自杀风险高的情况，监狱基于研究，花费了3年多时间，拟制出罪犯自杀风险评估表。又如，结合监狱需要，对基层一线民警的胜任力进行了理论构建，并做了相应的权重分布。这些虽然花费时间长，工具制定的要求高，但其效果还是满意的。

三、作为系统的模式：子系统之间的关系与困境的解析

（一）子系统构建合理性论证

1. 整体性

系统是一个有机整体。上述这些工作具有整体性，都不是局部工作。刑罚执行体现在罪犯服刑的全过程；安全防范是监狱所有工作的前提和基础；教育矫治是监狱工作的中心和亮点；文化建设覆盖整个监狱，是监狱工作的精神支柱，更是一项长期的、系统的探索工程；科研评估是功能性监狱发展的软实力标志；民警发展关系到监狱工作整体的发展水平。

2. 层次性

系统是有序的，具有层次性。这六个子系统的组合是有序的，不是随意的。从发展的眼光看，系统的层次性即是系统发展的连续性和阶段性的统一，系统发展的连续性和阶段性的统一就表现为系统的层次性。⑨

3. 开放性

系统是动态的、开放的。监狱作为一个系统，与社会之间也是互动的，交换的，不断更新信息的。刑罚执行要做到狱务公开；安全防范与社会安全息息相关；教育矫治的质量关系到重新犯罪率之高低；行刑社会化也是社会与监狱的互动；生命文化建设直接提升监狱在社会的形象；科研评估，则体现了监狱工作的科学化程度，是获得社会认可的基本依据；而民警发展，更是在社会面前展现监狱工作的整体风貌和人格形象。

（二）子系统的层次性及互相之间的关系

1. 刑罚执行系统是最为根本的子系统

其他子系统都是由它所派生的，例如，安全防范系统，是为了保证刑罚执行顺利完成而形成的；教育矫治系统是为了达到刑罚的目的而形成的；其他子系统也是由刑罚执行系统派生的。

2. 安全防范系统是最为基础的子系统

安全是监狱工作的前提。同理，安全系统就是其他子系统的前提，是建立和发展其他子系统的必要条件。

3. 教育矫治系统与生命文化系统是直接相关的子系统

同时它也是模式中最具有创新特色发展的子系统。教育矫治系统是监狱工作的中心，其系统中的生命教育，直接发展出生命文化系统；而后

---

⑨ 魏宏森、曾国屏："试论系统的层次性原理"，载《系统辩证学学报》1995年第1期。

者处于更高的层次上，它不仅体现了老病残罪犯的改造，同时体现了功能性监狱发展的文化战略。

4.民警发展系统是具有实体性、总体性、实践性的子系统

因其余五大子系统，都必须体现在民警的执法和改造实践中。因此，民警发展程度的高低，决定了其他子系统的完善程度。同时，五大子系统都对民警发展提出要求，如刑罚执行系统提出要公正严格执法，具有法治素养和法治意识，教育矫治系统提出要善于学习思考，总结提炼，等等，倒逼民警不得不往这些方向努力。

5.科研评估系统处于较高层次上

科研是一所监狱文化软实力的体现。因此，科研评估系统的建立，不仅对其他五大系统有着推进的作用，是实现监狱工作创新的先导；而且是监狱民警发展的有效途径；是优化监狱管理、弘扬人文精神的动力；更是对于本身各项工作的科学认识、反思、研究和评价，是提升监狱工作的内涵式发展路径。

（三）模式构建面临的困境

1.整体性不够协调，发展不够平衡

上述六大要素组成了老病残罪犯监管改造模式。作为一个整体，各个要素既相对独立发展又相互促进，但因受重视程度不一和发展难度的限制，每个要素发展有快有慢，对改造作用呈现出不同的效果。如刑罚执行系统，尤其是宽严相济政策，需要监狱严格执行落实；安全防范系统，是在不断遇到棘手问题的过程中伴生和发展的；教育矫治要求却不太符合教育实际需要（康复性劳动除外），因其催生出来的生命文化，则还处初级阶段；科研评估需要机制支撑；前五大系统对民警发展系统提出了较高要求，但后者不能较好地满足需要。建监初期，为了安全，某些要素的发展的确可以强化；但一定阶段后，若各要素发展差距过大，负面作用则会明显增长。整体性的失衡必然影响整体功能，模式效果就会被打折扣。

2.开放性未得到充分体现，开放力度不大

系统的开放性要求考虑系统与外部各环境和条件之间的关系。老病残罪犯监管改造模式也应置于社会大系统之中，增强开放性，以便使改造的主体、内容和形式得到不断充实和发展。现实中，之所以老病残罪犯改造遇到不少问题不能及时解决或难以解决，很多原因都是跟监狱自身系统开放不够紧密相关。我们的观念还是相对滞后，总以为我们自己能"自给自足"。老病残罪犯监狱的工作除得到上级部门法律政策支持外，更需要社会支持，如刑罚执行系统、安全防范系统落实需要社会相关部门配合，教育矫治、生命文化创新需要社会力量的参与和帮助，科研评估和民警发展需要社会专门机构和人士的指导、参与和帮助。只有开放，通过多种平台让社会知道功能性监狱的价值和作为，或许社会才会接纳支持我们的工作。

3.动态性不足，系统显得比较沉闷，活力不够

普利高津提出耗散结构，而监狱就是这样的一个结构。老病残罪犯监狱，打破了原来的关押状态，形成了新的平衡状态。在新的结构中，新的系统仍时刻与外界进行着物质、能量与信息的交换，从环境中不断吸取负熵，保持系统有序稳定地发展。国家刑事政策的变化，司法体制改革的推进，甚至社会物价的上升，都会影响到老病残罪犯的改造模式。再加上狱内罪犯结构的变化，民警队伍的变化，相关政策的变化，尽管整个系统都一直处于运动之中，但还是跟不上外界环境的变化步伐。

四、解决模式构建中困境的主要路径

（一）立法层面：修改完善《监狱法》，确立老病残罪犯监狱定位

一是加快监狱警戒等级体系建设。对老病残罪犯来说，除性别、刑期、健康等标准外，主要应为危险性和改造需要两类。[10]危险性包括人身危险性和自杀危险性。在初次健康标准分配的基础上，还应加强对人身危险性的评估，把人身危险性高的罪犯放入严管监区改造，较高的还可以再次分配。而改造需要标准，是在评估罪犯犯因性的基础上，结合监狱改造资源与罪犯个体的主观

---

[10] 这里罪犯分类的标准参考了孙丽娟老师的观点。

意愿，制定出的不同需要情况。⑪此外，明确其警力配置、工作要求和评价体系，使基层单位有法可依。二是体现特殊犯群的特殊性。建议将"宽严相济"写入法律法规，并对老病残罪犯单独规定行政奖励、处遇、教育、生活卫生的操作章节，或操作细则。如明确他们的权利和义务，规定监狱应根据罪犯改造表现、健康状况，制定对应分级处遇。三是明确公检法司在刑罚执行中的分工与合作。事实证明，老病残罪犯改造涉及的工作较多，一旦哪个部门配合不到位，监狱必将付出更多的改造成本，这对整个系统的运行不利。

（二）政策制度层面：加强监社互动，扩大社会支持力度

监狱要增强开放程度，让社会了解和支持老病残罪犯监狱。有关部门是否应该把《传染病防治法》《老年人权益保障法》《残疾人保障法》延伸至监狱，把对老人、病人和残疾人的关心融合到监狱的刑罚执行工作中。因国家刑事政策的需要，所以刑罚执行工作须考虑到法律、社会和政治效果。如是从宽对象，加强部门联动，让他们到社会上去改造；如是从严对象，就要严格执法，同时也要保障其健康权和生命权。如何对他们进行教育改造，监狱希望相关部门在制定政策时，不要忘了他们；社会大众能用宽容心态，而不是用"有色"眼光来质疑监狱工作。

（三）创新层面：发挥主动性，积极建设老病残罪犯生命文化

考虑到文化建设是项长期工程，监狱可从简单易行再复杂深入的方式推进。因此，首先要成立专门小组，规划整体设计方案；教育部门成立实施小组，分解项目，落实各项工作。其中须明确生命教育是生命文化建设中的最关键内容。其次，发挥两大主体的作用。民警是生命文化建设的主体，必须形成"生命文化意识"，理解和把握什么是"生命文化"，如何去创造文化。在民警的教育引导下，罪犯也能成为建设主体。鼓励罪犯成立"佛学研读""瑜伽与冥想""道教学习"等组织。最后，重视理论研究。建议成立"生命文化建设研究"课题组。在理论研究的基础上，规划监狱生命文化建设的步骤，应该对罪犯进行一系列调查研究，进行典型个案积累，适时形成成果。

（四）执行层面：立足押犯实际，展现人文关怀精神

老病残罪犯监管改造模式的执行，需要每一个系统和要素的配合和支持。联合国的行刑规定，政府有责任保证罪犯在监狱中的生存权和良好的健康状况，保障罪犯有益健康的生活和劳动条件，保证对罪犯有效而充足的医疗保健，保证妥善处理罪犯死亡与严重疾病的问题。为此，监狱要坚持系统的灵活性特点，主动作为，既让有话语权的部门了解和支持老病残罪犯监狱工作，又要在不违法的框架下，大胆创新具体操作细则和提供民警职业保障的方式方法，进而来破解这类群体改造中出现的棘手且敏感的难题。不过，监狱在强调刑罚人文关怀理念的同时，要把握好"人文关怀"的度。

（五）队伍科研层面：坚持双轮并举，提升工作内涵式发展

面对特殊的犯群，监狱的警力配置必须坚持系统配置、优化互补、能位匹配和竞争激励的原则。如警力总数要比普通监狱多5%左右，⑫警力平均年龄不能与罪犯的相差太远；专业人才实际需要数为民警总数的8%~10%。⑬要不断地强化民警的专业能力，用科研平台提高民警对老病残罪犯改造规律的研究和创新能力，进一步深化文化育警，用"科研+队伍"双轮驱动的方式，切实提高监狱民警对老病残罪犯改造的能力，为其他五大系统的提升增加能量，为模式的有序运作提供人力和智力保障，为老病残罪犯功能性监狱的内涵式发展保驾护航。

---

⑪ 在分类过程中，我们既要考虑分类的科学性，同时又要考虑分类的经济性和可操作性；同时不能过度以"安全"为核心分类要素，既要关注安全与控制、更要兼顾改造效益的最优化。

⑫ 根据监狱的职能目标来确定为完成警务工作任务所需要的警力资源的总量和质量。

⑬ 老病残罪犯监狱的专业人才，更多的是从人性和管理角度提出需求。

行刑一体化视角下刑罚执行体制改革研究

吴 彬 黄腾达[*]

> **内容摘要**：我国目前刑罚执行中存在着多元化、碎片化的格局，这不仅不利于公安机关、法院专司其职，且容易造成部分刑罚执行流于形式。本文着眼全国刑罚执行体制现状，把握改革趋势，立足上海实践，在理论阐释和实证分析的基础上，提出从政策法制、组织机构、工作机制三个层面进行改革，建立以司法行政机关为主导的刑罚执行体制的构想。
>
> **关 键 词**：行刑一体化 刑罚执行 社区矫正

---

[*] 吴彬，男，安徽安庆人，研究生学历，上海市吴家洼监狱党委书记、监狱长；黄腾达，男，山西运城人，研究生学历，公共管理硕士，上海市吴家洼监狱教育改造科副科长。

党的十八届四中全会通过的《关于全面推进依法治国若干重大问题的决定》中明确提出，要"完善刑罚执行制度，统一刑罚执行体制"，这使得统一刑罚执行工作有了前所未有的高度和视域，标志着刑罚执行体制改革即将驶入快车道。在我国目前的刑罚执行体制下，公安机关、法院、司法行政机关（包含监狱）在法理上各拥有一定的刑罚执行权，刑罚执行存在着多头执行、执行机构分散的状况，特别是社区矫正工作实施以来，公、法、司三机关在承担刑罚执行工作中出现了"权责不对等""法规与实际相脱节"等现象，在司法行政机关内部，也存在着监狱与社区矫正机构工作衔接不紧密，刑释人员回归帮教机制不完善等问题。这些问题直接或间接地影响了刑罚执行的权威性、严肃性以及刑罚"特殊预防"和"一般预防"功能的发挥。改革永无止境，上海作为司法体制改革的试点省市，理应为继续当好全面深化改革、全面推进依法治国的"探路先锋"发挥更积极的作用。实践出真知，近年来，上海在劳动教养制度废止、监狱体制改革、社区矫正试点等工作中取得了一系列的成果和经验，这为继续推进刑罚执行体制改革提供了实践的基础和萌芽。可以说，建立以司法行政机关为主导的、统一的刑罚执行体制，既是理论上的自我周延，又是工作中的客观需要，同时也符合全面深化改革的主旋律和大趋势。

一、理论先导：刑罚执行相关概念的界定和理论分析

拉丁法谚云："执行乃法律之终局及果实。"一语道出刑罚执行的重要性。刑罚执行作为国家刑事司法活动的最后阶段，肩负着最终实现刑罚目的的使命，无论从哪个角度看，其重要作用都是不言而喻的：没有刑罚的执行，侦查、起诉、审判阶段的工作成果将落空；没有刑罚的执行，制刑、量刑将毫无意义；没有刑罚的执行，定罪、量刑将难免流于纸上谈兵。总之，整个刑事活动的价值都必须通过刑罚的执行才能最后得以实现。要想准确把握刑罚执行的内涵和外延，并在此基础上探讨行刑一体化理论，首先要了解刑事司法、刑事执行和刑罚执行等概念之间的界定和逻辑关系。

（一）刑事司法、刑事执行与刑罚执行的概念界定和逻辑关系

中国社会科学院法学研究所研究员、刑法研究室主任刘仁文指出："刑事司法是司法的重要组成部分，是预防犯罪、打击犯罪（追诉、惩治犯罪）、改造罪犯的专门活动。它包括刑事侦查、刑事检察、刑事审判、刑事执行的法律制度、机构设置以及运行过程等方面。"①

关于刑事执行，著名刑诉法学家樊崇义教授指出，"刑事执行是由法定机关将已生效的刑事法律文书予以强制执行的行为。"②力倡"刑事执行法"研究与立法的邵名正教授认为，"刑事执行法的调整对象，是指违反刑事法律、法规的规定而应受处分的人。行为人的本质特征是实施了刑事法律、法规明令禁止的违法犯罪行为。这种处分，我们可以把它统称为刑事处分。它不可能由一般的行政法来调整。这种处分可以分为刑罚处分、非刑罚处罚、保安性处分三种处分形式。"③具体而言，刑事执行的内容可分为：一是刑罚的执行，包括管制、拘役、有期徒刑、无期徒刑、死刑、罚金、没收财产、剥夺政治权利、驱逐出境、缓刑、减刑、假释、暂予监外执行、刑满释放、特赦；二是非刑罚方法的执行，包括没收违法犯罪所得的执行、社会服务的执行、赔偿损失的执行、训诫、责令具结悔过和责令赔礼道歉的执行；三是"保安处分"的执行，如劳动教养、收容教养、收容教育、强制隔离戒毒、强制医疗的执行。

---

① 刘仁文：《刑事政策初步》，中国人民公安大学出版社2004年版，第73页。
② 樊崇义等：《刑事诉讼法专题研究报告》，中国人民公安大学出版社2004年版，第615页。
③ 邵名正：《邵名正文集》，法律出版社2009年版，第228～229页。

关于刑罚执行，本文结合刑法理论的研究成果，综合考虑刑罚执行的法律条文和实际工作，认为刑罚执行是指由特定国家机关执行业已生效的刑罚及刑罚执行变更的活动。根据《刑法》《刑事诉讼法》规定，刑罚包含主刑与附加刑两类。主刑包括：死刑、无期徒刑、有期徒刑、拘役、管制。附加刑包括：剥夺政治权利、没收财产、罚金。在我国，刑罚还可以分为监禁刑和非监禁刑。监禁刑主要指主刑。非监禁刑则包括管制、缓刑、罚金、假释、暂予监外执行、剥夺政治权利、没收财产、驱逐出境等。另外，刑罚在交付执行或实际执行过程中，根据法定事由还可以变更。刑罚执行变更包括减刑、假释、暂予监外执行。

从以上对刑事司法、刑事执行和刑罚执行概念的分析看，三者是层层包含的关系。刑事司法的内涵和外延最广，刑事执行次之，刑罚执行最窄。需要指出的是，本文的研究范围限定为刑罚执行层面的体制改革。但在研究过程中，会触碰到刑事执行乃全刑事司法层面的相关问题，因此，这里首先对三者之间的内涵、外延和逻辑关系做了厘清。

（二）行刑一体化视角下的刑罚执行理论

刑罚执行是刑事司法的最后一个阶段，其效果直接关乎刑罚目的的实现。我国当前行刑主体多元化的制度格局不仅背离了刑事司法机关诉讼分权的要求，也不利于公安机关及法院集中有限的司法资源专司其职，且容易造成部分刑罚的执行流于形式，行刑效果难以最大化和统一化。在此背景下，近年来，关于刑罚执行的理论研究，其着眼点已由刑罚基础理论研究向刑罚执行的合理建构方面延伸，行刑一体化的理论和呼声也应运而生。

中国人民大学刑事执行法学研究所所长韩玉胜在其所著的《刑事执行制度研究》一书中提出，刑事执行制度应当走"一体化"之路。学者罗月指出，行刑一体化是"在刑罚执行实行统一的刑事执行法律规范的基础上，结合我国现行的刑事司法组织体系，逐步建立专门、统一、健全的刑事执行、行刑司法体制"。④在行刑一体化视角下，建立统一的刑罚执行体系，是公、检、法、司各机关之间分工负责、相互配合、互相制约的基本法律原则的内在要求，它使整个刑罚执行活动有着统一完备的法律规范和调整，有专职的行刑部门统一规划，统一管理，目标一致，统筹兼顾，从而形成整体最佳效益，使刑罚运行机制畅通有序，有利于刑罚功能的实现。同时，刑罚执行活动本身的基本原则，主要包括：注重改造原则、人道主义原则、个别化原则、社会化原则、经济性原则等，也要求刑罚执行活动要充分发挥专业优势和资源效益，成为一种专门化，相对独立的司法活动。

总体来看，目前学者们在"统一刑罚执行体制"的理论问题上已基本形成共识，相关研究成果主要集中在三个方面：一是认为统一刑罚执行体制是优化司法职权配置、提高司法公信力、实现刑罚公正的必然要求，如学者焦占营、郭建安等。二是认为统一刑罚执行体制是克服现行刑罚执行领域弊端、深化刑罚执行司法体制改革、完善刑罚执行制度的必然要求，如何平、俞敬尧、张绍彦等。三是认为统一刑罚执行体制是遵循刑罚执行规律、借鉴国际刑罚执行经验、不断完善我国刑罚权的必然要求，如力康泰、徐景星等。

在具体执行层面，目前大多数学者主张由司法行政机关主导刑罚执行工作。其原因概括起来主要有以下四点：一是整合优质司法资源，提高刑罚执行效率的需要。⑤二是解决公、检、法、司四机关刑罚执行权限不清、职能错位的需要。⑥三是推动刑罚执行标准化、专业化的需要。⑦四是与国际惯例和通行做法接轨的需要。⑧

---

④罗月："浅析行刑一体化理论的基础问题"，载《才智》2009年第22期。
⑤邵名正、于同志："论刑事执行权的性质和理性配置"，载《中国监狱学刊》2002年第5期。
⑥王公义："刑诉法再修改中关于刑罚执行制度的若干问题"，载《中国司法》2011年第3期。
⑦狄小华："刑罚执行效率论——兼谈我国的行刑改革"，载《犯罪与改造研究》2002年第5期。
⑧赵秀伟："我国刑事执行的现状及改革设想"，载《中国监狱学刊》2003年第5期。

当然，也有少数学者主张由检察机关承担刑罚执行工作，但笔者认为不妥。首先，检察机关作为法定的法律监督专门机构，不能既监督又执行，检察机关的公诉和检察职能决定了其不能越权直接行使执行权。其次，现行体制下检察机关本无刑罚执行职能，若改革后将公安、法院、司法机关的刑罚执行职能归于检察机关，不仅容易造成刑罚执行主体之间的相互掣肘，偏离改革初衷，[9] 而且具体改革中涉及的机构编制和人员调整幅度也比较大，现阶段不太具有可行性。

二、现实考量：刑罚执行体制的现状及改革的必要性

目前，根据有关法律法规及司法解释，公安机关负责管制、部分拘役、剥夺政治权利、缓刑，被判处有期徒刑以下或者余刑在1年以下，不便送往监狱执行的罪犯的刑罚执行。人民法院主要负责罚金、没收财产及死刑立即执行的执行；监狱负责对死刑缓期2年执行、无期徒刑、有期徒刑及部分拘役的执行。而社区矫正工作试点以来，对被判处管制、被宣告缓刑、被暂予监外执行、被裁定假释以及被剥夺政治权利在社会上服刑的犯罪分子这"五类人"的刑罚执行则由司法行政机关"牵头组织实施"（"牵头组织实施"不代表拥有法定执行权）。由此可见，我国的刑罚执行由多个机关分担，呈分散制和多轨制。而除司法行政机关（包括受其管辖的监狱）之外，公安机关及人民法院都有它们各自的基本职能，这种职能混淆、主体散乱状况，在实践中会产生种种不可避免的弊端。

（一）机制不健全带来的法律监督功能缺失

刑事司法系统包含侦查、起诉、审判、执行这四个相对独立的环节，它们理应分工负责、相互配合、相互制约地存在于公、检、法、司四机关。现实中，刑罚执行机关多头、多轨，造成现行刑事司法机制缺乏制约功能，难以实现相互监督。首先，公安机关是犯罪分子被判处刑罚的最初发动者，被判刑罚的罪犯受各种因素影响往往不愿或不敢申诉。这样，公安机关在侦查工作中出现的错误就不易被发现，罪犯的申诉权也难得到保障，对公安机关难以实现有效的法律监督。其次，人民法院执行自己作出的刑事判决、裁定，也显然违反相互监督的诉讼活动原则。

（二）执行主体错位带来的司法资源配置不当

一是公安机关作为国家的治安保卫机关，其职责是侦察刑事犯罪，维护社会治安。应该说，公安机关肩负的任务是繁重的，而基层公安干警的力量又比较薄弱，如果让公安机关负责刑罚的执行，不仅混淆了公安机关的基本职能，而且加重了公安机关的负荷，使其难以集中精力搞好刑事侦查和维护社会治安工作。二是人民法院作为国家的审判机关，负责对刑事案件的审理和判决，其职能是独立行使审判权。随着现代社会"诉讼爆炸"局面的产生，公众对法官资源的需求越来越多，法官资源的供求矛盾日益凸显。让人民法院同时负责死刑立即执行，罚金、没收财产的执行，必然会影响其对案件的及时审判。三是司法行政机关陷入不"司法"的窘境。长期以来，针对司法行政机关无司法权的问题，理论和实务部门给予了不少关注，多数学者认为司法行政机关自上而下的组织体系、人员配置几乎一应俱全，应当赋予其相应的司法权。然而，因其缺乏刚性的司法权力，司法行政机关并未有统一的定位，甚至有学者认为司法行政机关没有独立存在的必要[10]，司法行政资源的有效利用率明显低于公安、法院。

总之，在公安干警和法官资源较为紧张并有加重趋势的背景下，部分刑罚的执行权由公安机关、法院行使，会造成资源的浪费，不利于这些机关各自主要核心职能的发挥，同时，又会造成

---

[9] 李本森："我国刑罚执行体制改革的路径探索"，载《中国司法》2016年第12期。
[10] 高通："我国司法行政机关定位的历史变迁与反思"，载《山东大学学报》2012年第2期。

司法行政机关资源的相对富余和浪费。

（三）权责不对等带来的刑罚执行功能弱化

在开展社区矫正工作的过程中，司法行政机关始终面临着执法权受限的问题。《社区矫正实施办法》明确了社区矫正机构接替公安机关负责管制、缓刑、假释、暂予监外执行"四类人"非监禁刑的执行，成为与监狱管理机关并列的法定刑罚执行机关。但相关法律法规并没有明确社区矫正机构在监管对象不履行义务、不遵守纪律的情况下，是否可以采取强制手段的问题。现实中，出现社区矫正人员脱管、漏管等情况时，司法行政机关并没有采取强制措施的权力。因此，从长远角度来看，司法行政机关承担着公安机关原有的部分职责却不具有相应的执法权，工作开展起来显得相当不顺，弱化了社区矫正的刑罚执行功能。

（四）刑罚执行不专业带来的行刑实际效果不佳

刑罚专业化是现代刑罚制度文明的标志，直接影响着行刑的实际效果[11]。就内容而言，行刑专业化主要包括以下三方面。一是行刑组织的专业化。行刑组织专业化要求刑罚执行组织或者机构由国家依法专门设立，专司对违法犯罪者的刑罚执行职能。二是行刑设施的专业化。行刑的过程是一个融劳动、教育、感化、监管等手段为一体的刑事司法行为，它要求行刑组织必须要有承载这些司法行为的专业化设施或设备等硬件条件。三是行刑人员的专业化。行刑人员专业化不仅要求行刑人员具备良好的行刑职业素质，而且尽可能专职化。按照行刑专业化的要求，公安机关和法院因其主要职责不在刑罚执行，对照以上要求，"专业化"显然难以达标。

（五）机构间衔接不紧密带来的工作缺位和脱节

一是法院与社区矫正机构衔接不紧密。社区矫正工作中，如遇矫正对象严重违反纪律甚至实施违法行为，司法行政机关所采取的办法只能是批评教育；抑或是矫正对象脱管等紧急情况，社区矫正执法人员必须寻求公安机关的协助。此外，对于需要收监执行的社区矫正人员，司法所并不具备公安的网上追逃系统以及执法器械等有效的执法手段，无法实现对罪犯的送监；而作为公安机关来说，也不会对非分内的工作主动提出帮助追查，因此，公安机关与社区矫正机关之间的衔接问题非常不利于社区矫正的管理。二是监狱与社区矫正机构衔接不紧密。现实工作中，监狱在对假释及暂予监外执行犯的委托调查评估、法律文书和矫正人员衔接以及配合矫正机构做好监督管理等工作中，与社区矫正机构间衔接不紧密甚至流于形式，给社区矫正工作带来诸多实际困难。

综上所述，逐步将公安机关和人民法院的刑罚执行职能剥离出来，与监狱一样，划归司法行政机关统一管理，有其内在逻辑、法理依据和实践要求。从内在逻辑上看，一则是刑事司法机关分权和监督的要求，二则是刑罚执行专业化的内在需要，三则是缓解公安民警和法官资源紧张的需要。从法理依据上看，法院的固有角色是裁判，公安机关的固有角色是维护社会治安和刑事侦查，让二者兼具执行者的功能，不仅有违司法独立和中立原则，而且没有宪法法律依据。从实践要求上看，公安机关的超负荷运转，法院的"诉讼爆炸"和民事裁判执行难等现实困境，以及公、法二机关的组织和人员设定，都令人难以相信其如何能有效承担种类纷繁、枝节琐碎、注重改造的刑罚执行职能。

三、改革路径：构建以司法行政机关为主导的刑罚执行体制

将分散的、多轨的行刑机制改为统一的行刑

---

[11] 胡志斌、徐和平："从多元化到一体化：行刑主体改革的路径选择"，载《安徽广播电视大学学报》2013年第1期。

机制，是刑罚执行科学化、民主化的必然要求。⑫ 特别是社区矫正工作全面实施以来，应与时俱进地明确社区矫正的执法主体，将监禁刑罚和非监禁刑罚统一于司法行政机关行使。在司法行政系统内部，应加快监狱、社区矫正、社会帮教三个领域融合发展，建立目标一致的工作考评机制、前后接续的教育矫治机制和无缝衔接的互帮共建机制。为此，应从政策法规、组织保障、工作机制三个层面，积极稳妥地构建以司法行政机关为主导的刑罚执行体制，并在具体改革措施中，充分考虑改革的力度、节奏、现实性和可承受性。

（一）政策法制层面

1. 优化刑罚执行权的配置

刑罚执行权的配置应以司法行政机关为主导，将法院、公安机关从刑罚执行工作中解脱出来。但考虑到整个刑事司法（包括侦查、起诉、审判、执行、监督各环节）工作的实际，以及改革的力度、节奏，笔者认为，也并非要将全部刑罚执行权揽于司法行政机关。在目前情况下，法院、公安机关的部分刑罚执行权，还应予以保留。具体来说，没收财产应继续由法院执行。对判处罚金在监狱服刑的罪犯，可由监狱执行罚金刑，对不在监狱服刑的，仍由法院执行。由于死刑执行期限较短，考虑到监狱收监手续的复杂性，因此，目前由人民法院负责死刑立即执行的执行工作是可行的。随着死刑执行方式由枪决方式逐步转变为注射方式或其他方式，再加上监狱能够提供较为安全的行刑环境，在监狱执行死刑将是未来的发展趋势。而作为非监禁刑的刑罚执行机关的社区矫正机构，为了有效进行社区矫正刑罚执行活动，树立司法权威，实现刑事司法当中惩罚犯罪的基本目的，应赋予其相应的实施强制羁押措施的执法权。

2. 修订完善相关法律法规

习近平总书记指出："凡属重大改革都要于法有据""确保在法治轨道上推进改革"。目前，我国刑事执行立法不完善，主要表现在，没有统一的刑事执行法典，刑事执行主要依据《监狱法》和散见于《刑法》《刑事诉讼法》以及诸多行政法规中的规定。刑事执行立法在规模、规格、内容上与《刑法》《刑事诉讼法》不协调、不衔接。相对于部分学者提出的尽快制定"刑事执行法"的建议，笔者认为，在目前社区矫正工作"异军突起"的情况下，为突出可行性和便捷性，应把重点放在围绕社区矫正进行相关法律法规的完善上，对《刑法》《刑事诉讼法》等上位法，可以进行修订，或先采取司法解释的方式进行变通执行或完善。具体来说，社区矫正立法可以参照和借鉴"取保候审"的立法经验和制度运行模式，建构一套在社区矫正当中既能保障社区矫正人员基本自由，又能保证有效地对其执行刑罚，并且在社区矫正人员违反监督管理规定的情况下能够及时采取一定的强制措施对其人身自由进行限制的法律制度。

（二）组织机构层面

1. 完善刑罚执行机构设置

任何工作都必须由人来实施，而机构是把人组织起来共同发挥作用的保障。笔者认为，建立以司法行政机关为主导的刑罚执行体制，在机构设置方面，关键是要根据实际需要，本着务实高效的原则，完善司法行政机关内部的机构设置，并理顺关系。在全国层面，应成立社区矫正局，作为隶属于司法部的二级局，负责全国的社区矫正事务，指导各级社区矫正执行部门做好监管执行工作。依此类推，在省（区、市）、市、县也相应成立相应的社区矫正机构，作为同级司法厅（局）的二级局。对于直辖市和一些发达城市，社区矫正机构应延伸到乡镇一级。目前，上海在市、区两级已成立了社区矫正局（中心），但没有延伸到乡镇，对此，笔者认为，应在街道、镇

---

⑫ 耿峰："关于完善我国刑法执行体制的法律思考"，载《辽宁警专学报》2004 年第 3 期。

司法所下设"社区矫正所",作为司法所的二级机构,专门负责"五类人"的刑罚执行工作。另外,为做好监禁刑和非监禁刑统一之后的协调工作,以上海为例,在司法局层面应成立"刑罚执行工作委员会"之类的协调性机构,由正局级调研员或一名分管局领导牵头,负责监狱、社区矫正、社工、社会帮教等工作的统一指导、组织、协调,并以目前司法局内设的"监狱戒毒矫正工作指导处"为基础成立"刑罚执行工作委员会办公室",作为"刑罚执行工作委员会"的日常办事机构。

2.改进刑罚执行管理方式

为确保刑罚执行职能落到实处,社区矫正局作为非监禁刑的执行机构,应与监禁刑的执行机构——监狱管理局一样,做到人员独立、工作独立和经费独立,不与其他司法行政职能混杂。实际工作中,以上海为例,街镇司法所承担着大量的、基础的刑罚执行职能,但其人员和经费管理上属于街镇政府,经常出现街镇因其他工作需要借用司法所工作人员的情况。因此,在管理方式上,社区矫正局(所)应受同级司法部(局、厅、所)的领导,同时受上级社区矫正局的指导。人员管理方面,社区矫正局(所)的人员使用政法专项编制,专编专用。人员任免方面,区县级以上的社区矫正局,由同级司法部(局、厅)决定;乡镇级"社区矫正所",由同级司法所提请上级司法局决定。这样,代表国家执行社区矫正监管的专职人员就从一般司法行政工作人员中分离出来,人员的任免决定权属于司法局一家,特别是在街道、镇层面,人员任免权不再是司法局和街道、镇分享了,由此,社区矫正执行队伍的独立性、专职性能够得到保证,这对增加社区矫正队伍的稳定性、保证社区矫正监管执行的严肃性和权威性十分重要。业务管理方面,有关执行社区矫正监管中需要报送、审批的事项,可在本级决定的,由社区矫正局(所)报同级司法部(局、厅、所)决定;需上级决定的,由社区矫正局(所)报经同级司法局(厅、所)初审同意后,逐级报上级社区矫正局,得到反馈后,再将结果报同级司法局(厅、所)。

(三)工作机制层面

1.完善监狱刑罚执行功能

监狱作为监禁刑的执行机关,承担着被判处死刑缓期二年执行、无期徒刑、有期徒刑的罪犯的刑罚执行,对在监狱中服刑罪犯的罚金刑,笔者认为也可交由监狱执行,因为,监狱是刑罚执行的主体机构。完善监狱刑罚执行功能,笔者认为,首先有必要重新审视和准确把握宽严相济的刑事政策。贝卡利亚说:"刑法的目的既不是要摧残折磨一个感知,也不是要消除其已犯罪行;刑法的目的仅在于:阻止罪犯再重新侵害公民,并规诫他人不要重蹈覆辙"[13]加罗法洛又说:"如果刑罚全然失去了惩罚的目的,如果刑罚真的只有教育、改造甚至治疗的目的,那么人们不禁要问:当罪犯没有受到身体上的痛苦、其犯罪所获得的唯一后果却是免费教育的特权时,刑罚的存在还有何意义?"[14]因此,宽严相济关键在于"度"的把握。"严",就是要严格监管,防止脱逃,控制减刑,强化监禁和行为规训。"宽",就是要尊重与保障罪犯人权,扩大假释,积极探索监狱行刑社会化措施。其次,要加强监狱内部管理,规范减刑、假释、暂予监外执行的办理。这方面的研究已经很多,本文不再赘述。

2.加强执法协同配合机制建设

加强政法各部门之间的协同协作,是解决刑罚执行中各种现实矛盾冲突、充分发挥行刑效益的有效方法之一。[15]要加强信息核查对接机制建设。如在罪犯的收押、释放环节,以及办理减刑、假释、暂予监外执行等环节,要依托公安机关人口信息

---

[13] [意]贝卡利亚:《论犯罪与刑罚》,黄风译,中国方正出版社2004年版,第26页。
[14] [意]加罗法洛:《犯罪学》,耿伟译,中国大百科全书出版社1996年版,第228页。
[15] 姜金兵:"统一刑罚执行体制视野下完善监狱刑罚执行体系的思考",载《中国司法》2015年第9期。

系统、"全国刑释解教人员信息管理系统"等平台，加强信息核查，为刑罚执行奠定坚实的信息基础。要加强监狱、公安、法院、社区矫正机构的协同机制建设。监狱与公安机关要重点依法规范法律文书送达、罪犯基本信息通报等事项。监狱与法院要重点依法规范减刑、假释、暂予监外执行的适用条件、标准和案件办理程序等。监狱与地方司法行政机关社区矫正机构，要重点依法规范社区服刑人员接收对接、办理罪犯暂予监外执行案件中家属拒不担保和地方拒不同意接受情形的协同处置、重点人员必接必送责任界定等事项。社区矫正机构与法院要重点加强对被宣告管制、缓刑的服刑人员的报到和档案材料的接收等事项的对接。另外，要加强矛盾调处联动机制建设。对刑法执行中出现的矛盾问题，要及时介入，协调联动，妥善处理化解。建立以司法行政机关为主导的刑罚执行体制后，司法行政机关及其所属相关机构一定要发挥主动性，"以我为主"，不等不靠，主动与公安、法院、检察院等各政法单位对接，并建立常态化的协同机制和考核机制，这方面的工作，笔者认为可由前述"刑罚执行工作委员会"负责。

法律服务

加强司法鉴定执业活动行政监管若干思考[*]

王 协 等

内容摘要：科学客观的司法鉴定执业活动是准确认定案件事实，正确适用法律法规，有效化解社会矛盾，实现社会公平正义的关键。上海司法鉴定机构业务水平随着上海经济社会发展水平一起获得快速发展，与此同时，有关司法鉴定的信访投诉也日趋增长，尤其是随着《司法鉴定执业活动投诉处理办法》和《行政诉讼法（2015）》修订实施以来，司法鉴定投诉案件明显增加，完善司法鉴定行政监管制度、加大行政监管力度迫在眉睫。

关 键 词：法律服务　司法鉴定　行政监管

---

[*] 本文系上海市司法局司法鉴定管理工作处课题调研组调研成果。课题组组长：王协，上海市司法局副局长。组员：傅忠伟，上海市司法局司法鉴定管理处处长；王鑫，上海市司法局司法鉴定管理处主任科员。主要执笔人：傅忠伟，男，上海人，大学学历；王鑫，男，浙江义乌人，研究生学历，法学硕士。

司法鉴定意见作为一种法定证据，在诉讼活动中得到日益广泛的运用，司法鉴定为刑事、民事和行政案件审判和各种民间矛盾纠纷解决提供了科学客观的依据，为化解矛盾纠纷、维护社会稳定、促进公平公正发挥了积极作用。随着法治观念的深入普及、群众维权意识的不断提高，对司法行政机关审核登记的司法鉴定机构和司法鉴定人执业活动的投诉也随着鉴定业务数量的增长而日益增多。司法鉴定管理制度不健全、司法鉴定程序执行力不强、当事人参与度不够、投诉人对司法鉴定的认识片面、投诉处理机制的不完善等诸多因素也给司法鉴定执业活动的行政监管工作带来了相当的挑战。

一、上海市司法鉴定投诉处理情况概述

2016年，我局共收到司法鉴定投诉163件（如图1），同比下降14.2%；其中，初次投诉84件（按鉴定类别分，法医临床43件，法医病理2件，法医精神病4件，法医物证5件，司法会计2件，文书鉴定16件，痕迹鉴定2件，微量物证5件，计算机鉴定1件，建筑工程鉴定3件，其他1件；）行政处理10件，因投诉人对司法鉴定投诉处理答复不满提起的行政复议14件（司法部8件，市政府6件），同比下降56.3%；行政诉讼26件（一审15件，二审10件，再审1件），同比上升4%（如图2）。司法鉴定管理部门切实担负起了行政监管职责，履行了法定义务，较好地保障了投诉人和被投诉的司法鉴定机构、鉴定人的合法权益。

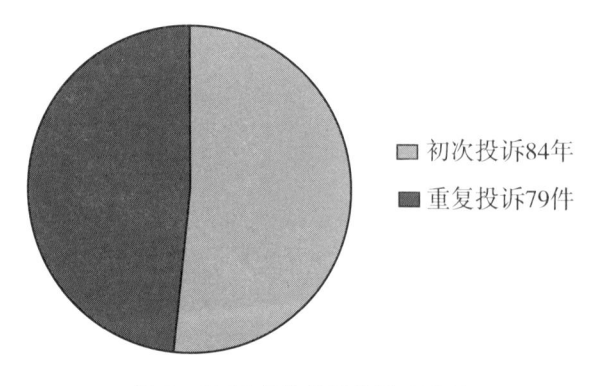

图1 2016年共收到投诉163件
- 初次投诉84年
- 重复投诉79件

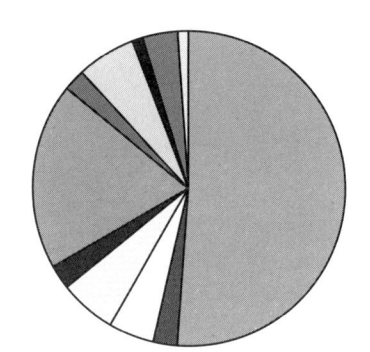

图2 投诉类别
- 法医临床43件
- 法医病理2件
- 法医精神病4件
- 法医物证5件
- 司法会计2件
- 文书鉴定16件
- 痕迹鉴定2件
- 微量物证5件
- 计算机鉴定1件
- 建筑工程鉴定3件
- 其他1件

（一）投诉处理依据

为了加强对鉴定人和鉴定机构的管理，适应司法机关和公民、组织进行诉讼的需要，保障诉讼活动的顺利进行，全国人民代表大会常务委员会于2005年通过施行了《关于司法鉴定管理问题的决定》（以下简称《决定》），《决定》的颁布对于加强从事司法鉴定活动的机构和司法鉴定人员的管理，维护司法鉴定的独立性，保障司法审判的公正性提供了法律支撑，对我国司法鉴定事业的发展起到十分积极的作用。根据《决定》的相关规定，进一步规范司法鉴定机构和鉴定人的登记管理，司法部于2005年分别通过了《司法鉴定机构登记管理办法》和《司法鉴定人登记管理办法》。为了规范司法鉴定执业活动投诉处理工作，加强司法鉴定执业活动监督，司法部又于2007年、2010年、2016年分别颁布施行了《司法鉴定程序通则》（司法部令第107号，已废止）、《司法鉴定执业活动投诉处理办法》（司法部令第123号，以下简称《投诉处理办法》）和《司法鉴定程序通则》（司法部令第132号，以下简称《通则》。针对司法鉴定投诉处理实践中出现的新情况、新问题，进一步加强司法鉴定监督管理工作，司法部又先后发布了《关于贯彻实施〈司法鉴定执业活动投诉处理办法〉进一步加强司法鉴定监督管理工作的通知》（司法通〔2010〕126号）、《关于进一步加强司法鉴定投诉处理工作的意见》（司法通〔2013〕126号）。而以上几个法律性文件、部门规章、规范性文件也成为我

局处理司法鉴定投诉的主要依据。

（二）投诉受理范围

2010年6月1日施行的司法部《司法鉴定投诉处理办法》第8条规定了九类可受理的投诉事项，即：（1）超出登记的业务范围或者执业类别从事司法鉴定活动的；（2）违反司法鉴定程序规则从事司法鉴定活动的；（3）因不负责任给当事人合法权益造成损失的；（4）违反司法鉴定收费管理规定的；（5）司法鉴定机构无正当理由拒绝接受司法鉴定委托的；（6）司法鉴定人私自接受司法鉴定委托的；（7）司法鉴定人经人民法院通知，无正当理由拒绝出庭作证的；（8）司法鉴定人故意做虚假鉴定的；（9）其他违反司法鉴定管理规定的行为。

案件审判中，当事人对鉴定意见有异议，应通过申请鉴定人出庭质证等方式，最终由人民法院决定是否采信。实践中，虽然司法行政管理部门依法不受理单纯地针对鉴定意见的投诉，但由于鉴定人的专业水平和知识结构不同、研究能力的差别等方面因素常引发对鉴定结论的争议，致使一次鉴定难以确认争议的事实，导致在一个案件中对同一个专门性问题经两次或多次鉴定而得出不同的结论，其至有些结论截然对立[①]，由此而引起投诉的不在少数。投诉人也往往会在投诉中提出针对鉴定机构的资质、鉴定人的资格、司法鉴定文书的制作、鉴定人出庭等问题，而对于司法鉴定程序方面的投诉则主要涵盖了案件受理程序、鉴定人的回避、鉴定收费、出具鉴定意见是否超期等问题。

（三）投诉处理程序

司法鉴定投诉处理程序主要分为受理、调查核实和处理答复三个环节。首先，收到投诉人投诉材料后，依法对投诉事项是否属于《司法鉴定投诉处理办法》第8条规定的受理范围、投诉材料是否齐全进行审查，在收到投诉材料之日起7日内作出是否受理的决定，并将受理情况书面通知投诉人。其次，决定受理投诉的同时向被投诉鉴定机构发出调查通知，要求其针对投诉人的投诉事项作出情况说明。收到被投诉鉴定机构情况说明后，专门负责投诉的2名工作人员将会对被投诉案的鉴定人进行调查并制作笔录、调阅相关案卷材料，向有关单位、个人（包括投诉人）收集证据、核实情况。对于在投诉调查中发现鉴定机构、鉴定人存在违法违规情况的，综合考量鉴定机构和鉴定人违法违规行为的情节、性质、后果和社会影响等因素，依据有关法律法规和规定，依法作出相应的行政处理或者行政处罚。再次，根据投诉人反映的情况和调查核实的情况，制作司法鉴定投诉答复书，对投诉人提出的问题逐项予以答复。司法鉴定投诉答复书一般自受理投诉之日起60日内作出。

二、当前影响和制约司法鉴定投诉处理问题分析

（一）法规制度上的缺陷

1. 投诉主体过于宽泛

《投诉处理办法》第3条第2款规定"本办法所称投诉人，是指认为司法鉴定机构和司法鉴定人在执业活动中有违法违规行为，向司法行政机关投诉的公民、法人和其他组织"，也就是说无论投诉人与司法鉴定行为之间是否存在利害关系，只要其认为司法鉴定机构和司法鉴定人在执业活动中有违法违规行为并进行投诉，且符合《投诉处理办法》受理范围的要求，司法行政机关就需要受理并进行调查处理和答复。但是根据《行政诉讼法》第25条第1款关于行政诉讼参加人的规定"行政行为的相对人以及其他与行政行为有利害关系的公民、法人或者其他组织，有权提起诉讼"，如果司法行政机关对一个与被投诉司法鉴定行为无利害关系投诉人的投诉进行了答复，那投诉人就会因为司法行政机关作出答复这一具体行政行为而取得了行政诉讼的权利。

[①] 郭华：《鉴定结论论》，中国人民公安大学出版社2007年版，第343页。

这其实是对行政机关行政资源的巨大消耗和浪费，使行政机关不适当地被扩大受理范围，也将使法院形成讼累。并且由此产生的一个问题是，投诉数量将面临不确定的爆发式增长，尤其在信息网络发达的今天，很多投诉人因为对同一家鉴定机构的鉴定意见有异议而串联起来，如果依照《投诉处理办法》规定，这些串联的投诉人对其他人的司法鉴定都可以进行投诉，而司法行政机关则必须一一受理并作出答复，这将会导致一种无法想象的局面。因此，针对司法鉴定的投诉，其投诉主体应当限定在与所投诉的司法鉴定存在利害关系的被鉴定人及其亲属或者其诉讼相对方。

2. 投诉时效没有明确

三大诉讼法对提起诉讼的时间都做了相关的规定，即明确规定了诉讼时效。在民事诉讼、行政诉讼中诉讼时效的起算，以权利人、行政相对人知道或应当知道权利受到侵害、行政行为作出为前提，其诉讼时效届满将会导致的后果是：权利人胜诉权的消灭、法院不予受理等。但司法部的《投诉处理办法》中并没有对提起投诉的时效作出相关的规定，在处理投诉的过程中发现，一是有的投诉人投诉的鉴定条件是二三十年前的，受理调查时发现，鉴定人早已去世，没有办法进行调查核实；二是有很多投诉人是在法院一审、二审甚至再审等法律程序走完之后，再回过头来对庭审中被法官所采纳的司法鉴定进行投诉，事实上，投诉人应当早已拿到鉴定机构出具的鉴定意见书，参照民事诉讼、行政诉讼等法律规定，就应当从其拿到鉴定意见书之日起开始计算其投诉时效，一旦届满，司法行政机关便可不予受理，或者即使受理了也不再做相应的答复。

3. 投诉人的举证责任缺乏

司法鉴定投诉的终极原因毫无疑问是对鉴定意见的不满。实践中，很多投诉人为了表明鉴定意见的"错误"，往往从自身利益出发，歪曲、编造事实、夸大鉴定机构或者鉴定人的纰漏、主观幻想鉴定人收受贿赂，甚至恶意诽谤鉴定机构或者鉴定人，有些甚至利用新闻媒体进行夸大其词的宣传，由于现在是信息社会，媒体的宣传，通过互联网，信息传播速度特别快，造成的影响也非常大，但投诉人却不会因此承担相应的责任。因此，投诉处理办法应进一步明确投诉人相应的举证责任，如其投诉的内容应提供相应的证据，或者是线索，否则，司法行政机关可以不予受理。

4. 司法行政机关受理时限不明确

司法行政机关在决定是否受理投诉人投诉时，受《投诉处理办法》之限，须在7日内作出是否受理的决定并书面告知，但由于并没有将7日明确为工作日，因此只能以7个自然日来算，一旦遇到节假日及部门之间的流转所耗费的时间，留给具体处理投诉部门的时间往往就会显得很紧迫。

5. 对司法鉴定人资质和专业背景的规定不够详细

在收到有关医疗纠纷司法鉴定的投诉中，投诉人往往对司法鉴定人的专业背景提出质疑。根据《通则》规定，医疗纠纷司法鉴定属于法医临床司法鉴定的范畴，因此只要司法鉴定人具备法医临床的鉴定资质，就有资格进行医疗纠纷的司法鉴定，如果投诉人因为鉴定人不具有法医临床专业背景而进行投诉在法律法规上得不到支持的。但在处理投诉的过程中也发现，确实存在部分鉴定人在临床医学方面的知识还覆盖不到其所鉴定的医疗纠纷所涉及的各个专业，这就造成了现实和法规之间的矛盾，也不利于彻底化解纠纷。主要原因在于在该鉴定领域缺乏鉴定标准、规范，依靠鉴定人经验判断为主。② 然而在卫生系统（医学会）处理医疗纠纷所依据的《医疗事故处理条例》《医疗事故技术鉴定暂行办法》中，对专家鉴定组组成人数、学科专业、回避事项等都有明确的要求。相比较而言，后者对处理纠纷、进行鉴定的人员的专业和资质要求显然是更为合理

---

② 王怀宇："关于进一步加强司法鉴定监督管理工作的思考"，载《中国司法》2015年第5期。

的，其出具的意见也会更具有说服力。

（二）司法鉴定机构、鉴定人存在违法违规的情况

1. 违规收费

2016年，上海市司法局和发改委联合制定并实施了《上海市司法鉴定收费管理办法》，从近两年的投诉案例来看，纯粹因鉴定收费而引起投诉的数量是很少的，这有赖于我局在日常工作中对鉴定机构不断加强的监督检查。但是在处理投诉的过程中仍发现了一些机构在按照标准收费的情况下，违规收取了诸如检查费、专家咨询费，甚至巧立名目多收费的情况。对此，我局一经查证属实，就会对相关鉴定机构作出退还相关费用、提出整改要求等措施。

2. 鉴定程序不规范

《通则》在一定程度上规范了司法鉴定机构和鉴定人在进行司法鉴定活动时应当遵循的方式、方法、步骤的规则和标准。但是实际操作中，尤其从投诉中反映出有部分司法鉴定机构和鉴定人存在轻视程序甚至不遵守程序的现象，鉴定程序不规范的问题还较为突出。

（1）费用标准不规范。签订委托协议书时，部分委托人、司法鉴定机构没有在落款处签字、盖章；是按照标准还是协议收取鉴定费用标注不明，尤其是在按照标准收费的司法鉴定中收取了其他不在标准范围内的费用，从而引起投诉。

（2）签定意见出具时限不合法。在受理司法鉴定时，尤其在受理一些疑难复杂或者特殊鉴定事项的委托时，因需要补充鉴定材料，鉴定机构虽有与委托人协商确定受理时间的行为，但没有保存相关的材料，一旦涉及投诉，鉴定机构将很难提出对己有利的证据；而有些鉴定，存在着超期出具鉴定意见，甚至没有出具鉴定意见书等"硬伤"，在处理投诉过程中，发现很多投诉人希望通过抓住鉴定机构在程序上存在的问题，从而推翻对其不利的鉴定意见。

（3）鉴定过程实时记录不完整。根据《通则》及相关规定要求，至少需要一名以上的鉴定人对被鉴定人进行提取鉴定材料，并需要有委托人指派或者委托的人员在场见证、在提取记录上签名。实践中，鉴定人在现场取材、检测、鉴定和询问调查等鉴定环节中，没有做好与委托人、当事人沟通、协商、要求其签名等相关证据固定工作；或者由于监控录像只保留较短的时间，而投诉往往具有滞后性，如果没有将相关记录另存他处予以保存，将很难对投诉人的投诉提出有利于己的证据。

3. 鉴定意见文书存在瑕疵

个别鉴定机构对鉴定文书的制作、校对、复核工作重视不够，个别司法鉴定人责任心不强，制作鉴定文书粗心大意，导致鉴定意见书上出现多种明显的表述纰漏、文字错误，严重影响了司法鉴定活动的法律性、严肃性和规范性。例如，某鉴定机构出具的鉴定意见书，其附件上清晰地附有女性被鉴定人的照片，却将该被鉴定人的性别写成"男性"；又如，某鉴定机构出具的重新鉴定意见书上"检案摘要""病史摘要"部分均记载有被鉴定人因高空坠落致伤，却在"分析说明""鉴定意见"部分记载为被鉴定人因交通事故致伤；再如，某鉴定机构出具的鉴定意见书将委托受理时间记载为鉴定人进行现场检测的时间，而非鉴定协议签订时间，两者之间存在明显的时间差等情况。

4. 违规设立受理点

为进一步扩大鉴定业务，有些鉴定机构未按照机构登记管理办法规定，也未向司法行政机关进行备案登记，私自在住所地外设立鉴定案件受理点，存在着超出鉴定机构鉴定人实际能力范围、鉴定不规范等问题。而此类受理点只有等到投诉人进行投诉时才可能被发现，这给司法鉴定执业活动的规范管理带来了很大的问题，也给行政监管工作带来了挑战。

（三）部分法官存在"以鉴代审"现象

由法院委托的司法鉴定，从投诉来看，具体办案法官几乎都将鉴定意见作为其判决的主要依据。审判人员对鉴定涉及的专业性问题缺乏必要

的知识，使其往往对鉴定结论难以进行分析判断，同时也未对鉴定结论进行必要的质证审查，在审判中盲目地予以认定，或是为了减少麻烦，不同意当事人申请的重新鉴定，致使审判受制于鉴定，"打官司"变成了"打鉴定"，从而导致了当事人对鉴定意见进行投诉。

三、进一步完善司法鉴定执业监管的对策建议

（一）尽快完善相关法律法规

1. 尽早出台《司法鉴定法》

21世纪以来，我国司法鉴定行业得到了迅速发展，尤其上海司法鉴定机构和业务数量呈现阶梯式增长，虽然司法鉴定的法律依据主要有《刑事诉讼法》等三大诉讼法的相关规定，但是对其法律规制则还是依据上文中提到的作为投诉处理依据的位阶较低的法律规定。这些法律规定存在着诸多与现实情况脱节的情况，部分省市为了弥补现有规定对司法鉴定规范的不足，根据自身情况自行制定了一些地方条例，如《浙江省司法鉴定管理条例》《山东省司法鉴定条例》《贵州省司法鉴定条例》等，但在法律规制方面缺乏统一的规定，因此亟待在法律层面制定一部《司法鉴定法》，进行有效管理，解决现有法律、法规位阶较低的情况，从而将鉴定行业纳入法治化管理。

2. 积极推动地方立法

地方立法权是地方发挥积极性、更好履行治理职能的制度保证，地方立法的制定可以有效弥补现有法律的不足。推动制定上海司法鉴定的地方立法，有助于在提升立法质量、推动制度创新的基础上，可以针对本地区的现状，更好地设定司法鉴定机构准入条件、退出机制和司法鉴定人申请、执业、注销等程序，从根本上提高司法鉴定机构和鉴定人的质量，改善司法鉴定机构盲目发展、无序发展、恶性竞争、鉴定人素质参差不齐等现象，完善司法行政机关对司法鉴定机构及鉴定人的监督管理工作，加强对司法鉴定机构能力、司法鉴定人执业能力的考核和培训，从而提高司法鉴定质量。

3. 明确投诉处理时限

《投诉处理办法》是司法行政机关处理投诉人投诉的主要依据和程序准则，它的完善对于司法行政机关更好地履行职权、保障和维护投诉人和被投诉人的合法权益十分重要。如现行《投诉处理办法》第9条规定投诉材料的内容需包括投诉请求以及相关的事实和理由，那么如果投诉材料中未包含投诉请求的事实或理由，司法行政机关是否可以不予受理；又如第15条"司法行政机关应当自收到投诉材料之日起七日内，作出是否受理的决定"中的"七日"是否更完整的改为"七个工作日"。

4. 探索出台司法鉴定错鉴认定标准和责任追究办法

根据投诉人投诉，在调查鉴定机构及鉴定人时也确实发现了其中存在的违法违规现象和可能属于错鉴的情形，但是按照当前的相关规定，并没有错鉴的认定标准，更无法启动相关程序，也往往找不出明确细化的处罚依据，即使找到依据，在尺度上也很难把握。如果处罚过轻，则起不到警示作用；而一旦自由裁量地作出过重的处罚，也将面临着鉴定机构或鉴定人提起行政诉讼，从而导致败诉的风险。因此出台位阶更高、更具操作性的处罚办法，对于司法行政机关更好地行使监管职责，提高司法鉴定的质量显得尤为迫切和重要。

5. 借鉴推行听证制度

听证制度来源于《行政处罚法》，是指行政机关在作出影响行政相对人合法权益的决定前，由行政机关告知决定理由和听证权利，行政相对人有表达意见、提供证据以及行政机关听取意见、接纳证据的程序所构成的一种法律制度。在当前的司法鉴定中，很多鉴定机构已经实行了听证的行使，但是没有相关规定对听证的开展、形式、内容等加以明确，容易引起当事人的投诉。因此，借鉴行政处罚法，在司法鉴定中推行听证制度，完善司法鉴定听证制度建设，有利司法鉴定机构能够充分听取利害关系人的意见和主张，有利于

司法鉴定机构对检材的确认和确定，有利于出具更加客观、准确的司法鉴定意见，对减少不必要的投诉，具有十分重要现实意义。

（二）加大对鉴定机构和鉴定人的监管力度

1. 加强对鉴定人员的教育培训

加强对司法鉴定机构负责人和鉴定人的培训，在提高鉴定人鉴定专业能力的同时，组织学习相关法律、法规和规章，尤其是对于新颁布实施的地方法规、司法部规章及司法行政机关下发的相关文件等，使其牢固树立规则意识，避免鉴定人重技术轻程序。在加强培训的基础上，进一步加大对其培训的考核力度，使考核与执业相挂钩，对未能通过考核的鉴定人，采取暂停执业、暂缓公告等措施。

2. 加强随机检查和通报工作

加强鉴定业务质量检查，并对质量检查的结果向办案（委托）机关予以通报，提高办案（委托）机关对各鉴定机构能力的认识，优化鉴定机构的选择。创新检查方式，在"飞行检查"、能力验证等实地实时的鉴定检查的基础上，把对以鉴定机构为单位进行考察向对鉴定人个人能力的考核转变，从自主报名参加考核到指定参加人再到随机抽取考核人转变，组织专家评定鉴定机构从鉴定程序到鉴定意见出具的整个过程是否符合相关规定，提高鉴定人对程序重要性的认识和实际鉴定能力。

3. 开展投诉处理情况通报工作

向鉴定机构负责人及鉴定人通报司法行政机关在处理投诉过程中发现的问题时，尤其是鉴定机构在受理案件、签订委托书、商讨委托日期、对鉴定过程的记录等易忽视的环节，应引起鉴定人的重视，从而达到规范鉴定程序、提高鉴定质量、减少投诉。登记管理是《决定》赋予司法鉴定主管部门的法定职权，编制和更新国家司法鉴定名册既是面向政法部门和社会的服务工作，也是重要的管理手段。每年定期更新国家司法鉴定名册时，可以考虑随名册统一公布司法鉴定机构和人员上一年内受到行政处罚的情况。[③]

（三）建立健全司法鉴定管理和使用的衔接机制

按照最高人民法院和司法部《关于建立和完善司法鉴定管理与使用相衔接机制》的工作要求，公检法机关实现互联互通，相互提供对方所需信息。此外，从管理角度，还需向财政、建设、卫生等管理部门了解有关鉴定人的行业资格信息等。

1. 鉴定机构的优化选择

公检法机关在鉴定机构、鉴定人是否依法执业、是否规范执业等问题具有较为重要的发言权，而司法行政机关也通过考核、检查、投诉处理等方式掌握了司法鉴定机构的执业情况。通过与公检法机关之间定期开展座谈、走访，征求对监管工作的意见和建议，及时更新鉴定机构名册、通报对违法违纪机构、人员的查处情况，优化公检法机关选择鉴定机构范围，既有利于公检法机关审查的鉴定意见书质量提高，对于鉴定机构而言，为了不至于被市场淘汰，也更有动力提高自身的能力，出具更加科学、准确的鉴定意见。

2. 推动鉴定人出庭质证

人民法院不仅是司法鉴定的委托人，更是鉴定意见的审查者。鉴定意见作为诸多证据中的一种，只有通过庭审质证，解除当事人心中对鉴定意见的疑惑，才会使得鉴定意见的采信与否更有说服力。从统计情况来看，2016年上海市鉴定人出庭质证数量为1200余人次，相对于超过10万的鉴定量而言，比例只占1%左右。因此加强与人民法院的联系沟通，建立固定的工作协作和信息反馈甚至联席会议机制，推动鉴定人出庭制度，提高鉴定人出庭质证比例，有利于减少不必要的投诉，有利于司法鉴定更好地服务于审判实践，

[③]张军："我国司法鉴定制度的改革和完善"，载《中国司法》2008年第2期。

有利于促进鉴定事业健康发展。

（四）发挥行业协会在投诉处理中的积极作用

创新投诉处理办法，充分发挥行业协会的作用。根据《投诉处理办法》第 7 条规定："司法行政机关指导、监督司法鉴定协会实施行业惩戒；司法鉴定协会协助和配合司法行政机关开展投诉处理工作"，充分发挥行业协会在投诉处理中的作用，逐步将司法鉴定协会纳入到投诉处理工作中来，通过开展专家咨询、给投诉人释疑等方式解决，也不啻为提高投诉处理质量、加强行政监管的一种方法。

（五）推进司法鉴定管理信息化

在充分吸纳开展司法鉴定信息化建设工作较好的省市先进经验的基础上，通过建设司法鉴定机构信息管理系统实现对鉴定案件的实时监管。制定全国信息化建设工作纲要，作为各地推进此项工作的依据，指导全国各地开展信息化建设工作。建立司法鉴定行业的"大数据"中心，提升行业管理水平。新平台搭建的"大数据"中心，能更加全面收集司法鉴定机构和个人的档案信息，全面掌握行业信息，在此基础上建立奖惩、信用信息等系统，为未来大数据挖掘与应用、领导决策提供重要的数据支持。建立有效的外部衔接机制。强化与管理相对人之间的衔接。通过移动 APP、微信工作群、短信平台等方式，与鉴定机构之间形成快速的信息互通，可根据鉴定机构的不同类别，实现分类通知等各种分类管理工作要求。

上海公证行业发展问题与对策*

王 琼　陈律伦

> **内容摘要**：上海公证执业机构及其执业人员队伍不断壮大，公证法律服务渗透到经济发展和社会生活的各个领域，公证工作行政监管和行业自律相结合模式的良性效应初步呈现。但无论是机构和人员的健康发展、公证业务的提升拓展，还是监督管理的有效覆盖等，均不同程度地出现了一些不容忽视的问题，应当推动机构均衡发展，突破人员补充瓶颈；抓紧理顺管理体制，充实强化监管力量；主动发现违法违规情形，积极应对信访投诉；依法实施处罚惩戒，严肃党纪、政纪、法纪。
>
> **关 键 词**：公证法律服务　公证体制改革　公证监管体系

---

* 本文系上海市司法局公证工作管理处课题组调研成果。课题组组长：王协，上海市司法局副局长。成员：王琼，上海市司法局公证工作管理处处长；陈继军，上海市司法局公证工作管理处副处长；赵金洪，上海市司法局公证工作管理处主任科员；陈律伦：上海市司法局公证工作管理处主任科员。主要执笔人：王琼，男，江苏启东人，研究生学历，法学硕士；陈律伦，男，上海人，研究生学历、法学硕士。

上海公证执业机构及其人员的全面恢复和发展的步伐,与全国改革开放的进程相伴相随。经过36年的拓展和规范,上海市公证工作取得了骄人的业绩,队伍和业务的整体规模在全国同行中名列前茅(2015年据不完全统计,北京、上海、江苏的公证处、公证员、办证量、收费数分别为:25家、21家、104家;310名、462名、635名;107.7万件、59.2万件、80.2万件;6.9亿、7.3亿、2.2亿)。公证执业机构及其执业人员队伍不断壮大,公证法律服务渗透到经济发展和社会生活的各个领域,公证工作行政监管和行业自律相结合模式的良性效应初步呈现。但是,无论是机构和人员的健康发展、公证业务的提升拓展,还是监督和管理的有效覆盖等,均出现了一系列不容忽视的问题。面对短板和问题,市、区两级司法行政机关、公证行业协会应当统一监管思路、优化监管格局、落实监管责任、形成监管合力、惩处害群之马、加强教育引导、端正执业理念、规范执业行为、促进良性发展。

一、上海公证行业发展现状

(一)机构和人员

上海市现有公证执业机构21家,均具有事业单位法人和公证执业机构的双重属性。作为事业单位法人,依据《事业单位登记管理暂行条例》①《事业单位人事管理条例》②和《事业单位工作人员处分暂行规定》③等行政法规和部门规章的规定,该类机构由市或区司法局主办主管、参加市或区编制部门登记和年检,持有《事业单位法人证书》;作为公证执业机构,依据《中华人民共和国公证法》④《公证程序规则》⑤《公证机构执业管理办法》⑥和《公证员执业管理办法》⑦等法律和部门规章的规定,该类机构统一由市司法局主办主管、参加市司法局登记和年检,持有《公证机构执业证》。

按照事业单位分类的规定,21家单位均已被确定为公益二类事业单位,即承担公益服务,可部分由市场配置资源的事业单位。按照事业单位财政管理分类,有20家单位为自收自支事业单位,1家单位(崇明公证处)为差额拨款事业单位。历年来,获得全国文明单位"全国优秀公证处"称号的单位共7家,获得市级文明单位称号的单位共15家。

21家事业单位中,东方、浦东公证处相当于行政处级,其他公证处均相当于行政科级。21家公证机构,共有编制724名,目前占编482人(包括公证员和辅助人员),空编242人。目前,共有公证员462名(实际执业426名)。其中,编内360名,占78%;编外102名,占22%。公证员中35岁以下176人,占41%;36~45岁96人,占22%;46~55岁119人,占28%;56岁以上37人,占9%。党员253人,占55%;民主党派18人,占4%;其他192人,占41%。现有辅助人员699名(含公证员助理和行政人员),占公证队伍的60%,全市公证员与辅助人员(主要是公证员助理)比例近2∶3。

目前,有12家公证处实行了改革后的绩效工作定额制,仍有9家公证处沿用2009年市司

---

① 《中华人民共和国国务院令》(第252号),1998年10月25日发布,根据2004年6月27日《国务院关于修改〈事业单位登记管理暂行条例〉的决定》修订。
② 《中华人民共和国国务院令》(第652号),2014年2月26日国务院第40次常务会议通过,4月25日公布,7月1日起施行。
③ 《人力资源和社会保障部、监察部令》(第18号),人力资源社会保障部部务会、监察部部长办公会审议通过,2012年8月22日公布,9月1日起施行。
④ 2005年8月28日第十届全国人民代表大会常务委员会第十七次会议通过,根据2015年4月24日第十二届全国人民代表大会常务委员会第十四次会议《关于修改〈中华人民共和国义务教育法〉等五部法律的决定》修正。
⑤ 《中华人民共和国司法部令》(第103号),经2006年5月10日司法部部务会议审议通过,5月18日发布,7月1日起施行。
⑥ 《中华人民共和国司法部令》(第101号),经2006年2月21日司法部部务会议审议通过,2月23日发布,3月1日起施行。
⑦ 《中华人民共和国司法部令》(第102号),经2006年3月8日司法部部务会议审议通过,3月14日发布,3月14日起施行。

法局和市公证协会制发的奖金发放指导标准。按公证处每个在编人员年度平均绩效工资计，最高标准为公证处每个在编人员年度平均绩效44万，最低标准为公证处每个在编人员年度平均绩效7.8万，全市平均数标准为26.7万。

（二）公证业务[8]

公证是一项预防性的司法证明制度，公证机构具有"服务、沟通、公证、监督作用"，[9]在维护群众合法权益、保障民事交易安全、维护市场经济秩序、推动社会治理创新等方面具有独特的职能优势和积极作用。

公证业务主要涉及经济活动、公证权利义务、社会和谐稳定和涉外涉港澳台等事项，一般分为国内经济（如合同协议、公司章程、知识产权、法人资格、股权证书等）、国内民事（如婚姻、收养、遗嘱、继承、监护等）、涉外经济（主要是我国企业及个人对外投资、招投标、对外贸易、诉讼仲裁、承揽工程、劳务合作等涉及的经济事务）、涉外民事（主要是人员往来的学历学位、职务职称、亲属关系、有无违法犯罪记录等）4大类，共计200多项。近几年，办证量基本保持在55万至59万件水平。之前，申办公证热点涉及银行贷款、遗嘱和继承等；近3年来，民间借贷（东方、黄浦、宝山、杨浦较多）、证据保全（东方、卢湾较多）成为新的热点。由于司法机关对于公证处出具的证据保全类证书采信较多，此项网上证据保全业务始终保持了较高的市场人气。

2015年，全市共办理公证592 239件，其中：国内公证294 402件，占49.7%；涉外公证（含港澳台公证）297 837件，占50.3%。全年公证收入73 312.42万元，同比上升21%。办证量最高的3家机构是：东方、浦东和徐汇。最低的3家机构是：崇明、金山和青浦。近年间，办证量年增长率分别为2013年8.3%，2014年3.9%，2015年3.6%。

（三）管理现状

作为事业单位，该类单位的主管机关分别为市司法局主管东方公证处，黄浦区司法局主管黄浦、新黄浦、卢湾3家机构，静安区司法局主管静安、闸北2家机构，金山区司法局主管金山、国信2家机构，其余13个区司法局分别主管与其行政区划名称对应的13家机构。上海市、区司法行政机关作为事业单位主管机关的职责为对所属事业单位拥有人事、财务、资产等行政管理权，可以按照干部管理权限对事业单位及其工作人员实施行政处分。

作为执业机构，该类机构的行政监管机关为市和区司法局。其中，市司法局的职责为行政审批（事前监管）[10]、行政检查[11]（事中监督）、

---

[8]《中华人民共和国公证法》第11条规定，根据自然人、法人或者其他组织的申请，公证机构办理下列公证事项：（一）合同；（二）继承；（三）委托、声明、赠与、遗嘱；（四）财产分割；（五）招标投标、拍卖；（六）婚姻状况、亲属关系、收养关系；（七）出生、生存、死亡、身份、经历、学历、学位、职务、职称、有无违法犯罪记录；（八）公司章程；（九）保全证据；（十）文书上的签名、印鉴、日期，文书的副本、影印本与原本相符；（十一）自然人、法人或者其他组织自愿申请办理的其他公证事项。第12条规定，根据自然人、法人或者其他组织的申请，公证机构可以办理下列事务：（一）法律、行政法规规定由公证机构登记的事务；（二）提存；（三）保管遗嘱、遗产或者其他与公证事项有关的财产、物品、文书；（四）代写与公证事项有关的法律事务文书；（五）提供公证法律咨询。

[9]司法部《关于深化公证工作改革的方案》（国务院2000年7月31日批准，司法部2000年8月10日印发）。

[10]《中华人民共和国公证法》第9条规定，设立公证机构，由所在地的司法行政部门报省、自治区、直辖市人民政府司法行政部门按照规定程序批准后，颁发公证机构执业证书。

[11]《公证机构执业管理办法》第25条规定，省、自治区、直辖市司法行政机关对公证机构的下列事项实施监督：（一）公证机构保持法定设立条件的情况；（二）公证机构执行应当报批或者备案事项的情况；（三）公证机构和公证员的执业情况；（四）公证质量的监控情况；（五）法律、法规和司法部规定的其他监督检查事项。

行政处罚⑫（事后监督）；区司法局的职责为日常行政检查⑬（事中监督）、行政处罚建议（事后监督）。

作为行业成员，该类成员（包括团体会员公证机构、个人会员公证员）的行业组织是具有社会团体身份、接受市司法局监督、管理、指导的市公证协会，其职责为制定行业规范、维护会员权利、组织会员培训、实施行业处分。

二、上海公证行业发展面临的突出问题

（一）机构发展存在落差、人员补充遭遇瓶颈

除东方、浦东（浦东和原南汇2家机构合并而成）等2家机构外，对照公证员人数、办证量和收费数等指标，徐汇、长宁、杨浦3家机构较为领先，嘉定、国信、崇明3家机构则为倒数3名。

公证机构编制使用问题十分突出，实际空编超过33%。出现了公证员年增长率2013年为7%，2014年为3.9%，2015年为0.8%，逐年以3.1个百分比递减。主要原因是2014年开始启动的事业单位改革工作，所有事业单位均须维持编制现状，未经批准不得录入编制内人员，同时又面临大批老公证员到龄免职，未来2～3年预计将有近1/5公证员到龄退休。

出现此类问题的原因，主要是相关机构所在地区经济水平偏弱、公证需求不足、编制管理限制。当然绩效工资额度、辅助人员与公证员比例失衡也是因素之一。

（二）管理体制明显脱节，监管力量薄弱分散

1. 两级司法行政机关监管"两张皮"现象凸显

根据2006年3月1日实施的公证法的规定，直辖市只能在市或者区一级设置公证机构。2006年11月17日由市编委报经市委同意，本市公证机构作为执业机构统一为市一级设立。但事业单位登记主管部门、国有资产管理关系暂时维持现状不变，待条件成熟时再逐步调整。由于公证机构作为事业单位和执业机构的双重属性，导致实际两级司法行政机关监管中出现"两张皮"现象。市司法局对公证机构的管理，既体现在对下属事业单位（东方公证处）的行政管理权（包括对违反工作纪律人员实施行政处分等），又体现在对包括东方公证处在内的21家执业机构的执业监管权（包括行政审批权、行政检查权和行政处罚权）；区司法局对公证机构的管理，既体现在对下属事

---

⑫ 《中华人民共和国公证法》第41条规定，公证机构及其公证员有下列行为之一的，由省、自治区、直辖市或者设区的市人民政府司法行政部门给予警告；情节严重的，对公证机构处一万元以上五万元以下罚款，对公证员处一千元以上五千元以下罚款，并可以给予三个月以上六个月以下停止执业的处罚；有违法所得的，没收违法所得：（一）以诋毁其他公证机构、公证员或者支付回扣、佣金等不正当手段争揽公证业务的；（二）违反规定的收费标准收取公证费的；（三）同时在二个以上公证机构执业的；（四）从事有报酬的其他职业的；（五）为本人及近亲属办理公证或者办理与本人及近亲属有利害关系的公证的；（六）依照法律、行政法规的规定，应当给予处罚的其他行为。第42条规定，公证机构及其公证员有下列行为之一的，由省、自治区、直辖市或者设区的市人民政府司法行政部门对公证机构给予警告，并处二万元以上十万元以下罚款，并可以给予一个月以上三个月以下停业整顿的处罚；对公证员给予警告，并处二千元以上一万元以下罚款，并可以给予三个月以上十二个月以下停止执业的处罚；有违法所得的，没收违法所得；情节严重的，由省、自治区、直辖市人民政府司法行政部门吊销公证员执业证书；构成犯罪的，依法追究刑事责任：（一）私自出具公证书的；（二）为不真实、不合法的事项出具公证书的；（三）侵占、挪用公证费或者侵占、盗窃公证专用物品的；（四）毁损、篡改公证文书或者公证档案的；（五）泄露在执业活动中知悉的国家秘密、商业秘密或者个人隐私的；（六）依照法律、行政法规的规定，应当给予处罚的其他行为。因故意犯罪或者职务过失犯罪受刑事处罚的，应当吊销公证员执业证书。

⑬ 《公证机构执业管理办法》第24条规定，司法行政机关依法对公证机构的组织建设、队伍建设、执业活动、质量控制、内部管理等情况进行监督。第26条规定，设区的市和公证机构所在地司法行政机关对本地公证机构的下列事项实施监督：（一）组织建设情况；（二）执业活动情况；（三）公证质量情况；（四）公证员执业年度考核情况；（五）档案管理情况；（六）财务制度执行情况；（七）内部管理制度建设情况；（八）司法部和省、自治区、直辖市司法行政机关要求进行监督检查的其他事项。

业单位（公证机构）实施人财物等行政管理权（包括对违反工作纪律人员实施行政处分等），又体现在对下属事业单位（公证机构）实施业务活动的日常行政监管权（包括日常行政检查、提出行政处罚建议等）。但是，区司法局往往忽视甚至消极履行对公证机构的日常执业监管机关职责，不少同志错误地认为没有行政审批权和行政处罚权，就无法实施行政监管。

2. 司法行政、行业协会"两结合"体制缺失

公证行业协会成立时间不短，但是其秘书处独立运作始于2007年6月，配备主持工作的副秘书长始于2009年7月，会长专任制度的确立时间则在2015年9月。该协会在依照章程履责方面取得了实际进步，但是在秘书处建设、协会自律作用发挥，特别是在开展对外宣传、信息化建设、制定办证规范和惩戒违规会员等方面仍然存在较多问题和不足。面对公证执业投诉信访案件高居不下的态势，行业处分的记录在2015年底前基本为零。行业协会在制定和适用规则时，还存在与公证法、公证程序规范等司法行政规章和规范性文件不完全匹配的情形。

3. 公证管理机构以及公证管理干部势单力薄

上海市、区司法局公证管理机构及其工作人员的配置分散而且薄弱。从表面上看，市司法局设有公管处（编制6人），区司法局设有律师公证机构（除浦东局外，编制2至3人）；实际上，市司法局公管处在岗力量配备不强，区司法局没有专职公证管理干部。甚至无法启动实施行政检查、行政处罚等具体行政行为。此外，行业协会秘书处（配置10余人）虽设有财务室、办公室、业务部、会员部等机构，但始终没有专任秘书长，4个内设机构也几乎没有正式的负责人。

出现此类问题的原因，主要是行政管理体制调整未到位，司法行政和行业协会"两结合"体制未形成，管理机构及人员配置不合理。

（三）违法违规案例多发，信访投诉居高不下

少数公证机构及其公证员无视公证机构作为公益类事业单位的基本属性，一味强调自收自支财务管理的特性，漠视社会各界感受，追逐经济利益、收费规模和绩效工资。有的公证机构为了增加创收，未经司法行政机关审批，私设办证点（共涉及7家机构、11个办证点）；个别公证机构通过工资收入与单独办证直接挂钩、超量吸收非公证员、向辅助人员发放类似公证员执业证的公证助理工作证，支持和鼓励辅助人员变相办证；个别公证机构通过签订所谓常年公证法律服务协议等途径，与金融类黑中介紧密勾连，诱导当事人办理利率明显违反法定标准的民间借贷合同公证；个别公证机构无视法律规定，容忍和庇护公证员出具不真实不合法的公证书，甚至采取各种违法违规手段欺骗组织和领导，竭力逃避应有的党纪、政纪和法纪处理；有的公证机构不是利用公证职能优势主动预防纠纷，而是在办理涉及财产权转移委托事项等公证时，采取变通手段协助公证申请人损害他人合法利益，直至引发矛盾；个别公证机构违反公证服务规定价格上限或者巧立名目收取公证费，不愿在公证接待大厅显著位置公开张贴纸质版收费标准；个别公证机构内部管理混乱，忽视或者放弃主任审批、复核环节的工作，错证和瑕疵反复出现；个别公证机构法律风险意识极差，不顾明显存在的陷阱和漏洞，批准公证员办理公证费用均由刑事涉案单位集中交付的名为公司股权经营（实为非法集资诈骗）公证，最终导致集访和闹访；等等。前述情况，导致公证类投诉案件高居不下，严重影响公证工作公信力，也与文明行业、文明单位的称号极不相称。

出现此类问题的原因，主要是公证队伍执业观念严重偏差，司法行政机关监管不力，个别主管机关片面护短，个别领导干部放弃原则，等等。

（四）行政处罚惩戒虚化，党纪政纪处分落空

长期以来，市和区司法局往往把公证机构仅视为下属单位、只将公证员等公证机构工作人员看作在编干警。没有依据公证法的规定，主动将公证机构和公证员列为行政监管的对象或者行政管理的相对人。因此，尽管客观上发生了包括"为

不真实不合法的事项出具公证书的"情形在内的多个应予以行政处罚的案例，但是除非发生万不得已的情形，即公证员触犯刑律受到刑罚（发生过2例），市司法局吊销其执业证，至今无其他适用公证法主动给予公证机构、公证员行政处罚的先例。

公证行业协会也仅把公证机构和公证员视为团体会员和个人会员，没有严格按照章程将公证机构和公证员看作自律管理的对象。因此，尽管本市客观上发生过几起严重损害公证形象应予以行业处分的案例，但是直至2015年底，市公证协会无适用会员惩戒规则主动给予其会员行业处分的先例。

为严肃事业单位纪律，规范事业单位工作人员行为，保证事业单位及其工作人员依法履行职责，人社部和监察部制定了《事业单位工作人员处分暂行规定》。该规定明确事业单位工作人员违法违纪，应当承担纪律责任的，应当依照规定给予处分。处分的种类为警告、记过、降低岗位等级、撤职和开除。处分的情形包括违反政治纪律、工作纪律、廉洁从业纪律、财经纪律、职业道德、公共秩序、社会公德的行为。司法部和上海市司法局先后出台有关公证执业行为规范通知，[14] 开展公证工作专项整治。[15] 市司法局先后就多名公证员严重违反工作纪律的行为，形成工作方案并且正式行文责成所在单位给予涉案公证员事业单位工作人员处分。但仍存在有个别单位拒不执行市司法局文件要求，有的单位任意采取变通方式，运用内部规定对涉案公证员进行了象征性的处理。

出现此类问题的原因，主要是作为公证业监管主体的司法行政机关的党政组织，在认真学习和自觉运用党纪政纪法纪等方面仍有不足，在严格执法执纪问题上失之于软、失之于宽、失之于松的情形较为明显。

三、加强行业治理、提升公证质量相关对策和建议

党的十八届四中全会决定明确要求："发展律师、公证等法律服务业，统筹城乡、区域法律服务资源……""发展公证员……建立激励法律服务人才跨区域流动机制，逐步解决基层和欠发达地区法律服务资源不足和高端人才匮乏问题""对……吊销执业证书的律师和公证员，终身禁止从事法律职业，构成犯罪的要依法追究刑事责任"。[16] 司法部先后就进一步加强公证管理和质量检查等出台意见、作出部署，[17][18] 再三强调："各级司法行政机关、各地公证协会要针对目前公证执业中存在的突出问题，认真履行工作职责，对公证执业活动实施全面有效的质量监管，不断提高监督管理工作水平。"[19] 本市司法行政机关和公证行业协会应当正视公证发展中存在的问题和短板，认真贯彻党中央、国务院和上级机关对包括公证工作在内的司法行政工作的重要指示以及全国公证工作会议精神，依法履行公证工作职责，严格规范公证执业行为，切实加强公证工作管理，大力加强公证队伍建设，坚持和完善中国特色社会主义公证制度，推进公证事业全面发展，"充分发挥公证预防和保障的职能作用，服务于维护社会大局稳定、促进社会公平正义、保障人民安居乐业。"[20]

---

[14]《司法部关于公证执业"五不准"的通知》（司通发〔2017〕83号）。
[15] 上海市司法局：《关于印发〈规范公证执业行为专项治理工作方案〉的通知》（沪司发〔2017〕74号）。
[16]《中共中央关于全面推进依法治国若干重大问题的决定》（2014年10月23日中国共产党第十八届中央委员会第四次全体会议通过）。
[17]《司法部关于进一步加强公证工作的意见》（司发〔2014〕12号）。
[18]《司法部关于进一步加强公证质量管理工作的通知》（司发通〔2015〕24号）。
[19]《司法部关于进一步加强公证质量管理工作的通知》（司发通〔2015〕24号）。
[20] 中国公证协会简报第1期（中国公协办公室2014年1月17日）赵大程副部长在中国公协讲话。

（一）推动机构均衡发展，突破人员补充瓶颈

一是建议由相关职能部门积极会同编制管理部门，充分商研远郊地区公证机构规模发展严重滞后、公证员补充极为缓慢、编制使用限制与业务人才断档矛盾显著等迫切需要解决的问题。

二是建议由上海市司法局领导牵头研究公证员与辅助人员的合理比例，出台限制辅助人员无序扩容的具体规定。引导区司法局将编制使用的重心和管理工作的重点置于公证机构负责人选配和公证员队伍吸收、招录、培养和发展上。

三是建议上海市公证协会、区司法局和公证机构暂停发放公证助理等辅助人员持有的公证助理工作证，进一步研究发放公证员助理证的合法性和合理性。研究出台公证员亲自办证的行政纪律和行业标准，明确规定公证员出示执业证接待当事人和在接待笔录中记载执业证编号等要素的具体规定，严禁辅助人员单独办证、直接办证和变相办证。

（二）抓紧理顺管理体制，充实强化监管力量

一是加强公证工作管理力量建设。[21] 健全市、区两级司法行政机关公证管理机构，选齐配强公证管理人员，为依法全面履行指导监督职责提供有力保证。当务之急是抓紧调整和配齐市司法局公管部门的力量，保障其拥有法律规定的最低限度标准，确保一至两个小组（每组两名公务员）履行行政检查、行政处罚等日常监管工作。同时，明确要求严格按照"三个一"标准，强化行政监管力量，明确一名副局长分管公证工作，律师公证管理科（处）一名负责人具体负责公证管理，律师公证管理科（处）一名干部专司公证管理。

二是加强公证行业协会建设。[22] 包括党的建设、自律能力建设和秘书处建设。协会党委要切实运转并且发挥作用；秘书处专职人员中党员数符合支部建立条件的，应当尽快单独建立党支部。协会理事会应当依照章程全面开展工作，进一步完善执业规范和标准，推动其真正有效实施；自觉、依法接受协会党委的领导和市司法局的监督、管理和指导。抓紧调整秘书处内设机构设置，抓紧组建信息化建设、纠纷投诉处理、对外宣传联络等机构，充实人员力量，完善各项管理制度，提高辅助管理能力。

三是加强市和区司法局两级行政管理、司法行政机关与公证行业协会"两结合"管理模式的探索。[23] 市司法局应当加强对区司法局履行日常公证监管工作的指导和考核，正确处理事业单位管理、执业机构管理的关系，加强对公证行业协

---

[21]《司法部关于进一步加强公证工作的意见》（司发〔2014〕12号）第17条：加强公证工作管理力量建设。健全司法行政机关特别是市、县两级司法行政机关公证管理机构，选配公证管理人员，为依法全面履行指导监督职责提供有力保证。加强地方公证协会建设，充实办事机构人员力量，完善管理制度，健全议事规则，提高自律管理能力。加强公证管理队伍教育培训工作，全面提高管理人员综合素质，进一步增强依法履职的能力。

[22]《司法部关于进一步加强公证工作的意见》（司发〔2014〕12号）第13条：完善公证工作管理体制。完善司法行政机关行政管理、公证协会行业管理、公证机构自我管理相结合的公证管理体系。完善"两结合"管理体制，司法行政机关要依法加强对公证工作的监督、指导，强化制定政策法规、行业规划、标准规范、执业监管和改善执业环境等职责；公证协会要强化行业自律管理，依法、依章程履行指导业务、规范执业、维护权益、行业惩戒等职责。建立健全司法行政机关公证工作管理机构与公证协会之间的重要决策会商、重要情况沟通、重要信息共享工作机制，提高公证管理工作水平。

[23]《司法部关于当前公证工作改革和发展若干问题的意见》（司发通〔2002〕41号）第8条：进一步深化公证管理体制改革，建立和完善"两结合"的管理体制……公证员协会要承担公证行业组织的作用，包括制订行业规范，推动公证业务研究、发展和完善，对公证员的违纪行为进行调查并给予相应纪律处分，提高公证员的业务素质和道德修养，广泛开展对外交流，及时总结国内外公证行业的经验，面向社会宣传公证等。司法行政机关要做好宏观管理和指导、监督工作，通过起草、制订和修订法律、法规和规章，为公证工作创造良好的法制环境，确定公证的法律地位，规范公证业务，保障公证作用的发挥；通过公证员考试、考核和任命，确保公证队伍的高素质和公证服务的高水平；通过对公证机构设立的审批和业务辖区或执业地点的指定，确保公证服务的均衡性；通过与有关政府部门的协调，为公证工作创造良好的社会环境；通过对公证质量和公证处、公证人员执业行为的监督、检查，通过受理申诉、投诉，对违法行为进行调查并给予行政处罚，确保社会利益不受损害；监督公证员协会的工作，建立经常性的与公证员协会进行沟通和协调的机制。

会的监督、指导和管理。

四是加强司法行政机关人事管理、宣传教育、计划财务、纪检审计、信息技术、信用管理、执业监管等部门和机构的统筹和协同，切实形成对公证行业全面监管的合力。

五是加强市司法局统一管理全市公证机构的调研论证工作。[24] 在人、财、物和业务由市级层面统一管理的时机尚未成熟前，充分利用信息化手段加强技术监管的力度和强度，积极推动公证管理数据平台和电子版公证书数据库建设，尝试运用市司法局集中管理公证文书核对码技术，实现对全系统公证数据的实时获取，切实掌握公证业务管理的主动权。

（三）主动发现违法违规，积极应对信访投诉

应当通过健全和完善公证监管体系[25]、违规发现体系和投诉处理体系等举措，积极应对公证行为引发的各类矛盾和纠纷。

一是上海市司法局公证管理部门应当会同行业协会、区司法局和公证机构，抓紧落实市司法局领导批准的公证类投诉信访处理的工作方案。切实改变市司法局公证管理部门单打独斗、疲于奔命、被动低效的投诉处理工作现状。

二是成立由上海市司法局领导牵头、信访办为主、公管处协助、公证行业协会和区司法局参加的公证类信访投诉疑难复杂案件处理专项小组，集中化解一批老案、积案。

三是上海市公证协会指定一名会长、秘书处一个部门和一名联络员，确定由公证协会理事轮流至市司法局信访窗口接访的名单，承担起化解公证投诉信访矛盾的责任，直接感受公证投诉当事人的迫切心情，面对面解释办案程序和规则。

四是由上海市公证协会结合投诉信访的工作实践，定期编写案例汇编，教育引导公证机构和公证员主动查明事实、认真核对证据，有效防止法律风险。同时，针对民间借贷、单边委托、遗嘱、继承等矛盾多发、纠纷集中的公证事项，及时制定和出台办证规程、标准、细则和指引。

（四）依法实施处罚惩戒，严肃党纪政纪法纪[26]

一是司法行政机关和公证行业协会应当切实履行法律和党章赋予的职责。切实加强对公证机构及其全体执业人员的教育、管理和监督，把法律和纪律挺在前面，注重抓早抓小，防止养痈遗患，坚持以"零容忍"的态度，坚决消除执法执纪的所谓"雷区、盲区和禁区"。学习借鉴北京、江苏和吉林等省市司法局经验，依法依规履行行政处罚等法定职责。

二是坚持党纪政纪法纪面前一律平等。对违犯党纪政纪法纪的组织和人员应当严肃、公正地予以追究，既不允许有任何不受法律纪律约束的

---

[24]《中华人民共和国公证法》第7条规定，公证机构按照统筹规划、合理布局的原则，可以在县、不设区的市、设区的市、直辖市或者市辖区设立；在设区的市、直辖市可以设立一个或者若干个公证机构。公证机构不按行政区划层层设立。

[25]《赵大程同志在中国公证协会2014年度年会上的讲话》（司办通报第3期）第3方面第4段：建立规范的公证监管体系。司法行政机关与公证协会"两结合"的公证管理体制，是我国公证工作的特色，也是优势。要切实履行司法行政机关职责，强化基层司法行政机关的监管责任，依法加强对公证机构、公证员和公证协会的监督、指导，对因违法违纪被开除公职的司法人员、吊销执业证书的律师和公证员，终身禁止从事法律职业。要进一步强化公证协会的行业自律，加强公证协会建设，加快健全完善办事机构，加紧引进和充实优秀管理人才，提高政治素质、改进工作作风、提高服务水平，切实提升公证协会指导、服务行业发展的能力。要大力加强公证机构建设，探索新型公证机构法人治理结构，健全完善各项管理制度，进一步落实公证机构对公证员执业活动的具体监督管理责任，充分发挥公证机构在公证监管工作中的基础性作用。

[26]《司法部关于进一步加强公证质量管理工作的通知》（司发通〔2015〕24号）第3方面第4段：依法依规惩处公证违法违规执业行为。进一步健全完善公证违法违规执业惩戒制度，坚持教育与惩处并举、行政处罚与行业惩戒相结合，做好对公证违法违规行为的监督和惩处工作。认真做好公证复查和投诉处理工作，对待人民群众来信来访反映的公证质量问题，要及时调查、反馈处理情况。坚持严字当头、敢抓敢管，对违法违规办证、出具错假证以及公证存在严重质量问题，严重损害公证公信力等行为，要坚决追究责任，严肃处理，绝不姑息。对高于收费标准收费、分解收费项目、重复收费、扩大收费范围等违规收费或变相收费行为，要严肃查处、及时整顿、坚决纠正。

党组织和党员，也不容忍有任何不受法律纪律约束的公证机构和执业人员。在全面、有效、从严管理上率先垂范，对违犯党纪政纪法纪的行为，应当以事实为依据，以法律法规规章、党章和其他党内法规为准绳，准确认定违纪性质，区别不同情况，恰当予以处理。

三是查处和遏制违纪行为，应当组合出拳，注重综合施策。公证违纪行为同时触犯法律、行规、政纪和党纪的，应当分别实施行政处罚、行业惩戒、行政处分和党纪处理，不应无视法律和党纪的规定，耍花腔、玩虚招、搞选择性执法。同时，还应当采取书面通报、责令整改、对外发布、信用记录等多种手段。

新常态下我国涉外法律服务市场的规范和准入标准研究

俞卫锋[*]

> **内容摘要**：律师制度是国家司法制度的重要组成部分，体现了国家的司法主权。一个国家的律师制度与该国的政治、经济、文化和历史等因素有着密切关系。不同国家之间的法律制度往往体现了各国的具体国情，在属性、结构、术语、适用、实施等方面存在着诸多相异之处，因此法律制度很难形成国际统一的普适性标准。从德国、韩国、新加坡等国法律服务市场的对外开放进程可知，一国法律服务市场的对外开放，需要综合考虑到该国的国情、市场需求以及律师行业的成熟程度等因素，既不能故步自封、拒绝开放，也不能盲目贸然地全部开放，应坚持审慎稳妥的政策和循序渐进的原则，稳步有序推进法律服务市场开放。
>
> **关 键 词**：法律服务　对外开放　准入标准

---

[*] 俞卫锋，男，山东莘县人，研究生学历，法学博士，上海市律师协会会长。

随着经济全球化的发展，国际贸易和跨国贸易已成为必然。作为服务贸易的一种，法律服务的跨国交易也日益频繁，这符合 GATS（《服务贸易总协定》）的宗旨和要求，有利于推动国际经贸的发展。中国作为世界第二大经济体，其法律服务市场的准入问题一直受到各方的关注。自改革开放以来，中国一直以积极的姿态融入国际经贸体系中，法律服务市场不断地随着经济全球化的发展和改革开放的需要逐步地对外开放。

回顾我国法律服务对外开放历程，大体上经历了三个阶段。第一阶段，1992 年开始，经国务院批准，允许外国律师事务所在华、香港律师事务所在内地设立办事处的试点。第二阶段，从 2000 年加入世界贸易组织后，进一步扩大法律服务开放，包括取消设立外国律师事务所驻华代表机构的数量限制、增加可以设立办事处的城市、允许外国律师事务所驻华代表机构继续从事本国法律服务业务。2003 年，进一步开放香港、澳门地区律师事务所与内地律师事务所合作联营等。第三阶段，2014 年开始，司法部批准上海、广东等在自贸区内实行律所联营以及互派法律顾问等，对外法律服务深度和广度进一步拓展。总体而言，我国对对外法律服务市场的开放持较为谨慎的态度，这不仅有法律服务市场涉及国家司法主权、我国法律服务行业的发展不成熟等因素，也有对外法律服务监管措施不完善等体制机制性因素。本文着重从制度规范现状出发，对我国涉外法律服务市场的规范和准入标准等相关问题进行勾勒描述，并提出改进建议。①

一、我国涉外法律服务市场规范现状

目前，我国法律服务市场对外开放的制度规范依据主要是《外国律师事务所驻华代表机构管理条例》及《司法部关于执行〈外国律师事务所驻华代表机构管理条例〉的规定》等，其内容包括驻华代表机构及代表的执业申请资格条件以及监管框架。总体而言，制度规范在监管体系、立法内容以及国际监管合作等方面还存在诸多问题，亟须进一步完善。

（一）建立多元综合的监管体系

律师行业的管理包括宏观管理和微观管理。宏观管理主要是对整个律师业和法律服务业的管理。对律师业的管理包括律师执业的政策导向、发展模式导向、律师业的竞争规则、税收以及律师与其他法律职业之间关系的协调等。对法律服务业的整体管理主要包括法律服务市场的培育、准入，法律服务市场对外开放及积极谋求国外法律服务市场对中国律师的开放等等。② 法律服务市场的整体管理水平直接影响着法律服务行业的发展。

目前，我国对法律服务业的管理是司法行政机关和行业自律相结合的管理模式。这种管理体制突破了原有的单一的行政管理模式，促进了我国法律服务业的健康发展。但是，根据目前的制度框架，审批、监管外国律师事务所驻华代表机构的部门是司法行政部门，律师协会没有管理权限。根据《外国律师事务所驻华代表机构管理条例》的规定，外国律所来华设立代表机构和派驻代表，需要经过国务院司法行政部门许可，并向拟设立代表机构所在地的省级司法行政部门递交申请资料。省级司法行政部门审查完后，再交国务院司法行政部门审核。一经允许，则由省级司法行政部门办理注册手续。此外，根据该条例第 21 条的规定，国务院司法行政部门和省级政府司法行政部门负责对代表机构及其代表的监督管理。换言之，对外国律所驻华代表机构和代表的审批权和监管权由国务院和省级政府的司法行政部门专门行使，其他组织没有相关管理权限。

为了更好地对外国律所驻华代表机构实施监管，可以考虑赋予律师协会一定的监管权限，逐步形成司法行政机构和律师协会相结合的多元综

---

①宽泛意义上法律服务，包括律师法律服务、公证法律服务、基层法律服务等，囿于文本限制，本文仅讨论律师法律服务。
②杨斐主编：《WTO 服务贸易法》，中国对外经济贸易出版社 2003 年版，第 277 页。

合监管体系。将部分监管权限赋予律师协会后，司法行政机关可以从微观烦琐的具体事务中解脱出来，着重于宏观管理和导向，健全和完善法律服务市场的治理体系。

实际上，在当前法治建设比较完善的国家和地区，对律师行业的管理基本上是由政府部门和律师行业协会共同担负。只不过，有些国家的行业协会管理色彩比较浓，如英国、日本；有些国家的政府管理色彩比较浓，如德国、新加坡；有些国家行业管理色彩较浓，但需要受到司法机关或检察机关的严格监督制约，如美国、法国；有些国家行业协会管理权限较大，但其权力源于政府的授权，如加拿大。德国是大陆法系国家的代表，我们可以考察它通过律师协会加强对外国律所执业监管的经验。

德国传统的律师行业是以行政管理为主。但是随着法律服务业的对外开放，律师作为法律服务提供者的社会身份日益突出，德国司法行政部门逐步转变管理职能，对法律服务行业的管理越来越偏向宏观调控。管理转变后留出的权力空白由律师协会来填补。在德国，无论是本国律师还是外国律师，均需要加入德国律师协会。律师协会对在德律师的执业活动行使监管权。德国律师协会行使律师管理职能的一个主要体现就是制定行规和执业纪律，调解律师与客户或者律师与律师之间的纠纷，对律师的职业道德和执业纪律进行监督等。③

但由于律师制度是国家司法主权的象征，律师协会的行业管理和自律并不能代表国家对司法主权的控制和支配。因此，在德国，外国律师的资格由德国法院进行审核确认。律师协会只能在法律赋予的职责内活动，如果律师违反了法律规定的强制性或者禁止性义务，律师协会就可以查处。如果问题比较严重，就应当送交名誉法院处理。

因此，我们可以综合借鉴这些国家的经验，一方面加强律师协会对外国律所在华的监管权限，另一方面要强调这种监管权限需经司法行政部门授权，且要接受司法行政部门的监督制约。具体而言，司法行政部门可以考虑从规范、准入、监督、协调四个方面对涉外法律服务市场进行宏观管理。例如，对涉外法律服务市场进行政策研究，制定前景规划，完善相关立法和规章，搭建平台，优化涉外法律服务市场的准入门槛和制度环境。同时，通过立法赋予律师协会一定的管理权限，还可以建立起两级管理体制和处罚体系。具体权限分配建议如下：

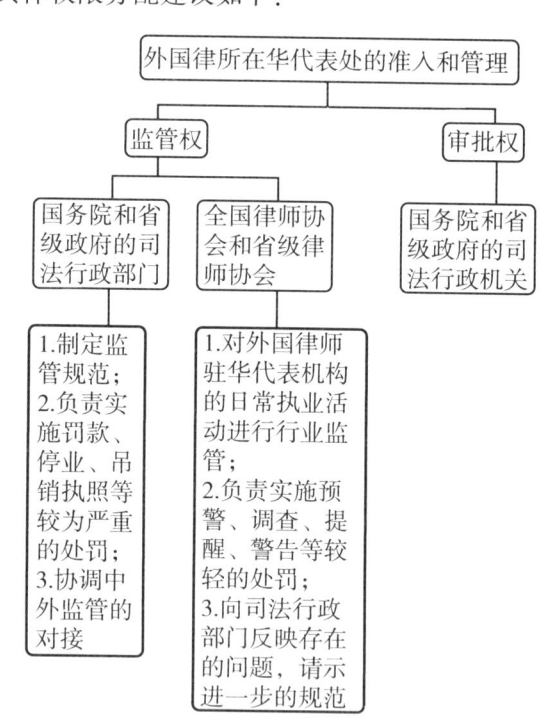

```
外国律所在华代表处的准入和管理
├── 监管权
│   ├── 国务院和省级政府的司法行政部门
│   │   1. 制定监管规范；
│   │   2. 负责实施罚款、停业、吊销执照等较为严重的处罚；
│   │   3. 协调中外监管的对接
│   └── 全国律师协会和省级律师协会
│       1. 对外国律师驻华代表机构的日常执业活动进行行业监管；
│       2. 负责实施预警、调查、提醒、警告等较轻的处罚；
│       3. 向司法行政部门反映存在的问题，请示进一步的规范
└── 审批权
    └── 国务院和省级政府的司法行政机关
```

司法权是国家主权的象征之一，外国律所来华开设代表机构或派驻代表由国家机关审批体现了国家对司法主权的控制和支配，因此国务院和省级政府的司法行政部门对外国律所进入中国法律服务市场的审批权必须保留。对涉外法律服务市场的监管可以划分两个层次，规则的制定权、违法行为的处罚权、中外监管的对接交流等象征国家主权的权限需要由国家司法行政部门持有，

---

③ 郭建强：“律师协会自治研究”，中国政法大学 2008 级硕士论文。

而涉及行业规范、日常执业活动监管、轻微行业处罚等内容的，则可以由律师协会来负责。此外，根据全国律师协会的章程，律师协会的职责主要是服务、规范、监管我国的律师群体。外国律所驻华代表机构在中国不能以律所的身份营业，其工作人员也不能以律师的身份执业，这种情况下律师协会就不能对他们进行监管和规范。因此，如果赋予律师协会相关的监管权，那么需要对律师协会的定位和规则进行修改。

（二）加强相关立法

首先，修改完善两份主要法律文件。当前，调整外国律所代表机构在华活动的主要是《外国律师事务所驻华代表机构管理条例》和《关于执行〈外国律师事务所驻华代表机构管理条例〉的规定》。这两份法律文件分别制定于2001年和2002年，是在中国加入WTO的大背景下出台的。在这15年中，中国法律服务市场发生了较大的发展变化，这两部法律文件也需要做进一步的修改完善，以适应时代发展的需要。因此，需要对两部法律文件中存在的模糊不清之处进行明确，对矛盾混淆之处进行梳理，对规范缺失的地方进行立法弥补。

其次，对于《外国律师事务所驻华代表机构管理条例》及其执行规定与其他行政法规脱节的问题，可以通过对在华外国律所和律师的身份进行立法明确的方式予以解决。外国律所和律师与中国律所和律师的区别主要体现在称谓和从业范围上，外国律所驻华代表不能以律师的名义和身份在中国执业，驻华代表机构也不能以律所的形式存在。《律师和律师事务所违法行为处罚办法》《律师执业管理办法》《律师事务所管理办法》等法规是针对在中国的律所和律师，不能适用于外国律所代表处及代表。但需要看到的是，如果就从业活动的性质来看，外国律所驻华代表在向当事人提供有关其母国法律、国际条约、国际惯例的咨询时，其行为符合法律服务的一般特性。

因此，可以考虑将这些外国律所驻华代表作为律师的一种特殊形式，外国律所驻华代表机构也可以视为律师事务所的一种特殊形式。

基于此，我们可以考虑在《律师法》中确立我国的司法行政部门和律师协会组织对外国律所驻华代表机构及代表进行监管的原则，同时明确规定外国律所驻华代表机构及代表是我国律师事务所和律师的特别形式。至于准入条件、从业范围、监管内容、惩戒措施等更为具体的内容，可以由《外国律师事务所驻华代表机构管理条例》及其执行规定来做全面安排。这样做的一个好处是，可以将外国律所驻华代表机构及其代表纳入到我国《律师法》的调整范围内来，其法律位阶和法律效力更高。相关的行政法规也可以适用于外国律所代表处及代表。

（三）加强与国外律师管理机构的监管合作

跨境工作的律师必须遵守母国和东道国双方的行为条例，此即为"双重义务"。在我国执业的外国律所代表机构及代表应当同时遵守我国和其母国的法律规范、律师职业道德和执业纪律。违反"双重义务"所产生的后果则是"双重惩戒"，而且这种惩戒因涉及国家管辖权的问题，不能互相替代。

故而，外国律所驻华代表机构或代表因违规行为被我国司法行政部门施以惩戒后，我国应当通报其母国的律师管理机关，由其进行相关处理。在外国律师事务所申请在我国开设代表机构时，我国司法行政机关可以考虑要求提供其母国律师管理或惩戒机关的联系方式，以便日后在追究其双重责任时可以发挥作用。对于国内律师事务所及律师积极配合外国律所驻华代表机构及代表违规执业的行为，可以根据共同违法理论，对国内律师事务所及律师给予相关惩罚措施。

二、重新审视外国律师事务所来华的准入标准

一国法律服务对外开放的程度如何，不仅取决于该国的经济开放程度，也取决于该国的法律

---

④ 李本森："经济全球化背景下的法律服务自由化"，载《法学》2004年第1期。

服务市场自身的发展状况。④ 由于法律服务的特殊属性，对法律服务市场设置一定的准入门槛是十分必要的。当前绝大部分国家和地区都对外国律师事务所和律师设置了准入门槛。至于我国准入标准的高低，则需要根据我国的国情，并在参考借鉴其他国家和地区的实践经验的基础上予以确立。

（一）目前的准入标准设定

目前，《外国律师事务所驻华代表机构管理条例》第7条从职业道德、执业纪律、执业资格、执业年限、实际需求等方面对外国律所和律师的准入提出了要求。外国律所如果申请在华设立代表机构、派驻代表，应当具备下列条件：（1）该外国律师事务所已在其本国合法执业，并且没有因违反律师职业道德、执业纪律受到处罚；（2）代表机构的代表应当是执业律师和执业资格取得国律师协会会员，并且已在中国境外执业不少于2年，没有受过刑事处罚或者没有因违反律师职业道德、执业纪律受过处罚；其中，首席代表已在中国境外执业不少于3年，并且是该外国律师事务所的合伙人或者是相同职位的人员；（3）有在华设立代表机构开展法律服务业务的实际需要。

除了上述第（3）项内容外，前两项内容实际上对申请人提出了两类标准。一是积极条件，即拟申请的外国律师事务所和派驻代表需具备在本国合法执业的资格，派驻代表应当有一定的执业年限要求。二是消极条件，也即否定性条件，要求拟申请的外国律师事务所没有因违反律师职业道德、执业纪律受到处罚；代表没有受过刑事处罚或者没有因违反律师职业道德、执业纪律受过处罚。相对于其他一些国家和地区，中国对外国律所和律师设置的这些准入条件是宽松的。上述三款规定都是最基本的要求和条件，没有对外国律师的教育经历、资格考试、居留时间等提出更多的要求。从规范执业、提高执业水平的角度而言，我国应当提高对外国律师来华从业资格标准。

（二）准入标准的改进提升

我国当前对外国律所驻华代表的界定实际上类似于欧美日等国的"法律顾问"概念。这些国家一般将在其本国从业的外国律师分为"律师"和"法律顾问"两种。如果外国律师想以律师的身份在该国执业，则需要满足一系列较为严苛的条件和要求。如果是以法律顾问的身份从业，则需要满足的条件相对较少，而其所能从事的业务范围也相应地会受到很多限制。上文提及，外国律所和律师与中国律所和律师的区别主要体现在称谓和从业范围上。称谓的区别只是表面现象，真正争议的焦点是外国律师在华可从事的业务范围。在从业身份方面，中国可以借鉴美国、德国、日本等国的做法，设置"驻华代表"和"外籍律师"两种类型。根据互惠原则，"外籍律师"的身份只对与中国签有双边协定的国家和地区的律师开放，其他国家和地区的律师则继续以"驻华代表"的身份在华从业。

因此，在《外国律师事务所驻华代表机构管理条例》的基础上，制定《外国律师在华从业法》。对于外国律所驻华机构及代表，继续适用管理条例中的相关规定，并增加资格考试的内容。对于外籍律师的资格取得，可在参考其他国家和地区做法的基础上，从以下几个方面进行规定。

第一，必须要有中国司法行政部门认可的法学教育背景，并需要在中国司法行政部门指定的高校中接受2年以上的有关中国法律的法学教育。美国、德国都对外国律师的教育背景提出了要求，中国完全可以参考它们的相关做法。

第二，须通过中国设置的资格考试。律师资格须经考试方能取得，这是绝大部分国家和地区的一致做法。除了欧盟内部和一些双边贸易协定的特殊约定外，其他大部分情况下，外国律师如果想在东道国以律师身份执业，一般都需要通过东道国设置的一定考试。这既是对东道国司法主权的尊重，也是对东道国本土律师的尊重。

在德国，欧盟成员国的律师在德从事其本国法律事务，只需要在德居住一定年限（一般为3

年），并经在德国律师协会登记后，即可开展业务。而对于非欧盟成员国的律师，到德国从事本国法律事务则必须要通过德国律师协会举行的特别考试，同时还要根据当地对申请人提供的服务是否有需求加以判定。[5]以德国为参照，外国律师如果想在中国以外国律师的身份从业，必须以中文参加中国司法行政部门设置的特殊考试，并取得相关证书。这是最基本的前提条件。同时，还要对参加考试者的资格和道德条件进行审查。

另外，外籍律师如果想取得中国的律师资格，则必须以中文参加中国的司法考试。目前，没有一个国家和地区会在未经考试的情况下，无条件地授予外国律师以其本国律师的资格。即便是法律服务市场高度开放的英国，外国律师要取得英国律师的身份，还需至少满足三个基本条件：来自普通法系国家或地区的律师，符合英国1990年《法律协会合格律师转换条例》规定的条件，通过严格的审查考试。在德国，外国人如要取得德国律师资格，必须同本国公民一样通过考试，并符合道德条件。虽然在德国取得律师资格无国籍限制，但实际上外国律师要在德国取得律师资格实非易事，因为他们要通过长跨7至9年的两次考试，每次考试都要有6个小时的口试和9天的笔试。更何况，上述考试还需要德语完成。

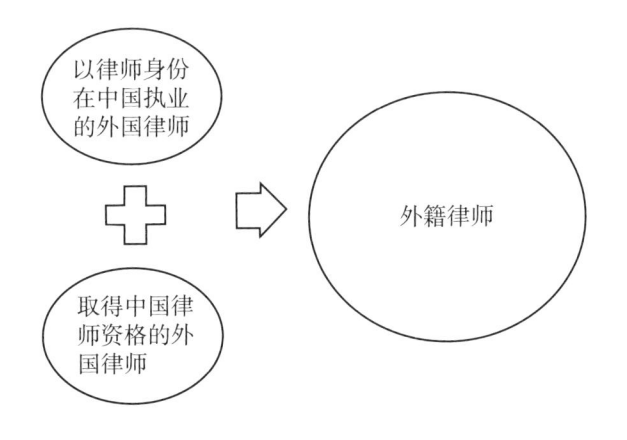

第三，设置业务实习制度。很多国家都规定，外国律师通过律师资格考试后，还需要在完成一定的业务实习后方能取得律师资格。在日本，司法修习是取得日本律师资格的必经程序，日本《律师法》规定司法修习生必须具有日本国籍，这实际上关掉了外国律师取得日本律师资格门路。在德国，外国律师想取得德国律师资格证，不仅要满足德国认可的法学教育背景、通过德国的律师资格考试等要求，还需要在指定的法官、政府官员或律师指导下，完成一定年限的法律业务实习。因此，我国可以借鉴上述做法，通过特定考试或司法考试的外国律师，如果想以律师的身份在中国执业，应当在中国司法行政部门指定的司法官、律师、法学教授的指导下，进行为期一年以上的业务实习。在满足以上条件之后，外国律师需要经过我国司法行政部门审查通过后，方能注册为"外籍律师"，并需加入中国的律师协会。对于外国律所，可以参考韩国和新加坡的做法，分阶段地有步骤地允许它们进入中国法律服务市场。例如，第一阶段可以允许外国律所与中国律所开展业务合作，形成业务联盟，现在上海自由贸易实验区正在做这一方面的试点。第二阶段可以有限度地允许外国律所与中国律所建立合营关系，通过设立合资律师事务所的形式在中国境内提供法律服务，并雇用中国律师。

三、我国法律服务市场对外开放的原则和设想

（一）开放原则：总体开放、长远规划、稳步推进

中国法律服务市场的对外开放，需要综合考虑到各方面的因素，不应一蹴而就。上文中提及允许外国律师以律师的身份在华执业，并非是建议中国在短时间内实现这一目标，而是建议将其作为一项长远的开放规划，在15到20年的时间

---

[5] 张海燕："德国律师的门槛"，载《中国律师》2014年第2期。

内有计划有步骤地逐步推进。在过去三十多年的时间内,中国律师行业的发展势头十分迅猛,大部分律所正在向高端、精品、规模化的方向发展,律师的专业水平和业务能力也都在迅速提高。如果继续保持这种发展势头和方向,可以预见在15年左右的时间内,中国的律师行业可以再上一个台阶。届时,中国有限度地允许外国律所和律师来华执业,不会对中国律师行业造成过大的冲击和影响。

(二)发挥自贸区的"先试先行"作用

在中国法律服务市场对外开放的长期规划中,可以考虑将上海自贸区作为"先试先行"的示范区,在实践中不断探索中国法律服务市场该如何对外开放,研判扩大开放法律服务市场可能对中国律师行业带来什么样的影响和冲击。实际上,"司复〔2014〕3号文"所规定的互派和联营的合作机制就是在对法律服务市场的进一步开放做尝试。

另外,欧盟和韩国的"双轨制"开放模式值得中国借鉴学习。中国可以在上海自由贸易试验区以及与其他国家签订的自贸协定的范围内,适当地降低法律服务市场的准入门槛,较大幅度地扩大对外开放。⑥实际上,中国已经有了这种"双轨制"的实践经验。在CEPA框架下,为进一步推进与港、澳地区在法律服务贸易方面的自由化,大陆对港、澳地区较大幅度地降低了法律服务市场的准入门槛,提供了其他GATS成员所享受不到的更为优惠的开放措施。在推行"双轨制"时,要着重考虑到如何防范一些不能受惠的法律服务提供商利用制度漏洞滥用的优惠措施,如以港、澳为跳板进入中国大陆的法律服务市场。这些问题需要在制定相关政策和制度时予以特别注意。

(三)以"正面清单"和"负面清单"相结合的方式扩大对外开放

对于外国律所代表机构及代表能够从事的业务范围,中国目前是以"正面清单"和"负面清单"相结合的方式进行界定的。《外国律师事务所驻华代表机构管理条例》第15条规定的内容实际上就是一种法不允许不可为的"正面清单",它规定外国律师代表机构及代表只能从事不包括中国法律事务的下列活动:第一,提供有关其母国法(已获准从事律师执业业务的国家法律)、国际条约、国际惯例方面的咨询;第二,接受当事人或者中国律师事务所的委托,办理其母国的法律事务;第三,代表外国当事人,委托中国律师事务所办理中国法律事务;第四,通过订立合同与中国律师事务所保持长期的委托关系办理法律事务;第五,提供有关中国法律环境影响的信息。

同时,《管理条例》及其执行规定又进一步规定了"负面清单",即代表机构及其代表不得从事《管理条例》第15条第1款、第2款规定以外的其他法律服务活动或者其他营利活动。代表机构不得聘用中国执业律师,聘用的辅助人员不得为当事人提供法律服务。不能以律师身份在中国境内参与诉讼活动。不能就合同、协议、章程或其他书面文件中适用中国法律的具体问题提供意见或证明。不能就适用中国法律的行为或事件提供意见和证明。不能在仲裁活动中,以代理人身份对中国法律的适用以及涉及中国法律的事实发表代理意见或评论。不能代表委托人向中国政府机关或其他法律法规授权的具有行政管理职能的组织办理登记、变更、申请、备案手续以及其他手续。

实际上,很多国家都在涉外法律服务市场的

---

⑥宽泛意义上的法律服务,包括律师法律服务、公证法律服务、基层法律服务等,囿于文本限制,本文仅讨论律师法律服务。

开放方面采用了这种"允许"与"禁止"相结合的模式。在将来，如果中国允许外籍律师的情况存在，那么可以从业务范围方面对外国律所驻华代表和两种类型的外籍律师进行区分。具体而言，外国律所驻华代表还需遵守《外国律师事务所驻华代表机构管理条例》及其执行规定的要求，在上述"正面清单"和"负面清单"所规定的业务范围内执业。一是对于以律师身份在华执业的外国律师，可以通过"正面清单"的形式列举出允许他们从事涉及中国法律的国际经贸、金融、海商、投资、商事仲裁、劳动等领域的非诉讼类业务，未被规定在"正面清单"中的领域则不得以律师的身份涉足。二是对于通过了中国司法考试，以中国律师的身份在中国执业的外国律师，则可以通过"负面清单"的形式列举出他们不得涉足的领域。例如，禁止他们从事以下领域的法律事务：涉及中国国家主权和安全的案件、涉及中国政治体制的案件、法律明文规定的只适用于中国律师出庭的业务，以及刑事、行政、婚姻家庭、不动产买卖、重大商事诉讼、知识产权等领域的法律事务。

推进区县公共法律服务体系建设若干思考*

金海民　朱叶萍

> **内容摘要：** 建设完备的法律服务体系，推进覆盖城乡居民的公共法律服务体系建设，加强民生领域法律服务，是建设完善中国特色社会主义法治体系的有机组成部分。司法部和上海市司法局对加强公共法律服务体系建设高度重视，分别出台了相关文件，对加强基层公共法律服务体系建设提出了具体要求。上海市闵行区司法局在市司法局和区委、区政府的关心指导下，探索构建了以区级司法行政综合法律服务窗口为中心的"区级、街镇、村居"三级法律服务体系。本文在总结梳理上海市闵行区公共法律服务体系建设经验基础上，就如何进一步建立完善相关工作机制、提升工作效能进行初步探索思考。
>
> **关键词：** 公共服务　法律服务　体系建设

---

* 本文系上海市闵行区司法局课题组调研成果。课题组组长：金海民，上海市闵行区司法局党委书记、局长。副组长：徐建华，上海市闵行区司法局副局长。成员：朱叶萍，上海市闵行区司法局办公室主任；郭建平，上海市闵行区司法局矫正科副科长。主要执笔人：朱叶萍，女，上海闵行人，研究生学历，公共管理硕士，上海市闵行区司法局办公室主任。

公共法律服务是由行政机关统筹提供，旨在保障公民基本权利、维护社会公平正义和保障人民安居乐业所必需的法律服务。上海市闵行区司法局（以下简称闵行区司法局）认真贯彻中央及上海市相关文件精神，大力加强公共法律服务体系建设，不断完善公共法律服务供给侧改革，提高公共法律服务质量水平。

一、闵行区公共法律服务整体现状

近年来，闵行区司法局以全区经济社会发展需求为导向，按照市司法局"搭平台、整资源、强辐射"的工作要求，不断健全公共法律服务网络，拓展公共法律服务领域，公共法律服务整体质量水平取得了突破性进展。

（一）公共法律服务领域不断拓展

随着司法行政体制改革的深入推进，区县司法行政机关近年来由法治宣传教育、矛盾纠纷调处等传统职能逐渐向普法依法治理、人民调解、法律援助、律师、公证、社区矫正、特殊人群教育帮扶等更广领域拓展。闵行区司法局结合公共法律服务职能拓展实际，打造公共法律服务体系的核心业务，以法制宣传、法律服务、人民调解、法律援助、安置帮教、法律咨询等公共法律服务为主要内容，适应和满足不同社会主体的多样性需求，不断推动服务内容和服务形式创新。如法治宣传教育在"法律六进"的基础上，更加注重新媒体运用，以此适应社会活跃人群对法律知识的需求；人民调解在"三调联动"的基础上，更加注重专业性、行业性调解组织建设，为矛盾纠纷化解提供更加专业规范的服务；律师、公证在参与社会建设、促进政府依法行政等方面的作用也日益凸显。

（二）公共法律服务网络日趋完善

以闵行区司法行政综合法律服务中心建设为重点，以法律服务进村居为目标辐射带动街镇、居村，构建布局合理、覆盖全面的公共法律服务网络。如在加强法制宣传体系建设上，线下建立了1+33"和谐家园"法宣站、法治文化圈法宣点、法治实践基地；线上打造了微博法宣联盟、微信"闵晓法"公众号等，形成要素集成的公共法律法治宣传服务体系。如在推进法律顾问体系建设上，积极推动政府购买法律服务，各委办局及14个街镇（工业区）及司法所均聘请律师或律师团队担任法律顾问，并为全区564个村居委提供法律服务，注重和追求法律服务的社会效果，体现法律服务的社会责任。①

（三）公共法律服务管理得以加强

按照上海市司法局行政审批业务手册和办事指南要求，进一步规范了行政审批、法律服务、人民调解、法律援助等方面的服务标准和流程，出台了相关业务手册和办事指南，并在门户网站进行公开。通过编写并公开相关业务工作手册和办事指南，一方面规范了工作人员的行政行为，另一方面便于群众了解各项司法行政业务的办事流程，方便群众寻求并获取相关业务信息及服务内容。同时，注重加强对司法行政人员的业务培训，如建立法律援助新进律师业务培训制度；针对人民调解队伍构建以"初任培训、在岗培训、专技培训、等级培训"为内容的培训体系，有效提升了法律服务工作人员的专业能力水平。

（四）公共法律服务质量日益提升

紧扣公共服务"群众性、基础性、社会性"的属性要求，积极转变服务模式，提升服务质量。在服务内容上，进一步深化拓展实体平台"一站式"法律服务模式，探索建立专家"门诊"、预约咨询服务等特色项目，使群众可以"点菜下单"，享受"特需"服务，如当事人申请人民调解，可在申请时预约金牌调解员进行调处，提高了服务的针对性与实效性。在服务供给上，通过完善"线下、线中、线上"三个服务平台，实现公共法律服务全覆盖体系。如健全实体服务网络，在全区各街镇、村居普遍建立公共法律服务点，打造"15

---

① 安徽省司法厅课题组："公共法律服务体系建设研究"，载《中国司法》2016年第8期。

分钟法律服务圈";借助现代信息技术通过手机APP客户端,获取法律服务掌上地图,直接联系调解员、公证员和律师,让群众足不出户"零距离"享受快捷高效公共法律服务。

二、闵行区公共法律服务体系建设的组织架构

坚持问题导向、需求导向,以"整体谋划、理顺机制,由点到面、分层推进"的总体建设思路,以"实体、网络、热线"三个平台建设为抓手,分区级、街镇、村居三个层级逐步推进,全力打造亲民便民惠民、线上线中线下结合的普惠型公共法律服务体系。

（一）夯实实体平台

1. 区级层面

建设司法行政综合法律服务中心。按照"场所改造、功能整合、服务为先、便民为要"的区级建设思路,通过将行政审批、法律服务、信息公开、人民调解、投诉受理等行政许可和法律服务功能集中在一起,采取集中受理、分类办理、限时办结的服务模式,打造综合性、一站式闵行区司法行政综合法律服务中心。自2016年7月建成运行以来,共接待来访群众14795人次,提供法律咨询9246次,受理社会矛盾纠纷7093件,受理法律援助案件728件,司法行政机关的工作效率、群众满意度水平都得到较大幅度提升。

2. 街镇层面

以司法所标准化建设为抓手,采取增建窗口、与综治中心合署办公方式建立街镇法律服务窗口,夯实司法所便民服务平台,为群众提供免费服务。街镇综合法律服务窗口集法律服务和矛盾化解功能于一体,以政府购买服务的方式,深入开展法律咨询服务、法制宣传、政府信息公开、人民调解等多项职能,取得较好的社会效果。按照《闵行区街镇司法行政综合窗口建设实施方案》,目前,全区所有14个街镇综合法律服务中心均已建成并投入使用,完成街镇窗口建设1.0版本。

3. 村居层面

充分发挥街镇中枢作用,立足社区实际,依托社区服务站（点）延伸法律服务职能,定期组织法律服务工作者到村居服务站（点）开展法律巡回服务,回应解决人民群众的法律需求。如定期组织法律服务团队为居住地群众提供法律咨询、开展法宣讲座,协助基层人民调解委员会开展纠纷调处工作、为居委日常管理及自治提供法律服务等。2016年律师服务团队参与村居管理重大决策373件,矛盾纠纷化解1399件,处置突发事件235件,举办法治讲座904次,提供法律援助咨询1233件,较好满足基层群众日益增长的基本法律服务需求。

（二）拓展"12348"热线平台

"12348"法律服务热线,是司法行政部门面向广大群众和社会组织提供便捷、高效的法律咨询和法律服务的一种有效形式。通过进一步整合资源,拓展"12348"服务平台功能,建成集法律咨询、综合服务、投诉监督等于一体的平台,发挥公共法律服务体系建设在统筹司法行政资源方面的整合作用。调整补充一支人数为90余名,年龄在35周岁以下的区"12348"专线值班青年律师队伍;完善专线值班、接待来访、值班人员服务规范等规章制度。2016年全区"12348"法律咨询服务专线全年共接答电话7 328件,较2015年同期上升21.4%。

（三）开发网络服务平台

依托区司法行政门户网站,进一步优化版面设置,整合较为分散的法律援助、公证、法治宣传教育等网络信息平台,增加公共法律服务板块,方便群众查询、获取服务信息。提升微博、微信等新媒体平台能级,突出法治宣传工作的即时性、实效性。完善APP等手机终端服务功能,关注群众现实法律服务需求,及时开发提供"信息查询、法律咨询、在线预约、线上办事"等公共法律的"贴身"服务。公众号"闵晓法"目前拥有3万多粉丝,2016年累计发布政务类信息32条,服务类信息56条,法律、案例解读406条,组织线上活动18次,点击量达360万余次,关注群众现实法律服务需求,全年共为33 700多位网民提供了法律咨询服务。

三、闵行区公共法律服务体系建设实践路径

把构建公共法律服务体系作为司法行政工作的实践创新,通过整合优化现有职能、资源,构建高效便捷的平台体系来提供优质高效便捷的公共法律服务水平。

(一)项目化运作

借鉴运用项目化运作的方式,明确重点,分批分期抓好区级、街镇及村居公共法律服务平台建设。

1. 重点抓好区级综合法律服务中心建设

2014年,首先启动区综合法律服务窗口改造扩建工程,在原区法律援助中心和区调解受理中心基础上,改建形成闵行区司法行政综合法律服务中心,为社会群众提供"一站式"的综合法律服务。窗口建设严格按照市司法局窗口建设指导意见,设置咨询服务区、自助查询区、法律服务窗口区、法治宣传教育区、矛盾纠纷调处区、信访投诉接待区等功能区。窗口改扩建于2016年7月全部竣工并投入运行。同时,以窗口建设为契机,根据市司法局提出的"建立区县专业人民调解中心,提供一站式纠纷解决服务"要求,整合行业性、专业性人民调解资源设立专业调解中心,专业调解中心建设同步嵌入区司法行政综合法律服务中心建设并整体推进,目前专业调解中心涵盖医患、交通、物业、劳动、涉访、消费、婚姻家庭、知识产权8个专业领域的调解部门和1个联合调解部门。

2. 分批推动街镇法律服务窗口建设

专门印发《关于推进街镇法律服务窗口建设工作的指导意见》,指导规范各街镇司法所法律服务窗口建设,提出了街镇法律服务窗口建设"4+X"功能定位(人民调解、法律服务、法律援助、安置帮教及其他服务项目)。窗口设置公开栏、服务信息查阅点,部分窗口安装电子显示屏、查询机等设备。根据《上海司法行政机关视觉识别规范》要求,对已建成的区级、街镇法律服务窗口,均全部按照该视觉识别规范进行统一设计制作,进一步提升司法行政视觉形象。

3. 探索完善村居法律服务点建设

注重资源整合和集约,积极依托标准化司法所、司法信访综合窗口和村居委已有平台,推进公共法律服务向街镇、村居委辐射、延伸。全面开展"法律服务进村居"工作,积极延伸法律服务触角。整合律师、公证和法律援助等法律服务资源,以居民需求为导向,以依法治理为目标,以制度创新为核心,打造"15分钟法律服务圈"。目前21家律师事务所143名律师分配至全区14个街镇(工业区)的564个村(居),实现每个村居有执业律师提供法律服务、每个街镇有公证业务专员,同时聘任村居调解主任作为公证和法律援助联络员,真正实现了村居法律服务工作全覆盖。

(二)标准化、信息化推动

标准化、信息化是科学有效的方法工具,更代表着当前社会发展趋势。借助标准化、信息化方法手段,有利于更好推动公共法律服务体系建设顺利进行。

1. 信息化联动

开发出闵行区司法局公共法律服务信息管理系统,以闵行区司法局门户网站为依托,将行政审批、人民调解、法律援助等9个方面的作用功能设计汇总在一起,区司法局和14个司法所都能通过登录系统,按照自身的业务职能进行相应操作。通过建设闵行区司法局门户网站、司法行政服务大厅、后台管理系统、掌上司法的整合,为公众提供包括信息发布类、网上办事类和公众参与类的各项服务。建立闵行区司法局公众服务平台。内容涵盖闵行区司法局门户网站建设、掌上司法、系统整合三方面内容,在公众与司法局之间架起新的沟通桥梁。

2. 标准化规范

明确将标准化作为推进公共法律服务体系建设重要方法和基本途径,按照"系统、统一、简化、优化"的要求,抓好架构设置、程序流程、质量管控、绩效考评等关键环节的实施推进。[2] 通过标准化统一联动,实行归口管理,提高工作效率,

---

[2] 许同禄:《公共法律服务体系建设的理论与实践》,江苏人民出版社2014年版,第97~99页。

实现内涵驱动下的路径优化、执行优化和效能优化。如在外观设计方面，根据《上海司法行政机关视觉识别规范》要求，目前闵行区区级、街镇所有建成、在建或拟建的法律服务窗口，均按照该视觉识别规范进行统一设计制作，对公共法律服务中具有重复性和共同执行的服务和管理内容制定标准，简化了工作程序、节省了人力物力，提升了质量效益。

3. "互联网+"集成

推进"互联网+公共法律服务"体系建设，以微信公众号"闵晓法"为线上平台核心，以"政务、法务、服务"为定位，打造集"政务宣传、法制宣传、法律咨询、法律服务"四位一体的具有闵行特色的"互联网+公共法律服务"体系。一是在线法律咨询功能，由2名专职人员负责在线应答，通过购买服务方式聘请两名专职律师作顾问，提供专业法律咨询服务；二是"晓法148"法律援助预审功能，由法律援助中心专职人员予以初审，由微信客服协调对接；三是法治宣传教育"约课、约摊"服务，即通过微信以集体的名义直接预约"晓法公开课"和法律咨询摊位，由"晓法讲师团"讲师和法宣志愿团成员提供相应服务。继续探索"点戏下乡"，法宣资料预约索取等一系列法宣服务，打造法宣服务O2C；四是"金牌调解在线预约"，通过菜单集中展示我区资深人民调解员情况，用户可直接通过微信预约调解员；五是专业法律服务渠道查询，用户可直接通过微信查询其所在村居法律顾问情况，查询三级法律服务平台情况；六是公证服务的转接，通过微信后台与闵行公证处线上平台对接，形成服务导流。

（三）制度化保障

1. 功能完善的运行机制

一是建立公共法律服务窗口部门业务例会制度、工作情况通报制度，对窗口运行过程中出现的情况和问题及时进行沟通协调，确保顺畅运转；二是建立业务化部门窗口工作流程、业务规范，完善服务承诺制、首问责任制、服务引导制，确保窗口之间分工协作，有序衔接；三是加强窗口接待人员管理，建立培训考核制度，明确窗口服务工作标准和要求，做到文明规范上岗，展示窗口良好形象，努力使综合法律服务窗口发挥最大效能。

2. 快捷高效的保障机制

一是经费保障制度。明确公益法律服务与政府给予基本工作报酬相结合，原则上每个村居每年不少于5000元。2016年全区各街镇共投入专项经费411.4万元，2017年预计投入570万元，进一步深化该项工作。二是工作台账制度。结对律师、公证业务专员、公证和法律援助联络员填写《法律服务进村居工作记录手册》，对提供法律服务的时间、对象、内容和结果记录翔实，并由村居委主任签字确认。三是上墙公示制度。在村居委设立法律服务场所，制作公示栏，公布结对律师、公证业务专员、公证和法律援助联络员姓名、工作单位、执业证号、联系电话、电子邮箱等信息，接受群众监督，方便群众及时、便捷地获得法律服务。

3. 权责清晰的考核机制

量化考核标准，完善指标评估体系，积极开展法律服务评查、服务质量检查公布、质量跟踪检查等工作，促进法律服务机构和人员依法诚信执业，提高服务质量。以法律服务进村居工作为例，以村居满意度为重要依据，对结对律师、公证业务专员的业务水平、工作态度、工作成效、工作效率等方面进行评估，并将考核结果与购买服务费用相挂钩；建立第三方考核评估机制，评估以街镇为单位实施，内容包括组织管理情况、工作完成情况、实施效果和社会评价，采用问卷、访谈相结合的调查方式获取相关数据，同时评估组在各街镇抽取30%比例的村居进行现场走访，核查工作数据的真实性，实地考察律师和村居委工作情况，通过考核使服务过程更为便捷，服务质量得以提升。

四、闵行区公共法律服务体系建设实践中存在的矛盾和问题

公共法律服务体系建设虽然取得了阶段性成

果，但面对不断发展的经济社会形势和日益增长的民生需求，由政府主导、司法行政机关统筹、各部门配合的推进过程中还存在不少矛盾问题。③

（一）信息化技术运用还不够普遍

一是信息互联互通标准不统一，存在壁垒。如司法行政系统内部各类信息系统或部门平台之间的整合难度较大，如公证系统、律师系统、法援系统等早期信息系统与公共法律服务系统兼容不够，之间的互联互通还不能完全实现，制约服务质量效果。二是现代信息技术运用还不够普及。如现在微信、APP等已经具备并大量运用于O2O线上的服务产品不够丰富，在行政审批、法制宣传、法律咨询等公共法律服务中应用不够广泛。

（二）公共法律服务供给还不够全面

一是队伍"专业化"建设存在短板。由于受各方面条件限制，基层法律服务窗口服务人员较少，更迫切需要"多面手"。实践中基层公共法律服务窗口工作人员基本以调解员、社工和文员为主，专业领域具有局限性。就算是专职律师值班，也很难满足基层社区经济纠纷、邻里纠纷等种类繁多的个性化法律服务需求。二是服务范围难以全覆盖。实体平台方面，虽然推出"一街镇一中心""15分钟法律服务圈"等构想，但对一些较偏的农村来说无法真正实现公共法律服务全覆盖、存在大量服务盲区。同时，公共法律服务时间与市民工作时间高度重合，造成冲突、带来不便。热线、网络平台虽能补充实体平台一些作用功能，但仍存在不少问题和缺陷。三是宣传引导力度不到位。街镇服务中心具体位置、基层法律服务点工作开展时间，"12348"热线和网络服务平台等方面的宣传、指引工作做得还不够，有关服务内容、功能，群众还有不清楚、不掌握的地方。

（三）社会力量参与公共法律服务机制尚不健全

吸收社会力量参与，是完善公共法律服务体系、提升公共法律服务质量的重要途径和有效手段。目前，闵行区公共法律服务体系引入的社会组织主要有人民调解协会、社会帮教志愿者协会、新闵调解事务所等6家社会力量，在补充人力资源不足、加强法制宣传、化解矛盾纠纷等方面起到积极作用，但整体来看，力量还是十分薄弱。主要是吸收社会力量参与机制没有建立健全，缺乏长效机制。如政府购买服务、社会组织承接政府职能转移等方面的政策机制、流程规范、绩效评价等都还比较模糊。

五、进一步完善公共法律服务体系建设成效的对策建议

法律专业属性是公共法律服务体系区别于其他公共服务体系的显著特征。公共法律服务体系建设需要在顶层设计牵引、优化法律服务资源配置等方面综合施策、精准发力。

（一）整合资源，着力推进公共法律服务窗口覆盖

优化法律服务资源配置，发挥公共法律服务体系功能，公共服务从完善体系向提升内涵转变。④一是整合社会资源。坚持从需求导向和功能定位出发，科学规划、有效集聚各类社会法律服务资源，创新公共法律服务供给模式。通过广泛吸收律师、公证员、基层法律服务工作者等力量参与窗口服务，为人民群众提供便捷、优质的法律服务。二是整合人力资源。加强基层网点覆盖，总揽各司法所物力、人力资源配置，进行全面优化调整，将目前区级窗口运行的法律服务信息管理平台全面延伸至街镇一级，及时归并街镇综合法律服务窗口布局，最大限度避免法律服务资源和行政成本的浪费。三是整合信息资源。推进公共法律服务窗口信息化统一联动，建立网上公共法律服务中心。配合市司法局建立区、街镇两级"12348"网上公共法律服务平台综合管理系统，打通区与

---

③蒋银华："政府角色型塑与公共法律服务体系构建——从'统治行政'到'服务行政'"，载《法学评论》2016年第3期。
④同上。

街镇之间的信息壁垒，提高操作便捷度，打造网络通畅、数据即时、信息共享的应用格局。

（二）加强宣传，不断扩大公共法律服务社会影响

通过电视、广播、报纸、互联网等媒体，大力宣传推进公共法律服务体系建设的意义、作用、优势等，及时传播服务窗口动态信息，进一步提高社会各界和居民群众对公共法律服务的认知度，扩大公共法律服务的社会影响力。开辟网络综合法律服务窗口专栏，组织工作人员提供网上法律咨询服务，发挥网络了解民情、汇聚民智的优势，运用论坛、网络投票、网络民意调查等方式，及时了解群众法律服务需求，听取群众对公共法律服务的意见和建议，增强法律服务的针对性与有效性。

（三）多措并举，切实提升公共法律服务供给质量

树立质量至上的理念，加大公共法律服务的规范化、标准化和便利化建设。制定各类法律服务机构资质认定、设施建设、人员配备、业务规范、工作流程等具体标准，加快建立健全公共法律服务标准体系。强化服务全程化监管，建立健全服务质量评价机制、监督机制、失信惩戒机制，推行岗位责任制、限时办结制、服务公开制等，积极开展服务评查、质量跟踪检查等工作，促进公共法律服务机构和人员依法、诚信、公信执业，确保服务质量，努力提高公共法律服务诚信度和公信力。完善服务便民措施，设立便民服务窗口，拓展服务申请受理渠道，简化受理程序，推动建立为老、弱、病、残等当事人服务的绿色通道，方便群众获得法律服务。加强保障机制建设，深入研究公共法律服务体系全覆盖建设与大联动等公共服务平台间的联动机制。加大公共法律服务政府购买工作推进力度，为公共法律服务体系全覆盖提供更加有力的保障。

"一带一路"涉外法律服务若干问题研究

李志强[*]

> **内容摘要**：随着"一带一路"建设的推动，中国企业"走出去"不可避免遇到更多的风险，其中包括直接投资、市场准入、知识产权等风险。而当今我国无论是律所"走出去"的状况，还是律师个人涉外法律服务的水平离愿景目标还相差甚远。因此，在鼓励律所"走出去"层面上，应该借助"一带一路"的机遇，调整战略模式，创新联盟形式；在提升律师个人业务水平的层面上，一方面可以大力引进国外专业人才，另一方面需要大力培养国内律师在涉外法律服务领域的专业水平。
>
> **关 键 词**："一带一路" 法律风险 涉外法律服务

---

[*] 李志强，男，上海人，研究生学历，法学硕士，上海金茂凯德律师事务所律师。

自从2013年9月和10月，中国国家主席习近平先后提出共建"丝绸之路经济带"和"21世纪海上丝绸之路"（以下简称"一带一路"）倡议以来，"一带一路"从中国的单方战略发展成为一个得到全球普遍认同的世纪工程，其内涵和外延包括了政治、经济、文化、社会、环境等诸多方面。2017年5月14日，"一带一路"国际合作高峰论坛在北京召开，会议共达成政策沟通、设施联通、贸易畅通、资金融通、民心相通5大类，共76大项、270多项具体成果，预示着"一带一路"倡议发展到了一个新的阶段。一方面意味着中外经济往来更为频繁，另一方面也意味着涉外法律行业将面临井喷的时代。同时，伴随着"一带一路"的发展，我国涉外法律服务问题也开始凸显。

一、发展涉外法律服务对于"一带一路"建设的意义

2016年5月20日，中央全面深化改革领导小组第二十四次会议审议通过了《关于发展涉外法律服务业的意见》，其中第1条就阐明了发展涉外法律服务业的重要性和必要性：发展涉外法律服务业，是适应经济全球化进程、形成对外开放新体制、应对维护国家安全稳定新挑战的需要，对于增强我国在国际法律事务中的话语权和影响力，维护我国公民、法人在海外及外国公民、法人在我国的正当权益具有重要意义。[①]"一带一路"建设的重点在于"走出去"，"走出去"必然伴随着一系列的风险，而涉外法律业务能够帮助预防或者克服这些风险，这便是发展涉外法律服务对于"一带一路"建设的意义所在。

司法部党组成员、副部长熊选国2017年3月1日在主持召开的学习贯彻《关于发展涉外法律服务业的意见》座谈会上指出，我国经济发展进入新常态，经济全球化深入发展，"一带一路"倡议实施以及企业"走出去"的浪潮，为我国涉外法律服务业创造了难得的历史机遇，同时也带来了新的挑战。

（一）"一带一路"建设中的风险

1. 因直接投资产生的法律风险

由于我国与"一带一路"沿线国家的利益并不完全相同，一些国家的法律出于意识形态、国家利益、安全等方面的考量，会对合营企业中外国投资者的投资范围和持股比例设定许多限制，或是要求合营企业中必须有所在国政府及其委派机构参与经营。即使有些国家没有此类法律限制，其政府也往往拥有对合营企业重大决策的否决权，从而极大削减了合营企业的自主经营权。一些国家的法律出于反垄断和维护有效竞争的考虑，对外国投资者的跨国并购提出了特别要求，或建立了不透明的跨国并购审查程序，可能会大大增加我国企业海外跨国并购的难度。而且，当所在国一旦对特定的跨国并购项目持有怀疑时，有时甚至会借助"临时立法"的方法加以限制，从而形成较为重大的法律风险。

2. 因市场准入产生的法律风险

市场经济条件下的准入制度，其目的是促进市场的合理竞争和适度保护。"一带一路"建设中，一些贸易伙伴出于对保护本国经济利益的考虑，往往会通过设置严格的法律和市场准入门槛，以及苛刻的通关程序，来限制海外投资主体及产品进入其本国市场。近年来，随着贸易保护主义势力的抬头，从以往赤裸的诉诸关税壁垒，到今天各种隐形非关税壁垒的实施，贸易保护主义的形式可谓五花八门，由此引发的法律风险愈演愈烈。如哈萨克斯坦近年来出台政策法规，限制外国资本对其能源领域的投入，限制外国企业在哈萨克斯坦石油开发公司中的持股比例，并规定股东向第三方转让股权时，哈萨克斯坦政府享有优先购买权，这就使得在能源领域的外国投资者完全丧失了对于公司的管理和控制的可能性。

---

① "关于发展涉外法律服务业的意见"，载http://legal.people.com.cn/n1/2017/0111/c42510-29013508.html，2017年5月20日访问。

3. 因知识产权保护产生的法律风险

知识产权作为一种竞争性资源要素在国家的经济和科技发展中扮演着极其重要的角色。当前，国际投资法发展的一个重要特征是高标准的知识产权保护，这方面的规定甚至比 WTO《与贸易有关的知识产权协议》的要求更高，这就要求一些国家对其现有的知识产权进行有效调整。"一带一路"建设中的投资贸易行为，必然会引发知识产权保护问题。如果对外投资与贸易各方对知识产权考虑不周，措施不到位，很容易造成知识产权资源的流失，甚至引发知识产权纠纷。

4. 因国际金融交易产生的法律风险

随着中国企业"走出去"步伐的加快，中国企业参与国际金融投资的情况越来越多。然而，国际金融交易和监管十分复杂，且涉及两个或两个以上国家的金融交易法和金融监管法，这就决定了国际金融交易风险较国际贸易风险和国际直接投资风险更大。同时，国际金融交易风险还具有影响范围广、破坏性扩张性强、控制难度大等特点。近年来，中国平安、中信泰富的巨额海外金融投资亏损，蒙牛、雨润、太子奶和中华英才网等因签订对赌协议所导致的"对赌危机"都是因盲目进行海外金融投资而产生的法律风险。

5. 因劳工问题引发的法律风险

随着国际社会对人权关注程度的增加，劳工标准作为工作中的人权，已逐渐渗透到国际投资法、国际贸易法等领域。劳工权保护已成为国家的义务、企业的社会责任。"一带一路"建设中因劳工问题可能引发的法律风险主要有：一是因不平等招工，忽视所在国特有的民族问题、性别问题等，触犯平等劳动及反歧视相关的法律，将会面临行政罚款等处罚；二是漠视所在国法律赋予工会的权力，未能与当地工人及工会形成良好关系，可能会面临罢工和激烈抗议的风险；三是在雇工待遇和福利保障方面，如果触犯所在国的劳动法，可能面临处罚、诉讼，甚至导致并购失败等风险；四是企业在进行人员裁减或调整时，要特别注意所在国有关裁员力度、裁员补偿等方面的法律，否则也容易引发纠纷。

6. 因环境问题产生的法律风险

随着国际环境法的发展和生态文明价值凸显，世界各国尤其是发达国家的环境保护标准和法律越来越严。"一带一路"建设中，海外企业如果不能严格遵守所在国的环境标准和法律，将会引发严重的环境问题。由于部分中资企业在海外投资中对环保社会责任的履行存在缺陷，因而中国投资者在海外已面临过多起此类事件。如中国某企业在波兰某一工程中出现了疏忽，没有充分认识到当地对环保要求。而环保成本在波兰筑路工程项目总投资中的占比一般是10%左右，特别是在中国企业负责的工程沿途一共生存七种珍稀两栖动物，包括一种雨蛙、两种蟾蜍、三种青蛙以及一种叫"普通欧螈"的动物。咨询公司要求中国企业必须在入冬前将珍稀蛙类搬到安全地带，因为这些蛙马上就要冬眠，必须避免施工中对这些珍稀蛙类造成伤害。中国企业为此停工两周，员工全力以赴用手搬运珍稀蛙类。事实上，许多国家都有严格的环保规定，中国企业环保意识普遍不足，对环保投入成本估计不足，这是中国企业必须加以改进的地方。

7. 因经营管理不善产生的法律风险

由于法律意识的淡薄和固有的商业惯性，我国海外投资企业在经营管理中容易出偏，触犯法律，从而产生法律风险。一是可能产生商业腐败法律风险。欧洲等国家对企业腐败有严格法律规定，一旦发现企业有行贿、贪污等问题，将面临严重的竞业禁止和制裁风险，企业声誉可能毁于一旦；二是可能产生税收法律风险。同一主权国家都会根据其本国法律对同一纳税实体进行征税。因此，企业在境外经营时，既要根据属人原则向我国政府纳税，又要根据属地原则向所在国政府纳税。如果企业的纳税情况及避税手段不符合所在国的税收法律，则会面临复杂的税收法律风险。三是可能产生项目规划设计法律风险。如果某一项目的规划设计不符合东道国相关法律的规定，项目完成后，就无法通过东道国的验收，从而导致投资遭受重大损失。四是可能产生合同管理法律风险。现代的合同管理涉及合同的谈判、起草、签订、履行、变更、终止、违约处理等过程。在这一全过程管理中,任何一个疏漏,都可能引起争议或纠纷,从而产生风险,造成损失。②

(二)涉外法律服务的作用

面对上述的各类风险,我们的企业往往没有足够的专业能力予以应对,这时就需要专业的涉外法律人士提供法律服务,为企业规避这些风险。涉外法律服务通过各种形式,能够给客户起到巨大的作用。

1. 参与规则制定的作用

"没有规矩,不成方圆",国际经济往来中的规矩就是各国的法律规范以及国际公约或者是区域性的规定。"一带一路"的建设伴随着国内外多个方面的近距离接触,其中会产生良性的合作,当然也不乏各类冲突,规则的制定和适用就显得尤为重要。在沿线企业的实践下,很可能出现现行法律规制的盲点,这时候一方面需要法律的适用和解释,另一方面就需要新的规则制定。律师在制定新规则中应该享有一定的发言权,因为律师长期以来一直走在法律适用的前沿阵地,对于法律的得失具有较为深刻的理解。律师对"一带一路"实施过程中的法律问题,可以提出自己的思考和立法建议,这对于"一带一路"法制建设的完善意义重大。③

2. 开展对外法制宣传的作用

律师为各方主体提供法律服务,代表的是一种法治理念,尤其是在"一带一路"框架背景下涉外法律服务的不断兴起。在"一带一路"建设过程中,中国企业大量地走出国门,法律服务也伴随着这些企业走出国门,接受世界法律服务浪潮的洗礼。在这一过程中,中国律师代表中国的法律制度、法治理念与国外的各类制度进行交流,使得"一带一路"沿线国家乃至辐射开去的更多的国家看到中国的身影,了解中国的法律机制。这在一定程度上是对中国法律服务在世界市场份额缺失的一种弥补,更加是将中国法治理念推向世界,让世界更加认识中国的一个契机。

3. 促进依法决策的作用

这里的决策包含政府的决策,也包含企业的决策。政府决策引领方向、影响深远,企业决策关乎经营发展大计。在"一带一路"建设过程中,无论是政府管理决策,还是企业经营决策,都需要律师发挥法律咨询和参谋作用,用法治思维和法治方式推进"一带一路"建设。"一带一路"背景下,无论是政府还是企业,必然接触国外的法律规范,对此有必要进行相关的研究。律师在日常的执业活动中更有可能接触这些法律规范,相对而言对这些法律规范有更为清晰的理解。对于政府而言,各项政策的制定需要了解沿线国家的法律规范;对于企业而言,其日常的经营活动更加离不开对于各国相关法律的研究。律师提供的涉外法律服务即包括这些法律研究以及决策建议的内容。

4. 提供企业经营法律服务的作用

涉外法律服务的主体部分还是在于为企业提供有关经营的各类法律服务,这里包含较多的内容。从宏观视角来看,律师可以为国际货物贸易、服务贸易、知识产权国际保护等提供法律服务,切实维护中外当事人的合法权益。从微观视角来看,律师可以围绕交通、能源、通信等基础设施重大工程、重大项目的立项、招投标等活动,提供法律尽职调查服务,防范投资风险;参与合作工程、项目的谈判、合同文本的起草等,严把合同订立的法律关等。

5. 化解矛盾纷争的作用

"一带一路"沿线国家和地区法治水平差异大,法治环境较为复杂,国际经贸合作、跨国投资经营存在法律风险,易发矛盾纠纷。在矛盾发

---

②李玉璧、王兰:《搭准宦密建设中的法律风险识别及应对策略》,载《国家行政学院学报》2017年第2期。
③赵大程:《在首届丝绸之路法律服务合作论坛上的讲话》,载《中国律师》2016年第10期。

生以后，就需要律师充分运用代理诉讼、仲裁、调解等手段，化解矛盾纠纷，维护国家、企业、公民的合法权益。"一带一路"框架下企业法律纠纷面临着更为严峻的形势，一方面是在纠纷的量上因为上文提到的众多法律风险而增多，另一方面在案件难度上会体现更加复杂的特性，与国内案件相比更多地可能适用国外法律。这一点对于企业提出了更高的要求，需要专业的涉外法律服务予以解决。

二、涉外法律服务的现状

（一）律所"走出去"的现状

总体上而言，律师"走出去"的方式有在国外设立分所、加入国际性行业组织和与国外律师事务所结盟三种方式。

1. 中国律师事务所在国外设立分所的现状

中国律所最早在国外设立分所起源于1993年，当年北京君合律师事务所的周晓琳律师取得了纽约律师执照，君合随后在纽约开设分所。之后，也有律师事务所陆陆续续在国外设立分所。截止到5年前的2012年6月，中国本土律所只有不到20家在海外设立分支机构。这是一个非常小的数字，与中国的经济发展状况和中国的大国地位极不匹配！在这些律所中，律所规模上大多是国内的一流大所；地理位置上，基本上以北京和上海所为多。截至2016年12月底，在国外设立分所和代表处的律师事务所有金杜、君合、德恒、中伦、段和段、金茂凯德、四维乐马等，这一数据与英美等国相比，差距惊人。截至2016年初，在我国设立的外国律师事务所分支机构达到了229家。仅仅美国和英国两个国家在中国的分支机构就达到了142家，占所有在中国的外国律师事务所分支机构的62%。相比之下，中国律所"走出去"的程度还远远不够。

2. 中国律师事务所加入国际性行业组织的现状

加入国际性律师行业组织，也是中国律所"走出去"的一种方式。1997年，北京君合律师事务所就加入了拥有分布在100多个国家的160家顶尖律所成员的国际律所协会LexMundi，其后又加入了Multilaw。2003年，金杜先后加入了PacificRim Advisory Council 和 World Law Group。2009年，大成加入 World Service Group。北京中伦律师事务所、北京浩天信和律师事务所、北京柳沈律师事务所和广东敬海律师事务所是Terralex的成员。金茂凯德律师事务所加入了Alliance of International Business Lawyers 国际商业律师联盟。凭借这些行业组织平台，律所成员经常联络、相互熟悉、建立信任关系，可以为今后的合作铺平道路。但是加入国际律所组织的多是起步较早的大所，对于后起之秀，这种机会很难获得。

3. 中国律师事务所与国外律师事务所结盟的现状

对于法律服务业，与国外律师事务所结盟，不论是松散型的还是紧密型的结盟，都是扩大律师事务所网络的另一种方式。现在可知的与国外律师事务所结盟的主要有北京金杜律师事务所和北京大成律师事务所。首先是2012年3月1日，北京金杜律师事务所与澳大利亚万盛国际律师事务所Mallesons Stephen Jaques结成联盟，初步形成了今天的金杜律师事务所(King & Wood Mallesons)，金杜成为第一家总部设在亚洲的全球性律师事务所。2013年，金杜宣布与国际律师事务所 SJ Berwin 结成首个全球法律联盟，这样的结盟极大地提升了金杜的实力，金杜律师事务所国际联盟如今是全球排名前25位的律师事务所之一，总收入约10亿美元。2015年1月27日，亚洲最大律师事务所——北京大成律师事务所与全球十大律所之一的 Dentons 律师事务所正式签署合并协议，共同打造一个全新的、布局全球的世界领先国际律师事务所。新律所执业律师人数超过6500人，这是目前全球律师业规模最大的律师事务所。[④]

[④] 洪建政："中国律师'走出去'的现状与展望"，载《法治与社会》2017年第10期。

（二）我国涉外法律业务律师现状

我国提供涉外法律服务的律师人数不多，这是目前涉外法律服务现状的主要特征。涉外法律业务律师的缺乏一方面影响我国提供涉外法律服务的质量和效率，另一方面在一定程度上阻碍了我国律所"走出去"的步伐。在涉外法律业务人才问题解决上，一方面通过自身培养，另一方面通过人才引进。对于自身培养而言，培养投入大、周期长、回报慢、稳定性不足，存在被大所"挖人"且连市场、业务一起被挖走的风险。另外，大多数政府及律师协会没有建立有效的人才培养机制及政策，律所自身的培养经费及机制不足。对于人才引进，一方面存在大量的成本，另外需要面临国内大所之间的争夺乃至和国外律所之间的争夺。在这样的背景下，直接导致我国涉外法律业务律师的不足。据材料显示，即使如东部发达地区的深圳，作为成长了平安、华为、招商银行、正威等世界500强和中国百强企业的中国经济中心城市，很多企业涉外法律业务量非常大，但大部分市场份额被欧美律师占有。其原因主要在于深圳的涉外律师缺口达千人以上。

三、对于涉外法律服务问题的完善建议

（一）支持中国律所"走出去"

中国律所"走出去"包含三种模式，即在国外设立分所、加入国际性行业组织和与国外律师事务所结盟，这三种模式目前为止都发展有限。"一带一路"建设的时代背景为中国律所"走出去"创设了重大契机，此时应该借助"一带一路"的东风，实现中国律所"走出去"的战略布局。

1. 将设立境外法律服务机构纳入对外投资管理，落实扶持政策

毋庸置疑的是，国家"走出去"的政策所涉的投资主体范围，当然包括律师法律服务在内的服务业。一方面，这是服务业发展的客观要求；另一方面，"一带一路"建设下众多企业走出国门，法律服务作为其配套设施，必不可少！针对现阶段律所"走出去"所面临的困境，应该制定相应的法律规章，支持国内律所到境外设立分所，扩宽律所的服务面。不仅如此，国家还应该落实扶持政策。国内律所到境外开设分所，与本土的律所相比，存在先天的劣势，这些劣势包括语言交流的劣势、法律法规熟悉程度的劣势、地理人文环境熟悉程度的劣势等。这些劣势并非一朝一夕能够弥补，需要长时期的发展才能见效。所以相关部门应该给予各方面的优惠政策，支持国内律所跨境设立分所或代表处的活动。

2. 创新联盟形式，建设为"一带一路"提供专门法律服务的联盟模式

与以往相比，现在有"一带一路"的大背景，在这一背景下，律所应该把握机遇建立联盟。据悉国内已有律所提议、酝酿整合有"一带一路"市场资源、业务实践、研究及实务人才储备的律所联盟，专门为"一带一路"建设提供法律服务。可以预见，类似东南亚、南亚、中亚、西亚、中东欧、非洲等综合性或区域性的法律服务专业联盟将会在不久应运而生，且将占据一定的国际法律业务市场份额。当然，在这一过程中，也可以吸收"一带一路"沿线国家的律所加入联盟，用以加强联盟的专业性。⑤

（二）引进和培养涉外法律人才

我国律所"走出去"，提供涉外法律服务，这些都需要涉外法律人才的加入，然而我国的现状是涉外法律人才极度匮乏。对此，一方面需要大量引进国外的相关法律人才，另一方面应该着力培养我国的涉外法律人才。"一带一路"沿线国家的法律人士对于当地的法律更为熟悉，国内律所如果能够吸收这些人才，为我国"一带一路"建设所用，将能在最短的时间内弥补国内涉外法律人才短缺的状况。

当然，治本之策还是培养我国的涉外法律人才，这才是我国律所进一步发展的核心力量。其

---

⑤ 洪建政："中国律师'走出去'的现状与展望"，载《法治与社会》2017年第10期。

实国内对于培养相关法律人才已经采取了一定的措施。2012 年起中华全国律师协会实施了《第八届全国律协涉外高素质律师领军人才培养规划 (2012—2015 年)》，计划在四年内培养 300 名精通国际法律业务律师人才。2008 年起浙江省由政府出资选送百名律师到美国和欧盟培训"百名反倾销律师"，人均费用 15 万元，其中由省政府承担 12 万元，省律协、地 (市) 律协、律所或律师个人各负担 1 万元，这些受训律师归国后，已承办了十多起反倾销大案，为促进国际贸易纠纷、维护国家利益发挥了重要作用。此后，浙江省又连续制定了培训"百名产权律师""百名跨国并购律师"政策。被称为"三年三个政策，三年三个一百"。江苏省 2008 年政府拨款 486 万元，对 55 名律师通过国内、外两个阶段的培训，成为高端涉外法律服务人才。

刚刚闭幕的中国共产党第十九次全国代表大会提出了习近平新时代中国特色社会主义思想，丰富和发展了马克思主义中国化最新理论成果。习近平总书记指出，中国坚持对外开放的基本国策，坚持打开国门搞建设，积极促进"一带一路"国际合作，努力实现政策沟通、设施联通、贸易畅通、资金融通、民心相通，打造国际合作新平台，增添共同发展新动力。中国开放的大门不会关闭，只会越开越大。要以"一带一路"建设为重点，坚持引进来和走出去并重，遵循共商共建共享原则，加强创新能力开放合作，形成陆海内外联动、东西双向互济的开放格局。这些重要论断为新时代中国律师为中国企业"走出去"参与高质量的法律服务提供了路径和方向。

让我们以只争朝夕、时不我待的朝气，敢为人先、勇立潮头的志气和持之以恒、坚忍不拔的锐气，在习近平新时代中国特色社会主义思想的指引下，不忘初心，牢记使命，续写无愧于新时代的新篇章！

社会治理

依法分类处理信访诉求若干问题研究[*]

曹家侃 刘 华

> **内容摘要**：依法分类处理信访诉求是对信访工作实践中存在的"开口过大、范围模糊、途径不清、程序不明等问题"的回应和破解，是推进信访工作制度改革和信访法治化建设的重要举措，也是依法行政的内在要求。上海司法行政机关接收登记的信访投诉事项总量中，有明确法定途径的事项占比在70%以上，适宜依法分类进行处理。实践中，上海司法行政机关对依法分类处理信访诉求工作进行了探索，初步形成了清单，建立健全了工作机制，取得了较好成效，但也存在一些问题。建议从强化认识、制定公布清单、准确甄别、强化衔接配合、加强宣传引导等方面完善分类处理工作。
>
> **关 键 词**：司法行政机关 依法分类处理 信访诉求 法定途径

---

[*] 本文系上海市司法局信访办课题研究成果。课题组组长：曹家侃，上海市司法局信访办公室主任。成员：张丽艳，上海市司法局信访办公室原副主任；刘华，上海市司法局信访办公室副主任科员。主要执笔人：刘华，男，江苏盐城人，大学本科学历，管理学学士。

一、依法分类处理信访诉求的内涵与意义

依法分类处理信访诉求，是指在诉讼与信访分离的基础上，对信访人提出的投诉请求，能够通过信访渠道以外的法定途径解决的，导入这些途径依法按程序处理；不能通过这些途径解决、符合《信访条例》第14条规定的，作为信访事项，按照《信访条例》的规定处理。这项工作自2014年8月开始启动，起初叫"通过法定途径分类处理信访投诉请求"，2016年初，调整为"依法分类处理信访诉求"。①名称的调整反映了人们对这项工作的认识有所转变，从强调通过法定途径来分类处理，转向依法分类处理。可以说，认识更加全面和深化，也更准确地反映了开展这项工作的初衷。

依法分类处理信访诉求强调对各类信访诉求进行审查甄别，对于有法定途径的，优先适用法定途径进行解决。采用"法定途径"解决的，应符合三个标准：一是由现行法律、法规、规章及规范性文件作出明确规定；二是一般应具备明确的主体、时限和操作程序等要素；三是经过该途径处理的结果具有法律效力。在行政体系内部，分类处理信访诉求的主要法定途径有：行政调解、行政裁决、行政复议、行政确认、行政许可、行政补偿、行政给付、行政强制、社会救助、技术鉴定、行政监察、劳动监察、国家赔偿、仲裁、申诉控告、信息公开等。

依法分类处理信访诉求工作与诉访分离工作有着内在的必然联系。诉访分离，主要是在入口处厘清信访与诉讼的界限，分清行政机关与司法机关的责任，把涉及民商事、行政、刑事等诉讼权利救济的信访事项从普通信访体制中分离出来，由政法机关依法处理。依法分类处理信访诉求，是在实行"诉访分离"基础上，在行政体系内部进一步厘清信访途径与行政复议、仲裁、技术鉴定、行政裁决、劳动监察等其他法定途径的界限，把相关投诉请求导入相应途径解决。依法分类处理是对诉访分离的深化和推进。②

依法分类处理信访诉求是对信访工作实践中存在的"开口过大、范围模糊、途径不清、程序不明等问题"的回应和破解，是推进信访工作制度改革和信访法治化建设的重要举措，也是推进依法行政的内在要求。总体来看，它是在信访工作法治化改革的大背景下提出的。

（一）依法分类处理信访诉求是对"信访洪峰"的回应

"信访是个筐，什么都能装""事事找信访"。这些流传在群众中的"顺口溜"，形象地反映了信访工作实践中存在的开口过大、范围模糊、途径不清、程序不明等问题，大量不属于信访受理范围的事项涌入信访渠道，造成了中华人民共和国成立以来的几次"信访洪峰"。③客观分析，"信访洪峰"的出现与信访制度体系设计有关。现行的信访制度存在着信访工作主体几乎没有限制、渠道多元开放、信访内容原则模糊等特点，这就直接导致了信访作为一种渠道几乎"不设限、无门槛"。在与其他具有相似功能的制度比较中，信访最便捷、最可及。随着法治的健全完善，这些涌入信访渠道的社会矛盾，都已经有了相应的法定途径和处理程序，依法分类处理各类信访诉求，既显得必要和迫切，也是可行的。

（二）依法分类处理信访诉求是信访工作法治化的应有之义

党的十八大以来，中央从各类信访中占比较高、化解难度较大的涉法涉诉信访着手，大力推

---

①国家信访局研究室：《依法分类处理信访诉求清单汇编说明》（2016年7月）。
②国家信访局研究室："依法分类处理信息投诉请求需要注意的五个问题"，载《人民信访》2015年第6期。
③金国华、汤啸天：《信访制度改革研究》法律出版社2007年版，第104~107页。

行涉法涉诉信访工作改革，从而拉开了改革信访制度，推进信访工作法治化的序幕。党的十八届三中全会通过的《中共中央关于全面深化改革若干重大问题的决定》明确要求，改革信访工作制度，把涉法涉诉信访纳入法治轨道解决。党的十八届四中全会提出，把信访纳入法治化轨道，保障合理合法诉求依照法律规定和程序就能得到合理合法的结果。2013年，中共中央办公厅、国务院办公厅印发《关于依法处理涉法涉诉信访问题的意见》，明确实行诉讼与信访分离制度，建立涉法涉诉信访事项导入司法程序机制，要求涉诉信访事项由政法机关依法处理；中央信访联席会议也制定下发了配套文件，基本厘清了诉讼与信访的界限。正是在诉访分离，基本分清行政机关与司法机关在处理信访诉求时责任的基础上，中央又提出，要依法分类处理信访诉求，进一步在行政体系内部厘清信访途径与行政复议、仲裁、技术鉴定、行政裁决、劳动监察等其他法定途径的界限，把相关投诉请求导入相应途径解决。可见，诉访分离与依法分类处理两者法治精神是一脉相承的，两者都是推进法治信访的重要内容。

（三）依法分类处理信访诉求是倒逼依法行政的重要举措

不可否认，在行政复议、行政诉讼没有建立的时代，信访曾经发挥过春风化雨的重要作用。随着法治进程的推进，国家和社会生活的各个领域都已经建立了相应的法律、法规、规章及规范性文件。这些法规文件都对问题解决、矛盾化解规定了相应的途径和程序。在行政体系内部，将有法定途径和程序的信访事项转由有关行政机关按照法定途径和程序进行处理，有利于行政机关增强依法行政意识，合法行政、合理行政、依法办事，从而不断提高法治政府建设水平。

二、上海司法行政机关近年来信访诉求分析

分析2010年以来上海市司法局（以下简称市司法局）接收登记的信访诉求情况，可以看出，上海司法行政机关的信访形势总体趋于平稳，年均接收登记各类信访事项2517件。[④] 2014年以后，信访总量大幅下降，首度下降到2000件以下（具体参见表1）。之所以出现这种情况，是多种因素的综合影响，首先是司法行政各项基础业务不断夯实，监狱戒毒社区矫正执法、法律服务等容易引发信访投诉的工作领域规范化水平不断提高，从源头上减少了各项信访投诉的发生，特别是随着时间的推移，监狱戒毒系统一些历史遗留问题也逐步得到化解、缓解；其次是信访法治化进程的深化，随着涉法涉诉信访改革、诉访分离及依法分类处理信访诉求的推进，一些信访诉求直接进入到诉讼及行政体系内部的法定程序，没有进入信访程序。

从信访来源上看，市司法局接收登记的信访事项呈现出规律性特征。书面来信这一传统信访形式一直占据着主导地位，在全部信访总量中占比一直在40%以上，年均占比45.49%；群众来访占比一直在20%以上，年均占比24.52%；网上信访这种比较方便高效的信访形式自开通以来，就受到了群众的欢迎，轻松超过实地走访，在这一渠道开通的早期，占比一度在30%以上，后有所回落，但年均占比仍达29.99%。纵观近六年的信访受理数据，白纸黑字的书面来信是各种信访渠道中最受群众欢迎的，足不出户、方便快捷的网上信访也受到群众欢迎，实地走访费时费力，不到万不得已，群众一般不会采取这种形式。这也提示我们，要积极采取措施，借用现代技术手段，规范来信、来访办理工作，特别是要对来信办理进行全流程管理、跟踪和反馈，提高办理的规范化水平。

---

④ 上海市司法局接收登记信访投诉事项有关数据是在对本系统信访部门日常掌握数据进行统计分析的基础上得出的。

表 1 历年接收登记信访投诉总量及来源统计（2011~2016年）

年度	信访诉求总量（件）	书面来信（件）	占比	群众来访（批次）	占比	网上信访（件）	占比
2011	2655	1185	44.63%	631	23.77%	839	31.60%
2012	2813	1137	40.42%	646	22.96%	1030	36.62%
2013	2757	1165	42.26%	625	22.67%	967	35.07%
2014	2448	1270	51.88%	637	26.02%	541	22.10%
2015	1794	831	46.32%	483	26.92%	480	26.76%
2016	1590	754	47.42%	394	24.78%	442	27.80%
年度均值	2343	1057	45.49%	569	24.52%	717	29.99%

备注：2016年数据为1至11月份数据。

从信访诉求反映的内容上看，对于法律服务领域的投诉多发、高发，一直占据了各类信访诉求的50%以上，个别年度甚至达到了60%以上，年均占比57.21%；对于监狱、戒毒和社区矫正等刑罚执行和行政执法领域的投诉一直比较稳定，占比在10%以上，年均占比14.8%。随着公正执法机制的不断推行及有关历史遗留问题的解决，对于执法领域的投诉日益趋缓；对于人事等内部管理问题的投诉有上行趋势（具体参见表2）。

表 2 近三年接收登记信访投诉反映内容统计（2014~2016年）

年度	合计（件）	执法（件）	占比	法律服务（件）	占比	人事问题（件）	占比	其他	占比
2014	2448	382	15.60%	1375	56.17%	—	—	691	28.23%
2015	1794	291	16.22%	1121	62.4%	7	0.39%	375	20.905
2016	1590	200	12.58%	842	52.96%	29	1.82%	519	32.64%
年度均值	1944	291	14.8%	1113	57.21%	18	1.11%	528	27.26%

备注：执法工作主要包括监狱、戒毒和社区矫正工作；法律服务工作主要包括律师、公证、司法鉴定、法律援助、基层法律服务、公共法律服务、司法考试、人民调解等工作。

从信访种类上来看，求决类占据了信访总量的绝大部分，年均占比64.33%，申诉举报类占比居第二位，年均占比12.29%，两项加在一起，占比达76.62%；而咨询、表扬感谢、意见建议类等在信访总量中所占比重几乎微不足道。这与全国、全市的信访种类统计数据基本一致。这充分说明目前信访的权利救济功能大大强化，群众多愿意选择信访途径来解决问题、维护权益，而信访制度设立初衷的了解社情民意、汇集意见建议、评估政策得失等功能则没有得到有效发挥（具体参见表3）。

表 3 近三年接收登记的信访投诉种类统计

年度	合计	求决	占比%	申诉举报	占比%	咨询	占比%	表扬感谢	占比%	意见建议	占比%	其他	占比%
2014	2448	1675	68.42	267	10.91	189	7.72	13	0.53	57	2.33	247	10.09
2015	1794	1188	66.22	143	7.97	129	7.19	11	0.61	25	1.39	298	16.61
2016	1590	928	58.36	286	17.99	19	1.19	6	0.38	11	0.69	340	21.38
年度均值	1944	1264	64.33	323	12.29	112	5.37	10	0.51	32	1.47	295	16.03

备注：2016年数据为1至11月份数据。

纵观市司法局近年来信访诉求数量的有关情况，对法律服务领域和执法领域的信访投诉，一直占据着较大比重。以近三年的数据为例，两个领域加起来，年均占比达72.01%。而无论是包括监狱、戒毒和社区矫正在内的刑罚执行和行政执法领域的问题，还是包括律师、公证、司法鉴定、法律援助、公共法律服务、基层法律服务、人民调解等在内的法律服务领域的问题，相关的法律、法规、规章及规范性文件，都规定了相应的有权处理单位和部门、法定途径、有关程序及时限要求、权利救济的时限和程序等，这就为依法分类处理信访诉求奠定了法制基础。

三、当前推进依法分类处理信访诉求的实践探索及存在问题

依法分类处理信访诉求工作启动以来，党中央、国务院先后通过下发文件、召开会议等多种形式进行部署。2015年1月，国家信访局会同国务院法制办出台《分类处理信访投诉请求的主要法定途径及相关法律依据》，明确依法分类处理信访投诉请求的含义，判断法定途径的三条标准，以及申诉求决、揭发控告、信息公开三类问题的法定途径及法律依据，形成了基本框架。⑤ 2015年12月，上海市市委、市政府信访办印发《关于开展通过法定途径分类处理信访投诉请求工作的意见》，强调了通过法定途径分类处理信访投诉请求工作的重要意义、基本内涵、工作标准，并提出了工作要求。⑥ 2015年8月，上海市信访办、上海市信访学会还联合召开专题研讨会，重点研讨了依法分类处理信访投诉请求工作，并实地考察了上海市工商局和普陀区医调委的做法。⑦

根据党中央、国务院及国家信访局的有关部署，司法行政机关也相继启动了依法分类处理信访诉求工作。2015年4月，司法部印发《关于进一步加强涉法涉诉信访工作的意见》，明确实行诉类信访事项与访类信访事项分离，将涉法涉诉信访事项依法导入相应法律程序办理，健全涉法涉诉信访事项终结制度。⑧ 随后，司法部又组织力量对司法行政系统的信访事项进行了分类梳理，形成了《司法行政系统通过法定途径分类处理信访投诉请求一览表》，划分了监狱管理、戒毒管理、司法鉴定、律师、公证、法律援助、信息公开、其他共八个类别，对每一项投诉请求所对应的法定途径及法律法规规章依据进行了列举。⑨

根据司法部的部署及有关工作要求，全国各级司法行政机关也纷纷开展了依法分类处理信访诉求的实践探索。目前，省一级司法行政机关基本完成了清单的编制工作，市一级目前正在抓紧进行编制。

（一）上海市司法行政机关开展依法分类处理信访诉求的探索

上海市司法行政机关很早就开始了依法分类处理信访诉求的实践探索。早在2011年，根据司法部和上海市信访办有关文件的要求，市司法局经过专题研究，就明确了有关司法鉴定和公证执业投诉问题的信访件不再纳入信访事项受理范围，分别适用专门的司法鉴定和公证投诉处理途径进行办理。群众不服处理答复意见，可通过行政复议和行政诉讼进行权利救济，不再进行信访复查、复核。这一探索在实践中取得了较好的效果，有关司法鉴定和公证投诉处理的责任更加明确，处理程序更加规范，重复投诉的情况明显减少。2014年，依法分类处理信访诉求工作全面推开后，上海市司法局也积极落实上级有关部署，强化理念宣贯和导入，加强建章立制，系统梳理各类信访诉求，初步形成了法定途径清单。在实

---

⑤ 2015年1月，国家信访局和国务院法制办联合出台。
⑥ 上海市市委、市政府信访办：《关于印发〈关于开展依法分类处理信访投诉请求工作的意见〉的通知》（沪委府信访发〔2015〕157号）。
⑦ 上海市信访学会：《上海市信访学会大事记（2006—2016年）》。
⑧ 司法部：关于印发《司法部关于进一步加强涉法涉诉信访工作的意见》的通知（司发通〔2015〕31号）。
⑨ 国家信访局研究室：《依法分类处理信访诉求清单汇编》（2016年7月），第76~80页。

践中，也认真落实上级有关依法分类处理的要求，积极探索建立有关工作机制，确保依法分类处理的要求落到实处，初步形成了分类处理信访诉求、法定途径优先、信访途径兜底的工作机制，并已常态化。以2016年为例，截至10月底，市司法局依法分类处理的信访诉求事项已占信访总量的91.2%，法定途径分类处理已成为处理信访投诉请求的主渠道。

1. 强化理念宣灌和导入，推动达成依法分类处理信访诉求思想共识

依法分类处理信访诉求工作启动以来，市司法局党委高度重视，多次召开专题会议，传达学习中央、上海市委市政府和司法部有关会议及文件精神，坚决贯彻把信访问题纳入法治轨道的改革方向。此外，还通过党委会、局长办公会、信访稳定专题例会、信访干部培训班等多种形式，进一步传达学习有关依法分类处理信访诉求的文件精神，深刻领会这项工作所具有的重大意义及对整个司法行政工作所带来的挑战。通过持续、不间断的强化学习和理念导入，整个系统把信访工作纳入法治化轨道、依法分类处理信访诉求的理念不断强化，思想共识进一步达成，工作合力不断增强，为进一步推进依法分类处理工作奠定了坚实的认识基础。

2. 加强制度建设，构建有利于依法分类处理信访诉求的制度环境

对照依法分类处理的要求，对以往制定的有关信访的规章制度进行全面清理，根据清理结果，分类实施废、改、立，逐步建立起了适应改革要求、符合司法行政工作特点的信访工作制度体系。制发《市司法局关于信访工作管理的若干规定》作为信访工作的内部基本制度，明确职责、规范流程。同时，针对法律服务领域投诉多发、高发、化解难度不断增大的现状，分别制发市司法局关于律师执业活动、公证执业活动、司法鉴定执业活动投诉处理工作的具体办法，指导行业协会建立、完善有关律师协会会员处分程序规则、执业行为规范、公证复查争议投诉处理办法、司法鉴定违规行为惩戒办法等，明确将针对法律服务的投诉从信访程序中剥离出来，纳入法定途径，分别适用相应的行政投诉处理程序和行业协会处理程序进行办理，当事人如对投诉处理结果不服，可以提起行政复议或行政诉讼进行权利救济。加强对法律法规及各类制度文件的编纂整理，先后编印下发《司法行政信访工作操作手册》《司法行政机关办理投诉、行政复议、行政诉讼、信访法律法规选编》，帮助从事信访投诉处理工作的同志提高依法分类、准确分类的能力。编印《市司法局信访接待窗口服务指南》宣传折页，宣传介绍反映各类问题的受理范围及办理时限和操作流程、分类处理流程图等，以简明易懂、喜闻乐见的方式，教育引导群众通过法定途径反映诉求、维护权益，逐步扭转群众"事事找信访"的惯性思维。

3. 建立健全工作机制，确保依法分类处理信访诉求落到实处

一是健全信访诉求审查甄别机制。信访接待室是面向群众提供服务的窗口之一，对于群众来窗口反映的各类请求，严格执行初步审查、统一接收登记、事项甄别、分类处理的工作机制，确保群众反映的各类问题能得到准确甄别、依法及时有效处理。二是建立分类处理机制。逐步探索建立诉访分离、分类处理、法定途径优先、信访途径兜底的工作机制。首先，依据司法行政的职能和相关法律法规，研究理清"诉"与"访"分离的标准；其次，对司法行政系统面临的各类矛盾进行仔细的甄别和分类，对应每一类矛盾，认真梳理是否有法定解决途径，法律法规依据是什么，初步形成了依法分类处理各类信访诉求的实施意见，以及包括监狱、戒毒、社区矫正、律师、公证、司法鉴定、法律援助、基层法律服务、国家司法考试组织实施、人员管理、信息公开等业务类别的法定途径清单。同时，加强与有关单位和职能部门的沟通和联系，明确责任分工，细化案件办理流程，分类解决各类矛盾，法定途径优先，信访途径兜底，并逐渐常态化、机制化。特

别是对于那些已经法定程序办理结束或终结的请求，信访部门加强与有权处理单位和部门的协作配合，继续做好释明答疑、教育疏导和矛盾化解工作。三是探索建立案件导入法定程序处理机制。对于职权范围内的涉法类信访事项，限期转送有管辖权的司法行政机关，明确职能部门办理责任，分类导入行政执法、刑罚执行、信访办理等相关法定程序处理；对于不属于司法行政机关职权范围的事项，做好释法明理工作，引导当事人向有权处理的法院、检察院或其他行政机关反映。对于刑事罪犯不服判决申诉或提出控告、检举的，要求监狱、社区矫正机构按照刑事诉讼法等规定，做好与法院、检察院和公安机关的衔接处理工作。

（二）存在的问题

在推进依法分类处理信访诉求的过程中，个别单位和少数信访干部不能适应新形势、新要求，存在"吃老本"现象，工作中暴露出一些问题，突出表现在：

一是少数单位和个别信访干部对依法分类处理信访诉求工作的重要性和紧迫性认识不够。未认真学习国家和上级的依法分类处理信访诉求工作的文件和规定，未认真学习《中华人民共和国公务员法》（以下简称《公务员法》）《中华人民共和国行政复议法》和《中华人民共和国行政诉讼法》等法律法规，将应当通过法定途径处理的信访诉求，错误地导入信访程序。如信访人（某单位公务员）来信反映对处分有异议。该责任单位应当按照《公务员法》的规定分类处理，但该单位错误地出具信访答复。

二是个别单位未认真梳理信访诉求分类处理清单。个别单位对制定信访诉求分类处理清单认识不到位，存在应付交差的思想。个别单位将制定的信访诉求分类处理清单束之高阁，未在工作中进行对照使用。

三是少数信访干部未按照法律规定分类处理信访诉求。错误地将法定途径作为"备选项""可选项"。个别单位未准确甄别群众信访诉求，对群众提出的信访诉求，应当通过法定途径解决的，因为工作中出现困难和阻力，错误地按照信访程序办理。

四是信访途径与其他法定途径衔接不畅。个别单位内部，信访工作机构与业务工作机构职责分工不明确。导入法定途径的信访事项，相关业务机构未承接好后续分类处理工作，存在怕担责和不愿导的错误思想；个别业务部门未严格依法办事，对导入法定途径的信访诉求，未依法、公正、及时处理。对已经走完法律程序，当事人仍坚持上访的，少数单位未接谈劝导、耐心劝返，简单地推向信访部门。涉及其他部门的，未与信访部门、司法部门和其他部门协调沟通，未健全完善会商、转送、跟踪反馈等相关工作机制，极个别存在群众投诉无门导致矛盾积累和激化升级的现象。

五是对依法分类处理信访诉求的宣传引导工作不到位。少数单位、部门未针对长期以来群众形成的"信访不信法"等习惯，做好信访群众的政策解释和说服劝导工作，未能够强化法律在群众心目中化解矛盾的地位和权威；未能够通过宣传手册、视频、张贴流程图等简明易懂的形式，宣传投诉请求的提出途径、依据的法律规定、解决问题的程序，让群众明白"该找谁、怎么办"。同时，个别单位教育培训不够，少数从事信访和投诉处理的干部未掌握分类处理的工作要求，依法办事能力有待进一步提高。

四、深化完善依法分类处理信访诉求工作的有关建议

按照"把信访工作纳入法治化轨道"的总要求，认真贯彻落实国务院《信访条例》，开展依法分类处理信访诉求工作，进一步明确信访与诉讼、行政复议、仲裁等法定途径的受理界限，研究制定具体详细、相互衔接、操作性强的分流规则。依法梳理各部门法定途径分类处理清单，健全和完善相关配套措施，形成部门间衔接贯通的工作机制，引导信访人按照法定受理范围和规定程序，优先选择法定途径解决问题。

（一）提高认识，充分认识依法分类处理信访诉求工作的重要性和紧迫性

依法分类处理信访诉求工作，是落实依法治国要求和把信访纳入法治化轨道的一项重要举措，是信访工作制度改革的一项重要内容。要高度重视，以"法治信访"建设为契机，切实把依法分类处理信访诉求工作纳入重要议事日程，摆上突出位置，不折不扣、迅速坚决地贯彻落实好这项任务，不断提高运用法治思维和法治方式做好信访工作的能力和水平。

（二）加强研究，及时制定公布信访诉求分类处理清单

根据国家信访局会同国务院法制办确定的判断"法定途径"的具体标准，认真梳理本部门信访诉求，在上级下发清单的基础上，细化补充有关内容，制定本单位依法分类处理的信访诉求清单，通过门户网站、来访接待场所、新闻媒体等渠道，及时向社会公开，增加工作的透明度和公众知晓度。目前，上海市司法行政系统已梳理出监狱管理、戒毒管理、社区矫正管理、律师管理、公证管理、司法鉴定管理、法律援助等11个方面的法定途径清单。

（三）认真甄别，严格按照法律规定分类处理信访诉求

加大工作力度，认真研究制定相关配套措施和工作细则，准确甄别群众信访诉求，确保群众的投诉请求在法定途径内走得通、能解决。对群众提出的信访诉求，能够通过法定途径解决的，要把法定途径作为应选项和必选项，坚定不移地导入法定途径依法按程序处理，坚决防止因为工作中出现困难和阻力而把法定途径作为可选项、备选项的问题；不能通过法定途径解决但符合《信访条例》第14条规定的，作为信访事项，按照《信访条例》的规定办理。

（四）无缝对接，健全信访途径与其他法定途径有效衔接的工作机制

在单位内部，要进一步明确信访工作机构与业务工作机构职责分工，加强衔接配合，形成完善的工作机制。凡是导入法定途径的信访事项，相关业务机构要承接好后续分类处理工作，强化"法定职责必须为"的意识，依法及时充分履行好职责；严格依法办事，对导入法定途径的信访诉求，依法、公正、及时处理，在法定程序和时限内给予答复，推动依法终结。对已经通过法定途径处理的信访诉求，当事人对处理结果不服的，引导群众通过法定程序提出申诉、起诉；已经走完法律程序，当事人仍坚持上访的，信访部门、有权处理单位和部门要加强配合，共同做好接谈劝导、耐心劝返、法律释明和思想疏导等工作，促使信访人息诉罢访。涉及其他部门的，要加强协调沟通，健全完善会商、转送、跟踪反馈等相关工作机制，共同做好工作，避免群众投诉无门。

（五）扩大宣传，加强依法分类处理信访诉求教育引导

要针对长期以来群众形成的"信访不信法"等习惯，耐心细致地做好信访群众的政策解释和说服劝导工作，不断强化法律在群众心目中化解矛盾的地位和权威；要通过宣传手册、视频、张贴流程图等简明易懂的形式，宣传投诉请求的提出途径、依据的法律规定、解决问题的程序，让群众明白"该找谁、怎么办"，引导群众自觉自愿按照法定途径解决信访诉求。同时，要加强此项工作的教育培训，使广大干部掌握分类处理的工作要求，提高准确分类、依法办事能力。

多元化纠纷解决机制建构的价值路径思考[*]

李瑜青　夏　伟

> **内容摘要**：从价值层面而言，多元化纠纷解决机制的建设过于从工具理性视角进行思考，缺乏从法治社会建设的文化深层次探索，因而在实践中存在误解。而"宽容精神"的价值取向对多元化纠纷解决机制建设具有普遍性、基础性意义，也是多元化纠纷解决机制与法治社会之间紧密联系的内在要素。通过比较多元化纠纷解决机制的"宽容精神"价值与法治社会包容性价值的关系，探讨探索多元化纠纷解决机制"宽容精神"价值取向的实现路径。
>
> **关 键 词**：法治社会　宽容精神　包容性　价值取向

---

[*] 本文系中国法学会（部级）重大课题"法律实施的保障机制研究"部分成果之一。李瑜青，男，浙江宁波人，华东理工大学法学院教授，博士研究生导师；夏伟，男，浙江嘉兴人，华东理工大学法学院2014级研究生。

多元化纠纷解决机制的研究在我国业已开展了十余年，但人们对这一机制的研究偏重于技术层面，即使思考其价值，也主要是从技术层面进行研究，缺乏从深层次的文化层面探索。因而，近年来有些观点认为，诸如调解等纠纷解决方式与中国法治事业进程中法治社会的价值目标相冲突。然而，笔者认为这是对多元化纠纷解决机制价值内涵的一种曲解。事实上，多元化纠纷解决机制与法治社会的价值内涵有着契合性。法治社会条件下完善多元化纠纷解决机制，需要以这一机制所内涵的宽容精神价值取向为基础来建构其合理化的运作路径。

一、多元化纠纷解决机制价值的认识现状

多元化纠纷解决机制自20世纪末引入中国，经过多年的发展与实践，已形成较为完整的具有中国特色的制度体系。但是，以诉讼、调解、仲裁等纠纷解决方式为主要内容的多元化纠纷解决机制在我国的制度运行中出现了宏观立法不充分、启动程序不规范、终结条件不明确、方式方法不全面、地区发展不平衡等诸多现象和问题。[1] 现实性矛盾与困境的集中爆发，背后必然有着深层次、根源性的因素在发挥影响。多元化纠纷解决机制的价值认识，很大程度上恰恰扮演了这一角色。从事物的价值层面而言，一般反映的是人们对这个事物所具有的意义的认识。审视人们对多元化纠纷解决机制的价值的认识，主要有以下几个角度。

其一，从多元化纠纷解决机制的内部角度进行的价值思考。多元化纠纷解决机制作为包括诉讼、调解、仲裁等诸多纠纷解决方式的总和系统，不可避免地沿袭了诸纠纷解决方式的价值，并在纠纷解决上有着突出的表现。具体来说，学者们认为多元化纠纷解决机制的价值表现在以下方面：第一，平和解决纠纷的价值，这也是多元化纠纷解决机制的基础性价值所在。作为纠纷解决方式的系统化产物，处理与化解矛盾是其基础性的价值意义。此外，由于淡化了传统司法纠纷解决中的对抗性色彩，因而无论是纠纷解决方式还是具体手段，都更加平和，这使得该机制具有实现纠纷平和式解决的价值。第二，节约成本，提高效率的价值，这是多元化纠纷解决机制现实性价值的表露。多元化纠纷解决机制，在程序上更为简化，改变了司法解决纠纷方式在程序上的僵化特征，又以机制、系统的形式完成对不同纠纷解决方式效力认可上的衔接，使得纠纷解决的综合成本大幅下降，效率显著提升。第三，意思自决，尊重利益的价值，这是多元化纠纷解决机制现代性价值的体现。多元化纠纷解决机制，着力维护社会主体之间的平等性，充分彰显了对私权益处分性的尊重。[2] 尊重和保障多元化的利益，恰恰是现代化的核心要求之一。第四，新纠纷解决模式建立的价值，也可以理解为是其进步性的价值。虽然我国学者对当前中国社会"诉讼爆炸"有着认识分歧，但单一诉讼的纠纷解决方式已不能适应时代要求却是共识。[3] 新纠纷解决模式的建立，可谓大势所趋。鉴此，多元化纠纷解决机制，不仅是对司法救济途径的有效补充，也是一种更为高效、公正的纠纷解决模式。[4]

其二，从多元化纠纷解决机制的外部角度进行的价值思考。不可否认，多元化纠纷解决机制自身具有特有的价值属性，这是其存在合理性的

---

[1] 张卫平："我国替代性纠纷解决机制的重构"，载《法律适用》2005年第2期；黄文艺："中国的多元化纠纷解决机制：成就与不足"，载《学习与探索》2012年第11期；黄斌、刘正："论多元化纠纷解决机制的现状、困境与出路"，载《法律适用》2007年第11期；孙益全、鲁保林、刘永红："多元化纠纷解决机制问题分析"，载《社会科学家》2008年第11期。

[2] 胡晓涛："替代性纠纷解决机制的价值及在中国的适用分析"，载《江西财经大学学报》2011年第6期。

[3] 大部分学者直接移植美国ADR兴起的缘由，认为我国20世纪90年代开始出现了"诉讼爆炸"，因而有必要引进ADR。相反，有学者从实证等角度论证，并不存在前述的"诉讼爆炸"现象。参见范愉："以多元化纠纷解决机制保证社会的可持续发展"，载《法律适用》2005年第2期。

[4] 范愉：《纠纷解决的理论与实践》，清华大学出版社2007年版，第179~181页、223~225页。

来源。但从整个社会控制系统而言，多元化纠纷解决机制与其他的社会系统之间同样维系着紧密的联系，由此形成内在的价值，具体有以下的观点。第一，推动社会管理、社会治理方式转变的价值。当前我国面临着社会管理创新以及社会治理模式的转变的历史任务，有必要建构政府与社会的互动关系。⑤作为政府与社会关系再建构的必要，需要将"政府——单轨制"治理变为"政府+社会——双轨制"治理。在此意义上，多元化纠纷解决机制强调社会力量对矛盾纠纷的解决，有利于社会共同体、社会组织自治功能的发挥，是实现我国社会治理模式转变的重要途径。第二，促进社会规范以及法律法规形成的价值。社会规范与法律法规的形成，依托于具体的纠纷和冲突，而多元化的纠纷解决方式可以将社会现实和法律法规在实施中的问题，反映到新的社会规范和法律法规的形成过程中。通过纠纷解决机制与其他社会机制诸如立法机制的衔接，完成对社会规范以及法律法规形成路径的丰富。第三，缓解司法压力，促进司法改革的价值。目前我国法院案件量大的状况没有得到根本性的改善，一些地区的中级法院年收案量达数万件、基层法院收案量达十多万件的情况也不罕见。多元化纠纷解决机制可以在矛盾纠纷进入司法系统之前进行化解，从而缓解司法压力。自党的十八届四中全会后全面展开的司法改革，就将多元化纠纷解决机制与司法改革的衔接建设视为重要的工作内容。第四，分流信访上访，实现社会稳定的价值。⑥信访作为党与政府的一项重要工作制度，曾在中国社会控制体系中发挥过显著的作用。可在21世纪社会转型的中国，由于基层政府治理能力的孱弱和司法纠纷解决功能的受挫使得大量社会群体诉诸信访渠道表达自身的愿求，进而形成了"信访潮"。⑦多元化纠纷解决机制中的调解，尤其是行政调解制度，可以实现对涉及政府纠纷矛盾的分流，从而减少社会的信访压力，维系社会稳定。

其三，从文化、道德、习惯等本土性资源角度对多元化纠纷解决机制进行的价值思考。有学者重视研究多元化纠纷解决机制的本土资源问题。如在文化层面上，有学者指出"天人合一"哲学观下形成的"和合文化"的意义，强调人类社会生活领域人与人之间的关系和谐的重要性，把"无讼"作为社会的理想状态。多元化纠纷解决机制与我国历史上"无讼"文化传统存在联系。⑧在道德层面上，我国历史上向来重视道德教化、讲求人伦礼仪。现代多元化纠纷解决机制则是在法治的基础上，强调对于道德、人伦的尊重，注重对道德规范要求的维护。可见，我国传统道德要求也可被现代多元化纠纷解决机制所吸收。在习惯层面上，我国的多元方式解决纠纷历史悠久。春秋郑国子产虽铸刑鼎，开启中国古代法制成文法的历史。可在国家法律定纷止争程序外，以乡正、乡保、乡绅的调处，宗族家长的调解，行会的裁决为代表的其他纠纷解决方式也都是我国古代作为纠纷解决的典型习惯性方式。⑨古代这些习惯上的纠纷解决方式，一定程度上被现代的多元化纠纷解决机制所继承。另外，我国古代传承至今在国人行为模式上烙下的"面子"情感观念，也让人们不愿将私人性质的纠纷纳入到国家公权力轨道之中来解决。⑩

以上学者对多元化纠纷解决机制价值的思

---

⑤ 刘旺洪："社会管理创新：概念界定、总体思路和体系建构"，载《江海学刊》2011年第5期。
⑥ 李瑜青主编：《法律社会学教程》，华东理工大学出版社2009年版，第282～283页；周永坤："信访潮与中国纠纷解决机制的路径选择"，载《暨南学报（哲学社会科学版）》2006年第1期。
⑦ 章志远："信访潮与中国多元化行政纠纷解决机制的重构"，载《法治研究》2012年第9期。
⑧ 瞿琨："非诉讼纠纷解决机制的价值再分析与发展路径探讨——兼论社区调解制度的完善"，载《上海大学学报（社会科学版）》2007年第2期。
⑨ 马晨光："中国古代多元纠纷解决机制及现代价值"，载《国家行政学院学报》2010年第2期。
⑩ 尹伟民："多元化纠纷解决机制的合理构建：现实基础、影响因素与原则"，载《贵州社会科学》2011年第8期。

考，首先是从不同视角进行的。其中，机制内的价值思考，主要从纠纷解决的方式方法角度出发，看到的是在纠纷解决机制框架中的诸多意义。而机制外的价值思考，反映了学者们已意识到多元化纠纷解决机制的运行不是孤立进行的，它的意义还体现在与其他社会存在的联系上。至于多元化纠纷解决机制本土性的价值思考，则是从历史纵向的文化传承维度上审视了多元化纠纷解决机制资源正当性意义。可以说，这些价值的思考都是值得肯定的，但其仍有较为致命的偏失。这个偏失主要在于都是从某个具体的、微观的角度的归纳，以工具性价值视角进行的思考，没有与法治社会建设内在关系联系起来，从而也没有立足更为深刻的文化发展的角度进行思考。正因为如此，导致在实践中有学者认为多元化纠纷解决机制与法治社会建设存在悖论。因此，作为在法治社会建设中运行的多元化纠纷解决机制，我们有必要对它运行的正当性予以论证。

二、法治社会中多元化纠纷解决机制的价值正当性

对多元化纠纷解决机制价值的解读，不能仅仅从具体、微观的视角进行特殊性的理解，需要跳出工具性价值的思维桎梏，从与法治社会建设相联系并内嵌于这个机制的本质进行思考。笔者认为，应当突出这个机制运行中本身所包含的"宽容精神"的价值，这种"宽容精神"的价值贯穿在这个机制整体运行的每个环节。这是这个机制的灵魂所在。而这种"宽容精神"也是法治社会建设所应包含的价值思想内容。

"宽容"，可以理解为宽厚、容忍、宽恕等，具体指允许别人自由行动或允许他人自主进行判断，耐心且毫无偏见地容忍与自己的观点或公认的观点不一致的意见等。当人们用"宽容"一词来形容具体某个人的时候，一般多指该人宽大、有气量。多元化纠纷解决机制具有的"宽容精神"，在继承原有语义上"宽容"内涵基础上有些许不同，即其要求应当在符合法治要求的范围内宽容，而非恣意的宽容。具体来解释其中的"非恣意"，即多元化纠纷解决机制的"宽容精神"虽不简单的以合法性要求为要件，但也绝不轻易逾越法律的界限。之所以强调多元化纠纷解决机制的价值在于"宽容精神"，我们可以从这个机制本身的三部分，即"多元化""纠纷解决"和"机制"所内涵的特点作出论证。

（一）多元化纠纷解决机制中"多元化"彰显着"宽容精神"的价值取向

多元化纠纷解决机制中的"多元化"，专指在纠纷解决中可以接受诉讼或非诉讼，正式或非正式的纠纷解决方式，即纠纷解决的途径可以具有多样性。多元化的这个要求是以"宽容精神"的价值取向为基础的。首先，它确认对不同利益主体有"宽容精神"，以平和的方式解决纠纷。其次，不同的纠纷解决方式由不同的主体来担当。在这个机制中，不同的纠纷解决方式应当被平等地看待，这体现的是"宽容精神"的价值取向。再次，"多元化"体现在纠纷解决手段的多样性，如有协商、调解、诉讼、仲裁等，可以通过座谈、对话等方式。这都有赖于以"宽容精神"价值取向来协调。最后，"多元化"内涵要求对纠纷解决结果应当具有"宽容精神"。纠纷解决结果上，可能不一定是机械的、简单化的，纠纷双方要有忍让精神。

（二）多元化纠纷解决机制中"纠纷解决"体现以"宽容精神"价值取向为基础

理论界的学者对多元化纠纷解决机制中"纠纷解决"的理解目前仅停留在字面理解上，即将其解释为解决、化解具体社会生活中的纠纷。也有部分学者对纠纷解决的理解以体系化的深层方式进行了较深解读。[11]但是，"纠纷解决"内涵

---

⑪ 有学者认为，纠纷解决在第一个层次上要求要实现冲突的化解与消除，纠纷主观效果的全部内容要从外在形态上被消除，但实体结果最终如何并非该层次所要解决的。纠纷解决的第二个层次要求实现合法权益的保护与调整以及实现法定义务的督促和履行，这是对前一层次只重视形式结果而不要求实体结果的一个补正。该层次的纠纷解决是要弥补纠纷形成、发展给社会原有秩序造成的侵害与影响。纠纷解决的第三个层次是要在前两个层次的基础上，实现对法律或统治秩序尊严与权威的恢复。纠纷解决最后的一个层次，也是最高的一个层次是要让社会冲突的主体放弃和改变蔑视以至对抗社会统治秩序和法律制度的心理和态度，避免纠纷的重复发生。参见顾培东：《社会冲突与诉讼机制》，法律出版社2004年版，第27~29页。

不只是解决、化解具体社会生活中的纠纷，还隐藏着如何使纠纷的解决实现效率性和公正性的要求。如果没有意识到这点，是不能发现"纠纷解决"与"宽容精神"价值取向联系的。多元化纠纷解决机制既不是要牺牲效率来实现公正，也不是用舍弃公正来满足效率。

不同的方式方法有着不同的立场与倾向。审判诉讼作为纠纷解决的一种方式，它的基本态度偏重于公正，而调解、仲裁等作为纠纷解决方式，它的态度就更倾向于效率。因此，迫切需要以"宽容精神"价值取向的确立使这个机制有效地运作起来。由于多元化纠纷解决机制中具体不同的纠纷解决方式有着明显倾向性，所以必然要求我们要宽容不同纠纷解决方式制度间的、针对效率和公正优先顺序的不同倾向性。对于在一定程度上牺牲的公正而满足的效率，或是在一定程度上牺牲效率所达到的公正，我们都必须予以宽容，否则，多元化纠纷解决机制的构建基础就将被动摇，也无助于解决我们面临的现实困境。所以说，在"纠纷解决"层面上，"宽容精神"价值取向是实现其机制有效运行的基础。

（三）多元化纠纷解决机制中"机制"的内涵，同样要求必须以"宽容精神"价值取向作为其基础

"机制"一词，在多元化纠纷解决中指所构建的诉讼与非诉讼、官方与民间等多样的工作系统及其对这些系统的整合。与此，不同纠纷解决方式间的平等性，是实现多元化纠纷解决方式整合的有效基础。然而，这样的基础条件和"宽容精神"价值取向密切相关。试想，如若没有"宽容精神"在其中发挥作用，那么不同纠纷解决方式间的平等性就不会存在。难免会出现一种纠纷解决方式地位高，或是否认另一种纠纷解决方式的畸形状态。这样，多元化纠纷解决机制就不能有效建立起来去解决社会纠纷。

（四）"宽容精神"与法治社会建设的价值要求有共同的契合之处

"宽容精神"作为多元化纠纷解决机制价值取向，与法治社会建设的价值要求有共同的契合之处，主张多元化纠纷解决机制运行与法治社会建设相悖的观点明显缺乏依据。我们以法治社会建设所内涵的价值来分析这个问题。法治从内涵上理解是与人治根本对立的，但从层次上可以有三个方面：在国家的层面，法治表达为是一种治国的方略；[12] 在社会的层面，法治又是一种社会的秩序或社会状态；在公民个人层面，法治则以公民个人的尊严与自由为核心要求。[13] 法治在社会层面的内涵，经引申、发展，也就成了人们经常论及的法治社会概念。[14] 因而，有学者将其定义为国家立法所确立的制度、理念和行为方式能够得到有效贯彻实施的有序社会状态。[15] 法治社会的价值丰富，如自由的价值、秩序的价值、平等的价值、正义的价值、人权的价值、效率的价值，但包容性也是法治社会的重要价值。"包容"一词可以从多学科作出解读。如从社会学角度，是指社会要素的聚集和整合并以此来促进社会的和

---

[12] 李步云："实行依法治国 建设社会主义法治国家"，载《中国法学》1996年第2期。

[13] 夏勇："法治是什么——渊源、规诫与价值"，载《中国社会科学》1999年第4期。

[14] 有学者认为，法治社会的说法是不可取的，认为强调法治社会的概念会导致法治建设重心的偏离，容易造成权力的扩张，从而使得社会生活以及人们的权利与自由受到国家权力的干涉与影响。参见张光杰主编：《法理学导论》，复旦大学出版社2012年版，第274～275页。这其实是对法治社会概念的曲解。一般意义上，法治意味着是要将法律作为人们基本的生活准则，法律具有崇高的权威性。但法治的这种要求，都不可避免需要依托社会来进行，而非只是国家。学者们担心强调法治社会，会造成政府权力对社会生活领域的干涉，其实是忽视了法治本身就要求政府不得对社会生活进行没有法律授权的干涉，也错误理解了法治社会的价值要求。法治社会是将法治的精神运用到社会系统的治理上来，法治的核心内涵即对政府权力的限制和对公民权利的保障仍然适用在法治社会中。法治社会并不是要实现政府权力对社会生活的过度干涉，而是要求政府权力对社会生活做最小限度的干涉，使社会生活更具多元化、包容性。

[15] 史丕功、任建华："法治社会建设的价值选择及主要路径"，载《山东社会科学》2014年第9期。

谐。从伦理学的角度，突出要严于律己，宽以待人。社会以人为本，人以社会为本。而从法学的角度，"包容"是要人们尊重宪法和法律所赋予公民的权利。确认公民的这种权利是神圣的、全面的。既包括公权利也包括私权利，既包括对世权也包括对人权，既包括政治权也包括社会、经济、文化等权利。法治社会建设的包容价值与多元化纠纷解决机制的宽容性价值是一致的，即他们都接受了这样的事实，在法治社会建设中，由多方社会主体参与社会事务活动。社会生活的多样性，人的主体的自由和对自我权利的张扬。坚持在宪法和法律的框架内，人们可以自己决定自己的生活方式及其对纠纷的解决方式。坚持对不同主体的平等对待，创设社会运行的和谐有序及其人们在心态上的宽容宽松。这具体如法治社会的规范方面，具有包容性的特征。在法治国家中，主要的规范由宪法及法律法规等成文法、判例法、由国家机关认可的习惯法以及国际法等形式组成。法治社会的规范更加多，种类更加广，更多元。其不但涵盖法治国家中的国家法，也包括种类繁多的如道德、习惯、风俗、文化、政策、行业行规、商业惯例、组织章程、村规民约、家规家风等社会规范，这都是法治社会中进行关系调整的规范依据。在社会生活的不同领域，我们确认国家制定与认可的法律法规的重要作用，但也对道德、习惯、风俗、文化、政策、行业行规、商业惯例、组织章程、村规民约、家规家风等的社会规范予以包容，承认其实际运行中的效力。而这正是多元化纠纷解决机制的"宽容精神"价值取向所包含的思想内容，从而在解决矛盾纠纷中采用多元的方式，除了法律规范外，道德、习俗、行业行规、商业惯例等都可以成为平等的裁决依据。因此人们有了较多的选择和自由，由于规范形式的包容性，使得其判断依据多样，但法律法规作为判断的依据则是纠纷解决的底线。其实，任何一项制度要在法治社会的语境下发展、完善，就要和法治社会建设的价值取得一致。多元化纠纷解决机制的"宽容精神"与法治社会的价值具有内在的一致性。多元化纠纷解决机制的运行适宜法治社会建设的需要。

三、以"宽容精神"价值取向推动多元化纠纷解决机制的路径思考

多元化纠纷解决机制以"宽容精神"作为价值取向，其实现的方式有自身的特点，其中突出有这么几个方面值得重视。

（一）法律法规作为多元化纠纷解决机制"宽容精神"价值取向实现的底线

在对多元化纠纷解决机制价值分析的时候，笔者已经着重说明了"宽容精神"中的"宽容"二字与语义上的意思稍有差异。而这里的差异是与法治限制"恣意"的基本要求相一致的。早在古希腊时期，亚里士多德在其《政治学》一书中就指出，对比人治，法律统治可以消除人治中的情欲影响，"法治"可以避免权力的恣意。僭主政体、寡头政体和平民政体在内的变态政体之所以不适宜法治，就在于其是无法限制恣意，极易使某一群体以一己利益凌驾于人民整体利益之上。[16] 因而，多元化纠纷解决机制的"宽容精神"意欲巩固其在法治社会中的地位，就必须强化已有的以限制恣意为前提要求的"宽容精神"，以法治的限制恣意作为自己的"宽容精神"底线。

如何实现法治的限制恣意？即要以法律法规的规定内容作为自身机制运行过程中"宽容精神"的底线，而非以个人的主观意志为标准。法治通过普遍规则指引的方式来实现对社会事务的管理，从而避免恣意。具体来看，法律法规由于其确定性、稳定性、公开性，成为了该普遍规则较为适宜的表现载体。多元化纠纷解决机制的"宽容精神"当然性地继承该基础。法律法规规定的内容，同样也是具体指引多元化纠纷解决机制"宽容精神"的普遍性规则和约束其的底线。但由于

---

[16] 鄂振辉：《自然法学》，法律出版社2005年版，第40页。

法律法规的内容，按照性质和调整方式分类，有义务性规范、禁止性规范和授权性规范之分。[17] 多元化纠纷解决机制的"宽容精神"的底线因此有必要作出区分。义务性规范也叫作积极义务规范，是规定主体应当或必须作出一定积极行为的规则，即直接规定人们负有一定义务的规范。禁止性规范规定主体不得作出一定行为，即规定主体的消极的不作为义务，它禁止人们作出一定行为或要求人们抑制一定行为，以实现权利人的利益。授权性规范，与前面两者不同，其是规定主体享有作出或不作出某种行为的权利，肯定了主体为实现其利益所必需的行为自由。[18] 在授权性规范下，人们享有作出或不作出某种行为的可能性和权利。对于多元化纠纷解决机制的"宽容精神"这一法律底线，应当由义务性规范与禁止性规范两者组成，无论何时，其都不应逾越这两类规范的内容界限。这里我们必须批判在现实生活实践中存在的这种过度性调解现象。所谓过度性调解，即在调解纠纷时没有法律底线，对某些当事人的要求存在过分迁就；或者以形式主义方式来对待调解，造成调解工作陷入庸俗化等现象。人民调解本是具有东方特色的一种社会实践，其在制度上是当事人主动启动的一种模式。但在目前发展的过程中，有的地方由于片面追求调解成功率，开始出现侵害当事人自主选择权的现象，如有的地方存在的强迫调解，有的地方把进入调解作为法院立案的第一程序，有的地方存在调解耗时竟远超过诉讼时限等。这些都有违于法治建设框架中多元纠纷解决机制"宽容精神"价值取向的，从根本上说，是多元化纠纷解决机制"宽容精神"价值取向的运作缺乏以法律法规为底线。

（二）以道德、习俗、惯例、职业伦理等作为多元化纠纷解决机制"宽容精神"价值取向实现的依据

多元化纠纷解决机制的"宽容精神"，既然要实现非恣意地"宽容"这一目标，就必须找到可以作为"宽容"依据内容的普遍性规则。如若不能，则"宽容"也就是建立在非普遍性规则特殊指引下的"人治思维"上，这就不仅和法治社会价值有出入，也背离了多元化纠纷解决机制的初衷与灵魂。如上所述，多元化纠纷解决机制的"宽容精神"应当以法律为底线，尤其是以义务性规范与禁止性规范作为"宽容"的边界。然而，构成多元化纠纷解决机制"宽容精神"的具体内容，应当符合灵活、包容的要求，不应当僵化地停驻于法律法规这唯一的普遍规则内容之上。所以，笔者认为，以道德、习俗、惯例、职业伦理等为代表的社会规范也可以构成多元化纠纷解决机制"宽容精神"的主要内容。

道德，作为伦理的概念，也是一种社会现象，是人们对善和恶、荣誉和耻辱、正义和非正义等问题上的观念原则所形成的人们相互行为的某种准则、规范。[19] 作为道德，虽先天性地具有模糊、不确定的特点，但也必须要以人们普遍性的接受为主要条件。个人的道德标准，因其不具备普遍性的前提，并不能成为广泛意义上被人们接受的道德。习俗，本质上是一种具有普遍性特征的规则，是指某一地区社会文化长期形成的风尚、礼节、习惯等，可以包括食、衣、住、行等方方面面。同样的特点，也在惯例、职业伦理等社会规范中得以表现。这些社会规范，既满足限制恣意的普遍规则要求，同时也确实在社会事务中发挥着调整人们行为的作用。因此，多元化纠纷解决机制的"宽容精神"在实践运行的过程中，要以这些具有普遍性特征的规则为依据内容，而不是主观的臆断。这类具有普遍性特征的社会规范，不但

---

[17] 有学者同理下将法律规范分为义务性规范、授权性规范和权义复合性规范。义务性规范是指法律要求人们必须从事或不得从事某种行为的规范。授权性规范是指人们可以作出或要求别人作出一定行为的规则。权义复合性规范是指兼有权利和义务的属性的规范。参见陈金钊主编：《法理学》，北京大学出版社2010年版，第70页。

[18] 朱景文主编：《法理学》，中国人民大学出版社2008年版，第353页。

[19] 李瑜青：《人文精神与法治文明关系研究》，法律出版社2007年版，第184~187页。

在机制内成为裁判是非矛盾的依据，同时也是与法律法规具有平等地位的依据。以此为内容的"宽容精神"，也就具有了非恣意的属性。

（三）以缓和利益冲突的妥协、退让、协商方式作为多元纠纷解决机制"宽容精神"价值取向实现的态度

与多元化纠纷解决机制相比较，传统法治理念下的诉讼这一解决纠纷方式，因司法对最终的评价结果施以调整或惩处，其具有浓厚的对抗性的刚性特点。此外，纷繁众多的矛盾纠纷背后，皆是利益的纠葛。但传统诉讼以法官裁判的方式解决纠纷，很大程度上最终的结果取决于法官的自由心证与自由裁量，排除了当事人合意因素。作为并非双方当事人合意下的处理结果，即使是胜诉的一方当事人对判决结果有时也可能会不满意。[20]

当代国际社会，价值多元化成为不可违逆的趋势。在社会主义市场经济的环境下，契约精神带给我国自由、平等等精神观念，我国现实中人们的价值也确实呈现出多元化的倾向。伴随着价值多元化，人们的利益多元化也就接踵而来。多元化的利益下，并非是一种利益取缔另一种利益，往往呈现共生共荣的关系，不同的利益共同平和地存在于社会之上。因此，不同利益之间的调和应是柔性的、非刚性的，这就需要妥协、退让。

法治社会，并非否认在利益冲突之时的妥协亦或退让行为。相反地，国家法律规范的制定过程就是一种妥协、退让的活动。多元化纠纷解决机制的"宽容精神"得益于此，其"宽容"的具体表现态度即是相互的妥协、退让。现实利益纠纷中，难免不同主体的利益之间会有矛盾与冲突。当矛盾或者冲突未达到不可调和的质变状态时，均可以"宽容"的态度来进行调和、妥协、退让。通过对冲突利益的此种妥协，直至达成矛盾纠纷双方的意思合意。此时，由于纠纷解决双方的合意达成，使得纠纷的解决能赢得双方的满意。纠纷解决的实质也就是化解双方当事人对争议利益的不同主张间的矛盾，当矛盾解决了，纠纷也就消弭了。虽然如此，笔者仍要强调的是，妥协与退让确实是多元化纠纷解决机制"宽容精神"的具体表现态度，但是仍要满足前面的法律底线要求，不然就背离了法治与"宽容精神"自身要求的非恣意性。

（四）群众广泛参与作为多元化纠纷解决机制"宽容精神"价值取向实现的方式

法制的现代化，可以依托自上而下的方式来推动，但其有效性仍有赖于自下而上的参与和认同。所以，广泛的主体参与面，对于法治社会中任何一项制度的建设来说都是必须的。此外，法治社会与法治国家在概念上的区别表现就在主体范围上，法治社会有着更为广泛的主体参与。多元化纠纷解决机制的内涵，也要求更多的社会主体参与到矛盾纠纷的解决过程中来。因而，更为广泛的社会公众参与面，鼓励热心于社会公共事务的群众参与到多元化纠纷解决机制的具体实践中，是必然的要求。但实践中，社会群众主体对多元化纠纷解决机制的参与力度较为有限。这不利于发挥多元化纠纷解决机制优势、活力，也容易产生多元化纠纷解决机制"宽容精神"的泛化问题。

多元化纠纷解决机制"宽容精神"的内容，有着多元化的特点，既包括法律法规等国家规范，也涵盖道德、习俗、惯例、职业伦理等民间规范。虽然上述规范，都有着普遍性的特征，并不是个例化的。然而往往民间规范，也有着模糊、抽象以及待发现、待确定的特点，因此对此类规范的解读也就尤为重要。忽视这一环节的建设与保障，无疑等于又将多元化纠纷解决机制的"宽容精神"推向了恣意、主观化的非法治方向。以多元化纠纷解决机制的调解制度为例，对矛盾纠纷进行调解的过程中，主持调解人员掌握着关于感情、道德、习惯等规则的解释权。若其不恪守中立，或

---

[20] 王振清："多元化纠纷解决机制与纠纷解决资源"，载《法律适用》2005年第2期。

片面追求纠纷解决而施压其中一方,这无疑都是在伤害法治社会与多元化纠纷解决机制的,其也沦为了主观恣意的代表。假设可以有更广泛的社会群众参与,因其热心公共事务,则可以对相关具有模糊性的"宽容精神"内容,起到更好的明确作用与监督效果。对"宽容精神"内容的解释,更加透明与公开,其中可能的恣意性也会被一定程度上遏制。多元化纠纷解决机制的"宽容精神",也就可以在法治的轨道中获得进一步发展的活力。

"互联网+"时代新媒体普法问题研究

张文瑶[*]

> **内容摘要**：随着信息技术在社会生活中的广泛应用，互联网已经成为人们掌握信息、互动交流、开展服务的重要渠道，能否善于运用新媒体开展法治宣传教育，是普法工作保持生机活力的关键。充分认识其优势和特点，积极开展新媒体法治宣传教育，是近年来各地都在不断探索和创新的一种普法形式。本文从新媒体普法的特点入手，结合上海市普陀区司法局开展新媒体普法的具体实践进行剖析和探讨，提出一些开展新媒体普法的思路和方法。
>
> **关 键 词**：法治宣传教育　新媒体　法治精神

---

[*] 张文瑶，女，浙江新昌人，中央党校研究生学历，上海市普陀区司法局党委书记、局长。

党的十八大以来，党中央对全面依法治国作出了重要部署，对法治宣传教育工作提出了更高要求。习近平总书记多次强调"要创新宣传形式，注重宣传实效"。近年来，法治宣传已经从传统"灌输式"普法模式向"以人为本、因需普法"渗透式普法模式转变，普法形式也从原有的传统宣传方式向新媒体、"互联网+"逐步过渡。2017年是"七五"普法贯彻实施第一年，如何充分发挥新媒体在实施"七五"普法规划阵地作用，广泛、深入地开展"互联网+法治宣传活动"，成为摆在法治宣传教育工作者面前的一个重要课题。

一、新媒体普法的特点

新媒体普法突破传统普法的概念，在视、听、感方面给受众以全新的体验。随着信息传播技术的进步和发展，人们的信息传递、诉求表达、社会交往、思维习惯等都发生了深刻变化，互联网呈现势不可当的发展趋势，其能量深不可测。与传统媒体相比，新媒体普法呈现出一些新特点，充分认识这些特点有助于更好地发挥新媒体的作用和优势，深入开展法治宣传教育，营造全民尊法、学法、守法、用法的社会法治氛围。

（一）时效性快

时效性是判断新闻价值的重要标准之一，是新闻的生命力所在。新媒体相对于形式固定、制作周期较长的传统普法载体来说，反应速度更快、制作流程更为便捷，能够跨越时间和地域的限制，使得法治资讯传播更为及时，让受众第一时间知晓最新法律动态，了解紧贴其生活的法律信息。

（二）互动性多

互动性是新媒体的核心、关键词汇。传统普法宣传中受众是消极的信息接收者，缺乏对新闻信息的驾驭自由，传统普法宣传手段可以向受众传递大量法治信息，但受众的反馈及受众之间的交流难以实现。新媒体普法方式为受众提供了双向交流平台，以微博、微信等普法形式构建参与性、互动性的普法模式，弥补传统媒体普法信息不对称的局面，使普法信息传播变成互动传播，传受双方可利用这一特点获得反馈信息，增加运用普法信息的主动性，同时能及时了解受众法治需求，增加普法的针对性。

（三）生动性强

传统的法治宣传形式主要利用"摆摊设点"或固定介质宣传之类的平面文字、图片等静态符号在宣传单页、版面等有限的时空范围内传递法治信息。新媒体普法则融合了文字、声音、图像、动画、视频等多种表现形式，利用新媒体普法平台的可读性、可视性和吸引力，以更加直观、生动，更符合城市活跃人群的阅读习惯和思维规律的方式，为人民群众学习和了解法律知识提供便利，增强普法的立体效果。

（四）覆盖面广

根据中国互联网信息中心发布的第38次全国互联网络发展统计报告显示，截至2016年12月，互联网普及率达53.2%，我国网民总数已达7.31亿，手机网民规模达6.95亿，手机在上网设备中占据主导地位。网民、移动电话用户群数量庞大，各种公交移动视频、楼宇视频也遍布城市各个角落，新媒体通过低成本、高效率的方式实现公共管理和法治教育，为法治宣传教育提供了更为广阔的传播途径和普法空间。

（五）亲民互动好

新媒体普法拉近了政府与民众的距离，这种革新和规模的信息的传播改变了以往政府信息公开模式和法治教育模式，是保障公民的知情权、参与权、表达权、监督权，促进社会主义民主建设的重要手段，是提升公众对政府满意度的有效途径；有利于建设透明、廉洁、高效的政府；有利于促进政府决策民主化、科学化、法治化，并为多渠道、多层次的公民政治参与提供路径保障，对建设服务型政府具有重要意义。

二、普陀区司法局新媒体普法的实践探索

上海市普陀区司法局（以下简称普陀区司法局）以"互联网+法治宣传教育"行动为契机，立足大局、紧贴中心，建立健全"法星在线"微

信公众平台建设，完善平台运作机制，加大应用维护力度，不断发挥新媒体普法在传播法治正能量上的作用。

（一）立足用户体验，提升微信平台内在品质

2014年8月30日，普陀区司法局开通了"法星在线"微信公众号，经过初期磨合，再经过苦练自身内功，在实践中不断提升"法星在线"的内在品质。

1.优化板块，提升微信平台便捷性和完整性

充分发挥普法宣传、法律咨询服务、工作互联互通等功能，一方面，设置法援中心、公证处、司法所、律师事务所等与受众需要密切相关的资料链接，点击即可获取联系信息，实现工作互联、信息互通，以适应城市活跃人群需求，增加普法工作的便捷性；另一方面，设置"法星家谱""法星广场""法星风采"三个板块，容纳机构介绍、活动展示、队伍构成等菜单信息，根据用户反馈情况结合法治宣传需要实时更新菜单内容，操作上化繁为简。站在用户角度不断优化操作界面，力求把"法星在线"打造成用户友好型微信平台，提升微信用户体验、完善法律服务供给。

2.寓教于乐，提升微信平台趣味性和可看性

坚持以内容为核心，以丰富、充实、有趣的内容吸引公众。回避普法过去一贯的说教方式，以受众需求为导向，切合时下热播剧集，开辟"热剧说法"专栏，推送"战国时代的司法——换个姿势看《芈月传》""和《余罪》一起书写无'毒'青春""《人民的名义》你看懂了吗？"等热剧原创信息，对剧情中涉及法律的部分进行解读，把相对严肃的普法信息轻松化，提高文字的可读性，受到粉丝的热烈欢迎。单篇信息最高阅读量达2000人次，"和《余罪》一起书写无'毒'青春"获得2016年普陀区"好新闻奖"——网络新媒体优秀新闻作品奖。

3.科学普法，提升微信平台互动性和实效性

在微信日常信息推送中，注重充分挖掘信息深度，及时关注热点和宣传节点，进行有针对性的普法宣传，提高信息质量，提升普法实效。充分发掘微信互动沟通特性，结合《中华人民共和国反家庭暴力法》（以下简称《反家庭暴力法》）实施，依托"法星在线"微信公众号开展为期一周的《反家庭暴力法》知识竞答活动。通过答题情况可以了解粉丝对法律知识的理解、认可程度，粉丝也可以随时通过微信留言板块反馈交流、发表意见，打破传统普法的时空局限性和单向性，形成参与性、互动性的普法模式，吸引近3万名网友参与答题。借助微信公众号开展网络知识竞赛进一步扩大宣传覆盖面，对创新社会治理作出有益的尝试，已经成为普陀区司法局的常态。2016年以来已开展了12场，吸引近20万人次的参与，较好营造了尊法、学法、守法、用法的浓厚氛围。

（二）结合区域实际，加强微信平台建设

为宣传法律法规基本知识、展示法治实践成果、提供与百姓生活密切相关的热点问题解析，"法星在线"每周推送信息不少于两次四条，累计推送700余条信息，发展粉丝达3万多名，成为市民手边的"法律小助手"。

1.打造法律法规政策的宣传平台

关注民生，及时发布与民生相关的热点信息，围绕百姓普遍关注的新闻事件和热点问题及普法宣传重要节点，从服务百姓生活入手，推出热点民生信息。以案释法，强化法律法规政策导向性。秉持法治精神和专业素养，对热点难点问题、涉法案件事件，及时解读、以案释法、就事论法，从而对帮助群众解决实际问题起到借鉴作用。

2.打造法治实践成果的展示平台

线下活动是普法工作的重要组成部分，普法工作者为日常线下普法做了大量工作，由于受到线下普法覆盖面的限制，很多工作是百姓所不了解的，而微信普法具有成本低、覆盖面广、传递更直接的先天优势，因此，在"法星在线"微信平台的建设中，不只将其定位为法律、法规、政策普及平台，还要将其打造成我区法治实践成果展示平台。开辟"法星活动"栏目，定期更新线下的普法宣传活动；推出"普法那些事"系列特辑，

展示"六五""七五"普法期间的重点工作和普法成效,扩大普法的受众面,提高百姓对普法工作的认可度。

3. 打造提供法律咨询的服务平台

本着普法便民、服务百姓的宗旨,利用微信平台及时发布普法便民信息,推出与百姓生活息息相关的法律服务信息,拓宽法律服务渠道。设置留言和消息板块,在信息下面精选放置留言,起到正面引导作用;安排专人针对粉丝提出的问题 24 小时之内进行答复,针对棘手的法律问题会联系专业律师进行解答,使百姓足不出户、动动手指就能解决疑难困惑,实现法律服务零距离。

(三) 整合资源,巩固微信平台队伍力量

平台的有序运作离不开队伍保障,在加强自身队伍力量的同时,积极引入第三方力量、整合街镇司法所优势资源,不断为微信平台注入新的活力。

1. 专人和第三方力量的有效衔接

微信普法需要建设一支适应新媒体普法格局的数字化宣传队伍,培养熟悉多媒体技术运用、善于引导舆论、关注时事热点、掌握法律专业知识的信息制作团队。法宣科从有限的人手中抽出法律专业人员负责微信的日常运营和维护。同时,充分利用政府购买服务,与第三方专业人员合作,发挥技术优势,编辑文字和图文版式,开展互动活动,形成图文并茂、生动鲜活的普法微信内容。

2. 信息审核的扁平化管理

领导关注,单位重视,审核把关逐步走向规范化。每一篇推送信息经过"三关",分管领导把好"质量关",科长把好"内容关",法宣工作人员做好信息筛选和制作,把好"格式关"。法治宣传工作与现代信息技术相结合,凸显法宣工作的生动性和创造性。严格的制作流程,扁平化的审核管理,给微信信息的实效和质量锁上"双保险",确保内容的品质和严谨性。

3. 街镇资源的有效整合

广泛的信息资源是保持微信平台有效运作的重要支持,在制作微信信息过程中,一方面要关注新闻,掌握时事热点,另一方面也要利用好现有各街镇司法所的资源。目前,与区内 10 个街镇司法所都搭建了信息联系渠道,通过编辑发布信息员反馈的一手活动信息和街镇司法所动态,既保障了微信内容的及时性、有效性,又为"法星在线"微信平台增添了普陀特色,让受众更有归属感和认同感。这对实现公共政策制定和实施的科学化、民主化、法治化,推动社会治理方式的现代化具有重要作用。

三、新媒体普法实践中需要解决的几个问题

新媒体普法的空间和渠道是广阔的,但是新媒体普法要形成真正的气势,更好地发挥作用,增强影响力,所面临的困难还很多。技术、人员、内容和形式等方面,都在不同程度上影响和制约着新媒体普法的发展和提高。新媒体普法现状、互联网发展水平和公民对法律知识日益增长的需求还存在一定的差距。

(一) 新媒体普法平台定位不够清晰,功能未完全发挥

新媒体普法平台栏目、内容大而全,没有对主要对象的年龄、职业、文化层次等加以细分来精确定位,指导实际工作。无论是微博还是微信平台的发展方向都不能变成一个更新新闻的客户端,应当充分利用新媒体的交互性功能,通过用户信息反馈,研究受众,明确定位,精准投放。分众定向的推送传播,可以使用户在最短的时间内获取到最多对自己有用的信息,也能获得受众的青睐。这需要进一步细分板块,精准化推送内容,立足服务百姓,适应不同类型受众需求,进一步明确平台的整体定位,提高网络普法的针对性、实效性。

(二) 新媒体普法平台内容同质化,特色不鲜明

从实践中看,微信能够广泛传播的关键性要素是提高信息的趣味性,提供有价值的内容。新媒体普法鉴于工作职能、本身条件等限制,普法内容多有类似,难以发布大量原创性、权威性的

信息，内容的专业性和深度也有所欠缺，创作团队的专业性、趣味性也有待提高。互联网行业有句话，"好的产品总有各自的特色，坏的产品总是惊人地相似"，注重内容是提高新媒体普法信息质量的基础，打造鲜明特色是新媒体平台在信息洪流中的生存之道，这对新媒体信息制作团队提出了更高的要求，在具备良好的法治新闻敏感性的同时，还要善于从法治建设和基层生活中发现闪光点，用独特的视野去掌握好素材，结合区域实际，培育平台特色。

（三）新媒体普法平台交互性薄弱，技术水平有待进一步提高

新媒体普法平台应当在不同程度上承担法律咨询服务和舆情搜索等功能，在传递法治理念的同时，倾听社情民意，在互动反馈中寻求突破，最大限度地发挥新媒体平台在法治宣传、倾听民意、展示司法行政工作良好形象方面的积极作用，而目前新媒体平台交互性功能还相对薄弱，与受众的互动交流的频率和深度有所欠缺。从技术上看，在信息制作上，新媒体技术运用还有待进一步提高，在传播方面的技术水平较低，对于高质量的微信缺乏相应推广的技术和策略，缺乏有效吸引二次转发的手段和措施。

（四）缺乏有效资源整合，信息渠道还没有完全通畅

对我区各部门、各单位的普法信息和活动开展情况掌握不够全面，导致信息深度不够，覆盖面不广，部分信息内容不够及时。民众需要有一个了解政府工作情况的信息渠道，我们希望能够做成这样一个渠道，发布的区内普法信息及时、全面、有效，老百姓需要、爱看才是王道。普法工作者日常的工作交流也缺乏一个有效的网络平台，仅仅进行一些简单的信息收发，市级或其他层面还缺少利用互联网技术开展横向联系、获取工作支持的有效手段。新媒体普法平台与其他大众媒介之间缺乏合作，渠道不畅，影响创新，各方的信息、技术等资源不能共享、互补。

四、进一步推进和完善新媒体普法工作的几点设想

新媒体对普法工作既是机遇也是挑战，需要对新媒体普法有充分的认识和积极的应对，才能充分利用新媒体在普法中的作用和优势，努力开创普法工作新局面。

（一）唱响主旋律，把握法治宣传舆论导向

进一步明确宣传内容定位，作为法宣微信平台，应当始终明确宣传内容的定位，传播法治理念，凝聚法治共识，内容以法律观点为主，宣传正能量，注重引导形成法治舆论的正能量。传统媒体的传播内容是线性的一级传播方向，就是从传播者到受众这样一个路径，而新媒体传播过程中，信息被受众接受并转发时，会发生二次甚至是N次线性传播，传播功能极其强大。在利用这种强大传播功能时，尤其要注重坚持正确的舆论导向，秉持法治精神和专业品格，确保法治宣传全面、动态、真实地反映事实真相，把社会舆论引导到理性、法治的轨道上来，形成强大的法治正能量。

（二）创新内容和形式，增强法治宣传吸引力

普法教育要与时俱进，普法形式要勇于创新。多媒体手段为普法工作创造了更广阔的空间，要充分运用新媒体的特点和优势，探索和创造具有网络特色的新媒体法治宣传形式。一方面，把内容的可读性和法治宣传职能有机结合起来，贴近广大群众需求，进一步提高内容的趣味和内涵，关注广告创意、时事热点、深度案例等信息资源，挖掘与百姓生活息息相关的法律资讯，用生动直观而富有趣味的内容来宣传法治，不断增强法治宣传教育的吸引力、感染力和说服力。另一方面，以需求为导向，通过发放用户需求调查问卷、召开座谈会、在线调查等多种形式了解用户的需要，再根据用户反馈需要设计微信下拉菜单、栏目和普法信息内容板块，做到因需普法，个性普法。不断加强平台基础设置和互动功能，拓展传受双方的有效沟通渠道，开展形式多样的新媒体法治

宣传活动，并且紧跟时代发展和互联网运用技术，拓展新媒体普法的功能和方式，进一步加强互动推广与营销，针对新媒体平台发布内容在提高互动上下功夫，通过互动扩大影响力，在传播过程中扩大普法成效。

（三）提升服务质量，培育法治宣传特色

新媒体普法应突出服务性，使受众在接受服务的过程中潜移默化地接受法治教育。在菜单、栏目、内容的设计安排上，本着便民原则，方便受众查阅检索、获取相关信息、参与相关活动，着重强化在线咨询、数据检索等栏目的服务功能，提高服务质量，增强法治宣传教育效果。新媒体普法平台要通过创新的理念、独特的体验吸引网民关注。一方面，合理运用搭建平台，拓宽信息来源渠道，增加信息的容量和纵深度，体现强烈的地域特点和人文关怀，回应目标受众的阅读习惯和感情需求，产生亲和力、激发认同感，以不可替代的风格牢牢吸引受众。另一方面，要立足群众需求，保障信息来源，增强新媒体普法平台的不可替代性与权威性。内容为受众所需，信息来源渠道可靠，打造区域权威法治信息宣传平台。进一步活用新媒体方式，巧妙融合传统法宣工作，在互动参与、宣传途径、服务咨询等领域利用新媒体将推广快捷化、内容简洁化、参与便利化，让新媒体成为传统媒体的助力。

（四）整合各方资源，形成普法集聚效应

普法工作由于专业性强、涉及面广，需要加强资源整合、力促各方合作。一是要及时交流，规范促进，加强新媒体普法主体优势互补。新媒体普法的各个主体都具有其相应的资源和实践经验，为了更好地发挥新媒体法治宣传功能，提高法治信息的质量，应当及时组织学习、交流各区域各部门好的经验及做法，建立联系渠道，加强各个主体间的合作互动，充分调动各方面的人力资源，形成各部门、各方面紧密配合、协同开展新媒体普法的态势，减少总体运作成本，发挥各自专业所长。二是跨界合作，加强不同媒体间资源整合。政府和企业等社会机构跨界合作，通过项目化、市场化的运营方式，采用政府购买服务、聘请专业策划团队、借力大门户网站、吸引社会力量参与等方式加快新媒体普法的发展步伐。做好新媒体和传统媒体间的资源整合，将传统媒体的品牌优势、人才优势与新媒体的渠道多元化、受众广泛、实效性和互动性优势结合在一起，形成传统媒体与新媒体的优势互补和资源集聚效应。同时做好不同新媒体间的资源整合，形成多维度普法格局，在不同的新媒体平台上形成交互，扩大新媒体普法效能。新媒体与传统媒体相结合，产生全媒体同步宣传的效应，有助于提升法宣工作的影响力和覆盖面。

医患纠纷人民调解效能评估指标体系构建与应用[*]

黄俊艺　韩舒立

> **内容摘要**：效能评估指标体系在社会治理领域已不鲜见，但在人民调解范畴尚属首创，需要探索与尝试。上海市徐汇区结合五年多以来在缓解医患紧张关系，预防和化解医患纠纷方面积累的工作方法和调解数据开展研究。运用德尔菲专家咨询法，尝试建立包括结构、能力和绩效在内的医患纠纷人民调解效能评估指标体系，通过问卷调查的形式，结合专家评估和深度访谈等实证研究方法，对上海市徐汇区医患纠纷人民调解五年来的发展进行综合、全面、科学的评估，以期对医患纠纷人民调解工作今后的发展趋势理清思路，指明方向。
>
> **关 键 词**：医患纠纷　人民调解　效能评估　德尔菲法　指标体系

---

[*] 本文系上海市徐汇区司法局和上海交通大学公共卫生政策研究中心课题组调研成果。课题组组长：黄俊艺，上海市徐汇区司法局副局长。副组长：王鸿歌，上海市徐汇区司法局医患纠纷人民调解工作办公室主任。组员：侯鑫，上海市徐汇区司法局医患纠纷人民调解工作办公室副主任；韩舒立，上海交通大学博士研究生。主要执笔人：侯鑫，男，山东临沂人，研究生学历，公共管理硕士；韩舒立，女，江苏常州人，研究生学历，法学硕士。

为了探索预防和化解医患纠纷的有效机制，维护社会稳定，2011年上海市徐汇区（以下简称徐汇区）司法局设立医患纠纷人民调解工作办公室（以下简称医调办），医患纠纷人民调解委员会开展了一系列社会治理创新实践。通过建立科学统一的标准化工作流程和评价指标，不仅有助于明确相关监管部门和主体的权责、职能，而且将帮助及早发现各核心环节存在的不足，为改善医患纠纷人民调解效能指明方向，为归纳总结新时期专业性行业性人民调解工作的组织框架、运行机制，及其内在规律奠定基础。

一、医患纠纷人民调解效能评估指标的构建

（一）指标设置依据

以《上海市医患纠纷预防与调解办法》和《上海市徐汇区关于进一步加强医患纠纷人民调解工作的实施意见》为基本法律依据，立足于效能，综合系统地考察医患纠纷人民调解的结构、能力和效果。通过定量与定性相结合的实证研究方法，全面了解医患纠纷预防与调解的实际处置流程，经过多轮专家座谈讨论，采用德尔菲专家咨询法，①最终制定了主观与客观、结构与功能、过程与绩效相结合的效能评估指标。

（二）指标设置原则

评估指标的设置和选择遵循以下五个基本原则，具体详见表1。

第一，选择关键指标，充分考虑指标对医患纠纷各主体和相关过程的影响程度。例如，专职与兼职调解员的专业背景（A3-2），是衡量行业性专业性人民调解效能的关键，是人民调解专业性的集中体现；市场参与（A5）在专家论证中是讨论最为激烈的指标之一，尽管对于医疗责任保险重要性的知晓程度大家分歧较大，但借鉴交通事故人民调解的经验，以及发达国家引入保险机制的成功案例，最终保留了这项指标。

第二，选择稳定、连续的官方统计指标，避免波动，保证评估的准确性。如调解周期（B2-4）、调解成功及协议履行率（C2-2）、司法确认覆盖率（C2-3）等各项指标，都保存有每年的统计数据。

第三，选择能够及时收集数据的指标，保证评估的可行性和可操作性。如司法确认覆盖率（C2-3），预防纠纷建议函（C2-4），引导对接至司法或行政维权率（B4-6）等各项指标，区医调委每月都会进行数据的统计。

---

① 德尔菲（Delphi）法，是由美国兰德公司于20世纪50年代末开发的一种定性与定量相结合的专家调查法，其核心是采取匿名方式进行几轮函征求专家的意见，领导小组对每一轮的意见都进行汇总整理，作为参考资料再寄发给每位专家，供专家分析判断，提出新的论证意见，最终得到比较一致且可靠性较大的结论或方案。依靠多个专家，充分发挥专家的集体效应，消除个别专家的局限性和片面性，在定性分析的基础上，以评分的方式作出定量评估，其评估结果具有数理统计特性。特点是专家组成员的权威性和匿名性；预测过程的有控趋同性；预测统计的定量性。其优点是：（1）能充分发挥各位专家的作用，集思广益，准确性高；（2）能把各位专家意见的分歧点表达出来，取各家之长，避各家之短；（3）避免权威人士的意见影响他人的意见；（4）发表与其他人不同的意见而无情面因素阻碍；（5）有利于专家愿意修改自己原来不妥的意见。该方法是系统分析方法在意见和价值判断领域的有益延伸，突破了传统的数量分析限制，为更合理地制定决策开阔了思路。从20世纪50年代开始，德尔菲法常用于各种技术预测，到70年代中期开始应用于医学领域，尤其在护理学方面成果较为突出，相继建立了护理实践计划标准、精神卫生护理临床标准等。近年来，在我国突发事件应急管理各类评估指标体系的构建中也得到广泛运用，如王晓东等人构建的突发公共卫生事件应急能力评价指标体系（《中国卫生经济》2013年第6期），突发公共卫生事件影响综合评价指标体系（《中国公共卫生》2013年第5期）；江田汉等人开发的突发事件应急准备能力评估指标（《中国安全生产科学技术》2011年第7期）。目前，实务界和理论界对医患纠纷人民调解的效能评估尚未形成相对成熟的指标框架和方法，属于创新性探索。尽管徐汇区在区县级层面看，已经积累了相当丰富的案例，但距离大样本数据分析的理论要求还有相当的距离，因此，在充分考虑德尔菲法的特点、当前研究现状以及现有数据案例的基础上，本课题组采取运用德尔菲法进行指标及其权重的筛选和确定。

第四，选择容易理解和可接受的指标。例如，专家咨询库的选用与合作（A3-3），强调考察徐汇区医调委与该专家咨询库建立的长期稳定的协作关系。

第五，选择独立性的指标，避免指标重叠和互相包含。

表1 医患纠纷人民调解效能评估指标及权重

一级指标	权重(%)	二级指标	权重(%)	三级指标	权重(%)
调解结构A	30	法规建设A1	7.2	法律规章的完备性A1-1	1.87
				法律规章的可操作性A1-2	2.74
				法律规章的维护与修订A1-3	2.59
		组织设置A2	6.6	相关部门的组织完善性A2-1	2.31
				相关部门的职责明确性A2-2	2.31
				"医调委"定位清晰位A2-3	1.98
		人才储备A3	6.9	专职与兼职调解员的规模数量A3-1	2.35
				专职与兼职调解员的专业背景A3-2	2.62
				专家咨询库的选用与合作A3-3	1.93
		经费保障A4	6.3	运行、管理和办公费用投入A4-1	2.21
				调解员补助补贴经费投入A4-2	2.33
				专家咨询费用投入A4-3	1.76
		市场参与A5	3.0	医疗责任保险实行情况A5-1	3.00
调解结构B	42	预防能力B1	9.6	医疗质量安全信息发布与指导意见B1-1	1.63
				多途径宣传医疗卫生法律法规，普及相关医疗卫生知识B1-2	1.92
				详细告知治疗方案和医疗风险等情况B1-3	1.92
				病历资料管理的规范程度B1-4	2.30
				详细告知医患纠纷处理的程序和途径B1-50	1.83
		执行能力B2	10.5	调解优先与调解自愿原则B2-1	1.25
				不予调解的情形B2-2	1.05
				病历及咨询材料的收集和整理B2-3	1.47
				调解周期B2-4	1.37
				调解回避原则B2-5	1.16
				调解保密原则B2-6	1.05
				规范书写并妥善保管调解文书和卷宗档案B2-7	1.89
				调解员日常职业管理B2-8	1.26
		专业能力B3	10.1	启动专家咨询前进行充分讨论和审慎选择B3-1	3.23
				专家咨询前认真准备相关材料B3-2	3.64
				定期开展关于医患纠纷人民调解法学、医学等讲座和培训B3-3	3.23
		联动能力B4	10.1	医疗机构配合调解的程度B4-1	1.21
				患方配合调解的程度B4-2	2.02
				专家支持调解的程度B4-3	2.02
				承保机构参与调解的程度B4-4	1.31
				公安机关现场处置的措施和程度B4-5	2.02
				引导对接至司法或行政维权率B4-6	1.52
		创新能力B5	1.7	巡回法庭、挂职医生等制度创新情况B5-1	1.70

续表

一级指标	权重(%)	二级指标	权重(%)	三级指标	权重(%)
调解结构 C	28	知晓度 C1	5.6	知晓途径 C1-1	2.35
				知晓程度 C1-2	3.25
		公信度 C3	12.9	专家咨询意见书的认可程度 C2-1	3.09
				调解协议的规范性、严密性和履行程度 C2-2	3.23
				司法确认覆盖率和认可程度 C2-3	3.35
				纠纷预防建议函的认可程度 C2-4	3.23
		满意度 C1	9.5	调解员 C3-1	2.75
				医疗机构 C3-2	3.23
				患者 C3-3	3.52

（三）指标设置主体

2016年4月14日到28日期间，在徐汇区选择21名熟悉医患纠纷预防和处置方面的专业人士参加问卷调查。具体身份属性详见表2。

表2 咨询专家的基本构成情况

项目	基本情况	人数（人）	构成比（%）
性别	男性	12	70.59
	女性	5	29.41
年龄	19~29岁	1	5.88
	30~39岁	6	35.29
	40~49岁	7	41.18
	50岁及以上	3	17.65
学历	高中或大专	2	11.76
	本科	7	41.18
	硕士	6	35.29
	博士及以上	2	11.76
职业	法官	2	11.76
	医院行政管理	6	35.29
	医生专家	2	11.76
	公务员	4	23.53
	医学鉴定专家	1	5.88
	研究人员	2	11.76
从事本工作年限	1~5年	2	11.76
	6~10年	2	11.76
	11~15年	4	23.53
	16~20年	4	23.53
	20年以上	5	29.41

根据两次回收问卷，专家对指标的熟悉程度系数为0.90，判断依据系数为0.64。由此计算专家权威程度是0.77，证明权威程度比较大，其咨询结果具有可信度。两轮专家积极系数分别为95.24%和85.00%，超过半数专家对指标设计提出了建设性意见，表明专家对本研究有较高积极性和专业水准。两轮专家变异系数分别是0.18~0.66和0.11~0.46，经过讨论，尽管部分指标分歧较大，但大家认为承保机构参与调解的程度、合法维权引导率、患者调解满意度以及知晓途径对评估指标来说都非常重要，不可缺少，因此没有进行删减。专家意见的变异系数明显降低说明专家评估意见的协调性较好，结果可取。

（四）指标权重赋值

根据上海市政府2014年公布并施行的《上海市医患纠纷预防与调解办法》，通过文献梳理、小组讨论、专家座谈等方法建立医患纠纷人民调解效能评估初步指标框架。该指标框架共有3个层级，包括3个一级指标、13个二级指标、44个三级指标，内容包括调解结构、调解能力和调解绩效各个方面。

通过两轮由专家对各项指标重要性进行评价和修正，根据AHP和模糊综合评价法原理，设被评价因素集为$U=\{U_1,U_2,U_3,\cdots\cdots U_m\}$；评语等级集为$V=\{V_1,V_2,V_3,\cdots\cdots V_n\}$，则$m$个评价因素的评价集构成了总的评价矩阵。

$$R=\begin{pmatrix} r_{11} & \cdots & r_{1n} \\ \vdots & \cdots & \vdots \\ \vdots & \cdots & \vdots \\ r_{m1} & \cdots & r_{mn} \end{pmatrix}$$

在对徐汇区医患纠纷人民调解效能评估体系构建中，$m=44$；$n=13$。实质上，R 是 U 与 V 之间的模糊关系：即 $R=U*V\to[0,1]$。U 的因素重要程度集，即权重向量 $P=(p_1, p_2, p_1, \cdots\cdots)$ 且 $\sum_{i=1}^{m}p_i=1$。

当模糊评价矩阵 R 与 P 已知时，就可利用模糊变换原理进行综合评价，得到最后的综合评价值：$Q=P*R=(q^1,q^2,q^3,\cdots\cdots q^n)$，式中 Q 即为综合评价度。

二、医患纠纷人民调解效能评估的调查与分析

（一）调查实施及样本情况

1. 调查实施

在2016年4月18日到24日期间，采取"电话调查+PPS抽样调查"在上海市徐汇区进行样本收集。针对曾经因为医患纠纷接触过区医调委的患者（以下简称纠纷患者），实行计算机辅助电话调查，共完成有效问卷161份。针对其他普通患者，根据医疗机构规模和发生医患纠纷数量进行比例抽样，共调查医疗机构8所，4月2日到20日，分别完成有效的患者问卷417份。

2. 样本情况

患者类受访者的基本情况包括：性别、年龄、是否上海常住居民、户口情况、受教育程度以及月收入，详见表3、表4。

表3　纠纷患者样本情况

特征	类别	百分比（%）	特征	类别	百分比（%）
性别	男 女	61 39	教育程度	初中及以下 高中（中专及相关学历） 大专 大学本科 硕士及以上	21 31 18 26 4
年龄	18~29 30~39 40~49 50~59 60~69 ≥70	5 25 23 26 13 8	收入状况	≤3000 3000~4000 4000~5000 5000~6000 6000~7000 ≥7000	22 19 11 16 6 26
在沪常住	是 否	82 18			
城市户口	是 否	81 19			

表4　普通患者样本情况

特征	类别	百分比（%）	特征	类别	百分比（%）
性别	男 女	45 55	教育程度	初中及以下 高中（中专及相关学历） 大专 大学本科 硕士及以上	40 31 13 13 3
年龄	18~29 30~39 40~49 50~59 60~69 ≥70	9 10 16 33 19 13	收入状况	≤3000 3000~4000 4000~5000 5000~6000 6000~7000 ≥7000	25 18 23 15 9 10
在沪常住	是 否	57 43			
城市户口	是 否	58 42			

（二）总体评估

对基础数据进行统计录入工作，对录入后的调查数据应用SPSS20.0进行数据处理，即得出实际综合评价度值。徐汇区医患纠纷预防与调解一级维度指标得分情况，详见图1。

根据各级指标及其权重，结合统计数据得出的初步指数符合程度，得出徐汇区医患纠纷预防与调解效能科学性实测值为82.06，高于75分位值，属于效能优良状态。说明近年来，在徐汇区医调委的努力和各方的配合下，医患纠纷处置情

况已经纳入常态治理的轨道中。

（三）分项评估

1. 调解结构

调查数据显示，在调解结构的五个维度中，得分最低的是市场参与（66.67分），得分最高的是经费保障（95.00分），其余各维度从高到低依次是组织设置（88.08分）、法规建设（87.43分）和人才储备（79.87分），详见图2。

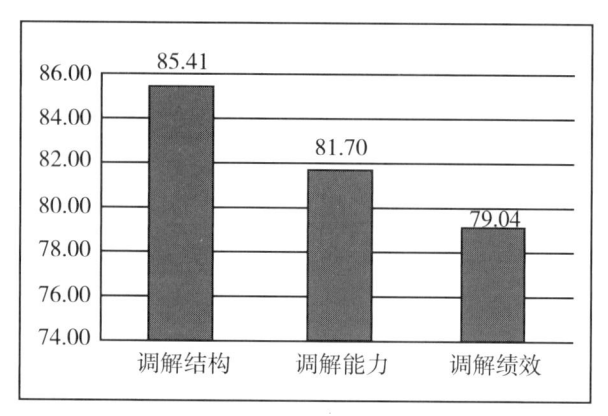

图1 医患纠纷预防与调解一级维度指标得分情况

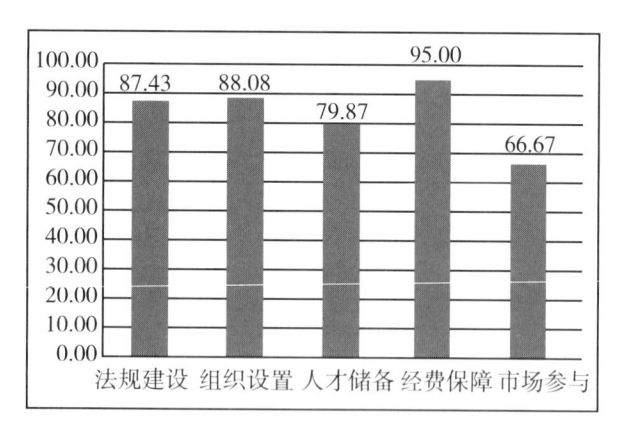

图2 调解结构各二级指标得分情况

（1）法规建设。目前上海市预防处置医患纠纷的法律法规的制度体系基本是完善的，并随着实践发展不断修正健全。从现实的可操作性上看，除了关于医疗责任保险的相关条目之外，目前的法律法规对各行为主体的约束基本都可以落实。

（2）组织设置。本次调查显示，不同主体对表达自身权益的渠道体系看法差异比较大。医疗机构对制度健全程度的认可高于患者，普通患者的认可度又高于发生过纠纷的患者。数据显示，找医院领导被认为是首要选择，同时医患间自行调解和到医调委进行人民调解也是化解医患纠纷的主要途径。

（3）人才储备。化解医患纠纷过程中，调解员的综合素质和专业素养至关重要。目前受访调解员普遍具有较高的专业素质和强烈的社会责任感。然而由于纠纷案件呈现阶段性增多现象，因此在一定时期内，调解员承受的工作强度和压力也比较大。另外，上海拥有优质丰富的医疗资源，能够充分利用和挖掘专家咨询库的资源，足以满足纠纷调解的需要。

（4）经费保障。医调办成立当年，区委、区政府争取核拨了充足的开办费和工作经费，并根据《中华人民共和国人民调解法》的规定，将医患纠纷日常工作经费、业务经费等纳入每年的财政预算，为医调工作的正常运转提供强大的财政支持。

（5）市场参与。上海市自2002年就曾围绕医疗事故责任保险的实施和推广开展讨论并专门发文，然而多年的推行效果并不明显。调研显示，各相关方对保调对接的态度不太一致。与普通患者相比，医疗机构对引入商业保险制度，建立保调对接机制有着更高期待，而调解员尽管比患者们对保调对接的知晓度更加清晰，认可度也更强，但没有表现如医疗机构那样的热情。调查走访中，很多医疗机构表示，期待通过保险公司实现快速理赔，但目前保险公司没有发挥实际作用。

2. 调解能力

调查结果显示，防止医患纠纷发生及扩大的预防能力最为薄弱，得分最低，只有66.36分，其余各项由高到低分别是执行能力（91.73分）、专业能力（90.95分）、联动能力（77.90分）和创新能力（77.78分），详见图3。

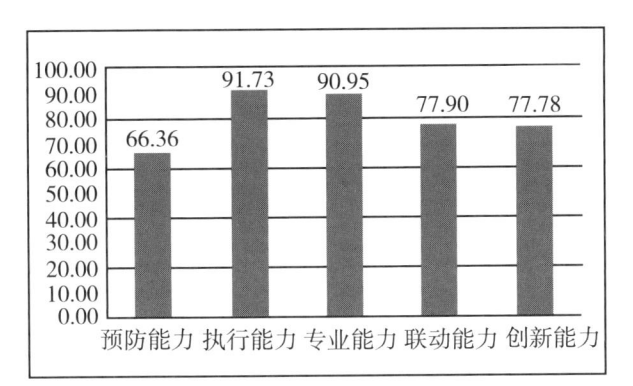

图3 调解能力各二级指标得分情况

（1）预防能力。调查发现，39%的普通患者受访者认为自己在诊疗过程中获取了相关的法律法规信息，仅有22%的纠纷患者同意这种说法。超过66%的普通患者受访者认为医院在实施治疗方案之前，详细告知其治疗方案以及医疗风险情况，只有28%的纠纷患者受访者认为医院做到了这一点。68%的普通患者受访者认为"医院可以根据患方请求，提供病历资料复印件，并且开列清单、盖章证明"，38%的纠纷患者受访者同意这种看法。41%的普通患者认为医疗机构会主动介绍处理医患纠纷的具体程序，只有25%的纠纷患者认为医疗机构做到这一点。

尽管医疗机构认为自身在诊疗各环节与病患的沟通交流都已经非常到位，但与患者的认知和需求还存在相当程度的偏差。

（2）执行能力。调查显示，徐汇区医调委在对人民调解员的职业管理上，具有人性化、组织化和制度化的特点，在不影响组织正常运作的基础上，为员工减轻生活压力，帮助他们更专注地投入化解医患纠纷的事务中。因此，调解员之间保持着良性的互动关系，成员对组织具有较高的认同感。

同时，在严格执行医患纠纷人民调解的相关法律法规方面，区医调委长期保持严谨的管理作风，严格遵循各项文件精神，通过多年实践、培训和考核，学习借鉴法院文书制作和档案管理的经验技巧。此外，还通过制定专家咨询、巡回法庭、执业医师挂职培训等核心调解机制，确保各项规定的具体落实。

通过一系列制度规范的落实，区医调委不仅确保调解成功率达到80%以上，而且连续两年超过六成的案件实现在60个工作日之内得到解决，充分彰显人民调解的高效优势。

（3）专业能力。专家咨询制度是凸显医患纠纷人民调解专业性和中立性的关键环节，为明晰医方责任、打消患方顾虑奠定基础，对提高调解公信力和调解效率至关重要。区医调办、区医调委成立至今，为推动医患双方互相理解，帮助医患双方明确责任和赔偿标准，在创新专家咨询模式方面作出了积极的探索，针对不同案例的特性，总结出鉴定式、问询式、安抚式、学术研讨式、查房式、答疑式、教学式等多种专家咨询模式，专家咨询申请量逐年上升，咨询后的调解成功率也显著提高。

（4）联动能力。2011年6月，在区委、区政府的领导和支持下，由区司法局、卫生局牵头，区委政法委、区法院、公安分局、区财政局、区法制办及辖区医院联络员，共同参与，建立起徐汇区医患纠纷人民调解联席会议制度。五年来，根据相关政策规定，每年召开联席会议，对医调工作总体部署，以此形成并不断完善多方参与、协调联动的工作格局，取得了积极的成果。调查显示，与医调委直接接触的医疗机构、患者和专家之间联动性比较高，对公安的依赖性正逐渐下降。

（5）创新能力。徐汇区医调委在实践中不断探索，建立起包括巡回法庭、执业医师挂职培训等创新制度。调查显示，大多数医疗机构认可"巡回法庭"发挥的作用，认为"巡回法庭"能够有效维护医患双方的合法权益。访谈中，调解员们表示与挂职医生的沟通交流不仅能帮助医生加深对医患关系的理解，有效预防医患纠纷的发生，同时也促进了调解员自身医疗知识的提升。

3. 调解绩效

调解绩效包括满意度、公信度和知晓度。从调查情况来看，目前徐汇区医调委在三项指标中，公信度得分最高，为82.93分，其次是满意度，为79.72分，最后是知晓度，仅为69.22分，详见图4。

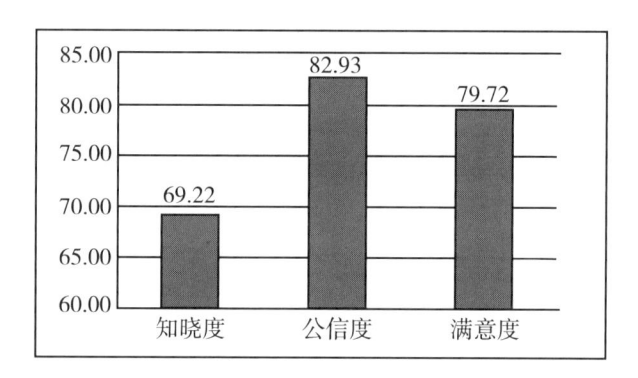

图4 调解绩效各二级指标得分情况

（1）知晓度。调查数据显示，"医调委"的知晓度为47.0%，其中，信息获取渠道按照比重排序分别是医务人员(18.2%)、其他渠道(14.6%)、宣传广告或手册(12.7%)、新闻报道(10.1%)、亲身经历(6.7%)以及亲友告知(3.8%)。有141位普通患者以前从未听说或未作答(33.8%)。而纠纷患者对于"医调委"了解的传播渠道按比重依次为：医务人员(31.7%)、其他渠道(27.3%)、亲生经历(14.3%)、宣传广告或手册(9.9%)、亲友告知(9.3%)、新闻报道(7.5%)。从上述数据可知，公众对医调委的知晓度比较低，主要通过医疗机构、医务人员了解到医调委。

另一方面，公众对"医调委"的知晓程度还存在偏差。在回答"医调委"是何种性质的组织时，除去141位从未听说过或未作答的患者之外，明确"医调委"是群众组织的只有22.54%，认为"医调委"是政府机构的有10.31%的患者，还有17.03%的公众认为"医调委"是盈利机构。

由此可见，公众对"医调委"的知晓度相对薄弱。

（2）公信度。专家咨询和巡回法庭是确保公信力的两大支柱。本次调研，公信度得分最高，正是对五年来区医调委工作的认可。

首先，专家咨询往往是获得医患双方信任的关键。98%调解员认为"专家咨询"能够帮助明确责任，58.99%的普通患者愿意启动"专家咨询"程序来辨明真相。深入走访中，一些医务工作者表示，起初他们确实抱有质疑的态度，然而，经过五年不断交流和磨合，他们认为"医调委"各项准备越来越细致，程序越来越规范，医学知识也在不断丰富。许多预防建议对于规范医院管理，增进医学技术有很大帮助。少数患者则担心医学界有其"行规"或"行业圈"，可能导致专家咨询流于形式。总体来说，专家咨询已经得到普遍认可，被认为是化解医患纠纷的有效手段。

为顺利化解医患纠纷提供更有公信力的制度平台，在大力落实司法确认机制的基础上，徐汇区医调委搭建了"巡回法庭"。据统计，自成立以来，徐汇区医调委签订调解书面协议共1133份，经司法确认，共980份。自2014年以来，完成专家咨询意见书275份，向区各级医院发放预防医患纠纷建议函共206份。调研证明，通过不断完善"专家咨询""巡回法庭"，以及司法确认等制度，区医调委逐步获取了医患信任，在预防和处置医患纠纷的过程中发挥更大作用。

（3）满意度。五年来，徐汇区医调委的努力付出得到了广泛认可，社会各方满意度较高。调查中，辖区内大多数医疗机构均表示，医调委总能第一时间赶到纠纷现场进行有效引导，很多重点医院愿意主动将纠纷引入医调委解决。医护人员结合自身体验也认为，当前医患纠纷情况正在改善。

对于患者而言，由于大部分普通患者对医调委并不熟悉，只能凭大概印象打分，而部分纠纷患者即使矛盾得到解决，身心的伤害依旧需要长时间才能平复，因此，患者满意度不如医疗机构。

本次调查除了对医患双方的满意度进行调查之外，还对调解员对自身职业的认同感和满意度进行摸底。调查显示，尽管调解员在工作中面临巨大的挑战和困难，但能从中获得满足感和成就感，这对于调解员工作的稳定性和长期性，以及对于制度本身的改进和创新具有积极意义。

4.综述

在调解结构上，徐汇区医患纠纷调解结构较为完善，经费保障与人才储备较为充足，机构设置与法规建设方面也能满足基本需求。只是医疗责任保险推行的实践结果未能达到当初理想的政策意图。

从调解能力看，徐汇区医调委在专业能力、管理能力取得了优秀的成绩，创新能力和联动能力也能够有效应对当前解决医患纠纷的需求，但在预防能力方面还有很多进步的空间。

从调解绩效方面看，徐汇区医调委凭借其公正性、专业性、中立性，逐步获得医患的认可和信任，但由于缺乏足够的传播渠道，医调委发挥的巨大作用还没有被社会公众所熟知。

三、提升徐汇区医患纠纷人民调解效能的基本路径

（一）加强人才梯队培养，打造人民调解明星团队

人民调解员的专业能力、专业技巧和工作态度，是顺利开展各项工作的基础。本次调研数据显示，区医调委在调解员提高职业道德水准，增强专业素质能力以及营造团队文化氛围方面都走在全市前列。然而，从人员数量和结构来看，专职人民调解员共12位，平均年龄为66岁，对于全市医患纠纷受理量最多的区县，这意味着平均每位调解员每年受理案件数量为80件（按照每两位调解员调处一例纠纷计算），远超上海市平均水平，工作强度之大可想而知。这不仅可能会影响工作效率，同时也带来团队可持续发展的结构性难题。因此，有必要拓宽调解员招聘渠道，创新调解员兼职模式，充分利用街道、高校、社会团体的资源，实现人才的梯队建设。

（二）加快理赔制度创新，探索保调对接有效落实

首先，从医调委角度出发，对于在保险公司承保责任范围内的医患纠纷，要积极推动调查、调解与保险公司定性、定责、定损的程序同步化，并借助保险公司专业背景，为调解纠纷、确定赔偿数额提供具有参考价值的标准，从而有效维护患者双方合法权益。其次，在取得区司法、卫生等部门支持的情况下，尝试与保险公司进行协商对接，推动双方建立长期合作关系，将保险公司设为医患纠纷调解过程中的一方当事人，赋予其程序开启的同意权和异议权、程序参加权、意见表达权等必要权利。最后，在条件成熟时，尝试设置以公益性的强制医疗保险制度为基础的多层次医疗保险体系，从利益平衡的角度疏通医患纠纷人民调解制度，从而提高人民调解化解医患纠纷的科学性、合理性和高效性。

（三）注重信息平台建设，立足医患纠纷预防研判

首先，努力构建科学合理的医患纠纷统计和评估指标。在明确医患纠纷的定义、计量原则和标准的基础上，综合考虑医患纠纷的疑难复杂程度、社会影响程度、医疗受损受害程度、生存状况、性格行为特征、紧急敏感程度等影响因素，把医患纠纷分为特大医患纠纷、重大医患纠纷、较大医患纠纷、一般医患纠纷、简单医患纠纷五个级别，为实施医患纠纷实时动态管理和评估奠定基础。

其次，整合现有信息平台，对医患纠纷进行

分级分类管控，实现医患纠纷人民调解工作的动态化评估。从医患矛盾纠纷的实际状况和调处工作的便利出发，对医患纠纷进行"关注度"评级（具体分为：特别关注、高度关注、关注、平稳四个级别），方便调解员和管理者根据矛盾纠纷的具体状况，尤其是医患双方的立场和诉求，采取不同调解措施和方法。完善医患纠纷动态研判制度，每月初草稿信息平台自动生成的医患纠纷上年同期（同比）、上月（环比）情况，辖区医患纠纷走势图，结合当时政情、社情、民情进行综合分析、研判、评估，形成医患纠纷总体态势分析及对策建议，上传区司法局，同时书面报辖区各医疗机构。

（四）拓展媒体宣传渠道，引导公众依法理性维权

为提高徐汇区医调委社会知晓水平，首先，医调委在进行调解工作的时候，努力提高调解工作效能，以此获得群众信任，并积极探索并落实案件回访机制，及时反馈工作中存在的问题。其次，定期组织群众、医疗机构、政府相关部门及社会其他组织和人员来进行有关医疗纠纷调解相关知识的培训学习。在条件允许的情况下，适当鼓励社会公众参与纠纷化解的过程，既能发挥社会监督作用，又能普及相关法律法规和医学知识。一方面缓和医患之间的矛盾，另一方面消除社会和群众对医调委的知晓误区，加深对医调委的了解。最后，加强各类媒体的正面宣传，借助网络、报纸、电视、广播等手段来宣传医调委的机构性质、调解范围、调解程序、政策措施、调解成功的案例，以此来增加社会各界人士对医调委的认识，促使患者在发生医疗纠纷时，能够第一时间引导至医调委化解纠纷。同时，通过正确的舆论引导公众树立法治思维，鼓励公众合法维权、理性维权。

新时期人民调解创新发展路径选择浅析

包 蕾 王 静[*]

> **内容摘要**：为了积极适应经济社会发展新趋势及日益增长的纠纷解决需求，本文在梳理浦东新区专业人民调解工作的基础上，借鉴了国外ADR经验和兄弟省市多元纠纷化解的经验，剖析了社会力量参与人民调解的困惑与瓶颈，提出推动人民调解专业化、职业化可行性设想，探索从质与量上提升人民调解组织调解能级的方法措施，以促进社会力量在纠纷解决中发挥更加重要的作用，满足群众多元纠纷解决需求，形成具有上海特色的可推广、可复制的人民调解纠纷解决机制。
>
> **关 键 词**：社会治理　人民调解　专业人民调解

---

[*] 包蕾，女，浙江台州人，研究生学历，法学博士，上海市浦东新区司法局副局长；王静，女，江苏连云港人，研究生学历，法学硕士，上海市浦东新区司法局专业人民调解工作办公室干部。

一、问题的提出：人民调解应在社会治理中发挥积极作用

早在党的十六大时，社会管理和社会管理创新作为社会建设的重要内容，就被纳入构建社会主义和谐社会的国家战略高度而提出，并被摆到了党和国家的重要议事日程。十八届三中全会作出的《中共中央关于全面深化改革若干重大问题的决定》指出："全面深化改革的总目标是完善和发展中国特色社会主义制度，推进国家治理体系和治理能力现代化是我国全面深化改革的总目标。"强调要"创新社会治理体制"，首次提出了社会治理概念。习近平总书记在系列重要讲话中，提出创新社会治理的新思想、新理念。

社会治理创新的前提是要科学界定"社会治理"概念。需要从社会学视角科学认识"社会治理"，笔者结合相关材料，认为社会治理是指由国家、市场、社会组织、公民等多元主体，通过合作共治的方式，来化解社会矛盾、实现社会公正、激发社会活力，从而促进社会和谐发展。社会治理理论来源于社会系统整合的思想，其核心是如何在社会系统的各个组成部分之间建立起有序关系。[①]社会治理不同于社会管理，社会治理强调多元主体之间的、多向度的、平等的协商与合作，强调公民对社会公共事务的自我管理与自治，强调政府与社会的合作共治，从而达成对公共社会事务的有效治理。[②]社会治理创新，重在政府转变职能，实现社会自治、共治、德治和法治。

长期以来，人民调解发挥着社会管理的制度功能，但是人民调解组织的设立与发展离不开政府的"拐杖"，并没有实现真正意义上的多元主体的共同治理，无法在社会治理中独立地发挥作用。人民调解是指作为基层群众性、自治性组织，依据一定标准居中教育、疏导纠纷当事人自愿达成协议的一项活动；是一种群众自治性组织，也是我国重要的排解民间纠纷的法律制度形式。[③]人民调解具有自治性的属性。首先，人民调解委员会作为调解组织，是群众自我管理、自我服务的基层组织；其次，调解工作方法是基于群众自我管理、自我教育、自我约束的具有自治性质的方法；再次，调解协议的执行是由当事人自愿履行而非国家强制执行的自治形式。[④]然而，长期以来，政府行政在人民调解领域是参与者，而不是政策的决策者，一定程度混淆了政府与人民调解组织的职能，也弱化了人民调解组织的功能作用。作为政府部门的司法行政部门不仅承担着规范指导人民调解的职能，更重要的是对人民调解组织的设立和发展提供相应的财政保障。人民调解委员会可以说基本上、甚至说全部是依靠政府的财政才得以发展的。[⑤]从上海浦东的人民调解委员会的组建及运作来看，调委会的办公场地、工作经费、人员报酬、办案补贴乃至宣传培训等经费都是由区、街镇的财政拨款进行保障。[⑥]如果离开政府的财政扶持，人民调解组织将由于经费的缺乏寸步难行。面对社会治理的新形势、化解矛盾纠纷的新需求，基于上海市浦东新区专业人民调解中心（以下简称专调中心）的实践，在

---

① 陈成文、赵杏梓："从社会学视角认识'社会治理'概念的内涵与外延"，载 http://bbs.liuxue86.com/52438.html，2017 年 10 月 25 日访问。
② 周红云："从社会管理走向社会治理：概念、逻辑、原则与路径"，载 http://www.ccln.gov.cn/sixiang/sixiangx/guandianhuicui/79169.shtml，2017 年 10 月 25 日访问。
③ 王红梅：《新编人民调解工作技巧》，中国大学出版社 2006 年版，第 5~6 页。
④ 国晓娇："社会转型期人民调解制度的变迁与路径探索"，烟台大学 2013 年硕士论文。
⑤ 《中华人民共和国人民调解法》第 6 条："县级以上地方人民政府对人民调解工作所需经费应当给予必要的支持和保障，对有突出贡献的人民调解委员会和人民调解员按照国家规定给予表彰奖励。"
⑥ 2015 年，浦东全区纳入本级政府财政预算的与人民调解相关的工作经费为 829 万，主要用于人民调解员培训、补贴、奖励、人民调解工作的宣传以及政府购买服务等。而浦东全区共有人民调解员 5417 人，其中专职人民调解员总数为 2756 人。在区层面和街镇层面的专职调解员，大多为全职聘用人员，人均补贴不到 1600 元/月。

承认并改进既有调解体系的前提下,探索创新人民调解管理体制,走出人民调解社会治理的新路,通过激发社会活力,使人民调解组织真正由非源自政府的行为体承担,⑦从而实现人民调解的多元治理。

二、人民调解的现实窘境:纠纷数量的大幅增长与纠纷解决供给不足的矛盾

人民调解在我国的调解工作发挥了重要作用。但植根于现代化前夕的人民调解制度,其赖以存在的社会基础已经被经济的发展、城市化的进程、社会的陌生人化、纠纷性质的法律化所置换,纠纷出现了主体多元化、类型多样化、诉求复杂化的新特点,由此诸多缺陷也逐渐显现。《人民调解法》(2010)制定之时,人民调解组织实际上已经呈现出多元化格局,草案曾试图将人民调解改造为一种专业化的纠纷解决机构,吸收大量法律职业者的参与,提高调解程序的正规化,但后来考虑到那些"乡土性""群众性"特征明显的基层社区调解工作实际,最终制度设计采取了"就低不就高"的做法,却也因此使其丧失了一定的前瞻性与开放性。⑧

(一)人民调解难以回应现实需求

浦东新区作为国家改革开放的"先行先试"前沿阵地,承担着综合改革、"一带一路"、自贸区等多项国家战略,经济社会的发展对纠纷解决服务需求日益多元,表现为:一是纠纷类型更加多样化。医疗、道路交通、物业管理、劳动争议等涉民生纠纷以及投资、贸易、金融、房地产等涉市场纠纷均急速攀升,从2013~2015年全区调解数据来看,浦东专业性、行业性纠纷调解数量已超过了调解总量的一半,2015年更是达到了62.1%。⑨二是调解服务的需求巨大。当前,我国已进入全面建成小康社会决胜阶段,正在发生广泛而深刻的变革,面对世界多极化、经济全球化、文化多样化、社会信息化深入发展及发展过程中不稳定、不确定因素增多的形势和前所未有的新情况新问题。⑩随着我国社会结构的深刻分化,以"单位"为主要代表的旧的管理体制逐渐解体,更多的矛盾纠纷暴露出来,不管是经济较为发达的北京、上海、广东,还是经济尚不发达的广西、青海、贵州,案件数量都大幅度增长,不少省份收案数年增幅超过20%,化解纠纷的需求正在不断增加。浦东新区人民法院年收案量2014年突破10万件后,2016年达13万件,位列全国基层法院第一名。三是调解的专业性要求高。随着群众权利意识、法律意识的日益增强,调解所适用的社会规范及内容发生了明显变化,传统习惯与乡规民约逐步让位于法律规范和专业判断。

另外,政府保障扶持的人民调解组织,由于政府保障经费有限,使庞大的调解组织存在低效能、低服务、低质量等问题。(1)调解机构庞杂但效能较低,截至2015年底,全国共有人民调解组织798 417个,人民调解员3 911 220人,调解纠纷9 331 047件,调解员年人均调解仅约2~3件;(2)人民调解员的法律素养不足,缺乏商业调解等特殊领域的专业人才;(3)没有建立起调解人员的激励机制,调解人员仅凭借责任感开展调解工作,追求调解成功的动机不强烈;(4)人民调解的程序不规范、效果无法保障等。以上缺陷使得我国虽然存在大量的调解机构,但这些机构一方面不能容纳不同类型的纠纷,如对于大量的民商事领域纠纷,特别是涉及争议标的额较大的纠纷,现行的人民调解委员会往往缺乏进行调解的能力,纠纷当事人也不可能就巨额标的主

---

⑦ [美]詹姆斯·罗西瑙:《没有政府的治理》,张胜军等译,江西人民出版社2001年版,第4页。
⑧ 范愉:"《中华人民共和国人民调解法》评析",载《法学家》2011年第2期。
⑨ 据统计,2013年浦东新区调解纠纷50 528起,其中专业性、行业性纠纷27 503起,占54.43%;2014年调解纠纷59 574起,其中专业性、行业性纠纷30 791起,占51.69%;2015年调解纠纷82 831起,其中专业性、行业性纠纷51 442起,占62.10%。
⑩ 南方日报评论员:"努力建设更高水平的平安中国",载《南方日报》2016年10月15日。

动去居委会的调解委员会寻求调解;另一方面,这些调解机构也无法提供高质量的调解服务,如专业性、行业性的纠纷,不能保障调解的良好效果。各类民商事纠纷对高品质调解服务的需求不断增长,但人民调解的功能拓展、供给扩大面临着若干现实困境,"心有余,力不足"。

（二）人民调解难以做到"有求必应"

《人民调解法》规定：人民调解不向当事人收取任何费用。人民调解组织的工作经费、调解员办案补贴等均为各级财政保障。财政保障在人民调解委员会成立和发展的初期起到支撑作用,但是在持续发展上却存在诸多困扰。一是人民调解委员会无法开拓新的调解业务领域或承接新的项目,财政保障成立的人民调解组织,只能执行单一的纠纷化解功能,对开展其他领域或行业内的纠纷化解有一定的局限性,无法从根本上满足巨大的调解需求,无法做到根据需求"有求必应"和及时调整。二是财政保障对于人员数量、报酬额度有严格限制。目前全国各人民调解委员会的人员仍以退休人员为主,人员老龄化且流动性高,浦东新区专调中心通过招募执业的律师作为特邀调解员参与调解,一定程度上提高了调解员的专业水准,但是律师参加调解工作基本以公益为主,且都是兼职调解,难以提出更高的要求。而且,人民调解组织也难以根据工作领域的拓展和工作量的增长或减少适时调整人员,无法做到根据社会需求"有求必应"。三是财政保障对于纠纷的来源渠道、地域范围有严格的限定。专调中心除了医患纠纷并不能直接受理其他纠纷,为此常常失去纠纷化解的最佳时机。尤其是专业性、行业性人民调解,其不同于婚姻家庭、邻里、债权债务等传统纠纷,专业性强,服务优质,因而成本高昂。

实践表明人民调解工作经费完全由财政支持与管理,在一定程度上阻碍了调解组织的发展,致使其资金有限、人员专业化程度有限,有可能导致当事人滥用调解或调解组织拒绝进行必要的调查等后果。社会与市场力量的缺位,还会致使调解组织的积极性、主动性与创造性大打折扣。调解机制一成不变,调解组织力量分散,管理粗放,资源浪费,缺乏有效的跟踪评估问效机制,成本收益不成比例。

（三）人民调解难以吸引社会组织或个人参与

专业性人民调解保障完全由财政买单,社会化严重不足。一是无法以开放架构、市场机制吸纳社会力量,可能会制约其他专业调解形式的发展。以商事调解为例,如果调解案件类型相近,商事调解收费就会引起当事人的质疑和反感。某些商事调解收费难,而商事调解组织又没有强制执行权,这使得原本就很艰难的部分商事调解组织更是雪上加霜。正因如此,有些商事调解组织在成立之时,面临组织性质的选择,慎重起见,还是选择了人民调解的组织定位。财政买单,司法行政机构给予办案补贴,使得调解组织有了坚实的保障。而如果选择商业调解民非定位,不仅可能经费困难,而即便收费还要面临如何确定收费、如何使用收费等现实问题和审计监督的程序要求。尽管调解民非组织还在进行着努力的尝试,但如果上述逻辑和考量在现实中不断应验,那么这种尝试就将逐步走向消退,专业调解服务的多样性也只能成为泡影。[11] 二是社会组织或个人在化解纠纷方面具有贴近民众、专业水平高、反应迅速和运转灵活等优势,但是相当一部分群众还存在根深蒂固的"政府依赖心理",认为只有政府才是解决纠纷的"靠谱"方式,因此对社会组织参与纠纷调解存在一定程度的不信任,甚至认为社会组织等同为某些特殊利益集团或当事方具有利益关联,无法做到客观公正。三是某些政府部门对社会组织和个人的能力和发展前景缺乏足够信心,因而不敢放手让渡管理和服务空间,导致社

---

[11] 张西恒:"专业性人民调解付费模式研究——以某市A区若干专业性人民调解组织为例",载《第四届全国人民调解理论与实务研讨会论文集》。

会组织或个人难有作为。

三、人民调解的探索创新：以专业化与集合化试水供给侧改革

浦东新区司法局作为指导辖区人民调解工作的司法行政部门，以需求和问题为导向，一方面进一步推进1279个居/村、36个街道/镇基层人民调解委员会的建设和加强对基层人民调解员的培训，夯实基层调解组织第一时间发现问题、化解纠纷、缓解矛盾的功能；另一方面，以人民调解专业化与集合化为突破口，探索人民调解供给侧改革，在新区层面孵化专业性人民调解组织、建设人民调解专业资源集合平台和矛盾纠纷人民调解枢纽平台——浦东新区专业人民调解中心，以回应人民群众对人民调解领域广泛、专业公正、规范优质、便利高效的需求，重构科学高效高能的人民调解新体系。

（一）以专业专职重塑调解队伍，增数量提能级

让专业的人来做专业的事。2011年以来，浦东新区专业人民调解中心积极向社会招聘具有法律、医学、心理学、金融等调解工作所需专业背景的专职调解员，改变人民调解员队伍以退休人员为主的构成。专调中心现有64名专职调解员，平均年龄35岁，74%具有本科以上学历；同时建立调解员职业培训、业绩考核、定级晋级制度，实现职业化规划和管理，以调解员的专业化、职业化建设，确保调解队伍的稳定，促进调解能级的提升。2015年12月至2017年10月，专调中心受理医患、物业管理、交通事故、治安轻伤害、投资贸易、金融等各类纠纷调解申请28 577件，调解成功28 093件，调解成功率97.8%，履行率100%。专职调解员年人均成功调解纠纷数达293件，相较于全国1.5件、上海全市8件以及浦东新区居（村）和街道（镇）11件的同类数字而言，调解能级无疑极大提升。专调中心还尝试引入"执业5年以上、具有一定经验特长的律师"作为特邀调解员，参与到对专业知识及法律实践依赖程度较高的纠纷调解工作中，探索吸引社会力量参与调解，形成社会广泛参与、多方联动、和谐共融的良好局面。

（二）以归口统管规范调解流程，保质量促公信

让制度管人，按流程做事。浦东新区坚持把纠纷调解流程化。纠纷从受理、分案，到调解、专家咨询、鉴定、协议或终止，再到回访、归档，专调中心向常驻和加盟的各专业性调解组织提供了一套示范性程序模式和规范化文书样本，并以统一的调解信息系统全程电子化记录，在保持人民调解灵活性优势的基础上，强化调解流程的清晰规范、文书的简洁练达。对疑难纠纷的调解还设有专家咨询程序，2000多名各领域专业人士组成的专家库为高质量调解提供了智力支持。人民调解协议已成为交通事故保险理赔、医疗责任保险理赔的直接依据。

（三）以共享互通汇聚调解资源，扩供给降成本

整合资源，优化配置。一是要打造两条调解供应链。纵向，形成村（居）、街（镇）、区三级调解组织分层递进式调解供应链，按纠纷复杂程度分层化解，三级间又相互流转；横向，形成各专业性、行业性调解组织分类共享式调解供应链，将纠纷按类型分派至各专业调解组织调处，各调解组织又共享专调中心的资源和保障。二是要实现"一门式"调解服务。专调中心吸纳辖区内专业调解组织，搭建"一门受理、有效分流、专业调处、绩效评估"一体化运作调解工作平台，承担起"一站式"纠纷解决服务的功能。通过统一受理窗口，共享调解场所、融合调解力量、集约管理人员，为人民群众提供便利的"一门式"非诉讼纠纷解决途径，逐步形成"分工明确、功能齐全、各展所长"专业调解网络，从工作制度设计上体现提升调解能级的可能性。三是要整合多元纠纷调解资源。以专调中心为枢纽，对接行政调解和司法调解，将多元调解整合起来，为矛盾纠纷多元化解机制建设中人民调解与行政调

解、司法调解的衔接打开了集约式对接通道，较各调解组织各自为政、分散运行的财政保障成本大大降低。四是要孵化催生新型专业调解组织。专调中心可根据专业纠纷调解领域需求与供给的矛盾和缺口，有目的、有针对性、有重点地联系、组织、整合，主动孵化、培育那些能实现专业人民调解的各类组织。此外，大数据的集成也使我们对各领域社会矛盾纠纷的分析预判更为精准。一年半间，专调中心已陆续集合了之前已成立的医患纠纷调委会、物业纠纷调委会和交通事故赔偿纠纷调委会三家区级专业性调解组织，陆续孵化出上海国际旅游度假区（迪士尼）纠纷调委会、区工商联民商事纠纷调委会、上海证券期货基金纠纷联合调委会等三家市、区级专业性、行业性调解组织，并为上海银行业纠纷调解中心、浦东新区知识产权纠纷调委会两家调解组织的建立和运作提供了调解和管理模板。

四、人民调解的突破路径：以社会化与市场化实现社会共治

孟建柱同志指出：政府、市场、社会扮演不同角色，只有分工负责、良性互动，才能实现优势互补，共同治理好社会。因此要加快培育与现代社会治理结构相适应的公益性、互助性社会组织；要善于运用市场思维、市场机制推进社会治理创新。⑫浦东新区专业人民调解中心在实践中大胆探索，设立法人治理机构——东方调解中心并整体入驻专调中心，解决了调解组织民事主体资格问题；通过政府购买服务的形式，转变政府职能，使政府从调解服务的直接提供者变成政策制定者、服务购买者和绩效评估者；通过社会购买服务及部分商事领域收费调解，充分激发社会与市场的活力，实现专业调解组织支撑社会化、运作市场化，从而优化了社会治理结构。

（一）建立人民调解组织法人治理结构

2013年9月30日，国务院公布了《关于政府向社会力量购买服务的指导意见》，明确要求在公共服务领域更多利用社会力量，同时根据《政府购买服务管理办法（暂行）》（财综〔2014〕96号）规定，人民调解纳入了政府购买服务目录，同时明确规定政府购买服务的承接主体应"具有独立承担民事责任的能力，具备提供服务所必需的设施、人员和专业技术的能力，具有健全的内部治理结构、财务会计和资产管理制度，具有良好的社会和商业信誉，具有依法缴纳税收和社会保险的良好记录，并符合登记管理部门依法认定的其他条件"。⑬但因各专业调委会不具有规定的承接主体资格，而致使通过政府购买服务来争取经费保障难以落实。⑭政府职能部门要建立起必要的规范化建设指标体系，对有一定规模的调解组织实行法人治理机构改造，进而培育各调解组织逐渐实现自我管理、依法自治，使调解工作规范化、标准化和科学化，满足社会各群体对纠纷解决方式、解决效果和公平正义的需求。

具体到专调中心，在不违背《人民调解法》和其他法律规定的前提下，在专调中心的平台上，设立独立法人调解组织，以促进专业人民调解的改制与升级，增强专业人民调解工作经费保障社会化。2017年8月，浦东新区人民调解协会作为发起人，在入驻调解中心的医调委、物调委、交调委等调解组织的基础上，组建并经登记成立民办非企业单位——东方调解中心，整体入驻专业人民调解中心平台。东方调解中心通过申请登记注册为非营利法人，具有了政府购买服务和社会

---

⑫ 孟建柱："在全国社会治安综合治理创新工作会议的讲话"（2017年10月10日）。
⑬ 政府购买服务是政府为履行服务社会公众的职责，通过财政向各类社会服务机构支付费用，用以购买其以契约方式提供的、由政府界定种类和品质的全部或部分公共服务，是一种"政府承担、定向委托、合同管理、评估兑现"的新型政府公共服务提供方式。参见魏中龙、巩丽伟等："政府购买服务运行机制研究"，载《北京工商大学学报》2011年第3期。
⑭ 实践中也有地方探索出了其他方式，如以人民调解协会作为政府购买服务的承接主体，参见上海市普陀区司法局："以政府购买服务保障人民调解工作"，载《人民调解》2016年第6期。

购买服务承接主体的资格。

（二）推动民生类领域的专业化人民调解组织建设

从国际经验来看，政府通过资助性投入或资助性购买来扶持和培育新生社会组织的发展，往往可以解决社会组织发展所需要的资金问题；从能力建设的角度看，社会组织的发展也离不开政府的培育和支持。在非营利组织比较发达的国家，政府的财政支持都占有相当大的比例。[15]要激发社会组织的最大活力，不但需要政府的松绑，也需要政府的扶持，社会组织的发展离不开政府的培育和支持，这也正是我国所特有的共建共享模式。为了保障民生类专业调解组织的持续性，民生类领域的专业化人民调解组织经费来源由政府购买服务为主。政府购买调解组织的服务正是将政府、营利组织、非营利组织等各类社会主体齐聚到同一复杂系统内，通过彼此合作方式来实现目标，正是社会治理的有效方式。

具体到专调中心，对于事关民生类的纠纷（社会自治能力偏弱但纠纷高发频发的医疗、交通事故、物业管理、产品质量、知识产权、保险证券等行业领域），由浦东新区财政提供资金和资源，委托专调中心提供专项领域、重点项目、重要事件等专业人民调解服务。政府购买调解组织的服务来化解矛盾纠纷，通过确定购买服务的范围、模式、流程、评估机制等实现对调解事项的监督和指导，实现"花钱买服务，办事不养人"。专调中心根据购买项目的性质、特点、要求等，负责选聘人民调解员，将其委派至各专调委，并负责人民调解员的日常管理、指导、考核。

（三）探索社会化市场化方式进行商事纠纷调解

可以通过借鉴国外ADR经验，[16]商事纠纷采取社会购买服务为主。社会购买服务的实质是原本需要设立人民调解组织的社会组织，考虑到成本收益问题，采取加盟等方式，将设立经费等支付给专业调解组织，由专业调解组织提供调解服务。政府通过建立矛盾纠纷分类管理机制、招投标和竞价机制、第三方评估及淘汰机制，让社会力量有足够的积极性加入或参与到调解中，改变目前调解服务供给不足、服务水平和效率不高问题，时机成熟时还可以考虑商事纠纷调解的商业化和营利化。[17]尽管《人民调解法》明确规定人民调解委员会调解民间纠纷，不收取任何费用，但社会购买服务与之并不矛盾，这种方式有利于人民调解组织的专业化与集约化发展。经费保障方面，建立以政府支持为主、行业收费为辅，公益性和社会化市场化运作相结合的发展方式；针对专业领域纠纷如商事、金融证券、知识产权等，专业性调解组织实行收费调解。同时，支持国际知名商事争议解决机构开展跨境业务，探索在现有法律框架内仲裁、调解机构入驻专调中心的形式。

具体到专调中心，专调中心通过制定调解员准入条件、招录流程、资质审定、考核评定等程序，汇集优秀的律师、专家等资源，遴选商事调解员并统一发布"调解员"名册，采取调解员"专职+特邀"的方式推进商事领域的人民调解工作。目前，上海市浦东新区工商业联合会已通过政府购买服务的形式，购买了专调中心平台下的东方调解中心的调解服务。浦东新区法律援助中心、浦东新区妇联也正在洽谈意向购买东方调解中心的法律咨询、调解等服务。浦东新区人民法院对于委派或委托东方调解中心调解的案件，向东方调解中心支付相应的调解费用。对于法院移交的财产类案件，东方调解中心依据相关规定，向当事人收取调解费用。从人民调解政府单一保障模

---

[15] 魏中龙、巩丽伟等："政府购买服务运行机制研究"，载《北京工商大学学报》2011年第3期。
[16] 国外ADR制度类似于我国的人民调解，两者的共同优势在于：（1）相对于诉讼或者仲裁，更加高效；（2）费用低廉；（3）有较高的成功率。根据英国CEDR的调查，75%的案件在调解当日可达成协议，调解成功率达89%。
[17] 上海市浦东新区司法局课题组："专业性人民调解平台建设若干问题研究——基于上海市浦东新区专业性人民调解中心实践"，载《中国司法》2017年第1期。

式向多渠道保障模式转变，实现人民调解经费保障社会化。

（四）开发立体化、全覆盖的专业调解网络

推动网络信息技术在多元化纠纷解决机制中的运用，开发建设融纠纷排查、调处、分析、评估等功能于一体的人民调解信息管理平台（调解APP），打造纵向贯通、横向集成、共享共用、高效便捷的在线纠纷解决平台（ODR），形成线上线下有机融合的调解活动。通过网络打破时空局限，创新整合各类解纷资源，为群众提供及时、高效的解纷服务，不断拓展人民调解服务社会经济生活的时空领域。

"逆水行舟，不进则退"。浦东新区专业人民调解中心的改革与试水，部分解决了目前调解组织散、小、弱，自我造血功能不足等问题，为实现人民调解的转型升级与专业调解的可持续发展提供可参考可借鉴的探索方向。

法苑圆桌

医患纠纷人民调解：
探索建立第三方评估机制、
推进工作效能再上台阶

编者按：2011年，上海市成立市、区两级医患纠纷人民调解工作办公室，并重组了各区县医患纠纷人民调解委员会，形成了以人民调解为平台，司法、卫生、法院、公安等部门合作，社会广泛参与的医患纠纷多元化解体系。6年来，医患纠纷人民调解工作成效显著，已成为医患纠纷多元化解机制的重要组成部分，为构建和谐医患关系、维护双方合法权益发挥了关键作用。为进一步总结经验成果，上海市徐汇区司法局在医患纠纷人民调解工作开展五周年之际，发布了《上海市徐汇区医患纠纷人民调解效能评估白皮书》，对医患纠纷人民调解的现状进行了客观分析。那么五年来，上海市徐汇区医患纠纷人民调解工作到底取得了哪些成效？有哪些特色、亮点？今后五年，又将如何发展？本期嘉宾将围绕医患纠纷人民调解相关问题进行深入研讨交流。

圆桌嘉宾：

陈春兰　上海市司法局副局长
王磐石　上海市卫计委副主任
王　珏　上海市徐汇区委常委
商忠强　上海市司法局医调办主任
吴裕华　上海市徐汇区人民法院副院长
徐文泉　上海市徐汇区司法局原局长
黄俊艺　上海市徐汇区司法局副局长

《法苑》：2011年8月，上海市全面推进医患纠纷人民调解工作，五年来，上海的医患纠纷人民调解工作取得初步成效，为减少医患对抗、维护医疗秩序、构建和谐医患关系发挥了重要作用。上海医患纠纷人民调解工作得到了较大的发展，取得了明显的成效，这些成绩来之不易，表现在哪些方面，又是如何做到的呢？

陈春兰：近年来，医患纠纷呈多发、频发态势，甚至引发医患对抗与冲突。这不仅损害了医患双方的合法权益，也严重扰乱了正常的医疗秩序，已成为影响社会和谐稳定的突出问题之一。上海作为特大型城市，医疗资源丰富，医疗活动高度密集频繁，医患纠纷的解决与上海城市运行管理，乃至社会和谐稳定密切相关。上海市委市政府高度重视医患纠纷化解工作，将其列为一项重要民生工程。2011年，在经过多年的探索和全面的调研的基础上，上海市委市政府先后以市委会议纪要、市政府文件形式对全市医患纠纷人民调解工作做了顶层设计，把有效预防和化解医患纠纷作为推进社会管理创新、推进社会矛盾化解的重要突破口来部署。经过三年多的实践，上海市政府于2014年颁布了政府规章《上海市医患纠纷预防与调解办法》，明确了人民调解在医患纠纷解决机制中的重要地位，进一步提升了医患纠纷人民调解的法治化与制度化水平。上海市医患纠纷人民调解工作坚持"自愿、公正、及时、便民"原则，以维护医患合法权益，促进医患和谐关系为目标，依托全市大调解工作体系建设，形成以人民调解为平台，司法行政、卫生行政、保险监管、公安等政府职能部门大力支持，社会广泛参与的工作格局。至2015年年底，全市各医调委共计调解医患纠纷1.3万余件，约80%达成调解协议，涉及协议金额近6亿元。

商忠强：医患纠纷人民调解工作是涉及医患双方合法权益以及正常诊疗秩序的民生工程。为了确保本市医患纠纷人民调解工作的顺利开展，我们司法行政部门既要当好组织者，又要当好宣传员。因此，自工作开展以来，我们通过多手段、多途径营造良好的医患纠纷人民调解工作氛围，同时给予医调委足够的独立性，确保调解员在调解工作中的中立性，以增加人民调解工作的公信力。一方面，努力打造一支专业的医患纠纷人民调解员队伍。严把人民调解员入口关，按照政治素质好、业务技能精、群众威信高的标准，把群众信任、为人公道，并且有一定调解经验和专业知识的人选聘为人民调解员，同时，积极发展法律工作者、专业领域人员为兼职调解员或志愿者参与调解工作。不断完善各项考评制度，明确工作职责、细化具体任务，责任到岗、责任到人，强化调解员的责任意识，提高工作积极性和主动性。对目前调解队伍年龄结构老化，后备力量不足等问题，探索建立医调人才储备机制，推进人民调解规范化、专业化建设。另一方面，不断提高医患纠纷人民调解工作的知晓度。不断丰富宣传手段和载体，结合法制宣传工作，大力宣传第三方调解的优势和便利，提高调解员在基层群众心目中的形象和地位，提升群众对第三方调解医患纠纷的认可度，引导群众以理性合法的方式表达利益诉求，逐步树立"调解优先"的意识，营造"有纠纷找人民调解"的良好社会氛围。

徐文泉：上海市徐汇区医患纠纷人民调解工作办公室（以下简称徐汇区医调办）和徐汇区医患纠纷人民调解委员会（以下简称徐汇区医调委）在上海市司法局、市卫计委的正确指导下，在区委和区政府的高度重视下，在徐汇区区卫计委、法院和公安的大力支持下，顺利实现了从先行先试到统一规范、从单一调解到多元化解、从单纯追求调解案件数量增长到确保有质量的调解成功率的转型发展。我们紧紧围绕维护社会稳定这一目标，扎实有效推进该项工作，取得了良好的社会反响。五年来，徐汇区医调委共计接待各类咨询12 134人次，调解医患纠纷2393起，调解成功1953起，成功率为82%。2013年，徐汇区医调委被司法部评为"全国模范人民调解委员会"。2014年，徐汇区医调委又被市司法局授予"上海市优秀人民调解委员会"的荣誉称号。中央政治局委员、中共上海市委书记韩正等领导先后莅临徐汇区调研指导医调工作，并给予高度评价。

五年来，为积极发挥人民调解在医患纠纷多元化解机制中的基础性作用，徐汇区医调办与医调委不断优化调解方式，规范调解程序，强化机制保障，深化创新举措，主要做法有：

第一，坚持规范化调解。一是规范工作流程。围绕受理申请、调查取证、主持调解、签订协议、信息回访等各个环节，规范调查核实、专家咨询、保密、回避、调解中止等具体工作制度和相关调解文书的制作；二是优化工作方法。针对医患纠纷的特点，医调委调解员在调解中依据一个"法"字，注重一个"情"字，将纠纷调在一个"理"上，总结出"三心三全三依工作法"，即细心观察、耐心询问、静心倾听、全面记录、全力查证、全程分析、依理调和、依法结案、依责建议，在成功调解纠纷中发挥了重要作用；三是完善工作考核。徐汇区医调办不断完善《专职人民调解员绩效考核实施方案》，成立了绩效考评工作小组，每月对医调委专职调解员工作质量、工作效率、工作态度、调解对象满意度等指标进行考评，以严格规范专职人民调解员工作纪律和职业行为。

第二，坚持法治化调解。一是坚持以法治思维规范医调工作。将法治的观念贯穿医调工作始终，坚持在法律法规的框架内进行调解，越是复杂的医患纠纷，越要用医学事实分清是非，用法治思维分清对错，让当事人在法律框架内主张权利、确定义务；二是坚持以法治方式开展医调工作。医患纠纷调解过程中，必须坚持以事实为依据，查明纠纷经过，抓住双方当事人争议的焦点，有针对性地做好调解工作，进而促使医患双方心平气和地达成并履行调解协议，提升医调法治化水平；三是将以人为本贯穿医调工作。充分发挥人民调解的优势，加强与患方感情的沟通、交流，凭借专业知识帮助患方梳理纠纷的症结，了解患方的实际需求，真正做到让患方诉求有人理、困难有人帮，最终使调解更规范，更权威，防止纠纷的反复，最大限度地消除矛盾，进而推动形成医患双方和谐互信的良好氛围，维护社会稳定。

第三，坚持专业化调解。一是积极发挥专家咨询的重要作用。区医调委在市医调办《医患纠纷人民调解工作规定》的基础上，结合自身工作实际，不断规范专家咨询程序。同时，医调委以纠纷预防为切入点，不断探索专家咨询的新模式、新功能、新成效。比如，将专家咨询中涉及医方的意见汇总后，通过专家咨询联系函的形式，及时向卫生部门及医疗机构提出预防建议；坚持"请进来"和"走出去"相结合的模式，将专家咨询转移到二级医疗机构内，通过真实案例现场教学的方式，提升医护人员的医疗技术水平和纠纷防范意识。二是加强与各职能部门衔接，完善矛盾纠纷多元化解机制。加强与卫生行政部门的联动，完善医患纠纷信访案件行政委托调解的访调对接机制；加强与公安部门的协调联动，积极探索现场调解方式，通过与公安在纠纷现场的密切合作，及时有效地将纠纷第一时间引出医院或是在医院就地化解；不断畅通与法院的诉调对接渠道，通过发挥巡回法庭的工作优势和加强人员交流活动，逐步探索形成了法院诉前委派调解、诉中委托调解、调后司法确认、调解不成"巡回法庭"审理等衔接机制。三是不断延伸基层医调服务窗口。区医调委依托街道、镇的基层大调解平台，建立医患纠纷一口受理、分流处置工作机制。通过医调工作室的形式，延伸服务触角，使医患纠纷人民调解走进社区、接地气、解民忧，便于医患双方及时通过人民调解途径化解纠纷。

《法苑》：从文泉局长的发言中，我们可以了解到，徐汇区医患纠纷人民调解工作开展五年来，探索出了一套具有"徐汇特色"的工作模式。其中专家咨询、巡回法庭以及访调对接等特色工作得到了社会各界的广泛好评。那么这些模式的特色表现在哪些方面？对医患纠纷的化解的作用具体表现有哪些？

商忠强：上海市司法局和卫计委共同组建市级层面的专家咨询库，目的就是希望各区县通过专家咨询来提升人民调解的专业性，专家咨询意见作为人民调解委员会调解员的调解依据。市司法局也根据医患纠纷人民调解的工作实际，出台了《上海市医患纠纷人民调解专家咨询暂行规定》，从全市的角度，对专家咨询工作提出了框架性、原则性的要求，规范了专家咨询的操作流程。徐汇区医调委在上海市司法局《专家咨询暂行规定》的基础上，结合本区工作实际，制定了徐汇区的《专家咨询实施办法》，从专家咨询的启动，到咨询会的召开，再到专家意见的反馈，都做了细化，非常规范。徐汇区的专家咨询的模式也非常丰富，根据不同的纠纷特点采取不同的咨询模式，更能切中纠纷要害，也更能让医患双方当事人信服。在专家咨询之后，徐汇区医调委还向各医疗机构发放《纠纷预防建议函》，这都是对专家咨询后续工作的延伸。

吴裕华：在医调委成立之初，经过与徐汇区司法局对接之后，我们法院专门在医调委设立了"巡回法庭"，将诉调对接中心的一部分工作前移，直接与区医调委进行对接，一方面做好调解协议书的司法确认工作，另一方面对调解不成愿意通过司法途径维权的案件，直接受理，委托鉴定，后期对于符合建议程序审理的案件，直接在巡回法庭开庭审理，医调委的调解卷宗也可以作为法官依法裁判的参考，取得了良好的效果。徐汇区司法局与上海交大政策研究中心的调查结果也显示，90.5%的医疗机构、66.7%的调解员和62.5%的患者认为，在医调委设立巡回法庭，有助于帮助医患双方合法维权。

王磐石：徐汇区医疗资源丰富，占据了全市的大部分优质卫生资源，纠纷的调解工作任务重、担子压力大。自2011年起，围绕搭建医患沟通平台，缓解医患紧张关系进行了一系列探索、实践。对比其他发达国家、地区，我国医患纠纷的性质不同，其他国家的医疗纠纷是一般不会影响就医正常秩序、不会影响社会稳定和发展，而我国医患纠纷时不时发生危害人身安全、干扰正常诊疗秩序等，复杂性、艰巨性不能与国外相比的。医患矛盾，从某程度上来说有社会化的趋势，徐汇区医调五年来的工作，尤其是与卫计委信访部门的访调对接工作，取得了很大成效。有两个数据：一是全市层面，近五年与2010年前相比，医患矛盾总的下降13%，卫生信访秩序明显好转，尤其2014年卫计委与司法局联合印发的《关于进一步加强医患纠纷类的信访与人们调解的工作对接意见》后，有效整合了卫生、司法与人民调解的各自的工作优势，形成了合力化解的模式，实现了访调对接全程无缝衔接的工作机制。二是卫生系统通过访调对接转送到医调委的案件中，调解成功率达到60%，这是很不容易的。因为转送过去的纠纷，都是久拖不决的疑难问题，例如，2014年国家卫计委挂牌的十大信访案件之一，通过徐汇区医调委圆满解决。

陈春兰：巡回法庭这一项工作在全市属于首创，我认为值得全市乃至全国进行推广。因为有这个巡回法庭，更利于解决纠纷矛盾，医患双方更愿意来申请调解。此外，人民调解法明确规定，人民法院要对人民调解工作进行业务指导，业务指导包括审判形式、司法确认等。因为有这个巡回法庭，法院可以更方便地用审判形式对人民调解业务指导工作。因为调解不成立即进入司法程序，可以使人民调解员很快了解司法裁判是如何进行的、事实证据是如何认定采信的，这对于人民调解工作专业化提高是有很多帮助的。对法院来说，也是很好地贯彻和践行了《人民调解法》的规定。

《法苑》：徐汇区司法局和上海交通大学卫生政策研究中心组成课题组，对徐汇区医患纠纷人民调解工作进行评估，并发布了《上海市徐汇区医患纠纷人民调解工作效能评估白皮书》（以下简称《白皮书》），其特色亮点有哪些？有何实践指导意义？

黄俊艺：经过五年的发展，目前辖区内医患

纠纷处置机制已经逐渐转向常态化、制度化和规范化。据统计，区医调委五年来接待咨询量占全市总量的1/3左右，纠纷受理量约占全市的1/5，成功调解量约占全市总量的1/6。历年统计数据显示，从2011年到2014年，徐汇区医调委成功调解案件数量逐年递增；2015年全区医患纠纷相关统计数据出现下降，区医调委纠纷受理量、区人民法院诉调受理量以及区卫计委信访受理量均呈现不同程度的同比下降。目前，就徐汇区医调委的实践效果来看，对医患纠纷人民调解的效能评估依旧停留在感性知晓层面，缺乏系统性、客观性和可操作性的评估标准。另外，针对已经相对成熟的医患纠纷人民调解机制，建立相对统一的标准化工作流程和评价指标，将有助于明确相关监管部门和主体的权责、职能，有助于进一步提升医患纠纷人民调解的业务水平，推动完善专家咨询、健全司法确认、推动保险理赔，以及规范文书档案管理等核心环节，有助于为改善医患纠纷人民调解效能指明方向，从而为归纳总结新时期行业性、专业性人民调解工作的组织框架、运行机制，以及内在规律奠定坚实的基础。因此，在创新多元化纠纷解决机制的背景下，从结构性、过程性和功能性角度，建立人民调解效能评估体系，具有重要的实践意义和理论价值。因此，区司法局和上海交通大学卫生政策研究中心签约，组成专项调研课题组，通过梳理、分析我区医患纠纷人民调解工作五年来的组织架构、运行机制以及工作流程等方面内容，对我区医患纠纷人民调解的整体发展情况进行主观与客观、结构与功能、过程与绩效相结合的效能评估。结合课题调研的成果，我们制作印发了《白皮书》。当前，调解制度呈现出多元化发展的格局，主要包括政府主导的行政调解、法院主导的司法调解和依托于基层群众组织的人民调解。医患纠纷人民调解委员会作为行业性专业性的人民调解组织，在医患纠纷调解方式中愈来愈显现出主渠道的作用。从2011至2014年区医调委受理的纠纷数量来看，年平均受理量保持在500余件，成功调解案件数量400余件，调解成功率始终保持在80%以上。2015年全区医患纠纷相关统计口径出现不同程度的下降，区医调委受理量同比下降12%，区法院诉调受理量同比下降16%，区卫计委信访受理量同比下降14%。数据似乎表明，徐汇区医患纠纷的现状已经得到明显改善；但从总体上来看，医疗资源配置不均衡、医患关系相对紧张、信息沟通不畅、医政管理跟进不够及时等导致医患纠纷多发的深层次原因依然存在，我们主观判断：我区医患纠纷总体形势仍不容乐观，并将在今后相当长的一段时期保持高位运行。与此同时，我们也深深感到，医患纠纷人民调解领域，除了传统的内部考核和质量评价之外，缺乏站在多元化解的立场，建立具有系统性、客观性和可操作性的评估体系。另外，2014年，上海市政府公布并施行《上海市医患纠纷预防与调解办法》，为进一步完善医患纠纷人民调解的各项关键流程，提供了权威的操作指南和评价标准。据此，课题组明确了以《上海市医患纠纷预防与调解办法》为依据，以徐汇医调委五年来的数据为样本，通过研究，初步建立起区医患纠纷人民调解效能评估体系，并以此为蓝本实施评估，为今后进一步提升我区医患纠纷人民调解工作能级指明方向。

吴裕华：《白皮书》的作用价值主要体现在以下三个方面。一是制作方法科学合理。《白皮书》在详细梳理国内外理论文献的基础上，采用德尔菲专家咨询法，对徐汇区的医调工作的指标进行筛选并赋予权重，为建立较为科学的医患纠纷人民调解效能评估指标体系奠定了基础。二是评估结论客观可信。《白皮书》对徐汇区医患纠纷人民调解的调解结构、调解能力和调解绩效三个方面进行评价，在此基础上细分为13个二级指标和44个三级指标，调查内容及评估结论准确、全面、客观，并提供了准确、翔实的数据对调研情况进行佐证，使评估结果真实、客观、更具说服力。三是具有借鉴价值和意义。《白皮书》不仅围绕徐汇区医患纠纷人民调解的效能进行了评估，使我们对该项工作的现状和全貌得以把握，更揭示了该工作的结构、效能和发展状况，让我们能够对该项工作有更深刻的认识和理解，从而为我们今后的矛盾化解工作带来启示。

王磐石：《白皮书》对医患纠纷人民调解效能评估的指标进行筛选、赋予权重，建立了较为科学的医患纠纷人民调解效能评估指标体系。之后针对纠纷患者、普通患者、医疗机构、调解员等不同群体，通过多种抽样方式搜集样本，展开计算机辅助电话调查，同时结合专家评估和深度访谈搜集相关数据信息。由于受访者的各种群体特征分布较为均衡，因而可以较为全面真实地代表徐汇区相关群体对于医患纠纷人民调解工作的看法。

陈春兰：徐汇区司法局在医调委成立五周年之际发布《白皮书》，在全市乃至全国都是率先之举，具有很好的探索和实践价值。之前市政府法制办有一份评估报告，是关于评估市政府出台的规章贯彻落实情况，这个规章就是《上海市医患纠纷预防与调解办法》。市政府法制办也对这个政府规章出台后整个施行的情况进行过评估。我认为，市政府法制办的评估报告和这个《白皮书》内容、内在逻辑关系是一脉相承的。总体来讲，评估报告与《白皮书》内容，是非常客观的，也符合市司法局对于全市医调工作掌握的情况。医患纠纷的解决与一般纠纷的解决是不同的，医患纠纷的难度大、复杂性高、专业性强，因此《白皮书》里特地提到了要建立专家咨询团队。关于如何解决医患双方立场不同这个问题，通过专家团队的咨询意见，经过取舍，准确使用咨询意见，才能使医患纠纷的成功化解率达到80%以上，我认为这个不仅是成绩，而且是一个相当大的成就。五年来，徐汇区医调委在医患纠纷人民调解机制上进行了积极探索，充分借助地方党委统一领导、协调各方的组织优势，有效整合司法机关、卫生行政机关、医疗机构以及其他社会资源，形成工作合力，立足"多元联动"建设，围绕新时期医患纠纷的特点，充分发挥人民调解的制度优势，坚持以人为本，先调解后处理，建立起一个稳得住、调得好的纠纷调处机制，实现了社会效果与司法效果的统一，在增进医患沟通互信，缓解医患紧张关系方面已经取得了明显成效，也为徐汇区医调委深化机制创新提供了可资借鉴的经验和启示。

《法苑》：ADR制度在西方有几十年发展历史，其在不同国家的成功实践表明了ADR对解决纠纷的普遍适用性。据了解，在一些国家，95%以上的纠纷都要通过调解等ADR途径解决。ADR模式对医患纠纷人民调解工作来说有没有可吸收借鉴的依据，努力方向又在哪里？

商忠强：ADR机制是指除法院诉讼以外的社会矛盾纠纷解决机制，具体包括自我协商、仲裁、调解等方式。20世纪70年代左右，西方国家出现了"诉讼爆炸"以及诉讼成本大幅上升等现象，法院诉讼难以满足人们日益增长的纠纷解决需求。为此，以美国为代表的西方国家提出了ADR机制化解矛盾纠纷。相比国外的ADR机制，我国的人民调解还有一定的进步空间。以徐汇区医患纠纷人民调解工作为例，医患之间的对立情绪和社会舆论对医患纠纷的化解造成了巨大压力，同时徐汇又是一个医疗卫生资源非常丰富的地方，随之而来的医患矛盾也较为突出，这些都要求我们必须深入研究把握矛盾纠纷产生、发展和化解的规律，从徐汇的实际情况出发，不断探索创新社会治理方法，形成"徐汇经验"，切实在提高医调工作实效方面取得更大进展。

一是要在完善社会矛盾多元化解机制中下充分发挥基层人民调解组织的作用。完善社会矛盾多元化解机制中的构建，总的方向是要不断整合区域内的资源、形成化解矛盾的综合优势，有效地将矛盾纠纷化解在基层、消除在萌芽状态，维护社会和谐稳定。关键是要强化对各个街镇的资源整合、信息共享，切实提高及时发现纠纷、处理纠纷的能力，切实把问题解决在当地、解决在萌芽、解决在可控状态。医患纠纷的处置不仅仅是司法局、医调委的职责，更是全区、全社会的职责，因此，徐汇区司法局要注意经验总结，充分依托区完善社会矛盾多元化解机制中体系优势，以枫林、华泾医调工作室为样板，根据不同区域的特点和基础，形成多样化、可复制、可推广的基层调解工作模式，不断提高医患纠纷预防和处置的能力水平。

二是要着力打好从源头上预防和减少医患纠纷的主动仗。五年来，徐汇的医患纠纷人民调解工作已经初显成效，也得到了社会和人民群众的认可和肯定。但是我们也清晰地感觉到，医患纠纷发生后，单一的事后调解是十分被动的，而且纠纷发生后的处置往往都是非常棘手的难题，所耗费的精力、财力、人力，以及破坏力和不良影响都远远超过预防医患纠纷所要付出的代价。因此，今后的工作规划中，在全力化解已经发生的医患纠纷的同时，要不断探索新的工作机制，以更大的力度推进源头预防，力争把医患纠纷的发生率控制在最低程度。例如，区医调委与胸科医院合作开展的《执业医师规范化培训》，我认为就是一个很好的尝试，让医生到医调委，亲身实地的接触医患纠纷的化解，从而规范与提高一线医护人员的医疗质量管理能力、沟通协调能力和危机应变能力，对加强执业医师职业道德建设，从源头上预防和减少医患纠纷的产生起到了很好的效果。

三是要坚持以法治思维和法治方式化解医患纠纷。在全面依法治国的形势下，法治是治国理政的基本方式，这也是处理医患纠纷的基本方式。2015年12月，中共中央办公厅、国务院办公厅发布了《关于完善矛盾纠纷多元化解机制的意见》，提出要坚持依法治理，运用法治思维和法治方式化解各类矛盾纠纷，我认为，就是要将法律作为判断是非曲直的标准，作为评判双方对错的准则，作为维护医患双方当事人正当权利、确定双方责任的基本依据。同时，要不断畅通与法院的诉调对接渠道，以司法确认的形式，为人民调解协议书的效力提供有力的法律支持，确保人民调解活动的公信力和严肃性。

王珏：目前，徐汇区的医患纠纷人民调解工作虽然取得了阶段性的工作成效。但同时我们也要清醒地认识到，我们的工作和国外发达国家相比，和人民群众的期待相比，还存在一定的差距，还需要继续努力、继续创新。必须要认清当前形势，增强责任感和主动性。市委、市政府和区委、区政府都高度重视医患纠纷人民调解工作，对这项工作提出明确要求，强调要抓关键、重创新、补短板。

我认为可以从三个方面来把握：一是要从创新社会治理的整体格局中来把握医调工作的重要性。市委、市政府包括区委、区政府已经连续几年把创新社会治理作为一项重中之重的工作，抓推进、抓落实、抓创新。医患纠纷人民调解工作在全市创新社会治理体系中占据非常重要的部分。大家务必准确站位、科学定位，充分认识到做好医患纠纷人民调解工作，对于完善社会治理体系、提高社会治理能力，推进社会治理进程有着十分重要的意义。二是要从维护社会稳定的全面要求中来把握加强医调工作的必要性。2015年7月6日，市综治委、市高院、市检察院、市司法局等12家部门共同制定出台了《关于完善本市人民调解、行政调解、司法调解联动工作体系进一步加强人民调解工作的意见》（沪司规〔2015〕6号），对人民调解工作提出了新的目标和要求，进一步明确了人民调解（包括医患纠纷人民调解）在"三调联动"中的基础性和主渠道地位。徐汇也在第一时间经区府常务会审议通过，出台了本区关于"三调联动"的实施方案。因此，我们必须深刻认识到，加强医调工作，不仅是和谐医患关系的需要，更是维护社会稳定的要求，我们必须从思想和观念上对医患纠纷人民调解工作更加重视，使其在构建和谐社会的进程中发挥基础性和主渠道作用。三是要从增强群众获得感的客观需要中来把握加强医调工作的紧迫性。衡量创新社会治理成效的标准，最根本的就是群众的满意度。因此，要坚持以人为本，高效便民，把群众满意作为出发点和落脚点。从目前情况来看，我区的医患纠纷人民调解工作初步得到了医患双方的认可和肯定,但是医患纠纷仍在不断的发生,并呈现出复杂化、疑难化、群体化等特征,这对我们的工作也是一个新的挑战,从一个侧面说明了这项工作好比逆水行舟、小进也是退,需要进一步加大力度、加快进度,让群众有更多的获得感,从而争取群众更大的认同、支持和参与,推动医调工作的发展。

王磐石:谈到下一步工作的发展,我认为卫生行政部门以及医疗机构有三个方面要加强。一是要继续坚持将人民调解作为化解医患纠纷信访矛盾的主渠道之一。为了充分发挥人民调解在化解医患纠纷信访矛盾的作用,贯彻落实好医患纠纷与信访人民调解工作的对接,具体要把握三个层面的工作:第一,要尽可能提高矛盾转送数量占卫生信访数量的比例。第二,要进一步强化宣传,要宣传访调对接、融合对接,让患者选择到医调委解决纠纷,并且认为医调委解决更客观、公正。第三,宣传效果好,才能提高工作效率,降低工作成本;要把好信访受理关,严格按照信访条例的要求,严格按照国家卫计委的规定要求,信访存量要逐步缩小,现量要稳定。二是要继续推进访调对接工作制度化、规范化建设。要进一步健全制度,主要是完善信息通报、反馈等有关方面的制度,通过制度的完善及时解决医患纠纷人民调解中遇到的问题和困难。要进一步完善机制,主要是排查和调停的工作机制,及时掌握可能引发医患纠纷的不稳定因素,努力把纠纷化解的机制,消除在萌芽状态。要进一步规范流程,让信访者感受到政府部门是具有客观性和公正性的,就像去医院就医,要让患者感觉到医生是尽力的。三是要继续进一步深化访调对接机制的融合度,强化源头管理。深化访调对接机制的融合度,更有利于研判,加强联动、合力有效化解纠纷。加强信访队伍的建设,尤其加强医调窗口队伍的建设。建议如果作为干部要培养的,需要到信访办锻炼一段时间。

陈春兰:徐汇区《白皮书》不仅是徐汇区医患纠纷人民调解工作的阶段总结,也是上海市医患纠纷人民调解工作的代表与缩影。2014年,上海市市司法局与美国耶鲁大学召开关于医患纠纷调解的研讨会,会上耶鲁大学专家介绍了美国的医患纠纷ADR机制,也对上海医患纠纷人民调解工作模式和成效给予了高度的肯定。对于当前医患纠纷人民调解工作中存在的瓶颈和问题,我认为要重点做好以下三个方面工作:一是进一步落实完善相关社会保险机制。这个问题在市政府法制办的评估报告里,作为一个问题明确提出,而且是作为下一个立法建议提出的,准备从立法的角度来解决这个问题,需要我们与保监会共同去研究、去思考、去谋划。二是进一步加强宣传教育引导。目前的媒体对"医闹""打砸抢"等突发事件的报道大多停留在表面,但是对于深层次纠纷产生原因、调解引导过程却宣传得不够。《白皮书》调查数据显示,医疗机构对于医调委认知度高于社会公众的认知度30%多。说明普通社会民众对医患纠纷调解工作的认识了解不够,需要通过各种途径、各种手段加强宣传引导。三是进一步加强专业调解员队伍建设。为什么西方发达国家95%以上的矛盾纠纷都可以用ADR模式解决,一支专业高效的人才队伍是其中重要因素之一。定期开展调解技巧、心理素质、宣传引导等方面的系统训练,并辅以相关政策制度保障,这方面值得我们学习借鉴。

法律服务上海"四个中心"建设新途径：公证与金融对接

编者按： 到2020年，上海市要基本确立以人民币产品为主导、具有较强金融资源配置能力的全球性金融市场地位，这是《"十三五"时期上海国际金融中心建设规划》目标要求。金融行业是一个高收益、高风险的行业，随着市场经济快速发展，金融体制、方式的创新越来越快，如何建立一套符合我国国情的金融发展体系，科学高效地做好金融风险防范工作，确保金融市场稳定是当前一项重要而紧迫的任务。公证制度具有规范和稳定金融市场的属性，可以为我国金融市场的健康发展，为国家信贷和银行等行业的资金安全提供强有力的法律保障，已成为金融风险防范的强有力手段。本期圆桌会议嘉宾围绕公证如何对接金融行业，防范金融风险、促进金融业健康发展这一议题开展相关讨论。

圆桌嘉宾：

吴耀君　上海市高级人民法院执行局副局长
王　琼　上海市司法局公证工作管理处处长、上海市司法行政工作研究会秘书长
王兴和　中国公证协会副会长、上海市东方公证处代理主任
黄爱武　上海市浦东新区司法局原副局长
陈道友　上海市浦东新区公证处代理主任
朱　韬　华瑞银行行长
李国旺　中山证券首席经济学家

《法苑》：金融公证是一种规范资金运营，防范、降低金融交易风险的有效手段。公证制度在保障金融市场的健康发展，为国家信贷和银行资金提供安全保障等方面起到较为明显的作用，国际上也有较为成熟的模式和经验做法。上海市公证行业在服务金融行业、防范风险方面有哪些具体做法、进行了哪些尝试？实际效果又如何？

王琼：公证制度是一项预防性的、可替代诉讼的准司法制度，是社会多元治理中重要的法律保障机制，在防范和降低法律风险、保障交易安全、预防和减少诉讼等方面，具有独特的优势和功能。

上海市公证行业自1980年恢复重建以来，三十多年来发展迅速，公证业务量从当初的每年5700件增长到现在每年约60万件，公证员队伍从最初的29人发展到现在的426人，公证文书已发往世界一百八十多个国家和地区。目前，公证的服务领域已经从公民、企业的经济交往合作，到知识产权以及各类民商权利的保护，通过公证证明、证据保全、现场监督等多种方式，使其在经济发展、保障民生、社会治理等各个领域都发挥了重要的作用。随着上海自贸试验区、科创中心和"四个中心"建设的步伐不断加快，金融市场日趋活跃、金融创新日益深入，金融行业对于公证等法律服务的刚性需求与日俱增。上海公证行业对此予以积极响应，不断拓展服务领域，推动整个行业转型升级。

2009年6月25日，上海市第十三届人民代表大会常务委员会第十二次会议通过了《上海市推进国际金融中心建设条例》。该项地方法规第37条明确规定："上海市支持金融法律服务业发展，鼓励法律服务机构拓展金融法律服务领域，为金融机构和相关企业、个人提供金融法律服务。"上海公证行业主动与金融机构对接，积极拓宽互联网金融、融资等公证业务，为银行和中小企业提供法律方案，确保资金安全，有效防范金融风险。比如，东方公证处与民生银行等金融机构签署战略合作协议，在提供金融公证保障的同时，还主动为银行债权文书提供代办抵押登记等"一条龙"服务；闵行公证处、长宁公证处、卢湾公证处等还在各类科技园区内设立"智慧中心"等服务点，积极为科技企业的孵化工作、网上数字认证和知识产权保护提供法律公证服务。市内多家公证机构积极主动应对不动产登记管理体制、机制变化给公证业务带来的各种影响，积极顺应金融机构办理公证的市场需求，主动走访各类大型金融机构，并签署金融公证法律服务战略合作文本。

总之，上海公证行业正在朝着"转型""创新"和"服务"的方向不断前行，逐步从以不动产公证为主的业务模式转向服务金融等经济新常态的新服务模式。上海市公证行业将提供更加优质高效的金融公证法律服务，以推动上海国际金融中心建设不断发展。

王兴和：公证行业如何更好地服务于上海国际金融中心建设这一国家发展战略，一直是我们上海东方公证处，同时也是整个上海公证行业面临的重要课题。在金融公证业务发展的过程中，我们面临着两个方面的问题：一方面，在传统金融公证活动中，随着公证介入银行金融、民间金融的深度和广度不断扩大，如何在确保公证质量、防控金融风险的前提下，更有效地应对、满足传统金融市场对于公证的合理需求；另一方面，随着金融创新的蓬勃开展，有很多金融创新活动尚处在法律真空地带，公证行业如何发挥好公证预防纠纷、防范风险的作用，同样是在金融公证实务中亟须解决的问题。

近年来，上海东方公证处在市司法局的领导下，围绕上海国际金融中心建设的国家战略，采取了一系列针对性强的办法措施以便更好地满足金融市场的需求、更好地服务于金融安全及金融创新、更加积极地完善和拓展金融公证业务。如在上海市浦东陆家嘴核心区域成立了服务于自贸区的法律服务中心，并且针对不同的金融业务组建了三个金融公证业务部门；与上海市银行业公会、融资租赁协会等多个金融专业协会以及多家金融机构建立协作关系并不断拓宽合作渠道；与上海财经大学合办了金融专业知识培训班，提高公证员的金融专业素养，提升金融公证的专业化、规范化业务能力。目前我处金融类公证的数量持续上升，这一方面反映了市场对于公证介入金融活动的需求日渐上升，另一方面也显示出公证业务新的增长点和公证业务转型发展的趋势。我处金融公证的主要形态为赋予债权文书强制执行效力公证，此外亦包括部分合同类、签名类公证以及代办登记业务。就赋予债权文书强制执行效力公证而言，从上海市东方公证处2011年到2015年五年间的数据来看，2011年赋予债权文书强制执行效力公证的年受理数仅为2961件，而这一数字在2015年达到10 374件，受理数增长近三倍。目前该类公证业务的覆盖面除传统的银行贷款、民间借贷类合同外，还涉及信托、融资租赁、保理等多种新型金融形式。此外，上海东方公证处为应对形势变化，积极打造金融公证法律服务团队，精挑细选近30名具有金融公证实践或者勇于迎接挑战的公证员组建了三个金融法律服务团队，分别对接银行类金融机构、非银行类金融机构和民间借贷公证当事人。通过这些举措来奠定金融公证法律服务的组织保障和人才支撑。

陈道友：上海浦东公证处立足于浦东新区的发展现状，主要承担起服务浦东新区经济发展、社会民生等方面的公证需求。为了能更好地服务于整个上海市的经济发展建设，上海公证行业打破了传统公证法律服务的地域限制，如今浦东公证处也可以办理全市范围内的各类公证业务。目前，浦东公证处出具的公证书在全世界100多个国家能够使用。2011年整个浦东公证处的办证量是25 000件，到2015年已经发展到5万件，公证的办证量逐年增长。近些年来，我们办理的公证案件数量达15万件，案件涉及各类合同协议，其中强制执行的公证案件就达6000多件。

2016年9月份，特别设立了金融商事部和业务创新部，并给这两个新设部门配备机动力量。

浦东公证处积极拓展金融类公证，金融类公证收费每年保持10%的增长率。其主要承办的金融类公证主要包括：（1）合同类公证，例如，个人或者企业与银行、贷款公司的授信借款合同公证、抵押合同公证、保证合同公证，并赋予合同强制执行效力；各类民间借款合同、各类信托合同、保理合同、其余金融类合同公证。（2）保全证据公证，例如，网页、邮件内容的保全公证，手机内容的保全公证，寄送信函的保全公证等。（3）现场监督公证，例如，外出购物的保全公证、股东会或者董事会公证、抽签抽奖现场监督公证、各类评选活动的现场监督公证等。据不完全统计，仅2016年全年，浦东公证处承办的各种合同类公证1300余件，保全证据公证590件，现场监督公证37件。今后，浦东公证处将一如既往地立足于浦东新区发展建设情况，服务于各金融机构，努力为将上海建设成全球金融中心作出浦东公证人的贡献。

吴耀君：金融公证与司法的结合点可能主要体现在强制执行公证制度上。2011年全市各级人民法院执行收案数98 246件，总金额人民币322.5亿，其中公证债权文书申请数量为304件，仅占执行收案总数的0.3%，金额14.7亿，占总金额的4.5%。而到了2015年，全市各级人民法院执行收案数为122 755件，总金额逾1581亿，其中公证债权文书申请数跃升至1435件，占执行收案总数的1.16%，金额达111.4亿，占总金额的7.05%。相较于2011年，公证债权文书案件数量增加了约370%。不难看出，五年来，全市强制执行公证涉及的执行数占整个法院执行案件申请数的比重、公证债权文书涉及的执行金额占执行总金额的比重都有了明显的上升。

从强制执行公证制度的发展形势而言，金融与公证日益紧密的联系对公证机构和法院执行部门都提出了新的、更高的要求。对于公证行业而言，金融交易对公证法律服务的需求已不仅仅局限于预防纠纷，同时也要求公证能够参与纠纷的解决。最高人民法院2016年发布了《关于人民法院进一步深化多元化纠纷解决机制改革的意见》，明确指出要"加强法院与公证机构的对接""支持公证机构对当事人达成的债权债务合同以及具有给付内容的和解协议、调解协议办理债权文书"，这意味着强制执行公证已经逐渐成为多元化纠纷解决机制的重要组成部分，不仅在敦促债务人自觉履行债务、有效解决金融纠纷方面发挥着显著的作用，更为保障金融安全、提高金融效率提供有力的支持。通过公证机构出具的执行证书实现对纠纷的快速处置已经成为行之有效的方式之一，不仅分担了整个社会的诉讼压力，节约了司法资源，同时也发挥了公证制度在解决金融纠纷领域所具有的独特优势。

《法苑》：公证行业如何以法律思维、法治方式去保障和促进金融事业的良性发展，是一个亟待解决、结果可期的现实性课题。那么在金融公证实践中应当如何把握好金融与公证的关系？金融公证法律服务之路应当何去何从？怎样进一步完善金融公证法律服务？

王兴和：为什么金融要做公证？其实核心是两个方面，一个是它具有证明力，另一个是它具有执行力。公证机构是第三方的中立机构，居中对民商事的法律事实和行为做一个客观的证明，法院凭公证书就可以直接采信，而且只要持具有强制执行效力的公证文书，就可以去法院申请强制执行。

公证能够为金融做什么？我们公证的目的有两个基本点：一个基本点是服务社会经济发展，第二个基本点是服务社会民生建设，通俗来说就是如何在维护社会稳定中发挥公证的作用。上海东方公证处之前更多的是与金融机构合作，其中包括银行、非银行的金融机构，内容主要是债权文书的强制执行业务。随着社会经济、金融行业的飞速发展，要求我们公证行业也要跟上经济发展形势并不断努力拓宽业务领域，不仅要服务好传统金融业的各类银行机构，更要向信托、资管、基金、小额贷款公司等金融新兴行业进行服务延伸。同时也要求我们公证行业要全流程为金融机构服务。上海市东方公证处将金融公证一部、二部设置迁移到陆家嘴东方汇经中心大楼，目的是为了便于与各大金融机构开展合作。我认为公证行业今后在上海金融中心建设的过程中一定会发挥更大的作用，公证一定会介入更广阔的领域，防范金融风险，维护金融秩序。

公证服务金融怎么做？第一，我认为要改变原有的工作方法，积极主动跟社会机构进行沟通，更好地对接金融机构的服务；第二，不断地拓展金融服务的领域，从银行贷款业务，逐步延伸到所有的非银行的金融机构的业务，包括信托、保险、融资租赁等；第三，我们公证机构一定要有延伸服务，着重考虑怎么给金融机构提供更多的服务增值点，比如上海东方公证处新近成立了一个业务保障部，目的是为金融机构提供解决后端纠纷的服务，业务内容包括对金融机构的资金监管、强制执行后续的待办事件、文书的送达等。

黄爱武：金融公证法律服务之路何去何从？首先，金融公证要始终坚持公证的基本价值。金融活动形式日新月异，难免存在着一些借金融之名行欺诈之实的活动。金融公证法律服务要严格遵守法律法规，对于不合法的金融活动及存在欺诈情形的金融公证要坚决加以抵制。

其次，要不断提升金融公证便民利民的优势属性。金融公证便民利民的对象不仅包括各类金融机构，还应当包括大量需要融资的企业以及广大人民群众。

再次，要积极发挥公证在纠纷预防和多元化解决机制中的作用。公证介入金融活动的形式是多样的，除了传统的强制执行类公证外，公证人员应当有能力通过多样化的公证法律服务，多层次、多角度地介入金融活动，综合运用保全证据、提存、公证调解等多种公证法律服务手段参与到纠纷解决的进程中，发挥公证在解决纠纷、化解矛盾方面的独特作用，融入金融纠纷的多元化解决机制，从而实现金融公证法律服务在创新社会治理中的价值。

最后，应当建立健全金融公证人才的培养机制。第一，要注重公证人职业培养的综合性，使公证人对于各方面、各类型的法律问题都能够妥善解决。第二，要强化公证人特定的专业能力，通过建立专业公证人团队专攻某一方面的金融公证业务，形成专业优势，将金融公证业务做细、做深、做强。第三，需要提高公证机构内在运营能力，改变粗放式的管理方式，打造具有协作能力的专业团队和科学化的组织管理架构。第四，公证员自身素质需要有更大的提升，要努力实现从单一的证明人向法律专家转变，并且要积极关注金融业的发展，努力为金融系统提供系列化、全方位的防范和解决债权债务争议的方案。

王琼：作为法律服务业的重要力量，上海公证行业在服务金融机构、宣传金融法律、防范金融风险和营造金融法治等领域均肩负着十分重要的使命。

一要聚焦、研究和开发金融公证法律服务产品。金融公证是指与银行或者其他金融机构的放款业务、股票业务有关事项的公证。目前，我认为上海市各公证机构办理的此类公证产品还不够丰富，主要集中于抵押贷款合同公证、担保贷款合同公证、融资租赁合同公证、股票事项公证等。此外，对于依托于互联网技术而衍生的新型金融产品，公证也较少涉足。因此，公证机构应当主动贴靠银行等各类金融机构，立足风险防控，固定事实真相，了解相关需求，及时聚焦、研究和开发新的金融公证法律服务产品。

搭建和构筑金融公证法律服务渠道。例如，上海东方公证处于 2016 年年初起，开始积极应对不动产登记管理体制、机制变化给公证带来的各种影响，迎合金融机构办理公证的市场需求，主动走访民生银行、上海银行等大型骨干金融机构，及时签署金融公证法律服务战略合作文本，并且立即付诸实际行动，由此实现了当年前三季度金融类公证数量同比增长 30% 的骄人成绩。

组建和打造金融公证法律服务团队。新型、专业的法律服务需求，呼唤与之相适应、相契合的专业团队去实践。各公证机构可以尝试组建金融法律服务团队，分别对接银行类金融机构、非银行类金融机构和民间借贷公证当事人等。

培养和锻造金融公证法律服务人才。我认为金融公证法律服务是学历公证、职称公证、工作经历公证、亲属关系公证等诸多传统公证事项的升级版，需要吸收、引进、深造、培养专业公证人才加以支撑，力求公证队伍涌现出既熟悉法律知识、精通金融业务，又掌握信息技术和证据保全技能的精英人才。

《法苑》：银行业是金融行业中的重要组成部分，银行业的健康稳定发展对于整个金融行业的发展有着举足轻重的作用。请谈一谈如何更有效地发挥公证机构在保护银行合法权益方面的作用？公证将如何有效化解银行业金融机构的信用风险？

朱韬：金融和法治是密不可分的。市场经济本身首先是法治经济，而金融又是现代市场经济的核心。传统的银行业务与公证行业的结合是非常紧密的，互相之间的交往也是非常频繁的。通过引入公证制度，可以为银行降低发生民事纠纷的风险，降低发生金融交易违约以后司法诉讼的成本，提高业务办理效率。

实际上，银行业和公证机构的合作由来已久，主要表现在贷款业务方面，例如，企业贷款、个人消费贷款等。银行业对贷款领域的风控管理要求很高，而公证恰好可以在其中起到重要作用。例如，公证机构可以在贷款合同签署过程的真实性、合法性等方面进行监督和确认，可以赋予抵押贷款合同强制执行效力，在客户违约时及时出具执行证书，从而避免银行为实现债权而深陷长时间的诉讼。由此可见，公证确实可以助力银行风控机制的完善，并降低银行的法律风险。

李国旺：道德是人性善良的最高点，法律是人性恶的最高点。

第一，银行业与公证机构可以进行更为全面的合作。目前双方的合作大多限于抵押贷款合同的强制执行公证领域，未来还可以加强在贷前审查、贷后维护和银行保理业务等领域的合作。

第二，公证机构还可以为银行提供更为全面的综合性法律服务，例如，除了抵押登记外，还可以在质押物登记、工商信息核实、婚姻状况核实、代办申请执行等方面进行尝试。

第三，公证机构可以与银行在贷后催收上开展紧密合作，例如，开展催款通知函邮寄送达公证，能够有效避免由于债务人拒绝签收文书或债务人下落不明而导致债权人无法向法庭呈交其诉讼证据的尴尬局面的发生，从而保护银行资产的安全。

第四，公证机构可以和银行业务人员、律师、法官等一起进行调研，对一些复杂问题开展专题研究，尤其是在银行坏账处置、借款企业破产时债务实现等领域，加强合作与交流，共同促进金融纠纷的预防和解决。

王兴和：随着上海国际金融中心建设进程的加快，银行商业化发展步伐也不断加快，银行业金融风险骤然升高。而公证作为一项社会治理中重要的预防性司法制度，特别是公证的强制执行效力，对银行业金融机构防范风险大有益处。比如说信用风险，也就是我们通常所说的信贷风险，是借款人因各种原因未能及时、足额偿还债务或银行贷款而违约的可能性。发生违约时，债权人或银行必将因为未能得到预期的收益而承担财务上的损失。在银行业金融机构各类风险管控中，信用风险是最难管控的风险。借贷业务与公证强制执行的有机契合，将达到四两拨千斤的功效，必定能有效化解银行业金融机构的信用风险，避免诉讼、减少诉累。

比如通过公证可以进一步完善银行的风控机制，降低银行的法律风险。公证提前介入银行的放贷业务，跟踪每一笔贷款，随时解答信贷员遇到的法律上的疑难问题，并及时向信贷员宣传新的与金融有关的法律、法规、政策，相当于给每一个信贷员配备了一个法律顾问。一般来说，经过公证的贷款合同履约率比没有经过公证的贷款合同履约率要高很多。

又比如通过公证也可以完善银行对客户的全方位调查。公证处承担起对借款主体的法人资格、担保人资信情况、抵押物的合法性和真实性、合同的完整性、内容的合法性及订立合同的规范性、抵押物是否完善批准登记手续等的审查，见证适格合同主体签订合同，保障每一份合同的真实性、合法性。

《法苑》：强制执行公证已经逐渐转变为纠纷化解多元机制的重要组成部分，不仅在敦促债务人自觉履行债务、有效解决金融纠纷方面发挥着显著的作用，更为保障金融安全、提高金融效率提供了有力的支持。近年来新型的金融合同发展迅速，强制执行公证聚焦于新型金融合同，请谈一谈在新形势下对金融合同强制执行公证的见解。

李国旺：相较于传统的金融合同，新型金融合同最为显著的特征就是交易模式和交易结构的复杂性，这种复杂性概括起来具体表现在以下三个方面。第一，合同主体复杂。传统金融合同的主体一般多为资金供给方和资金需求方，而新型金融合同所涉及的主体还可能包括目标公司、受益人等；第二，法律关系复杂。传统金融合同的法律关系主要为借贷关系、担保关系，而新型金融合同的法律关系则主要表现为投资关系、权益转让回购关系等；第三，权利实现复杂。传统金融合同权利人的权利在实现条件上主要是附期限，而新型金融合同权利人的权利在实现条件上主要是附条件，附条件显然比附期限增加了复杂性。

新型金融合同的"新"是相较于传统金融合同而言，意指在时间上出现得相对较晚，而新型金融合同强制执行公证中的"新"则主要体现在两个方面：其一是此类金融合同为新型金融合同，其所呈现出的交易模式和交易结构相对新颖，在时间上出现得相对较晚，如对赌协议等；其二是此类金融合同为传统金融合同，虽然其产生已经有一段时间，但开展此类金融合同强制执行公证的时间则相对较晚。

吴耀君：就法院执行部门而言，由于公证债权文书的强制执行效力最终要通过法院的强制执行来实现，金融对公证法律服务需求的提升也对我们司法执行的公正和效率提出了更高的要求，为此我们法院系统正在大力推行"审执分离"，也就是审判权与执行权相分离的体制机制改革，为实现司法公正，为金融创新、金融安全提供更稳健的保障。

近年来，新型金融合同快速发展，对于新型金融合同是否可以通过公证赋予其强制执行的效力？业界观点也不尽相同。有观点认为鉴于新型金融合同所呈现的复杂性，不宜赋予其强制执行效力，也有观点认为应该通过公证赋予新型金融合同强制执行力。我个人倾向于后者观点。

因为只要符合最高人民法院联合司法部下发的《关于公证机关赋予强制执行效力的债权文书执行有关问题的联合通知》第1条所规定的"给付内容具体、债权债务关系明确、债务人愿意接受依法强制执行的承诺"条件就可以赋予其强制执行的效力。而且，就债权债务关系明确而言，复杂不等于不明确。就给付内容具体而言，虽然新型金融合同多个主体相互之间权利义务在具体内容上比较复杂，但只要在公证债权文书中确保权利义务主体及其内容互相对应，且确保权利实现条件设定和判断上的无歧义性，就能得出具体和明确的给付内容。

陈道友：结合新型金融合同的特征，我认为在对其进行强制执行公证时应当尽量避免出现以下情形。

首先应当避免给付内容过于复杂。一种情形是给付内容种类复杂，除了给付一定数额的金钱义务之外，还有给付一定行为的义务；另一种情形是债务人对债权人所负的多项给付义务之间环环相扣，具有递进性；还有一种情形是合同主体之间互负多项给付义务，且相互之间互为条件。如果给付内容过于复杂，确定给付内容的逻辑过程也会随之复杂，其中不确定的因素就会增加，债权债务关系的明确性就会受到影响。

其次应当避免给付内容所附条件的不确定性。比如，合同约定关于债务人经营状况严重恶化等违约责任条款的，如果没有关于经营状况严重恶化明确而又具体的量化判断标准，即便公证机构作出了判断并签发了执行证书，但进入强制执行程序后一旦产生争议则难言债权关系明确。

最后，要避免合同内容违反法律强制性规定。新型金融合同可能涉及信托、证券、保险等多个领域，加之合同条款往往浩繁复杂，对于法律关于相关领域的强制性规定尤其需要给予高度关注，避免因某一项或者几项合同内容违反了有关法律的强制性规定而使得被赋予强制执行效力的整个金融合同被人民法院裁定不予执行。

《法苑》：金融公证在上海市公证业务中的占比在不断上升，公证在服务金融发展上具有防范化解金融交易风险、保障交易安全，预防和减少诉讼的功能也日益突显，那么金融公证法律服务在哪些方面需要重点完善？

黄爱武：上海公证机构服务金融改革创新，引导金融服务机构运用公证手段防范金融风险，努力营造良好的金融发展环境的步伐不会停歇。在金融公证中，公证机构一方面可以积极加强与人民法院沟通、协调，不定期与法院审判、执行人员就相关法律法规、公证实务、法院执行的司法实践等进行探讨，听取法院对公证处办理金融类公证的意见、建议，更好地推进公证处金融公证工作的开展。另一方面还可以积极关注老百姓的金融公证需求，深入贯彻落实司法部《关于进一步加强公证便民利民工作的意见》精神，以社会群众金融公证服务实际需求为导向，在金融公证便民服务上下功夫，努力提升公证法律服务等级。

重点抓好以下几项工作：一要考虑积极推进公证服务进社区活动，深化金融领域公证服务项目。通过举行金融公证知识讲座、开展法律咨询、发放公证宣传资料、播放公证普法视频等形式向社区居民普及借款合同公证、担保合同公证等老百姓关心的公证法律服务内容，积极引导老百姓通过公证等法律手段解决金融财产纠纷。二要主动运用"互联网+"工作理念，有效提升金融公证信息化、智能化服务水平。建立健全数字化公证档案查询系统，开发智能公证服务系统，努力实现公证处官网、微信、手机APP公证服务的跨平台融合。三要简化公证办理手续，努力简化金融公证办理程序，实现部分公证事项的递交申请、材料审核与文书发放等服务的全程网上办理，有效提升公证服务智能化、信息化水平。四要依法规范公证收费标准。在公开服务承诺的基础上，自我加压，努力提高办证效率，大幅提升公证办证效率，降低当事人申请公证的成本。五是建立当事人意见反馈机制，加强对金融类便民服务质量管理。通过对外公开服务质量监督电话、在服务大厅摆设"建议箱"，在官网、微信、手机APP等互联网平台设置投诉意见栏等方式，有效畅通当事人意见反馈渠道，主动回应当事人合理、合法诉求，注重对外窗口服务行风建设。建立健全行风监督机制，落实专人督办，依法维护当事人合法权益。

王兴和：公证机构负有支持保障金融业健康发展的职责与使命。上海公证机构在服务金融银行方面已积累丰富经验成果，走在了前列。

第一，行业注重创新与传承共抓，坚持做好金融公证审查的规范化工作。建议公证行业协会可以针对不同类型的金融公证，制定详细的审查要件指南，供公证员参照操作。在作出判断的公证过程中，注重实质性审查。

第二，行业注重对金融公证事项合法性的审查。金融工具与金融交易模式日新月异，但部分金融创新与违规经营仅一步之遥。基于公证机构的公证职能属性，以及《中华人民共和国公证法》的立法精神，公证要对合法的行为和事实予以认定。对于一些合法性不明确、处于灰色地带的融资活动，公证机构应谨慎对待。

第三，行业注重发挥公证在金融纠纷多元解决机制中的重要作用。可以将公证与人民法院对接范围扩展到金融纠纷类型案件。在当前金融业快速发展、不断创新的背景下，未来将会有越来越多的金融纠纷进入到司法诉讼领域，应将金融公证工作置于经济发展的大局中来谋划，并积极创新多元化解纠纷机制，将法院、公证、银行、保险、证券等法律及金融专业机构的资源整合，建立金融纠纷诉调大平台，为优化金融环境提供有力的司法保障。

王琼：要拓展金融公证，第一，要贴近银行，要开发金融公证法律服务的产品；第二，要搭建平台，组建团队。今天到场的两家公证处，分别组建了金融公证的团队，组建了相关的平台。

前不久我参加了司法部的专题会议，主要是想推动中国银监会、最高人民法院和司法部联合出台一部文件，助力金融机构化解风险。重点做以下几个方面工作：第一，要围绕规范金融机构的合规管理，做好签约环节的审查确认工作。第二，针对金融债权安全，做好担保主体、担保条款、担保措施的审核核查工作。第三，要致力于减少不良债权，切实做好强制文书的执行工作。第四，要为促进金融机构的转型发展，做好各类新型金融合同的公证。第五，公证处要与有关部门密切配合，积极为非政府监管下的非金融机构提供服务。第六，公证处要迅速化解金融合同纠纷，做好调解和保全证据公证。第七，要依法履行登记职责，做好延伸服务。第八，做好金融公证数据的收集和整理工作，并逐步实现与金融机构的数据共享。我们每年办理约60万件公证业务，积累了大量数据，这个数据库如何和银行来共享，对化解金融风险和实现债权是非常有意义的。

《法苑》：大数据的理念越发被人们所熟知，无论是金融行业、IT行业还是互联网行业，各行各业都掀起了一场大数据浪潮。在这场浪潮下，每个行业在参与的同时也面临着严峻的挑战，公证行业在大数据时代下的未来发展路径如何选择，有何具体举措？

王琼：首先，我们上海公证行业现在正在做的一项重要的工作是把从中华人民共和国成立以后到2010年之前上海市公证行业出具的公证文书进行整体的扫描、归档、入库。其次，我们从今年开始，公证行业协会拿出2000万的会费，采集2010年至2016年底的所有公证的卷宗，再扫描后统一建立电子文库，这是一项非常艰巨的任务。再次，从2018年开始，我们将强制性地要求21家公证机构在办证的时候进行同步扫描。这样的安排主要从两个方面考虑，一方面是为了建立21家公证机构的信息共享机制，另一方面是为了确保我们整个公证信息数据的准确性。

陈道友：上海浦东公证处正在努力建立一个较为完善的数据库，通过接收客户通过社交网络、电子商务、终端媒介等产生的非结构化数据，并通过大数据分析平台对数据进行分析。除了传统的民事领域的公证业务外，我们还立足上海浦东发展情况，放眼全球，将以金融、网络为代表的新型公证业务作为高端法律服务发展方向。例如，向新兴的P2P网贷、众筹等互联网金融行业进行业务拓展。根据不同金融模式的特点来设计不同的公证业务与公证流程也是我们浦东公证处未来努力的方向。

黄爱武：公证行业技术应用的更新主要涉及数据整合、平台整合的问题。我们公证行业在办理公证期间积累了大量的用户信用数据，我们可以通过大数据将互联网信用信息和银行、房地产交易中心所拥有的数据进行数据整合、数据交易，选择性公开客户的全部或者部分信用数据，做大数据开放的倡导者和践行者，并利用这些信用数据建立一个反欺诈模型，降低公证业务的风险。平台整合主要是指网上办证平台、信息共享平台、云平台的整合。公证大数据库建立的目标是实现"三台合一"。网上办证平台可以在时间上减少客户的成本（如路上堵车、办证等待等），也减少了空间的限制，在家就可以和公证机构实现信息传输。我们可以畅想一下未来有一个类似于ATM自动取款机的自动公证机，通过身份证识别、指纹识别和第三方确认交叉检验确认客户信息的真实性，通过输入的数据来判断各种证件的真假，通过电子签名、云端审核来完成整个公证流程，最后出具电子式的公证书。信息共享平台首先是我们公证行业内部的信息共享，特别是对一个地区或城市的公证处公证业务的开展具有重要的实际意义。其次是我们与行业外机构，如金融行业、房产局、民政局的信息共享资源整合。这样对我们办理不动产公证、婚姻公证等业务会起到事半功倍的效果。

老病残罪犯监管改造：
教育矫治与人文关怀并重

编者按：随着我国刑事司法政策的改革和发展，监狱的押犯结构也发生了相应变化，其中比较明显的特征就是老病残罪犯的押犯比例呈上升趋势。这类群体普遍被各种躯体疾病、心理问题严重困扰，导致其改造难度较其他罪犯更为突出。因此，如何抓住老病残罪犯的改造规律，开展针对性管理和教育，进而提高其改造的内驱力，已成为当前制约监狱工作发展，影响罪犯改造质量提高的"瓶颈"问题。本期论坛聚焦当前全国监狱系统在老病残罪犯监管改造领域取得的知识、经验、理念和技术，邀请嘉宾从理论和实践层面开展研讨交流。

圆桌嘉宾：
刘国玉　中国监狱工作协会副会长
陈士涵　上海市监狱学会专家、研究员
王　毅　上海市南汇监狱党委书记、政委
范　伟　上海市南汇监狱监狱长
曹殿亿　江苏省监狱管理局中心医院院长
韩红霞　北京市延庆监狱办公室副主任
陈宏荣　浙江省金华监狱医院主治医师

《法苑》：老病残罪犯是老年犯、病犯、残疾犯的统称，通常是指罪犯中年龄在60周岁以上（女性年龄在55周岁以上）或患有各种严重疾病、传染病、肿瘤、精神病、妇科病以及肢体、器官残缺、功能不全或丧失功能、体质弱或智力低下的弱势人群。这类罪犯群体的监管改造一直是个全国性的普遍难题，"难"具体体现在哪些方面？

王毅：南汇监狱是全国首家与大型监狱医院合并建设，主要收押老病残罪犯的功能性监狱。近年来，监狱老病残罪犯比例呈逐步上升的趋势，目前常年押犯保持在1600人左右，其中老病残罪犯占70%以上，重症重病、病重病危人数更是增幅明显，进一步导致押犯结构失衡、狱情犯情恶化，加上"诉求种类繁多、深层原因复杂、对象个案众多、解决难度较高"等问题。同时，社会对监狱关注程度不断提升以及相关行刑政策的收紧从严，使得各种不安全、不确定、不稳定因素聚集，在监狱日常管理中呈现"十难"：老病残罪犯收押难，罪犯正常死亡处置难，防罪犯非正常死亡难，药品管理难，卫生防疫控制难，老病残罪犯就诊管理难，罪犯外出就诊安全管理难，监狱大门管理难，罪犯刑释、假释、保外就医难，罪犯涉访涉诉处置难。

从管理教育角度去审视老病残罪犯这一群体，产生"难"的原因主要表现在以下几个方面：一是改造积极性低，离监无望、病重无望和生活无望等情况普遍存在。部分人员特别是老年犯，因年龄较大刑期较长，即便改造表现再好，最低服刑年限决定其基本无回归社会可能；部分长期处于病重病危状态的人员，处遇、物质等激励手段对其意义不大，人生悲观，改造态度消极；他们当中家庭关系较差的占相当比例，加上年龄、健康等原因，出监后无法独立生活，造成他们更愿意在狱内服刑。二是服刑能力弱，客观上较难执行劳动改造、生活卫生定置管理及行为规范等要求。调查显示，老病残罪犯中仅59.49%的人员对自身改造进行了规划，而在普通罪犯中，这一比例达到70.29%。三是改造诉求多，主要有诊疗与护理诉求、物质处遇诉求、心理倾诉与排解诉求等。大多数人相当关心自身健康与医疗情况，频繁要求进行诊治，甚至出现强制医生诊断或配药等个案；部分人员由于对司法奖励需求不高，转而对物质处遇提出较高诉求，希望在漫长刑期中有较好的处遇标准；老年犯群体则易出现孤独寂寞的心理，希望他人陪伴与倾诉，特别是性格内向的罪犯，此类诉求较为突出。四是矫治效果差，较难与民警建立信任关系，较难改变习惯性的思维、认知模式。当前我监狱以青年民警为主的矫治者群体与此类群体普遍存在"代沟"现象，双方阅历、价值观等均有较大差别，相互间的沟通与理解存在阻碍。

韩红霞：延庆监狱关押的是新收监的或各监狱转送过来的罪犯，押犯数量长期保持在1000多人，老病残罪犯约占押犯总数的80%。这些罪犯中，患病种类繁多，除传染病外，几乎涵盖了其他各种常见疾病；病情复杂严重，有些疾病在社会知名医院也难以治愈；残疾类型多样，有肢体残缺的，也有聋哑人、盲人等。他们刑期普遍偏长，有的从入监前就患有很严重的疾病，需要经常到社会医院治疗甚至手术，有的甚至只是"名单犯人"，虽名在册，人却始终在监狱中心医院住院。这些客观存在的管理不便和老病残罪犯特有的悲观失望、固执多疑等生理心理特殊性，给监管改造工作带来很大难度。押犯的特殊性决定了我们在对罪犯进行管理、教育和劳动改造过程当中，需要根据罪犯的身体不同状况，在衣食住行、疾病预防、诊治、身心康复等各方面给予不同保障，投入大量的人力物力。事实上，我们监狱所在地区医疗资源有限，距北京市区路途较为遥远，外出就医存在很大的安全隐患。而且，监狱长期拿出主要精力应对就医安全问题，教育改造的职能必然会受到影响。

曹殿亿：精神病犯是老病残罪犯中一类特点及管理难度相当突出的群体。江苏省监狱管理局精神病院是全国监狱系统第一家独立建制的集中关押精神病犯的功能性监狱医院，常年收治住院重症精神病犯400人左右。受病情和长期服药等因素影响，精神病犯普遍存在身体调节能力差、体质虚弱等方面的问题。其中，重症抑郁症、双相障碍等所占比例达68.73%，此类人员大多心境低落、情感封闭，具有较为强烈的自杀念头，精神病犯在刑释前的普遍焦虑也是医疗技术人员关注的重点。普通罪犯通过谈话教育和狱情排摸，可以做到矛盾提前化解、狱情可控在控。精神病犯的思想行为则毫无规律、不受控制，事故发生常常毫无预兆，特别是抑郁症、精神发育迟滞、人格障碍等病种的精神病犯不善交流、思想封闭，在遇到困难、遭受挫折后，不但不会与民警进行正常的沟通汇报，反而经常采取一些极端性措施，如自杀、自伤自残、行凶伤害等。

陈宏荣：为加强对精神病犯的管理，浙江省监狱管理局与金华二院合作，在金华监狱内设立金华二院金华监狱分院，这也是目前全国唯一的一所地方精神病专科医院在监狱设立的分院。通过分析十年来收治的重症精神障碍住院病犯，我们发现，精神病犯的行为、性格特征具有以下特点：一是人身危险性和不可预测的人身攻击性。精神病犯由于其大脑发生病理、生理变化和功能损害，出现认知、情感、意志和行为的精神异常活动，发作时往往具有突发性，其行为具有不可预判性。二是改造的反复性大。精神病犯在精神正常时，基本上能遵守监规纪律，服从民警、医护人员的管理，发病后则对民警的教育和管理置若罔闻，经常挑衅、攻击管理民警和医护人员。三是病情、情绪的反复受外在因素影响大。春天或气温显著变化，精神病犯病情呈现明显发作或恶化，其他一些外在因素，如其他病犯的病情发作、外在语言刺激、环境的变化等也对其病情情绪均有较明显的影响。四是封闭的性格特征。因为精神病人的思维意志活动障碍，使之与周围环境脱离，呈现孤僻离群、不愿暴露自己的病态想法，沉醉在自己的病态体验中，周围人无法了解其内心的喜怒哀乐，严重者甚至出现自伤、自残、自杀等行为。

《法苑》：说到罪犯改造，往往会直接同强制、矫治分不开，但谈到老病残，往往回避不了其生命权、健康权的话题。或者说，也正因为是老病残罪犯，该话题更具有探讨的价值和意义。现实中是如何保障的？

范伟：这的确是个国家和社会民众都比较关心的话题。一谈到罪犯的狱内服刑人生，社会公众就迫切想了解"吃得怎么样""穿得怎么样""住得怎样"这三个问题，以及另一个潜藏的也是最为关键的问题"能否吃得饱穿得暖"。这些问题的答案关乎人权、法治和正义。所以，监狱生活卫生管理必须依法进行，也必须与我国社会经济的发展水平和社会公众的心理预期相适应。如何兼顾两者，是摆在每一所基层监狱面前的难题。而对专门关押老病残罪犯的监狱来说，这一难题更加棘手。自2007年建监以来，我们就一直在把握罪犯生活卫生管理的"适度"和"平衡"，并辅以实践探索。首先，安全是"适度平衡"的基本维度，其核心是罪犯的生命安全，或者说只有保障罪犯生命是安全的，该生活卫生工作才是适度的。其表征形态是罪犯食品安全、居住安全、环境安全、卫生安全、医疗安全等。围绕保障罪犯生命安全最为关键的部分——疾病的早期发现和治疗管理，我们积极创新病情研判预警、病情告知、疾病控制、药品管理等特色机制，如树立"病情就是犯情"理念，逐步推进收监体表检查、健康状况立档等工作，同步组建医疗数据库，借此引入临床医学痛苦指数，确定恶性肿瘤、肝硬化等七项危及健康的生理指标，评估出"危重、严重、较重"三级风险，综合心理、犯情进行预警研判，落实对应监管护理措施。其次，人道是"适度平衡"的本质维度，也是划定"适度平衡"下限的依据，其核心是以人为本，监狱人道就是以人为中心、以人为本体。其表征形态是物化的、具体的衣食住用医。我们主要从设施、人员、规定等方面全力保障罪犯生命健康权益，在严格执行市监狱局伙食、被服实物量、处遇消费等标准时，还允许罪犯根据自身实际情况和医嘱，申请特定生活处遇，实行差别化管理，仅伙食就建立起糖尿病膳食、肾病膳食、流质膳食、半流质膳食等系列特色膳食供应体系。最后，规制是"适度平衡"的价值维度，也是划定"适度平衡"上限的依据。其核心是惩罚，罪犯应服从法律对其自由的限制，其表征形态是罪犯服刑的种种不自由。特别是为有效遏制老病残罪犯中"过度医疗"的现象，我们严格执行《上海市在押人员就医保障和管理暂行办法》，明确送监狱医院的一般就诊流程和急诊12项病征。监狱医院无法诊治的，凭《外出会诊单》《外出检查单》，经监狱长审批后，方可安排赴社会医院诊治。涉及价格昂贵的医疗仪器和设备治疗的，需经监狱个案会诊，并征求监狱医院意见。

陈宏荣：十多年来，我们始终坚持"以治为主，防治结合"的方针，探索形成精神障碍病犯入院管理流程、分级管理制度、巡视制度、约束（保护）制度等。入院管理流程方面，新收治精神病犯同步须落实责任民警和各项监控措施，安排精神科医生和治疗方案。分级管理方面，根据病犯病情轻重缓急，对自杀、自伤、伤人、激烈兴奋及生活不能自理者实行一级管理及护理，包括安置在重症病房内，直接置于管理民警视野内，护理人员24小时专人护理；对处于精神症状缓解期、病情稳定、生活能自理者实行二级管理及护理，安置在一般病房内；康复出院精神障碍病犯由各监区卫生所实行三级管理。巡视方面，凡有病犯活动的场所，都有民警、护理人员看护，对每个病犯的姓名、病情、相貌特征熟悉，对有自杀、自伤、伤人倾向的病犯在记事黑板上给予明显标记，重点巡视及防范。约束（保护）方面，明确保护性约束是一种应急医疗处置措施，必须要有精神科医生的医嘱，并应经常巡视，观察病犯的神志、肢体血运情况。

曹殿亿：2015年4月1日，司法部根据司法体制改革的精神要求，就进一步深化狱务公开下发了指导意见，全国各监狱掀起深化狱务公开的新浪潮。新形势下罪犯生活卫生工作如何公开、公开到什么程度、如何应对公开出现风险成为监狱系统亟须明晰和解决的重大课题。特别是罪犯病情诊断关系其个人隐私，精神病犯的情况更为特殊，也更为敏感。因此，我们在征得精神病犯本人同意的基础上，向病犯家属公开病情信息、治疗情况和康复进展等，引导病犯家属正确认识、对待精神疾病和精神病犯，指导他们及其家属客观预期和妥善规划未来生活。对"病情稳定、家庭稳定、无伤害自身、伤害他人和危害社会可能性"的，告知病犯家庭、所在社区（乡镇）罪犯病情，建议地方人力资源与社会保障部门为其再就业提供帮助指导；对"病情基本稳定、家庭基本稳定，无明显伤害自身、伤害他人或危害社会可能性"的，建议地方卫生行政部门、社区医疗机构、专科医院对其治疗康复提供必要的帮助，争取民政部门、残联为其进行伤残鉴定，提供必要的救济措施；对"病情不稳定、家庭破裂、有伤害自身、伤害他人和危害社会可能性"的，告知其监护人以及地方派出所、司法所、综治办等，积极争取民政、司法部门提供必要的法律援助和救济措施，将其尽早送入专科医院住院治疗。与此同时，我们非常重视精神病犯出狱后的康复和治疗，如出具病情、防治、出监评估建议书，通报地方疾控部门，积极争取将刑释精神病犯纳入社会公共卫生管理体系和社会治安综合管理体系，发放《康复管理社会指导手册》和《家庭支持康复服务手册》，告知回归社会后争取政策行政审批怎么办、寻求医疗护理如何做、面对家庭困难找谁帮，指导精神疾病刑释人员及家属主动寻求地方政府、医疗机构的帮助等。

《法苑》：近年来，全国监狱坚持把教育改造罪犯作为中心任务，创新改造内容和改造方式方法，统筹推进惩罚改造、教育改造和劳动改造，不断提升罪犯改造质量。那么，当前老病残罪犯教育改造上有哪些理论、实务经验值得交流分享？

陈士涵：任何一种事物，都可能形成一种文化，对老病残罪犯的教育改造也是这样。我认为，老病残罪犯与普通罪犯不同的是，他们更深切感受到残废、疾病、痛苦和死亡的降临；他们所面临的最重要问题是"生命"问题，健康问题也是生命问题的派生。因此，如何管理和矫治他们，生命观是关键。所以，对专门关押老病残罪犯的监狱（区）而言，"生命文化"是其文化建设的主题。而生命文化建设，是以罪犯改造为目的。这一改造过程，是把"生命文化"的核心价值观植入罪犯的内心世界，即在文化建设过程中，使罪犯学习和理解"生命文化"的核心价值观，并进一步接受和内化这些核心价值观。"生命文化"的核心价值观比较丰富，主要有：一是生命，即认识到生命是宝贵的、唯一的、不可再生的，人生是有价值和意义的。犯罪其实是对生命的残害，不仅破坏他人的生命与健康，同时对自身的生命与健康也是一种损害。二是快乐或幸福，即认识到人生是宝贵的，在有限的生命里，快乐或幸福是值得追求的。但犯罪不能带来快乐或幸福，只会为他人和自己带来悲剧和痛苦。三是爱和同情心，即认识到人生的真谛是爱，人生的价值就在于怀有爱心，包括爱自己、爱亲人、爱他人。而犯罪则是一种冷酷的、无情的行为，泯灭了良心，泯灭了自己的爱心与同情心。四是责任，即认识到人不是孤立的，在社会关系中，必然承担一定的社会角色，就必然承担责任。犯罪是对人生责任的背弃，对他人、对社会造成危害，同时对自己和家庭造成危害。五是尊严，即认识到人之所以为人，就是因为人有尊严，人的生命并不仅仅是生物性的存在，更在于是精神性的存在，人活着要体现"人之所以为人"的人格与尊严。犯罪使犯罪者丧失了尊严，并沦为囚徒。六是知识，即认识到人的生命是短暂的，如何使短暂的生命富有意义和价值，就离不开知识的引导。犯罪是愚昧的行为，之所以愚昧，是因为犯罪人往往是无知的，即远离知识的。七是自由，即认识到对于生命而言，自由是至高无上的人生价值。犯罪对生命的最大破坏，就在于因犯罪而失去了自由。八是忏悔，即认识到人非完人，孰能无过，问题在于对于自己的过错，应该认识和悔改。对于犯罪，更是这样。如何在自己有限的人生中，去忏悔自己的犯罪，将构成其人生极为重要的环节。九是安宁，即认识到安宁的生命状态是良好的。所谓安宁，就是在生活中避免恐惧、焦虑、担忧、欲求不满、寝食不安等不良情绪，而过一种风平浪静、安全的生活。犯罪破坏了生命的安宁状态，使犯罪者处于不安的、焦虑的甚至恐惧的情绪中。十是贵生，即认识到贵生就是善待自己的生命。人的一生面对各种诱惑，如权力、财富、金钱、美色等，而如何区分这些东西与生命孰轻孰重，需要形成"贵生"的价值观。犯罪忽视了贵生，满足贪欲，使自己陷于不幸和罪恶。

范伟：联合国第一届预防犯罪和罪犯待遇大会通过的《关于监狱劳动的总原则》决议中第1条规定："监狱劳动不应视作附加刑罚，而是一种有利于恢复囚犯适应能力，为其从事某种职业做准备，培养他们良好的劳动习惯，防止游手好闲和放荡不羁的措施。"鉴于老病残罪犯特点，我们结合"医、康、改"，提出康复性劳动概念，注重以身心康复性和行为矫正性为管理方向，以促进老病残罪犯身体功能恢复和教育改造为管理基础，以社会生存技能和劳动价值观感提高为管理目标，从"安全无污、适宜康复、无碍身心"角度引进劳动加工项目，将简单手工劳动作为康复性劳动的主要定位，凸显"轻松、简单、易学"的项目特性。为科学界定个体罪犯的劳动资质、劳动参与方式和管理方式，我们对参与人员实施三重筛选，一是根据劳动能力是否具备，分为不许劳动、获许劳动、准许劳动群体。二是根据劳动意愿强弱，分为督促劳动、鼓励劳动、自愿劳动方式。三是根据劳动调剂管理，分为重点康复、辅助康复、正常康复项目。其中，重点康复项目的对象为老年罪犯、癌症疾病罪犯，在个人申请的前提下，参加无任务、无工具、无技能的康复性劳动，重点达到适当锻炼、维护肢体功能的目的；辅助康复项目的对象为患心血管疾病、呼吸道疾病、智障类、轻微障碍类等罪犯，在医嘱准许劳动的前提下，适当参加"低工艺、低任务、低速率"的康复性劳动，注重身心康复的辅助治疗；正常康复的对象为聋哑罪犯、康复期内传染性疾病罪犯，督促其参加"轻体力、轻任务、轻节奏"的简易康复劳动，起到肢体锻炼、正常改造的目的，重视身心的正常康复。

韩红霞：美国心理学家马斯洛认为，人类需求由低到高依次分为五个层次，分为生理需求、安全需求、交往需求、尊重需求和自我实现的需求。该理论具有一定的普适性，同样适用于对罪犯的教育改造。而在法律日益健全和规范的现实社会中，老病残罪犯的吃、住等基本生活问题已得到全面解决，生理需求已不再是他们的主要关注点，他们将更多关注点放在其他方面需求上，如对身体健康状况及未来生活的关注更为强烈。按需施教会是新时期罪犯教育改造工作的主旋律。而以马斯洛需求层次理论作为研究的主要理论依据，我们认为，针对老病残罪犯群体的弱势性、情绪消极性、亲情缺欠性、人际紧张性、渴求（关爱、躯体康复、被尊重）强烈性等心理特点，需要对他们进行系统的心理康复治疗及训练。一是基础锻炼，包括室内外健身场所的健身锻炼和生物反馈治疗。前者以躯体锻炼带动正性情绪情感体验，帮助心理成长，促进身心康复；后者利用仪器设备了解被治疗人的神经活动状况，为诊断和治疗提供参数。二是支持，包括亲情支持和狱内外关爱，生活上关心照顾，情感上尊重人格，通过亲情感召和身心关爱，排遣孤独、悲凉、凄楚、被抛弃等不良情感体验。三是情绪疏通，包括宣泄治疗和放松治疗。前者为老病残罪犯打开宣泄通道，释放具有暴力倾向的负性情绪；后者通过各种放松训练，达到缓解压力、压抑、抑郁、紧张焦虑等不良情绪的目的。四是人际关系改善，设立团体活动室，通过组织开展团体疏导，打破原有人际异化模式，培养建立良性人际交流观念，使老病残罪犯克服自私、狭隘、自闭等不良思维模式。五是认知修正，充分运用认知疗法，改善认知结构，修正固执、偏激、自卑等不合理认知。六是良好习惯习得，开展兴趣小组活动，通过培养健康情趣，使老病残罪犯精神有所寄托；组织类似简单的习艺性劳动等辅助性康复训练，提高老病残罪犯动手动脑能力；倡导正念训练，提升幸福感。七是个体咨询，培养个体咨询工作的专家，更好为个体咨询、矫治服务。八是危机干预，针对老病残犯中悲观失望心理突出的情况，加强对罪犯个体的心理关注和危机干预，确保监狱的安全稳定。

陈宏荣：现行《中华人民共和国精神卫生法》规定，监狱、看守所、拘留所、强制隔离戒毒所等场所，应当对服刑人员，被依法拘留、逮捕、强制隔离戒毒的人员等，开展精神卫生知识宣传，关注其心理健康状况，必要时提供心理咨询和心理辅导。因此，针对精神病犯大多有严重的心理问题，且发病、病情转归与心理因素密切相关的特点，我们充分利用精神障碍康复中心独特的心理咨询、心理治疗优势资源，特别是依托多名接受过专门心理治疗专业训练，具备精神病学知识和临床经验的精神科医生，积极开展心理咨询和心理治疗，取得了明显成效。我们还注重与社会的心理咨询合作，今年年初邀请金华市心理卫生协会专业委员会委员来监开展以"心灵相约"为主题的大型咨询活动，为精神病犯进行心理健康知识讲座、团体辅导和个体咨询，有效改善他们的情绪，缓解了压力，增强对环境的适应能力，帮助他们放下包袱，赢回内在的力量，安心改造。对缓解期、康复期精神病犯，我们秉承"快乐治疗，健康生活"的理念，结合监狱改造育人的宗旨，开展多元文化娱乐健身活动，营造美好的病区环境，设置多项目的健康俱乐部，糅治疗、改造、管理于一体，达到促进精神病犯身心健康、净化灵魂、启迪心灵的治疗目的和效果。

《法苑》：可以看出，全国监狱对老病残罪犯监管改造探索与研究紧贴时代、契合形势，且聚焦热点难点，可谓"百家争鸣、百花齐放"。除了上述的理论实务研究积淀外，当前还有哪些前沿值得去研究的？我国监狱现行的工作方针是"惩罚与改造相结合，以改造人为宗旨"，考虑到老病残罪犯的特殊性和现实棘手问题，研究时又有什么特别需要注意的？

刘国玉：对于老病残罪犯监管改造的研究而言，我们需要主动接触国际前沿研究，时刻掌握国际矫正领域的新动向，借鉴吸收相关国家好的经验做法。例如，日本政府一直重视罪犯的教育改造，注重服刑罪犯的社会复归救助工作。为了2020年东京奥林匹克运动会，提出创建"世界上最安全的日本"目标，安倍总理大臣2015年视察女子监狱、参与第67届"社会更加光明运动"时发表演讲，不仅强调对罪犯服刑期间矫正的重要性，更呼吁全社会各阶层都要帮助复归社会（假释、出狱）的人，重新、顺利融入社会。2015年9月通过的《联合国囚犯待遇最低限度标准规则》，对罪犯安全和其人道状况提出了更高的要求。2015年3月2日至5日，在南非开普敦召开的第四次专家组会议上，形成了该规则最新的修订文本，并简称《曼德拉规则》，其中增加"照顾病残犯"的原则，规定："监狱管理部门应作出所有合理的通融和调整以确保身心残疾或其他残疾囚犯能够在公正基础上充分有效地融入监狱生活"；第22条增加至6款，强调"为囚犯提供保健是国家的责任"。司法部正准备出台相关文件，要加强罪犯分级分类管理和病犯监狱的建设。搞研究工作首先要坚持正确的政治方向和监狱工作方针；其次要有问题意识，既要吃透上情，了解监狱工作处在什么形势，又要吃透下情，了解监狱实际存在什么问题；再次要持之以恒，"坚持数年，必有好处"；最后要将成果转化为实践。具体到老病残罪犯监管改造的研究，我认为非常有意义。老病残罪犯的监管改造也是我们刑罚的重要组成部分，我们更多地关注老病残罪犯，也体现了一种理念的变化，是社会文明进步的表现。我建议基层同志主要加强实证研究，并且要细化、精准、以小见大，如要细分老病残罪犯，他们中不全是"猫"，也有"虎"，而且康复只能是一小部分，仍然要执行刑罚，依法改造。

陈士涵：上海的老病残罪犯监管改革有着较丰富的实践经验和理论探索，南汇监狱连续九年举办老病残犯问题研讨会，取得较好效果。我个人意见，"模式"可能会是当前或今后一段时间监狱系统的研究方向。什么是模式？其既是一个相对稳定的结构，也是一种形式。而且，只有当一个事物发展到一定程度，才能形成模式。现在我们主动探讨，可以说是从理论层面去推动实践发展。我还认为，模式要分为两种，一是总体模式，是指老病残罪犯监狱应该具备什么模式，二是局部模式，是指具体工作如教育改造、康复性劳动等，应该具备什么模式。但任何的研究，终究还是对于研究对象的掌握和认识问题。我们的研究对象是什么，就是老病残罪犯监狱的刑罚执行、监管改造和老病残罪犯。与普通监狱相比，老病残罪犯监狱的特殊性、特殊矛盾和特殊困境，归根结底是由"老、病、残"这三个字来的，代表了生理上的特点。然而，生理上的特点会造成心理上的特点、行为上的特点、监管改造的特点和刑罚执行的特点。

王毅：对于基层监狱而言，构建模式能使繁杂多变的老病残罪犯监管改造工作改变应付和被动的状态，更加清晰明确思路和目标，便于探索工作规律。当然，如何构建模式，是"实然"和"应然"的结合，不仅是总结已有经验，而且需要在此基础上提出理想化的目标。从系统论角度，一所老病残罪犯监狱的改造模式应包括：一是刑罚执行系统，指监狱对被交付执行刑罚的罪犯，依照法定职责和程序将生效的刑事裁判所确定的刑罚付诸实施的一系列活动的总称，其构成要素有特色制度、狱务公开、执法证据、生活卫生等。二是安全防范系统，指监狱运用人防、物防、技防、联防等手段，为确保监管安全工作所形成的一套技术与措施，其构成要素有场所警戒机制、疾病控制工作、执法风险排查等。三是教育矫治系统，指监狱通过一系列教育手段、方式、方法等，把教育内容付诸于罪犯教育改造中的所有活动，其构成要素有生命教育、康复性劳动、心理矫治、艺术矫治等。四是民警发展系统，指为适应老病残罪犯监管改造的需要，监狱采取一系列举措来促进民警执法质量和水平方面的发展，其构成要素有执法专业化、人文精神培养、执法信息化、职业保障等。五是生命文化系统，指监狱围绕老病残罪犯的生命的价值和生活意义而开展的一系列举措和活动，其构成要素有尊重生命、关爱生命、珍惜生命、敬畏生命等。六是科研评估系统，指监狱充分并善于借助科研这一平台，鼓励和激发民警研究老病残罪犯改造规律，总结反思现有工作，从而促进监狱工作发展的活动，其构成要素有理论探索、调查研究、评估量表制作等。其中，刑罚执行系统是最为根本的子系统，安全防范系统是最为基础的子系统，教育矫治系统与生命文化系统是直接相关的子系统，也是模式中最具有创新特色发展的子系统，民警发展系统是具有实体性、总体性、实践性的子系统，而科研评估系统处于较高的层次。

韩红霞：老病残罪犯群体，不仅需要医疗救治，更多需要在体格、思想、精神、行为、社会关系、回归就业等方面消除或减轻各种障碍，恢复其重新回归社会的生活能力。一要促进身体康复，通过各种康复功能室和康复器具，进行适量的、定向的或者有针对性的机体运动，帮助身体恢复到正常状态；通过矫形器、假肢及辅助器械补偿生活能力和感官的缺陷；通过体操、太极拳、气功等康复运动增强体质、增进抗病能力。二要促进思想康复，建立"知罪、悔罪、赎罪"的递进模式，使罪犯从思想深处彻底转变。三要促进心理康复，逐步建设形成基础锻炼、支持、情绪疏通、人际关系改善、认知修正、良好习惯习得、个体咨询、危机干预等八大系统。四要促进行为康复，通过文明规范的改造秩序和监规纪律，督促养成良好的生活行为习惯，营造良好的改造风气。五是实现职业康复，形成系统性的康复劳动教育改造模式，并联合社会相关部门，探索建立"职业康复中心"。有条件的情况下，监狱可以探索规范劳动报酬发放制度，引导罪犯拿出一部分劳动报酬用于补偿被害人或进行民事赔偿。六要实现社会康复，加强亲情教育和社会帮教，进一步修补罪犯的家庭关系，构建罪犯与社区的新关系，并通过联系社会上的老、病、残、精神病方面的专业机构，探索残疾犯、精神病罪犯的创新管理举措。总之，康复型监狱强调在传统的"惩罚""矫正"的前提下，注重恢复身体机能、修复心灵情感，将罪犯的社会关系恢复到犯罪之前的最佳状态，终极目的就是提高老病残犯生活质量，恢复其独立生活、学习和工作的能力，使其释放后能融入和谐社会。

恢复性司法：
助推上海社区矫正工作创新发展

编者按：上海是全国开展社区矫正工作试点最早的省市之一。在十多年的创新实践、探索积累基础上，上海市司法行政部门有组织、有计划地率先将恢复性司法运用于社区矫正工作，推动上海社区矫正工作理念的转变、工作方式方法的调整和社区矫正制度的完善，全面提升了社区矫正整体工作质量与水平。本期论坛主要围绕恢复性司法如何指导并运用于社区矫正工作实践、推动上海社区矫正工作创新发展，邀请相关嘉宾从理论与实践两个角度进行交流研讨。

圆桌嘉宾：

陈耀鑫　上海市司法局党委委员、上海市社区矫正管理局局长
王瑞山　华东政法大学副教授
黄晓枫　上海市社区矫正管理局安置帮教工作指导处处长
周志宇　上海市杨浦区司法局副局长
朱　旎　上海市浦东新区司法局社区矫正处副处长
林盛君　上海市虹口区司法局社区矫正科科长
冯　健　上海市徐汇区司法局社区矫正科科长
周雪军　上海市奉贤区司法局社区矫正（安置帮教）科科长

《法苑》：2016年以来，上海司法行政部门率先有组织、有计划地将恢复性司法运用于社区矫正工作并取得了良好成效，促进了"三罪"体系的完善、拓展了社区矫正工作的路径、丰富了教育矫正的内涵、完善了社区矫正制度等。请问究竟什么是恢复性司法？恢复性司法与社区矫正工作究竟有何关系？

王瑞山：恢复性司法是指采用恢复性程序并寻求实现恢复性结果的司法方案。所谓恢复性司法程序，是指在调解人帮助下，被害人、犯罪人和任何其他受犯罪影响的个人或社区成员，共同参与解决由犯罪造成的问题的程序。所谓恢复性结果，是指通过道歉、赔偿、社区服务、生活帮助等使被害人因犯罪所造成的物质损失、精神损害得到补偿，使被害人受到犯罪影响的生活恢复常态。通俗地讲，恢复性司法就是在犯罪人和被害人之间建立一种对话关系，以犯罪人主动承担责任消弭双方冲突，从深层次化解矛盾，并通过社区等有关方面的参与，修复受损的社会关系的一种司法活动。恢复性司法主要特征是：一是由犯罪人主动承担自身责任，对自己的犯罪行为所造成的危害结果进行赔偿；二是让受害人的物质和精神损害得到救济、补偿；三是使受损的社会关系得到修整、恢复；四是促进犯罪者、被害人均早日恢复到正常的生活状态。

世界上第一个"恢复性司法"案例出现在加拿大安大略省。1974年，当地两个年轻人实施了一系列犯罪活动，在法庭上，两个年轻人虽承认了罪行，却迟迟没有交纳补偿金。在当地缓刑局和门诺教徒中央委员会的共同努力下，两人与22名被害人分别进行了会见。通过会见，两人深切地了解到自己的行为给被害人造成的损害，并意识到赔偿金不是对自己行为的惩罚，而是给被害人的补偿，6个月后，两人交清了全部赔偿金。受此案启发，从1974年到20世纪70年代末，在加拿大和美国出现了十几起这样的案例。此后，在欧洲的挪威、丹麦、德国、法国，亚洲的新加坡、印尼，非洲的南非等国，都兴起了恢复性司法浪潮。1999年，联合国通过了一项决议，鼓励成员国在适合的案件中使用恢复性司法。2000年第十届联合国犯罪预防与罪犯待遇大会通过了一项宣言，要求各成员国扩大恢复性司法的使用。2002年联合国经社理事会通过《关于在刑事事项中采用恢复性司法方案的基本原则》，对恢复性司法作出了系统、原则的规定。恢复性司法已成为国际刑事司法的重要组成部分，并普遍运用于审查起诉和刑事审判等刑事司法活动。

近年来，恢复性司法在我国逐渐得到重视，对我国刑事司法制度建设也产生了一定影响，如起诉阶段的附条件不起诉，审判阶段的刑事和解，2016年9月3日第十二届全国人民代表大会常务委员会通过的在部分地区开展的刑事案件认罪认罚从宽制度等。我国在刑罚执行阶段，特别是在社区矫正工作中如何运用恢复性司法的文章虽然时见诸有关专业杂志，但总的来说，还比较浅显，特别是在实践中有意识、有组织地运用恢复性司法还没有见诸报端。上海社区矫正工作部门能够率先有组织、有计划地运用恢复性司法具有一定前瞻性。

黄晓枫：关于恢复性司法与社区矫正之间的关系问题，有的同志认为，社区矫正工作本身就是恢复性司法，有的同志认为恢复性司法与社区矫正不是一回事，我认为恢复性司法与社区矫正的关系应当是包含与交叉共存的复合关系。恢复性司法可以贯穿于刑事司法各个阶段，而社区矫正只是刑事执行阶段的一部分，从这个角度讲，社区矫正是恢复性司法体系不可或缺的一部分。同起诉、审判阶段一样，作为刑罚执行一种手段方法的社区矫正工作并非全部活动都是恢复性司法，只有那些符合恢复性司法特征的矫正行为才属于恢复性司法范畴。不能因为社区矫正工作包含了恢复性司法的内容，或者说恢复性司法与社区矫正具有某些一致性、契合性，就把两者等同起来，如动员社会力量参与，如果仅仅是社会力量参与了对社区服刑人员的教育、管理和帮扶，则不应当纳入恢复性司法的范畴。如果社会力量参与到协调加害人与被害人之间的关系恢复，则这样的社会力量参与才是恢复性司法。

正如英国犯罪学家托尼·马歇尔（Tony Marshall）所述："恢复性司法是一种过程，在这一过程中，所有与特定犯罪有关的当事人走到一起，共同商讨如何处理犯罪所造成的后果及其对未来的影响。"强调"所有人走到一起"，如果缺少一方参与则不能认定为恢复性司法，否则就是泛化了恢复性司法，混淆了恢复性司法与社区矫正工作的内涵与外延。当然，"恢复"不仅包括被害人的恢复，也包括加害人的"恢复"，但只有通过"恢复性司法"方式的"恢复"才能纳入恢复性司法范畴，通过其他途径实现的"恢复"则不能纳入到恢复性司法的范畴。即没有在加害人与被害人之间建立任何联系，或者不是通过加害人对被害人产生影响的"恢复"则不能认定为恢复性司法，如作为加害人的社区服刑人员直接向慈善机构捐款、对其他困难人员及其家庭进行资助、自愿参加与被害人无关的社区公益劳动等。

朱旒：恢复性司法对犯罪、犯罪原因、犯罪人责任、刑罚目的等所秉承的理念，与传统刑事司法理念均有着一定的差异，最明显的是其目标的恢复性，而非传统刑事司法所强调的惩罚性。恢复性司法意在修复被犯罪所破坏的社会关系，但两者均追求犯罪人的真心悔过、回归社会，其总目标是一致的。同时，恢复性司法和社区矫正均重视社区的作用和社会力量的介入。由于社区矫正在我国的实践探索时间不长，工作理念、工作机制、管理方式诸多方面尚存在许多呕待确立、完善之处，恢复性司法的引入对于促进传统行刑理念向现代行刑理念的转变，丰富社区矫正的内容，完善社区矫正工作的手段，拓展社区矫正工作的途径，提升社区矫正工作的质量都有所裨益。

在上海市司法局、市社区矫正管理局的指导下，浦东新区司法局在2015年就开始探索刑事被害人救助项目，并运用恢复性司法理念加强对社区服刑人员的教育引导，帮助他们从内心自省，并主动通过自己的行动获得刑事被害人及其家庭的谅解，产生了良好的社会效应。如在一起抢劫出租车案、一起少年弑母（未遂）案、一起故意伤害案中（具体过程略），通过购买社会组织服务的方式，委托专业社会工作者在加害人与被害人及其家属之间建立关系，并引导加害人实施补偿并修复关系，均取得了较好效果。

《法苑》：通过嘉宾介绍，我们对恢复性司法的内涵、适用情况、主要特征，以及恢复性司法与社区矫正工作之间的关系有进一步了解。那么，上海在社区矫正工作中是如何将两者结合的？又是如何探索实践的？

陈耀鑫：2015年上海市司法局、上海市社区矫正管理局把刑事被害人救助列为年度创新性项目指导部分区司法局率先进行探索，2016年在此基础上进一步深化社区矫正工作，并将恢复性司法作为切入点和突破口，指导浦东、徐汇、杨浦、金山、崇明等区，以及市新航社区服务总站、市社会帮教志愿者协会开展相关研究探索。市社区矫正管理局、市新航社区服务总站还分别邀请华东政法大学、华东理工大学专家教授组成课题组对恢复性司法进行专题研究。经一段时间实践，2016年12月，上海市社区矫正管理局召开恢复性司法专题研讨会以推进恢复性司法在社区矫正工作中的运用。2017年初，上海市司法局、市社区矫正管理局将恢复性司法列为年度工作要点和目标管理考核项目。通过一年多的研究与实践探索，恢复性司法理念在本市社区矫正工作中得到初步确立，社区矫正工作理念、管理方式、教育方式、帮扶方式等方面都得到较大程度转变。最为直接地体现在完善了社区服刑人员认罪悔罪赎罪体系，一定程度上推动了本市社区矫正工作质量的提高。当然，由于恢复性司法在本市社区矫正工作中的运用还处于起始阶段，还存在着对恢复性司法内涵理解、方法运用等方面的不一致等问题，需要我们不断的探索、实践加以消化。

冯健：根据上海市司法局、市社区矫正管理

局的部署，徐汇区早在2015年就开始探索刑事被害人救助，2016年按照市社区矫正管理局的统一部署率先探索恢复性司法，包括教育引导社区服刑人员向被害人及被害人家属赔偿或进一步补偿、写信致歉、到敬老院护理老人、主动志愿参加交通维护等。2017年又将恢复司法向前延伸，在审前调查评估阶段就把握时机积极探索运用恢复性司法。如今年2月24日，我区长桥司法所收到一份法院社区矫正调查评估委托函，对本辖区内一名被告人梁某进行审前调查。梁某于2016年10月9日，在本区老沪闵路某弄某号501室进行房屋装修时，与楼下401室潘某、张某夫妇发生口角，进而发生肢体冲突。梁某挥拳打击潘、张二人头面部，致潘某鼻骨骨折、张某颅脑损伤，构成轻微伤，后检察院以故意伤害罪起诉到法院。司法所接到委托调查函后，研究认为，由于本次调查的被告人与被害人为上下层邻居，如无法消除两家的矛盾，修复邻里关系定会为今后社区矫正工作埋下隐患。所以，在评估调查过程中，司法所除了进行常规调查外，还把修复受损的邻里关系作为工作重点：一是通过多方了解被告人一贯表现等情况的同时，深入调查被告人与被害人矛盾发生的原因与过程。二是多次与被告人梁某的妻子进行了谈话，了解梁某性格特点、与被害人发生矛盾的原因等。三是专门到被害人家中了解被害人对梁某适用社区矫正的意见和建议，并针对两家矛盾点——空调的噪音问题提出解决方案和建议，并对今后邻里如何和平相处进行了沟通。四是在梁某取保后对其进行了教育谈话，要求其正确处理好邻里矛盾，避免产生失当行为，并劝其到被害人家中进行道歉，获得被害人的谅解，为之后邻里和谐相处打下基础。五是全面了解、整合多方意见，取得被害人谅解的基础上形成书面调查评估建议。通过前期有效工作，梁某纳入社区矫正以来，能认真遵守社区矫正有关规定，积极参加社区公益劳动，与邻居一直保持着和睦关系，可以说是恢复性司法的又一次成功尝试。

林盛君：根据上海市司法局、市社区矫正管理局的要求，结合虹口区社区矫正工作实际，遵循恢复性司法原则要求，我区主要从如下几个方面进行了探索。一是重视调查评估。主要通过走访社区、单位，全面听取社区力量，包括社区民警、居委、拟适用社区矫正人员家属及其他相关人员意见，为是否适用社区矫正提供充分的依据。二是严格接收纳管。一方面，邀请被害人或其亲属参加入矫宣告，保证被害人的知悉权，消除社区矫正不是刑罚执行，可以"逍遥法外"的误解。另一方面，在谈话训诫、签署帮教协议、接受社区矫正保证书和承诺书中增加维护被害人利益，不得威胁、报复被害人以及积极赔偿、赔礼道歉等恢复性内容。三是在制定社区矫正方案时增加对"恢复性司法"内容的考量。如犯罪人与被害人之间关系、原判决民事赔偿内容、犯罪对社区造成的影响、影响恢复的因素有哪些等，真正把"恢复"作为社区矫正的重要目标之一。四是制定恢复性矫正措施，包括以恢复为目标而采用道歉、和解、调解、赔偿、社区服务等方法和手段。

周雪军：奉贤区有意识将恢复性司法运用于社区矫正工作的探索，运用虽然较晚，但按照市社区矫正管理局"精准帮教"的要求，也有成功的实践经验。情况大致是这样的：青村镇社区服刑人员张某原是驾校教练员，工作稳定，收入较好，与女友李某相恋感情很好，并到了谈婚论嫁的时候。然而，2015年8月的一天，张某为琐事与女友李某发生争执，李父前来劝架时责怪了张某，张某耿耿于怀。第二天为泄愤，故意将李父的轿车多处踢坏，并砸坏李某苹果手机一部。李父一气之下报了警，经鉴定，物损价值共计人民币6000多元，张某因故意毁坏公私财物罪，被判处拘役4个月，缓刑4个月。成为社区服刑人员后的张某一时无法接受这个残酷的现实，对李父的怨恨更深，但又不愿与女友分手。而张之父母对李父也非常仇恨，两家矛盾尖锐。张某和李某两人工作和生活也因此受到了影响。司法所专职干部和社工了解情况以后，及时对张某进行了心理辅导，并指导其订立了生活规划和行动步骤，循循善诱，帮助张某认识所犯罪错，树立悔过改过的信心和决心，放弃怨恨，用自己真诚的行动尝试修复和李某一家的关系。同时，司法所专职干部又对张之父母进行心理疏导，张某父母慢慢化解了心结。通过一系列的工作，张某恢复了生活信心，重新找到了稳定工作，并努力修复与女友父母亲的关系：一方面主动向李父赔礼道歉，并对造成的损失主动给予了赔偿；另一方面，经常主动关心照顾李某，对李某家的重活累活抢着干，并在李家需要用车时都能够主动承担。通过张某一年多持之以恒的主动修复关系，李某父母最终接受了张某，而张某和李某在经过风雨的洗礼后，重续良缘。

《法苑》：将恢复性司法运用于社区矫正工作是一项探索性、挑战性都较强的工作，实践中肯定遇到过不少困难和问题。请问上海社区矫正机构在探索恢复性司法过程中遇到过哪些问题和困难，又是如何处理和突破的？

黄晓枫：在实践中，社区服刑人员与被害人不在同一个社区居住的现象占绝大多数。这种情况对于开展恢复性司法有一定的影响，但在实践中，我们体会到，只要能够在加害人与被害人之间建立起一定的联系，不一定见面，也可以促进双方和解，实施双方关系的恢复，关键是社区矫正工作者是否有意识、积极、主动地通过多种途径将双方关系建立起来。

在上海刑事被害人回原籍居住的现象很多。如果将恢复性司法适用对象仅仅局限于加害人与被害人同在一个社区的话，恐怕极少有实施的可能。在开展前期调研时，一位司法所专职干部介绍，一名社区服刑人员，因交通肇事罪致死一人，在给予附带民事赔偿后，还感到非常内疚并几乎成了心理疾病，希望给予被害人家庭进一步的补偿以赎罪，但由于被害人家属已回外省，因此，司法所就没有作进一步的工作。当然，那时我们没有恢复性司法的概念，没有做这方面工作的要求，如果是现在，不会因被害人家属身在外省市而无所作为。现代社会，多种方式途径都可以为加害人与被害人之间建立联系提供条件与可能。可以通过被害人所在地司法所了解被害人家属生活情形，取得对方协助而获得被害人家属的联系，在社区服刑人员与被害人家属之间建立联系，为该社区服刑人员补偿、帮助被害人家庭，进行进一步的赎罪搭建平台、提供支持。这比单纯地做社区服刑人员的思想工作、心理辅导的作用和意义要大得多。

朱旎：现行社区矫正制度中的"社区服务"与恢复性司法中的"社区服务"非常相像。是不是只要参加社区服务就认定为恢复性司法，这在实践中也有些困惑。我认为，衡量一种行为是不是恢复性司法有一个标准就是"自愿"还是"强制"。恢复性司法的一个重要原则就是"自愿原则"，只有没有强制性、自愿、公益性的"社区服务"才属于恢复性司法。解决这个认识问题有利于实现恢复性司法和社区矫正的融合和发展。

一是要注重从有自然人被害人案件着手，循序渐进。恢复性司法的基本内涵指向的是有自然人被害人的案件，具有非常明确、直观的伤害，以便明确调停、协商目标。因此，在社区矫正中引入恢复性司法时，应先以有自然人被害人的案件着手，熟悉恢复性司法的做法，领会其工作理念后，再进一步拓展。如果以无自然人被害人的社区服刑人员提出的一些恢复性要求，则可以适当引导，让其自愿做一些公益、慈善类行为，弥补其对社会造成的损失。

二是不能过于强调"恢复"而忽略服刑人员的在刑状态。无论是个人，还是团体、社会，观念的改变绝非一蹴而就的，但可以在工作中逐渐引入恢复性司法，进行相应的尝试，进而让社会不断地认识并接受。社区矫正工作人员主导着社区矫正的开展，在社区矫正工作中运用恢复性司法，必先从社区矫正工作人员观念的改变开始。从基本认知到理念践行，是一个渐进的过程。社区矫正工作人员不仅要了解恢复性司法本身，还要了解它与社区矫正工作的特点，以及在社区矫正工作中如何运用恢复性司法，还要防止过于注重对犯罪人的宽容，忽略了服刑人员的在刑状态，忽视了自己的矫正职责。

林盛君：服刑人员主观上的"悔""歉""补偿"意识是恢复性司法的核心和关键。开展恢复性司法应当因人而异，视情而"变"。道歉、参与社区服务获得资金后补偿被害人或直接为被害人提供劳务等都是恢复性司法可以采用的方式和途径，对于生活条件比较差的社区服刑人员较为合适。

根据恢复性司法的"自愿原则"，通过深入的教育，引导他们根据自身经济状况和刑事被害人生活情况，对被害人及其家庭给予进一步的补偿，或为刑事被害人提供生活帮助、向其道歉或其他形式的精神抚慰等，也符合恢复性司法核心原则。

《法苑》：恢复性司法运用于社区矫正工作，不仅丰富和完善了社区矫正工作，而且促进了社区矫正工作理念、工作方法、工作制度等多个方面的变化。请问恢复性司法的运用对上海社区矫正工作究竟会产生哪些影响和变化？

冯健：恢复性司法的运用进一步促进了社区服刑人员"认罪—悔罪—赎罪"体系的完善。在"认罪—悔罪—赎罪"为主线的教育矫正模式构建中，除通过集中教育促使社区服刑人员自我反省和忏悔外，还着重在赎罪方面进行了探索，即根据社区服刑人员的案由、犯因性问题、管理级别的不同，引导他们根据本区设置的交通执勤类、岗位体验类、体力劳动类、公益服务类、现身说法类等五类社区服务项目自主选择适合自己的社区服务项目，如交通肇事类社区服刑人员参加交通文明志愿者的交通执勤、职务犯罪人员参加劳模岗位及优秀党员岗位一日体验、作为加害人的社区服刑人员向被害人写一封致歉信等，促进他们从深层次认罪、悔罪和赎罪，修复因犯罪损害的社会关系，从而丰富和完善了"认罪—悔罪—赎罪"体系。

朱旋：恢复性司法运用于社区矫正工作，在工作理念、方法、制度等方面都产生积极促进作用。

一是恢复性司法有助于强化"在刑"意识。社区矫正机构和监狱分别承担非监禁刑和监禁刑执行的职责，虽不能像公、检、法那样运用恢复性司法，但可以结合自身工作特点，将恢复性司法运用于对社区服刑人员的日常教育、监督管理和帮扶之中。

二是有利确立整体性观念。恢复性司法将加害人和刑事被害人作为一个整体，以加害人主动承担责任并得到被害人谅解为前提，最终达到修复受损的社会关系的目的。实践中多数加害人需要长期教育引导才有所觉悟，多数被害人对加害人深恶痛绝，难以冰释前嫌。恢复性司法理念有利提升社区矫正整体效果。

三是有利于社会组织参与。浦东新区司法局连续两年委托社会组织在被害人和加害人之间搭建"对话"桥梁，中立身份、平等对话、心与心交流有利于获取被害人和加害人的信任，而资源整合、生活帮扶、精神慰藉又有利于消解彼此积怨，社会组织独特的专业优势得到充分体现。

周志宇：社区矫正、恢复性司法都是新的刑事处理、执行方式，其目的具有高度契合性，如修整、恢复受损的社会关系，促进犯罪者早日回归社会。同时，社区矫正与恢复性司法存在着紧密的因果关系，一方面，社区矫正制度的设计和实践，是以恢复性司法理念为引领的，从某种程度上讲，是恢复性司法的一种存在形式；另一方面，社区矫正工作体系的构建，是为恢复性司法实践作支撑的，是恢复性司法得以实现的一个平台载体。因此，确立恢复性司法理念的引领地位，贯彻恢复性司法理念的价值取向，保证恢复性司法理念的落地施行，应该是健全社区矫正制度的一个重大考量和重要选择。

一是要以社区力量为主体调整矫正小组建制。目前本市矫正小组的基本模式是，司法所专职干部任组长，社区民警、社工和居委会干部及志愿者为组员，强化了对社区服刑人员的组织化监管、教育和帮扶，有利于全面体现社区矫正的刑罚执行属性。但是，如果遵循恢复性司法理念来审视，矫正小组的建制可以按照分类管理的原则，采取多项选择。其一，可以将建立矫正小组作为适用社区矫正的前提，由社区服刑人员或拟适用社区矫正的被告人提供矫正小组基本成员。其二，矫正小组主要由社区矫正专职社工、社区工作者、志愿者和社区服刑人员所在单位、学校工作人员及家庭成员组成，同时配以心理辅导等专业人士。其三，矫正小组的职能，侧重于对社区服刑人员施行矫正督促、日常行为纠正、个别教育、心理辅导、人文关怀等，总之，可以将矫正小组的职能定位与社区矫正机构、社区矫正执法人员的日常监管有所区别。

二是要以服务社区社会为主线调整社区服务方式内涵。在现行的社区矫正执行中，修复社会关系的实现途径和方式比较狭窄。例如，一般地认为，社区服务是社区服刑人员修复社会关系的主渠道，但在现实的矫正执行行为中，社区服务的惩罚性意图和色彩更为浓一些。而对于已经成为"社会人"的社区服刑人员来说，需要修复的社会关系是整个社会系统。所以，应该着力帮助和引导社区服刑人员通过服务于社会，赢得全社会的容忍和接纳。当然，实现这一转型，需要突破刑罚执行观念的束缚。

三是要以社区认同接纳意见为考量调整调查评估的运用效力。恢复性司法应该是双向的，社区服刑人员向正常社会人的恢复，社会容纳社区服刑人员的恢复，两者缺一不可。从这个角度讲，恢复性司法实践的成败，很大程度上取决于社会对社区矫正工作成效的认可、认同。而现行的社区矫正工作机制，对社会观感的重视度不够充分或者有失偏颇。同样，社区对社区矫正的认识、认知，也存在偏见、片面的倾向。根据《社区矫正实施办法》，受委托的司法行政机关应当根据委托机关的要求，对被告人或者罪犯的居所情况、家庭和社会关系、一贯表现、犯罪行为的后果和影响、居住地村（居）民委员会和被害人意见、拟禁止的事项等进行全面调查了解和评估，及时提交给委托机关。但是，对于调查评估意见的采信、运用却不够到位，对被害人、居委会的意见重视不够，调查评估实际上退化成了拟适用社区服刑人员的"居住地"调查。这样，既不利于社会面对社区矫正的认同，也不利于社区服刑人员主动地迎合、争取修复社会关系。在恢复性司法理念影响下，社区矫正适用的一个重要条件应该是有利或可以修复社会关系，这样的社区矫正才能兼顾各方特别是社会方面的利益，并且倒逼社区服刑人员主动地配合恢复性司法实践。为此，须对居委会、被害人的意见作出严格的、刚性的采纳和运用规定。

陈耀鑫：恢复性司法的理念和实践对上海市社区矫正工作产生了深刻影响。首先，社区矫正工作者确立了新理念、运用了新方法，进行了新的探索，并取得了一定的成效；其次，开阔了社区矫正工作者的视野，拓展了社区矫正的工作路径，考验了我们社区矫正工作者的创新能力、实践能力，特别是一些理论上没有阐明的问题，通过实践得到了解决。在此基础上，促进了社区矫正工作整体框架的重建和再造。虽然还存在一些理论上有待厘清的问题，如社区矫正与恢复性司法之间的关系问题等，可以探索与留待理论界和实务部门共同探讨研究，而不影响恢复性司法在本市社区矫正工作的进一步运用。通过一段时间的理论思索与实践探索，有必要进一步确立恢复性司法理念，通过巩固恢复性司法的运用成果，有意识、有组织地深化恢复性司法实践探索，并不断归纳、总结和完善，使之深度融合到社区矫正工作体系之中，实现恢复性司法在社区矫正工作中的制度化。

一是工作理念上要坚持惩戒与恢复并重。社区矫正在我国的实践探索历史较为短暂，工作理念和方法基本与监狱有许多相似之处。社区矫正工作人员要在传统刑事司法理念中融入恢复性司法理念，在社区矫正工作中要从关注犯罪人的改造到犯罪人悔罪与被害人补偿（社区关系恢复）

并重，从注重对犯罪人的惩戒、改造到犯罪人悔改与被害人及被破坏的社区关系恢复并重。当然，工作理念的转变不是一蹴而就的，是渐进的，通过工作理念的转变，努力推进现有工作目标、工作方法、工作要求、工作机制的转变。

二是工作目标上要体现恢复性司法的要求。将恢复性司法融入社区矫正工作的目标，可分两个方面进行：一是对有自然被害人的社区服刑人员实施恢复性司法；二是对没有自然被害人的社区服刑人员实施恢复性司法。要通过被害人、犯罪人与社区成员之间的交流和对话，使社区关系升华到一种更和谐、人与人之间的纽带更牢固的境界。

三是工作原则上要坚持当事人自愿。无论怎样进行协调、修复，无论进行多少次协调，无论是何种方式协调，其过程都要尊重加害人与被害人的意愿，切忌发生强制的、非自愿的、不真实的和解与恢复。当然，当事人自愿并不排除适当、合法的教育、引导、激励。因此，教育矫正工作承担更为重要的任务，同时，对社区服刑人员的考核奖惩办法可以增加鼓励实施恢复性司法的内容与指标。

四是工作能力上要注重提升协调引导能力。协调在当事人和解的意愿形成中发挥着至关重要的作用。所以，社区矫正工作者的协调、调解能力在恢复性司法中非常关键。要在现有社区矫正工作队伍中，对矫正工作民警、专职干部、社工的协调能力作出要求，并进行培训。英国《国家缓刑职业标准》将恢复性司法作为缓刑官任职资格和业务能力的一项重要内容，值得借鉴。同时也可以引入人民调解员、志愿者的力量，以提升整个队伍的沟通、协调、教育与引导能力。

五是工作过程中要全面引用恢复性司法。首先，调查评估阶段，要将是否适合适用恢复性司法纳入评估范围，为后续制定社区矫正方案提供依据。其次，在社区矫正方案中增加恢复性内容，包括社区服刑人员与被害人关系、原判决民事赔偿执行情况、犯罪对社区造成的影响、影响社区服刑人员恢复的因素等。再次，在日常教育和谈话过程中有意识地引导社区服刑人员自愿适用恢复性司法。第四，在具体实施恢复性司法的过程上，始终坚持恢复性司法的原则，不诱惑、不冒进，尊重当事人双方的意愿，稳步、扎实地实施针对性的恢复性司法措施。

走出去，中国律师的国际化之路

编者按：2016年6月，中央办公厅、国务院办公厅印发了《关于深化律师制度改革的意见》，就加强涉外法律服务工作作出明确要求，并提出了推动律师业国际化发展的重要举措。特别在"一带一路"倡议的大背景推动下，走专业化、规模化、国际化之路已经成为行业内外人士的共识，中国律师业已经进入了质量与数量并重发展、提升国际竞争力的新阶段。本期论坛特邀相关嘉宾围绕律师国际化相关主题开展研讨交流。

圆桌嘉宾：

王　浩　上海市虹口区司法局党工委书记、局长
盛雷鸣　中华全国律师协会副会长
王　嵘　上海市律师协会副会长
马　屹　上海国际经济贸易仲裁委员会（上海国际仲裁中心）秘书长
许海峰　上海建工集团法务部总经理
盛红生　最高人民法院"一带一路"（上海政法学院）司法研究基地主任、教授
钱晔文　北京观韬中茂（上海）律师事务所律师
黄宁宁　国浩律师（上海）事务所律师

《法苑》：近年来，随着全球经济增长的重心从欧美向亚太区转移，中国企业、资本与投行的"走出去"，使中国律师事务所的国际化应运而生。"一带一路"国家战略发展目标的提出实施，中国企业"走出去"的步伐不断加快，中国律师行业的国际化之路将会受到怎样的影响？又有哪些机遇？

盛雷鸣：在全球经济发展的带动下，国际化之路将是中国律师行业发展的主旋律之一，也是当前和今后一段时期深化律师制度改革的重要任务之一。随着"经济全球化"进程不断加速推进和我国对外开放全方位深化，特别是"一带一路"倡议的深入实施，无论是把境外资金、先进技术、管理经验引进来，还是国内企业装备、技术、标准、服务走出去，都需要优质高效的国际化法律服务。

随着国际化的交易、国际化的业务会越来越普遍，不管公司、投融资、合同等商事业务，婚姻家庭、侵权纠纷等民事业务，还是为被告人辩护、为被害人代理的刑事业务，我们的客户及客户的关联方是外国人、外资企业的，已经非常普遍，涉外性质明显，直接推动律师业务国际化。特别是中国（上海）自由贸易试验区建设，"四个中心"和科创中心建设，"一带一路"等国家战略共同推进，形成叠加效应，上海律师参与国际经贸交流的广度和深度将前所未有，涉外法律服务需求的大幅增长也将是前所未有。当前上海正加快建设面向全球亚太仲裁中心的步伐，这将为本市律师参与国际化的法律服务提供新的平台和更多机遇，同时也对本市律师行业的国际化和律师提供涉外法律服务的能力和水平提出了更高要求。

马屹：当前中国律师的国际化恰逢其时。首先，近年来，对于律师业的国际化，中央不仅给予了高度的关注和支持，还确定了律师制度发展的顶层设计，明确了国际化之路就是律师行业发展的重要方向。2016年6月，中共中央办公厅和国务院办公厅印发了《关于深化律师制度改革的意见》，就加强涉外法律服务工作作出明确要求，并提出了推动律师业国际化发展的重要举措和任务目标。按照该文件要求，2016年年底，司法部会同外交部、商务部、国务院法制办正式印发了《关于发展涉外法律服务业的意见》，对切实加强涉外法律服务工作，全面发展涉外法律服务业作出了具体安排。其次，国际化是律师业服务实体经济的现实需求。据商务部统计，2015年我国对外投资首超吸引外资，首次成为资本净输出国，这是开放型经济发展到较高水平的普遍特征，我国经济已经进入新常态下全方位对外开放的新格局，需要中国律师也不断的国际化，更好地服务外向型的实体经济。最后，国际化是中国律师事业发展到当前阶段所面临的首要课题。当前形势下，专业化、规模化、国际化已经成为本土律师业发展的共识，中国律师业已经进入了质量与数量并重发展、提升国际竞争力的新阶段。因此，可以说中国律师的涉外业务和中国律所的国际化发展进入了重要的战略机遇期。

许海峰：我十分赞同前两位嘉宾的观点，国际化已成为当前经济社会发展的基本态势和显著标志。以建筑业为例，得益于中国经济的高速发展和城镇化建设，中国建筑业迅猛发展，打造了一批具有国际竞争力的中国建筑企业。"一带一路"国家战略倡议的提出和不断推进，为中国工程企业"走出去"实现国际化带来了重大机遇。2016年我国企业对外承包工程新签合同额达到2440亿美元，尤其在"一带一路"相关的61个国家新签合同额1260亿美元，同比增长36%，占同期我国对外承包工程新签合同额的51.6%。这些国际工程从项目前期调研到后期争议解决，都会存在大量的法律服务需求。

有专家说，中国企业走出去，不缺政策、不缺设备、不缺技术，也不缺资金，独缺软实力，尤其是法律软实力。"一带一路"建设中涉及的国家、地区有着很大的差别，具有多元化、多样化特征。以法律体系为例，"一带一路"共涉及65个国家（目前依然呈增长趋势），其中39个国家为大陆法系，11个国家为英美法系，6个国家为伊斯兰法系，还有9个国家为混合法系国家。此外，有些沿线国家至今不是WTO成员，有的未与我国订立双边投资贸易协定，这都使得"一带一路"建设面临错综复杂的法律环境。再加上宗教、信仰、国家制度、习俗、历史文化背景、发展模式、沟通方式等因素，使得"一带一路"事业面临很大的复杂性和挑战性。2016年，解决投资争端国际中心（ICSID）新受理的案件为48件，"一带一路"国家作为被诉东道国的超过一半。从司法部、全国律协公布的数据来看，截至2017年3月，共有38家中国律师事务所在14个国家和地区设有65个境外分支（代表处），其中6家中国律所在"一带一路"沿线国家和地区设立7个境外分支（代表处）。而来自22个国家和地区的255家律师事务所在中国内地设立的代表机构达到323家。单从机构的数量来讲，中国律所的国际化程度还是相当低的。

从企业的角度出发，在处理涉外事务律师的聘请上，除了一些金融类投资项目，绝大多数中国企业在情感上还是更愿意用中国律所，尤其在像上海的一些国际化程度较高的大所，有一批非常出色的国际化法律人才和较为紧密的境外合作伙伴，不管是服务方式、服务费用还是相互沟通协调上，相对而言，中国律师更能准确把握和贴近客户需求。

《法苑》："一带一路"倡议发展目标加速了中国律师的国际化之路，也对律师执业提出了更高、更严苛的要求。如：律师不仅需要了解自己本国的文化生活也要对国际文化有一定的了解；不仅需要加强自身法律专业知识的素养还需要有国际化的视野，站在国际的角度看待一些问题。此外，在中国律师国际化的进程中还将遇到哪些挑战？具体表现在哪里？

王嵘：国际化有两个维度，一个是走出去，一个是引进来。"引进来"首先面临的一点就是语言能力，那意味着我们境外的非中国的客户（不管是跨国集团、一般的商业公司还是外国人）需要的法律服务首先要建立在信任的基础上，而沟通交流是产生信任最有效的途径。这个时候外语好的律师就占了先机。他的语言能力能够帮助他吸引那些到中国来的需要法律服务的客户更快地相信他、雇用他。所以语言能力，在"引进来"的国际化过程中，对法律服务人才来讲是一个利器。当然这不是绝对的，我自己外语也不是很好，比如说对于日语一点不懂的我就做了20多年日本律师事务所的法律特别援助的律师。我跟他们的合伙人讨论过，上海有那么多精通日语的律师，你为什么不用？他说："王律师，你的价值不在语言方面，我们需要的是你的思辨能力，是你对问题的综合性的思考判断。"所以我觉得语言的技能，有它非常重要的作用，但是并不绝对。

许海峰：我觉得，从中国企业境外项目投资这个角度来看，他们的失败都有一个共性特点，就是把国内的商业经验套用到国外的市场竞争中，"中国打法"水土不服，项目尽职调查不充分、合同审查不严、履约管控不善、政府关系失灵、不重视合规经营等，一些在国内都有办法解决、"搞定"的问题，到了国外，发现"搞不定"了，很重要的一点就是缺少了法律服务的支撑。

同时，除了国际化程度较高的投融资领域以外，中国律所和中国律师的短板也往往比较明显：一是本地化服务的能力，虽然目前中国已经有不少可以在全世界为中国企业"走出去"提供法律服务的律师，但因为缺少足够的海外分支机构和稳定可靠的当地合作伙伴，因此很难提供本地化的、及时的法律服务。尤其在"一带一路"沿线国家，因为存在各种客观的因素，中国律所开展业务的意愿并不高，这是一个现实的问题。二是专业化服务的能力，比如建设工程方面的专业律师，懂法律、懂专业的律师不少，但语言往往是一个短板；而外语好的律师，往往对建筑工程行业了解不深，特别是对专业性强的一些问题难以把握，比如工程索赔。站在企业的角度，最需要的是国际工程合同管理方面的专家，在项目投标、谈判、签约、履约等过程中给予专业的指导，但如果律师不熟悉工程项目实施的整个流程和关键环节，就无法对合同风险进行准确的把控。所以，一个优秀的国际工程专业律师，如果没有多年实践经验和对行业的深度了解，就很难应对极为复杂的法律问题和工程建设过程中出现的纠纷，他的服务质量也就很难令客户满意。

黄宁宁：我认为，中国律师法律服务的核心是防范法律风险。

第一，"一带一路"沿线国家绝大部分是转型中国家和发展中国家，但由于被殖民的历史，这些国家也因此沿袭了发达国家的法律制度。除了法律制度本身外，部分沿线国家的法律体系很大程度上还受到宗教影响，但即使拥有同样宗教背景的国家，法律体系也可能差异颇大。法律体系的不同将导致出现法律争端时国家之间的处理方式不同，法律的适用性被削弱，从而带来一系列法律风险。

第二，由于法律传统和思维方式不同产生的风险。如作为普通法系国家的印度法律体系与中国就存在着很大差异。例如，根据印度宪法，印度中央议会有权制定适用于全国的法律，印度各邦的立法机构有权制定适用于该邦的法律。对于中央和各邦都有权立法的方面，各邦立法的效力优先于中央议会对于全国的立法。此外，印度法律系统的复杂性还表现为印度中央议会很少撤销法律。即关于同一方面的立法，旧的法律不会明示失效，只有当某些规则和新法律确定的规则出现冲突的时候，才会部分失效。复杂的法律体系，对于外国投资者是一个巨大的挑战。

第三，沿线国家大多还处在发展中，有些国家法律制度并不完善，执法随意性和变化较大，或者通过颁布法律对境外投资者的跨国并购投资设置特别条件和程序予以限制，导致企业的海外投资风险增加。

第四，在争端解决及仲裁裁决执行过程中也存在着风险。有些国家与中国没有司法协助的双边条约或协定；有些国家不是世界贸易组织成员，其有关法律、政策不受世贸组织关于国际贸易仲裁制度的约束；有些国家不是《纽约公约》的缔约国，针对这些国别的投资项目的国际仲裁，即使取得有利于中方的裁决，在获得东道国法院对仲裁裁决的承认和执行方面仍存在重大的不确定性因素；有些国家虽然是《纽约公约》的缔约国，但在执行外国生效判决中也存在障碍。

还有，由于沿线各国经济发展水平及民族、文化、自然环境的差异，还存在知识产权、劳动用工、环境保护、税收、贸易保护方面的法律风险。如果不充分考虑上述风险因素，具体到项目本身，就会出现一些与项目国政治、法律、文化不相适应的问题，进而产生诸多难以预料的风险。

《法苑》："一带一路"倡议发展目标为中国律师国际化之路带来了前所未有的机遇和挑战，面对"国际化"的必然趋势，我们的律师、律所、律协都做了哪些准备？我们的政府都给予了哪些支持？

盛雷鸣：面对国际化，对于律师个人来说，第一是在认识上，要打开视野、打开思路，重视国际化、直面国际化，在心态上要拥抱国际化；第二是在技能上，要研究不同法域之间的对接和适用问题，研究不同文化背景的客户的不同需求和特点，以及不同法域的律师制度和律师工作技能，乃至律师队伍现状；第三是在沟通上，要加强与客户的沟通，让客户认识到，在国际化这个问题上，我们律师能够为他做什么，让他放心地把业务操作和管理交给我们。

对于律师建设来说，第一是在团队引进和人才培养上做足文章，有意识地引进和培养具有这方面教育背景和工作经历的年轻人进行储备，而不是光看一时一地的创收；第二是开展相关的业务和产品开发工作，客户驱动，业务先行，让业务和人才、团队、产品形成一个良性的循环。

对于行业协会来说，对外做好沟通、交流工作，加强同其他国家和地区的同行之间的了解和互信；对内是做好教育、培训工作，让我们的律师队伍在不同法域的法律规则体系、律师行业发展、客户需求等方面都得到更多的知识储备、技能储备、人才储备。

当然，这条路才刚刚开始，方兴未艾，到底应该怎么走，这个答案并未成型，还要依靠各位的探索。

王浩：我们探讨关于中国律师的国际化问题，尤其是"一带一路"的倡议背景下，以"走出去，中国律师的国际化之路"为主题，充分体现了虹口区律师行业适应形势需要、与时代同发展的进取精神。最近，司法部列出了深化司法行政改革的任务清单，其中一条就是建立"一带一路"法律服务联盟，另一条是在国家重大经贸活动中要聘请中国律师，充分反映了国家层面对中国律师走出去的关注和支持，也为律师国际化之路提供了引导方向。上海市司法局在引导和扶持广大律师走"国际化"道路方面，也做了很多工作。通过推进自贸试验区法律服务扩大开放试点，进一步提升本市法律服务市场的国际化水平，并促进本市律师业在与境外同行的竞争与合作，不断提高涉外法律服务能力。同时，市司法局还非常重视涉外人才队伍建设，完成了对本市开展涉外法律服务情况的调研，并将在此基础上建立涉外法律服务人才库，加强涉外法律服务人才培养和使用。2017 年，为了探索新的密切中外律师事务所业务合作方式和机制，市司法局还主动向司法部争取，拟开始在中国（上海）自由贸易试验区内开展国内律师事务所聘用外国律师担任法律顾问的试点工作。之后，还考虑加强与外办、国资委等部门的合作，地方国企走出去，发生纠纷首先请自己的律师，这对国家而言，对律师队伍而言都是有益的，也是为"一带一路"倡议直接服务。此外，计划总结整理一批近年来涉外律师诉讼案例汇编，为律师行业"走出去"做参考。从虹口区自身发展的需要来讲，虹口区为律师行业的发展提供广阔的空间。区十三五规划确定的目标之一是基本建成上海国际金融中心和国际航运中心双重功能承载区，这个目标的达成，需要有本区更多的律师积极开拓创新，具备国际化的视野，主动融入"走出去"战略，加强与国际相关领域人士的交流、与国外同行的合作，为国内外企业提供优质的涉外法律服务，实现自我发展和社会效益的双赢。

马屹：构建仲裁职业共同体，共同迈向国际化。当前，中国仲裁机构和律师行业构建仲裁职业共同体，共同迈向国际化，具备了良好的基础。中国仲裁机构和仲裁员处理国际商事争议的能力和水平已大幅提升，国内一批涉外仲裁机构也初步得到了国际仲裁界的认可。同时，随着中国经济国际化的日渐深入和广泛，特别是越来越多的中国企业成为国际大型跨境交易的主角和控制方，中方客户的缔约地位逐步完善。我们注意到，越来越多的中国律师参与到交易架构设计和合约起草工作中，很多涉及中国投资的项目约定适用中国法律的情况也越来越普遍。在这样的情况下，中国律师在缔约谈判中将相关争议约定国内仲裁机构处理的可行性越来越强了。

作为立足上海的中国仲裁机构，我们上海国际仲裁中心，正致力于充分发挥仲裁在争议解决及营商环境、法治环境建设方面的重要作用，不断提升仲裁业务国际化、专业化，积极服务自贸试验区及"一带一路"国家倡议，助力上海国际经济、金融、贸易、航运及科创中心的建设。基于对这一现状的考量，我们希望通过上海国际仲裁中心的机构建设，特别是通过设立一系列国际化的平台，我们能够为国内律师，为我们上海律师带来更多高附加值的国际化法律业务。2014 年 8 月，上海国仲与国际航协及中国航协合作，设立全球首个国际航空仲裁院，为解决国际航空纠纷提供重要途径。2015 年 10 月，在中国法学会和其他金砖国家法律界的支持下，我们设立了"金砖国家争议解决上海中心"，为金砖国家之间产生的跨境争议提供仲裁争议解决机制。2015 年 11 月，我们与南非合作方共同构建了中非联合仲裁机制，设立了中非联合仲裁上海中心，为中非商事主体提供纠纷解决法律服务。

我们希望通过这一系列平台，在法律界的共同努力下，在不远的将来为上海法律服务市场注入新的内涵和增长点。在此过程中，我们衷心希望与上海律师界不断深入合作，共同做大、做强上海的法律服务市场，不断提升上海律师的国际化水平。

盛红生：在律师国际化的进程中，上海律师一直走在全国律师的前列，目前有总数超过2万名的律师。国家推出"一带一路"倡议，更是为上海律师施展才华提供了难得的历史机遇。然而上海律师"走出去"也会遇到不少困难，首先就是语言问题。据不完全统计，目前上海仅有67位学习过俄语的律师，而真正能够使用俄语办案的是10人左右。由此可以看出，上海律师距离真正意义上的"国际化"恐怕还有很大差距。我们不能一提国际化就是与欧美接轨，与周边国家的对接也十分重要。如果换个角度思考，"一带一路"的倡议为中国律师的国际化之路开辟了一条崭新的道路，我们可以顺着"一带一路"沿线延展开去，由近而远，逐步走出自己的国际化之路。此外，伴随涉外民商事交往的深入，我国法院和仲裁机构在解决涉外纠纷的过程中适用外国法的情况逐渐增多，在办案的具体过程中，能否准确地知悉外国法的内容是正确适用外国法的前提，因此，外国法查明这一问题的重要性和紧迫性日益凸显。由于外国法的查明方法以及外国法无法查明时的法律适用等问题，直接关系案件的审理和判决结果，因此，对于法院和当事人而言，这都是一个非常重要的问题。最高院为了解决这个问题，已经在华东政法大学、中国政法大学、西南政法大学等高等院校建立了外国法查明基地。与此同时，民间力量也在发挥重要作用，例如深圳的蓝海法律服务公司就为客户承接过香港法查明的委托业务。

黄宁宁："一带一路"背景下，作为中国律师，我们应该研究什么，怎么研究，是首先需要解决的问题。律师提供法律服务，首先应该了解法律，因此法律服务的起点是法律研究，具体到"一带一路"倡议背景下的中国律师国际化之路，应该包括以下几方面内容：

（1）国别法律研究。"一带一路"法律服务大部分涉及两个以上国家的法律服务事务，因此，国别法律研究成为第一个重点研究领域。国别法律研究关注的法律问题主要包括：对外贸易、外资市场准入、税收、劳动就业、土地、环境保护、知识产权保护、工程承包、争议解决等。

（2）国内法研究。与"一带一路"有关的国内法配套包括与境外直接投资、国际工程承包、海外园区建设等有关的法律法规，特别包括重要相关部门，如发改委、商务部、外管总局发布的部门规章、通知等。国内法研究最需要关注的是最具时效性的政策走向和通知精神。当然，这种超越所谓"法律"研究的研究，也正是极具中国特色的。

（3）双边协定及多边条约研究。"一带一路"建设中，有大量两国之间的双边协定及多国间的条约。如常见的双边税收协定、双边投资协定等。多国间条约中与国际贸易、国际投资相关的，则有与承认与执行仲裁裁决有关的《纽约公约》；关于解决国家和他国国民之间投资争端的《华盛顿公约》等。

（4）特定机构研究。"一带一路"建设中涌现的特定机构，如丝路基金（The Silk Road Fund）、亚洲基础设施投资银行（Asian Infrastructure Investment Bank，AIIB，简称亚投行）等。研究这些机构的组织架构、章程性文件、业务模式等。

《法苑》："它山之石，可以攻玉。"在中国律师的国际化之路上，我们应如何博采众长，积极学习和借鉴国外的哪些先进的经验、做法？上海律师又应该如何立足国际大都市的优势、顺应时代潮流，当好中国律师国际化之路的"领头羊"？

钱晔文：探讨中国律师业国际化之路，会涉及方方面面的内容，当然也包括金融领域，在金融衍生品的场外交易方面的法律规范方面，我有一些研究的体会想分享一下。

大家知道，金融衍生产品与金融业务发展是一个内涵非常丰富的议题。从大类角度划分，金融机构参与的金融衍生产品交易基本分属两种，即场内交易和场外交易。由于金融衍生产品的交易都是发生在场外。在这种无中央交易对手的一对一的交易模式相对规范程度低、稳定性差、信用约束弱、清算无保障之类的情况下，1992年国际互换与衍生工具协会的ISDA标准文本闪亮登场。而在国内，经历了多年蹒跚学步式的体验后，2009年3月，被称为"中国版ISDA"的中国银行间市场交易商协会的NAFMII统一标准文本也应运而生。毫无疑问，两个文本的诞生分别奠定了国际和国内场外金融衍生产品交易标准化的里程碑。

NAFMII协议的根本属性及核心条款均源于ISDA协议，主要是以三大制度为基础，规范场外交易，提高其稳定性，并尽量保障交易双方的后续清算。但在我国法律体系下，该协议与其他法律规范，如《中华人民共和国合同法》《中华人民共和国企业破产法》等不能相互兼容，导致其适用不确定性。而这些问题并非仅在我国存在。在欧美金融发达国家，ISDA的应用也曾遭遇今日我们所面对的同样困境，但通过积极有效的一般立法或特别立法得以迎刃而解。目前已有数十个国家通过立法确认了净额结算的法律地位。如美国的《破产改革法（1999）》《金融合同净额结算改进法》等；英国的《现代净额结算法》等；日本的《破产法》也对净额结算作了制度性安排。在我国，目前当事人只能通过选择处理合同争议所适用的法律进行规避。由于我国并非是《关于民商事案件的司法管辖以及承认和执行判决的布鲁塞尔公约》和《关于民商事案件的司法管辖以及承认和执行判决的卢根诺公约》的签署国，因此，他国的司法裁判无法在国内获得当然执行的效力，从而对当事人权利的保护会产生负面影响。

据了解，央行曾草拟《金融机构破产条例》（虽颁布仍无明确时间表），建议可借鉴《美国破产法》关于自行停止程序与安全港规则等相关规定，通过设置安全港规则或类似条款，明确承认金融衍生产品终止净额结算制度，以逐步解决ISDA和NAFMII协议在中国适用的尴尬局面。

盛红生：在实施"一带一路"倡议的过程中，涉及比较多的是国际民商事、海事法律问题，但是国际刑事法律也是不可或缺的。我们强调"一带一路"作为愿景和行动，是由中国倡导，其他国家加入的一个国际经贸合作，没有强调安全问题，但实际上安全与发展、安全与经贸合作密不可分。"一带一路"沿线国家政治环境复杂，有很多不稳定和不安全因素，如中亚国家、中东国家、马六甲海峡周边国家以及印度洋周边国家、不时会有恐怖组织或海盗出现，所以安全问题也是必须考虑的。那么涉及安全问题如何解决？只有通过国际司法合作。

为了打击暴力恐怖势力（如拉登就是恐怖主义组织头目）、民族分裂势力（如俄罗斯车臣非法武装组织）、宗教极端势力等三股势力和跨国犯罪（贩运人口、贩卖毒品和网络犯罪等），开展国际刑事司法合作无疑是个重要的手段。目前的机制主要包括引渡、移管被判刑人等国际司法合作。

虽然中国和其他国家签订了有关刑事司法的双边条约，但在具体执行时还是会碰到很多具体的问题。如中泰在处理持土耳其护照的中国公民引渡问题上出现的难题；如因我国刑法没有海盗罪的罪名，中国海军抓获海盗只能移交肯尼亚地方当局；如吉尔吉斯国内法的特殊规定，被判刑人有权选择服刑地的权利，这就会造成移管被判刑人困难等。

对于一些法律问题的处理，欧盟和西方主要国家的有效做法值得我们借鉴。比如反恐司法办法，法国曾有案例取消了一名具有双重国籍身份的恐怖分子的法国国籍；土耳其、吉尔吉斯斯坦都有类似规定，有的是暂时剥夺其公民权利。

王嵘："律师的国际化"我们需要关注这样

几个内容：第一是我们服务的对象与一般国内客户的区别；第二是我们服务的范围，比如我们进入一个跨国的并购交易，服务的范围、法律的种类、服务的领域就会有变化。但是，我个人认为这都是表象，律师的国际化，更重要的，实际上是法律文化、管理模式、工作方式的国际化。西方的客户为什么会相信一些国际化做得好的律所，就是因为在与他们接触交流的过程中感受到的服务方式是跟他们在本国所享受的方式一样。他发邮件的方式，他跟你开视频会议、电话会议的方式，对问题分析引导的方式，这个方式实际上就体现着一种服务理念的认同，体现着一种国际化的方式，我觉得这个是我们目前能够做得到的。能不能通过国际化达到这样一个目标，即让中国律师不但精通中国法律，同时也精通某一个特定的外国法律，我觉得这个非常困难，坦白地讲，"一带一路"沿线国家，无论是65个也好，100个也好，基本上不是英美法律覆盖的国家，即使你原来读过的是美国的法学博士，恐怕在"一带一路"的法律业务中未必胜任，这是一个客观的现状。所以，法律研究、法律组织机构的研究，包括建立我们的法律服务主体的信息库、人才库，这个律师行业协会应该大有作为。但对律师个体来讲，对中小型的律所来讲，这是不堪负担的一个重任，对他来讲是承受不了的，所以，我觉得这是一个重要的方面。我们中国律师讨论国际化最终的目标一定不是让我们的某一位律师拿到一个外国的律师执照，能够告诉你，在国外某一个地方，他们的法律是如何规定，一定不是这样。我个人更倾向于我们社会上所讲的，律师的国际化是指的法务管理能力的国际化，我们成为一个法律管家，而不是一个具体的法律事务答案的提供者，这应该是国际化的争议。

马屹：中国律师的国际化之路，需要找准切入点，拓展重点领域。通常来说，律师的法律服务有三大功能：一是支持业务创新；二是防范法律风险；三是解决法律纠纷。在跨法域的法律服务市场中，要实现前两项功能，往往需要在境外设立分支机构，聘用外国律师，或者与外国律所开展紧密的、深层次的业务合作。第三个功能，解决法律纠纷（争议解决）是保障跨国投资贸易安全性的最后一道防线，重要性不言而喻。与前述两项业务相比，确是中国律师国际化不应忽视而且是相对更便捷的切入点。

国际商事仲裁以充分的当事人意思自治为基础，是否选择仲裁以及仲裁机构的选定、仲裁员的指定、仲裁地和仲裁语言的确定、仲裁程序的确定、提交仲裁的争议范围、仲裁的法律适用等，均优先由当事人自行决定，当事人可以对仲裁程序起自我导向作用，对争议的解决可以发挥最大的影响，使得仲裁程序较为灵活，这在各国法院的诉讼程序中是难以实现的。尤其是裁决易于跨国执行的优势，使其比各国法院诉讼更适合解决国际商事争议，因此一直受到境内外市场主体的重视和青睐，已成为最为有效和最受欢迎的国际商事争议解决方式。近年来，中国当事人、中国律师和中国仲裁机构在国际仲裁中的参与度正逐步提高，国际商事仲裁业务已经是中国律师从事国际化法律服务的重要组成部分。在"一带一路"不断深化的大背景下，中国律师事务所和律师必须予以国际商事仲裁进一步的重视和关注。

王浩：推进律师行业国际化，是上海律师业实现转型发展、增强整体竞争力不可回避的战略选择。在这里，我们谈国际化，主要包括两个方面，一方面是"请进来"，从适应上海建设"四个中心"要求的角度看，我们必须善于运用全球优质法律服务资源为"四个中心"建设提供支撑，因而进一步扩大法律服务市场对外开放是必要的；一方面是"走出去"，从为中国企业和资本"走出去"提供更优质的服务角度看，从提升本土律师业的国际化水平和竞争力角度看，必须逐步加快开拓涉外业务和进入国际法律服务市场的步伐。我们应该认识到，走出去不仅是一个空间概念或是一个物理距离的表述，其内涵是法律服务业服务于国家战略和实现自我发展的必然路径。中国律师的国际化之路需要积极参与规则的制定，需要优化法律服务供给侧在人力、资本、创新等方面的结构,需要文化的融合。上述工作要在强化法律涉外和专业领域的人才培养、律师事务所的内部架构和管理机制的调整、改善等方面的充分准备和支持,我感到,这些也是虹口区律师行业努力的方向,要牢牢抓住"一带一路"的机遇,不断延伸触角,顺势而为,勇于担当,成为"一带一路"建设的参与者与生力军。

强化政治担当　推进改革落地

编者按：深化司法行政改革是监狱工作新一轮创新发展的重大契机，是做好监狱工作必须坚持的重要遵循。当前，司法部明确把监狱体制改革纳入司法行政改革总体框架，改革步伐明显加快。作为第一批开展监狱体制改革试点的省市之一，近年来，上海监狱紧抓改革机遇，自觉融入司法行政改革大局大势，主动对接上级改革部署，争当改革的排头兵和创新的先行者；切实激发改革驱动力，深化监狱体制和制度改革，不断推动监狱工作内涵式发展；紧抓抓手性、牵引性、示范性项目，以重点突破带动整体推进，许多重点改革任务都取得了新进展、新突破、新成效。本期圆桌聚焦"强化政治担当 推进改革落地"主题，邀请有关嘉宾就深化司法行政改革背景下，分析研判全面深化监狱制度改革的形势任务，梳理总结上海监狱改革创新的脉络和经验，准确把握所处方位和改革方向进行研讨交流。

圆桌嘉宾：
姜海涛　司法部司法研究所（研究室）副所长（副主任）
宋　烈　上海市监狱管理局副局长
卜少华　上海市司法局监狱戒毒工作指导处处长
李　强　上海市监狱管理局政治部副主任、人事处处长
蒋　毅　上海市监狱管理局教育改造处处长
唐福良　上海市周浦监狱党委书记、监狱长
陈建华　上海市女子监狱党委书记、监狱长

《法苑》：司法行政体制是我国政治体制的重要组成部分，推进司法体制改革是落实依法治国基本方略的重大举措。党的十六大以来，我国先后进行了两轮司法体制改革，中国特色社会主义司法制度不断健全完善。司法行政改革作为时代所向，我们如何加以定位和理解？

姜海涛：从法律意义上讲，司法行政制度是指承担行政事务和政府管理的法律事务的综合行政法律制度，是国家政治制度和司法制度的重要组成部分，如何配置司法行政权是司法行政制度的一个重要准备。

纵观中华人民共和国成立以来60多年的历史，我国司法行政制度，既具有司法行政制度的一般性特征，同时随着时代的进步和形势的发展变化，职能在不断地转变。大致的发展变化分为几个时期，第一个时期是中华人民共和国成立初期，1959年的挫折停滞到1979年的恢复重建。第二个时期是改革开放到20世纪90年代，如果就从当下而言，结合现在的环境，我们也可以分成是司法行政执行和公共法律服务事务两类。从我国司法行政职能变化的特点来看，可以归纳为以下三点。

第一是反映了30多年来司法实践形成的重要制度成果。以律师制度发展为例，从1981年出台《中华人民共和国律师暂行条例》到1996年的《中华人民共和国律师法》出台，再到2016年中央出台《关于深化律师改革制度的意见》，已经形成了保障律师职业权利、健全律师管理制度、加强律师队伍建设、充分发挥律师在依法治国中的重要作用等一系列重要律师制度改革的举措。2016年4月出台《关于深化律师改革制度的意见》，律师的服务领域从传统的诉讼事务发展到非诉讼领域，从国内的业务发展到涉外的业务，可以说在全面推进依法治国的进程中，律师无处不在。

第二是反映了司法行政制度不断地向符合法治规律的方向来优化。以人民调解工作为例，随着目前人民法院逐渐回归到审判的本质，以人民调解为代表的多元纠纷化解机制的重要作用逐渐凸显出来。如今调解的功能已经从作为化解非诉矛盾基本手段延伸到参与民商事调解、行政调解，形成了多元纠纷解决的机制；调解的主体延伸到律师、公证员、专业法律工作者；调解的范围从普通的民间纠纷到交通、医疗卫生、劳动关系、家庭关系等相关的行业性专业性领域；调解的方式从注重说理到法理情理；调解的协议效果从仅具有法律约束力，到具有强制执行力。

第三是反映了进一步深化司法体制改革的必要性和紧迫性。中央高度重视司法体制改革，中央深改组和中央司改组领导小组多次听取司法部汇报，审议了7个司法行政改革文件，落实司法部牵头的改革任务15项，此外还有多项需多部门合作、司法部参与的改革任务。出台了行政改革文件86件，涉及司法行政系统各个领域，这期间监狱制度改革不断深化，戒毒工作不断推进，公共法律服务体系建设不断完善。司法部和各地司法行政机关在积极推动司法行政体制改革落实也取得了积极成效。

宋烈：历史和现实都证明，改革是出路，改革是动力，监狱工作只有置身改革大潮，才能把握机遇、接续发展。从历史进程看，我们国家的改革开放走过了近40年，始终沿着以人民为中心、以问题为导向的路径前行，在新的形势下，中央确立"四个全面"战略布局，全面深化改革的"四梁八柱"正拔地而起。从上海实践看，遵循中央精神改革探索，推进中央精神落地生根，践行着中央"改革开放排头兵、创新发展先行者"的定位，实现着"四个新作为"的期望。从政法领域看，2014年，中央深改组通过了关于司法体制改革试点若干问题的框架意见、上海市司法改革试点工作方案，上海作为首批试点地区，敢为人先、敢于碰硬，目前已经进入成效检验、复制推广的重要关头。当前，司法部明确把监狱体制改革纳入司法行政改革总体框架，将监狱制度改革深化作为重要内容，改革步伐明显加快。我们务必把握时代所向、形势所趋，坚持把改革作为发展驱动力和凝聚力。

上海监狱为什么改革？就是落实上海市委市政府要求争当排头兵、先行者的要求，落实市司法局要求始终走在全国前列的要求。监狱工作也不能落后，要走在前头。从上海监狱发展的历史看，就是一部改革的历史，只有不断适应新形势、面对新问题、拿出新办法，才能推动上海监狱走在全国前列。2003年，中央推进监狱体制改革，选择6个省份开展试点，上海没有在列。当时的上海市委市政府、市委政法委和市司法局领导感到，改革的迫切性和上海对深化改革的高点站位，要求我们必须主动请缨。所以我们积极和司法部沟通，争取了纳入"6+1"共计7个改革试点省份。当时上海是自费改革，市委市政府财政保障、全力支持。经过不懈努力，上海基本完成了监狱体制改革任务，实现"全额保障、监企分开、收支分开、规范运行"。我们从体制机制入手，在监企分开上做得很彻底，全局大多数企业都移交给地方。监狱体制改革使监狱刑罚执行职能和教育改造功能进一步纯化，警力更加集约，管理更加高效，保障更加有力，为近几年的发展创造了良好的条件。去年，我们根据市委市政府要求，推进行政机关所办企业清理规范工作，很快就能落实，这就是因为监狱体制改革打下的良好基础。还有监狱布局调整工作，上海是率先开展的。上海监狱在"九五"期间就已经明确提出布局调整，得到了司法部的认可。所以，司法部在"十五"期间要求在全国监狱系统推进布局调整。我们必须率先改革、不断深化改革，监狱工作才能不断取得进步。改革创新是上海监狱的优良传统，我们要始终紧盯、积极践行勇当排头兵、敢为先行者的目标要求，不拖上海发展的后腿，实现与上海发展同频共振。

卜少华：近年来，司法部和各级司法行政机关认真贯彻落实中央关于司法体制机制改革的重大决策和中央政法委的统一部署，积极推进司法行政体制改革。经过全系统上下的共同努力，中央确定的司法行政体制机制改革任务基本完成，一些影响和制约司法行政工作科学发展的问题已经或正在得到有效解决。司法行政职能不断强化，基层基础不断加强，保障水平不断提高，法律制度不断健全，司法行政工作在党和国家工作大局中发挥着越来越重要的职能作用，中国特色社会主义司法行政制度不断完善，为司法行政事业长远发展提供了有力保障。

就监狱工作而言，监狱体制改革已基本完成。2003年和2004年进行了监狱体制改革试点，确立了"全额保障、监企分开、收支分开、规范运行"的监狱体制改革目标，2008年在全国全面实行监狱体制改革。目前，全额保障基本实现，建立了以省级财政为主、中央财政转移支付为辅的经费保障体制；监企分开基本实现，建立了监狱党委统一领导下的监管改造和生产经营两套管理体系，明确了监狱企业为改造罪犯服务的性质，建立了监狱和监狱企业协调运行机制；收支分开基本实现，建立了监狱执法经费支出和监狱企业生产收入分开运行机制，实现了监狱和监狱企业财务分账核算和管理；规范运行制度体系初步形成，建立了以改造罪犯为目标、保障监狱工作规范运行的制度体系，有力促进了监狱刑罚执行和监管改造工作规范运行，公正、廉洁、文明、高效的新型监狱体制基本形成。

当前，改革已经进入深水区、攻坚期。司法行政工作发展中一些体制性、机制性、保障性障碍和问题还没有得到根本解决，深化改革的任务仍很繁重。十八届三中全会审议通过的《中共中央关于全面深化改革若干重大问题的决定》把司法行政体制改革放到全面深化改革的大局中来谋划，摆在党和国家事业全局中来部署，这是司法行政工作面临的前所未有的重大发展机遇。

《法苑》：党的十八大以来，以习近平同志为核心的党中央，领导和团结全党全国各族人民，开始了新时代的长征，当前就是以改革为主题的大时代。面对司法行政改革这个时代命题，我们如何破题、解题？

姜海涛：习近平总书记对司法体制改革作出的重要指示，进一步明确了深化司法体制改革的方向，是当前和今后一个时期司法体制改革、司法行政改革的行动指南。孟建柱同志对司法行政改革提出了明确要求，强调司法行政改革事关民生福祉，事关法治社会建设，事关社会公平正义。张军部长提出要坚持问题导向，坚持务实创新，推进司法行政改革各项任务落地落实。我认为，就改革具体推进来说，应当注意以下三点。

一是加强优化司法职权分配研究。党的十八届四中全会明确以优化司法职权配置为重点，建立四机关各司其职、四权力相互配合、相互制约的体制机制的司法职权配置模式，提出完善司法体制，统一刑罚执行，完善仲裁制度。如何落实中央这个决策？我们认为，有必要研究探索推动审执分离、侦羁分离试点，加强法学教育与统一法律职业资格制度的有效衔接，强化司法部对法学教育职能的指导管理，推动修改仲裁法，理顺仲裁管理体制。

二是明确责任落实。2017年以来，习近平总书记在中央深改组会议上多次发表重要讲话，每一次讲的主题都不同，三十三次会议提出主要负责同志抓好改革落实，三十四次会议次提出各地抓问责问效，三十五次会议提出要善始善终抓试点工作。司法部党组把深入贯彻习总书记在中央深改组会议上的重要讲话作为一项重要的政治任务，张军部长亲自抓落实、抓推进、抓督察，强调明确责任、狠抓整改、强化督察，确保改革取得实效。

三是完善督察机制。第一，司法部领导亲力亲为，几个月来，张军部长和各位部领导分别就相关工作深入部各司局、地方司法行政机关和基层单位开展调研，了解掌握第一手资料，推动改革落地，督导改革任务的落实。第二，坚持每月督察和专项督察。这项工作主要是由我们司改办和各相关司改任务单位来做。我们每月要下发督办通知，机关各司局也针对改革任务的落实情况，采取书面督察、单位自查、情况交流、会议通报等形式。督察主要内容是已出台文件的执行情况和未完成的改革任务的加紧落实。第三，开展实地督察，各单位落实党组要求，通过调研考察、召开座谈会、查阅资料、与有关部门交换意见等等督导改革落实。

宋烈：联系上海监狱工作，改革的新要求、形势的新变化和管理的新需要集中释放，考验着我们的承载力，我局党委鲜明地坚持"提升管理能级，坚定走内涵式发展道路"的主题，这与上海城市发展路径是完全吻合的，为监狱工作破瓶颈、补短板、抓管理、促提升指明了方向。内涵式发展区别于传统的增长方式，只有新的增长动力才能促进内涵式发展的逐步深化拓展。动力从何而来？只有从改革中来，从调整中来，从创新中来。

一是以调整挖潜，集约利用资源。放在上海城市发展的大背景下看，上海在建设用地总规模和开发强度双控的背景下，通过城市有机更新，促进城市"逆生长"（强调品质和活力），提升城市内涵。借用城市更新的概念，当监狱处于生长期时，增量建设是满足空间和功能需求的主要方式；当监狱进入成熟期时，设施更新就应成为满足空间和功能需求的主要方式。

二是以改革聚力，集聚发展动能。2016年我局党委出台了《关于深化监狱制度改革的若干意见》，近期又形成了对该文件的责任分工方案，进一步明确了目标、责任和进度。监狱工作坐而论道不如聚力攻关。

三是以创新蓄势，拓展发展空间。创新是引领发展的第一动力，比如司法部十三五科技创新规划提出从"数字化、网络化、平台化、智能化"四个方面加强监狱安防工作，推动监狱安全从人力密集型向科技密集型的转变。应当坚持以数据为核心的理念，按"可视的数据展示、标准的流程引擎、精确的数据管理"要求，适时改造现有的业务应用系统。还要以应用研究为先导，以项目建设为抓手，以体系完善为保障，推动形成信息化项目建设"技术成熟的实施一批，论证可行的储备一批，跟踪前沿的探索一批"的良性循环。

卜少华：新的形势下，如何以改革创新精神，推进司法行政工作走在全国前列，是摆在我们面前的重大课题。上海监狱改革作为司法行政改革的重要部分，要放眼大局、融入大局、服务大局。

一是做到全局和局部相协调，对接上级改革部署。习近平总书记提出，各级主要负责同志要自觉从全局高度谋划推进改革。对于我们来说，就是要紧抓改革机遇，主动对接上级改革部署。司法部非常重视司法行政改革，张军部长强调，要把司法行政改革任务落实作为政治任务、政治责任抓紧抓实抓好；要树立治本安全观，抓好改造工作；要通过深化改革，把监狱的中心工作聚焦到教育改造上来。目前，上海监狱系统已经与市教委、上海开放大学合作编制罪犯价值观教育的教材，完全符合司法部的要求。另外，司法部对完善统一的刑罚执行体制和改革刑事羁押执行体制也比较关注，这两项改革内容最近也在研究中，两项改革任务非常重，不止涉及监狱系统，还涉及其他政府部门。因此，摆在面前的任务很重。上海监狱要抓紧时间，紧跟司法部步伐，做到机构对接、项目对接、进度对接，争取在监狱体制改革上形成"上海经验"。

二是做到内部和外部相结合，融入上海城市发展。市第十一次党代会提出，要深入推进司法体制改革，着力提高司法公信力，把上海建成法治环境最好的城市之一。我们的司法行政工作要与上海的管理体系、工作体系结合起来，真正融入到政府管理体系中去。我们要将近期上级会议精神、领导指示要求结合起来，学深、学透、融会贯通。更重要的是，我们要把与司法行政工作有关的内容梳理出来，明确哪些是以我们为主的，哪些是我们参与配合的，沿着上海城市发展方向，结合上海司法行政"十三五"规划，对未来五年上海司法行政工作的目标任务再作一次准确定位，列出工作目标、具体举措、牵头领导、责任部门，明确推进时间表，做到上级有要求、我们有呼应，上级有部署、我们有落实。

三是做到渐进和突破相衔接，着力破解发展难题。从2003年起，上海全面深入开展监狱体制改革试点工作，在经费财政全额保障、监企分开、收支分开等方面都取得了显著成绩，为监狱回归主业奠定了坚实基础。2009年，提出要牢牢把握"警务"这一关键因素，推进上海监狱现代警务机制建设，大力推进两级管理体制改革和机制创新。近几年，上海监狱通过监狱制度改革，提升管理能级，推进内涵式发展，这就是一个渐进与突破并行的过程。

李强：近期，中央印发《关于新形势下加强政法队伍建设的意见》，特别注重队伍建设与司法体制改革的衔接协调，这对于我们抓好新时期司法行政队伍建设具有现实的指导意义。上海监狱也要以更加强烈的使命担当，主动对接人民警察管理制度改革，着力打造过硬的监狱人民警察队伍。

一是加强正规化建设，凝聚"想改革"的共识。深化司法体制改革尤其要加强队伍的正规化建设，还要坚持科学管理队伍。应当根据司法行政的性质、任务和工作特点，依据法律法规和规章制度，严格、统一、规范监狱警察队伍的组织管理、机构编制、职务序列、训练标准、纪律要求、职业保障，大力提升正规化建设水平，确保监狱干警队伍政治过硬、业务过硬、责任过硬、纪律过硬、作风过硬。

二是加强专业化建设，提高"善改革"的能力。要引入专业对口人才。人与岗位的最佳结合，才能发挥整个系统的最大效应。张军部长在谈到监管改造工作时讲，有些地方"欠缺心理矫治、社会学、教育学的人才，专业矫治的干警不够"。我们要进一步拓宽人才引进和专业引入路径，提高队伍的专业化水平。另外，还要提升专业履职能力，这方面监狱局党委主动而为，在教育培训体制、运行机制、教学改革、教育方法改进等方面也进行了许多的改革创新，取得了很好的效果。

三是加强职业化建设，增强"敢改革"的底气。

在培育职业精神上，要根据职业特点，逐步健全以忠诚、为民、担当、公正、廉洁为主要内容的政法职业道德准则，切实做到公正执法、严格执法。要不断加强职业价值引领，努力使广大干警养成坚定信念、恪守良知、理性公允的职业品格。在健全职业保障上，要落实好关于保护司法人员依法履行法定职责的规定，建立干警履职保护机制。

《法苑》：司法部将深化监狱体制改革纳入司法行政改革任务，要求从底线安全观向治本安全观转变，切实提高教育改造质量，要在改造罪犯成为守法公民上加大监管机制改革的工作力度。那么我们如何在确保安全稳定底线的基础上，用"更高水平"的理念、能力和作为，更好地维护城市的安全、有序、稳定？

蒋毅：张军部长在调研中指出，教育改造是监狱的本职，要把"不跑人"的底线安全观转变为向社会输出合格"产品"的治本安全观。市司法局陆卫东书记也强调"向教育改造要安全"。监狱怎么输出"合格产品"？这个命题历久弥新。我们要把教育改造作为社会主义监狱制度最为明显的特色，作为维护监狱本质安全最好的"心防"。方法我们认为就是"统筹"，做到要素的集中、资源的汇聚、方法的融合。

内容统筹上突出价值观改造，我们突出价值观教育核心，相应大纲、教材、课程已初成体系，下一步我们将打磨精品课程，把改造评估、矫治项目、认罪悔罪与回归社会串联起来，促进罪犯安心改造，引导用心赎罪。评估统筹上突出科学评估，我们的危险性评估纳入了部局试点，下步要将危险性、风险/需求、认罪悔罪、心理健康、改造质量评估贯穿起来，在信度效度、前后验证、因人施策上体现科学的矫治、专业的价值。空间统筹上突出三大现场，要强化劳动、监管等各项都要为教育改造服务的理念，在罪犯学习、生活、劳动"三大现场"的主阵地上，将惩罚、教育、劳动"三大矫治"融会贯通，这其中有很大空间。

其中，严管监区的探索、试点和推广就是一个很好的创新举措，下一步要逐步健全宽管、普管、严管相互衔接的梯度管理模式。此外，更要高度关注劳动改造，我们早就过了依靠罪犯劳动来保障监狱运作的阶段，这也是当年深化监狱体制改革的核心目标之一。下一步要探索构建以工时绩效为基础、贯穿劳动改造全程的数据分析评估系统，探索推进产学业一体化，为深化统筹"三种矫治"、引导罪犯回归社会提供支撑。资源统筹上突出汇聚开放，要打破板块、条线分割，将各种资源力量围绕改造人的中心任务来配置。更要学会"跳出大墙看社会"，教育的丰富资源在社会治理的广阔天地中，家庭支持、社会组织、专业力量，都是可资利用的资源，我们要把监狱特殊场所的独特资源禀赋优势亮出来，赢得社会的参与、支持与合作。

陈建华：2017年4月，司法部提出将深化监狱体制改革纳入司法行政改革，把教育改造作为监狱工作的中心任务，牢固树立"治本安全观"，确保改造功能真正发挥作用。如何以教育改造为中心，发挥惩罚矫治、劳动矫治、教育矫治在罪犯改造中的作用，实现"三种矫治"同频共振一体化发展，确保监狱的本质安全，是监狱今后一个时期必须认真思考和努力实践的重要课题。

治本安全观可理解为以教育改造为中心，以降低罪犯重新犯罪率为目标，通过对罪犯开展立体的、系统的、有针对性的矫治措施，将罪犯改造成为自食其力、远离犯罪的守法公民。因此，"三种矫治"同频共振、一体化发展的统筹推进，体现的就是以改造人为宗旨的方针，在实现治本安全观中将发挥重要作用。

一是惩罚矫治须坚持以教育为主导，重点关注于罪犯的感官，促使罪犯不敢为。惩罚矫治是通过以下六个方面，即对罪犯强制执行刑罚、限制人身自由、剥夺部分权利、强化行为训导、强制从事劳动、控制食品消费等手段重点作用于罪犯的感官，使其在感知、体验和思维中感受到刑罚所带来的痛苦、威慑和报应，实现路径效应。

但是，仅作用于罪犯感官没有教育主导的惩罚，其矫正效果是短暂的、自发的、盲目的。只有赋予规则、道德、法律等更多的教育改造要求，才能促使罪犯从内心深处敬畏法律、遵纪守法、远离犯罪，不敢重新违法犯罪。

二是劳动矫治须赋予更多的教育内容，重点关注回归社会的生存，促使罪犯不想为。劳动矫治是根据罪犯的不同特点和不同的改造阶段实施不同的强制劳动项目，改变罪犯好逸恶劳、好吃懒做、不劳而获的恶习，培育罪犯正确的劳动态度、劳动习惯、劳动能力、劳动技能、劳动责任。劳动矫治效果很大程度上取决于其所包含的教育内容和知识含量，教育内容越多、知识含量越大、劳动矫治的效果越好。只有将劳动矫治与教育矫治有效融合并赋予认罪悔罪、劳动责任、劳动纪律等更多的教育内容，重点关注罪犯回归生存，按照"社会有需求，监狱有条件，罪犯有兴趣"的思路，针对性地开展老年护理、餐厅服务、茶艺、插花、美容等适合女性特点的职业技能教育培训，促使罪犯回归社会后有一技之长，有谋生的手段，有劳动的习惯，有自立的资本，使劳动这一管理罪犯的主阵地，真正成为矫正罪犯恶习的助推器、成为改造罪犯效果的晴雨表、成为罪犯回归社会的重生路，达到不想重新违法犯罪的目的。

三是教育矫治须发挥惩罚和劳动的支撑作用，重点关注于罪犯的思想，促使罪犯不愿为。教育矫治是通过对罪犯价值观的重塑、法律法规的重构、核心文化的浸润、负性核心信念的调整、认知行为的矫正、文化艺术的矫正、心理健康教育、职业技术的培训、认罪悔罪言行、犯罪危害剖析等方式，促使罪犯控制自己的贪欲，认清犯罪的危害，真诚认罪悔罪，激发罪犯内心崇法、尽责、向善、卓越的力量。为发挥教育矫治的最大效果，须融合惩罚与劳动矫治，可以说没有惩罚的教育是不完整的教育，没有劳动的教育是空洞的说教，只有三者有效融合，才能促使罪犯破茧成蝶、重获新生、向上向善，不愿重新违法犯罪。

《法苑》：2014年，习近平总书记在调研全国司法行政工作时提出要"加强监狱内部管理"。当前，上海监狱体制改革任务基本完成，已进入深化监狱制度改革的新阶段，在转型发展的关键时期，我们如何用改革的方法破解监狱发展的难题，提升管理能级和监狱治理现代化水平，推进内涵式发展？

宋烈：科学管理是生产力，也是核心竞争力的体现。习近平总书记对监狱工作提出要"加强内部管理"，这要求我们要更加注重依靠内部管理机制的成熟和管理能力的提高。

一是锁定管理目标，实现"保安全"与"促发展"的有机统一。监狱的功能是惩罚和改造罪犯，确保安全和有效矫治是监狱的管理目标，这里面既有安全的目标，也有发展的目标。2017年是上海监狱的安全稳定年，各项工作坚守安全底线的责任将更为重大。监狱不能因强调僵化的"保安全"而故步自封，更不能以牺牲安全为代价去谋求片面的发展。

二是夯实管理基础，实现"规范化"到"标准化"的有效升级。我们讲标准化、信息化"双轮驱动"，从管理的角度理解标准化就是管理基础。只有规范化、流程化、制度化、标准化，管理的基础才会扎实稳固。

三是强化管理手段，实现"重建设"到"重统筹"的有力转变。如果标准化是管理基础，信息化就是管理手段。信息化是现代警务机制的突破口，也是内涵式发展的助推器。信息数据作为越用越增值的非消耗性资源，只有整合共享，才能实现价值最大化。按照司法部"前台一个窗口、后台一体运行"的要求，我们要进一步统筹整合安防系统以提高有效性，整合数据流与业务流以提高可用性，深化安全最后一公里的设计，完善监狱立体化、智能化的安防体系。无论是工程建设还是信息化建设，我们都要形成覆盖需求、论证、立项、建设、运维、评估、优化直至报废各环节的管理机制，由项目期为主转变为运营期为主的全生命模式，避免短期行为，克服重建轻管，要建、管、用相结合，真正做到管用、够用、实用、耐用。

唐福良：改革开放近40年，上海监狱一直在改革中前进，在前进中改革。站在"十三五"新起点，局党委顺应大势大局大背景，制定"深化监狱制度改革实施意见"，切中肯綮。周浦监狱作为"老监狱"，面对管理环境的变化，统一思想，抓住关键，激发动力，以"勇当排头兵，敢为先行者"的精神，不断提升监狱内部管理效能。

随着改革纵深推进，其所面临的难啃"硬骨头"，是壮士断腕的艰难，"愈艰难，就愈要做"，这是责任所在，使命所系。面对局党委"深化监狱制度改革"30项任务，监狱将围绕提升内部管理效能，重点抓好"三个突出三个转变"：一是突出以人为本，推进制度管人向文化育人转变。局党委1号文明确提出要坚持价值引领、塑造职业文化的新要求，周浦监狱曾有过辉煌的历史，留下了"团结、求实、拼搏、奉献"的光荣传统，以及"安全、有序、法治、社会化"的治监理念，深挖监狱历史的文化，就是一部责任奉献的文化。面对新时期队伍建设的新要求，我们将以"制度为硬件，文化为软件"，编制监狱文化建设规划，制定文化建设实施方案，倡导以责任奉献为引领的"责己以周、迎之以浦"①的核心价值，突出以人为本，激发动力活力，支撑起我们共同信念和美好追求，打造监狱责任文化的新名片。二是突出改造主业，推进底线安全向治本安全转变。局党委将健全罪犯价值观教育和深入推进罪犯评估体系建设，列入"深化监狱制度改革"的重点项目。周浦监狱承担着肺结核、老病残以及短期犯等多重收押功能，复杂的押犯结构与更高的矫治需求共存。我们必须坚持以教育改造为中心，倡导"精准评估+有效矫正"理念，实行罪犯科学分类，开展改造质量评估，研发实践矫正项目，进行精准靶向治疗。不断推进"四防"②底线安全观向社会输出合格"产品"的治本安全观转变，打造罪犯个别化矫治的新品牌。三是突出面向社会，推进以我为主向融合发展转变。周浦监狱作为"老监狱"，存在难以弥补的历史欠账，这也反过来说明监狱不融入社会改革，就寸步难行。

《法苑》：改革成败关键在人，中央印发《关于新形势下加强政法队伍建设的意见》，特别注重队伍建设与司法体制改革的衔接协调。上海监狱如何主动对接人民警察管理制度改革，打造过硬的监狱人民警察队伍？

陈建华：当前，随着人民警察管理制度改革逐步推进，《中华人民共和国人民警察法》正在修订，中央全面深化公安改革，上海作为综合试点地区加快推进，这都为我们提供了遵照和借鉴。作为人民警察队伍的重要组成部分，局党委牢牢把握"核心是人，重心在基层一线，关键是动力活力"，聚焦队伍、业务核心问题，出台1号文，并通过"1+6+16"制度体系的设计和落实，初步建立健全包含绩效评价、干警培养、价值引领、职业保障等在内的成长激励体系，努力实现"基层有活力、干警得实惠"，为改革全面落地做好无缝对接。这对基层监狱而言是一个很好的机遇。特别是作为1号文系列举措的"当头炮"，深化两级管理和干警绩效考核正有序推进，当前积极效应逐步显现。下步监狱要注重"导向+管理"，"加分体现导向，扣分体现管理"；要注重"三做一优"，强基层打基础；要搭更多平台、架更多阶梯，引导干警从按部就班到弯道超车，打破职业发展"天花板"和平均主义"大锅饭"，实现"我的未来我做主"；要彰显干警职业荣誉，用荣誉退休、荣誉仪式等打造每个干警的高光时刻，提振监狱形象和干警职业自信。

---

① "责己以周"出自韩愈《原毁》，意为对自己要求应全面严格，像古之君子的修养永不懈怠。"迎之以浦"出自《国语·晋语四》，意为对教育他人应因势利导，像汇注大河的川流永不停息。
② 四防：人防、物防、技防、联防。

李强：2016年以来，上海监狱以"个人融入制度中，个人融入集体中，个人融入管理中，个人融入事业中"为价值导向，初步形成关于干警绩效考核及职业量化评定的设计思路、改革框架和推进路径，并用实践效果检验设计成果。

一是全面突出绩效导向，让个人融入制度中。绩效考核一定要突出"绩"和"效"。"绩"就是干了什么，"效"就是干得怎么样、干得好不好。因此，我们在原来只考核岗位履职情况的基础上，引入了履职效能测评概念，对干警工作状态、工作作风和工作完成质量情况综合评价。同时，设定奖分和扣分清单，为全局干警考核设定了"一把尺"，干警工作的成效指标可以像生理指标一样去看、去量、去对比。

二是全面凸显干警主体地位，让个人融入集体中。干警工作在集体中、成长在集体中，因此对干警工作的评价不能光"由领导说了算或少数人说了算"，必须置于集体中才更有说服力。干警直接参与到考核小组中，通过选举的形式，让干警选出大家信得过的代表作为考核小组成员，全程参与、监督考核工作。

三是全程倒逼日常管理，让个人融入管理中。绩效考核由原来的月考核变为季度考核，考核频次减少了，但通过奖扣分的导向性作用，管理的要求却提高了。一方面，通过扣分倒逼日常管理。主管领导日常检查、季度点评、考核小组集体讨论必须由客观事实说了算。干警个人述职"亮相"必须实事求是，有一说一。阳光考核、全警参与，让那些平时不作为、乱作为的干警彻底戴上了"紧箍咒"。另一方面，通过建立奖分清单，凸显目标导向。将重点、难点、创新性工作列入奖分清单，建立起具体任务、个人目标与组织目标三者之间的桥梁，引导干警为实现组织目标和个人目标而积极工作。

四是全景展示履职状态，让个人融入事业中。建立健全以绩效为导向的日常考核管理只是改革的"小目标"，而我们的最终目的是建立干警职业发展量化评定体系，这才是重点。以绩效考核为起点和基础，我们探索建立了量化评估为方法，合理设定各要素分值权重，按年度计分，逐年累积，体现绩效为先、兼顾辛劳和苦劳，反映干警履职效果、职业贡献、能力素养等的量化评定体系。通过季度绩效考核累积为年度考核结果，转换为相应分值，与干警的工龄分、任职分、奖励分形成四位一体全局统一的职业生涯评估平台。对干警来讲，最直观的感受就是有了职业发展的定位和坐标。应用到职级晋升中，最明显的变化就是改变了以前论资排辈，工龄一到就晋升的做法。在2017年非领导职务晋升当中，符合"换挡超车"提前晋升条件的就有百余人，基层干警活力进一步激发。

后 记

新时代，带来发展新要求、新课题。司法行政事关民生福祉、事关社会公平正义、事关社会安全稳定。在全面建设小康社会的征途上，今天的司法行政面临着更为严苛的审视，承载着更加厚重的期盼，面对种种躲不开、绕不过的新命题，更需要时不我待的紧迫感、继往开来的使命感。

民之所望、政之所向。人民对美好生活的向往就是我们的奋斗目标。2017年，上海司法行政始终秉持公平正义的核心价值追求，围绕人民群众对民主、法治、公平、正义、安全等方面的新需求，加快推进公共法律服务体系建设，满足人民群众更深、更广、更高层次、更加便捷的法律服务需求。这一年，"12348"上海法网正式上线，16个区公共法律服务中心全部建成，"12348"公共法律服务热线完成扩容升级，为公众提供全方位、多层次公共法律服务；上海东方域外法律查明服务中心正式揭牌，积极为中外企业提供域外法律查明服务；6个公证处试点开展办理公证"最多跑一次"，努力将"让群众少跑路"的理念贯穿到服务的各个层面；大力推进专业人民调解中心建设，实现一门式受理，为老百姓理性解决纠纷提供便利；完善法律援助值班律师制度，大力推进刑事案件律师辩护全覆盖，努力维护困难群众的合法权益。

改革只有进行时，没有完成时。这也正是党中央强调"改革在路上"，号召改革再出发的历史场景所在。2017年是上海司法行政改革全面加速推进、奋起直追的一年。这一年，我们加强组织领导，成立上海市司法局司法行政改革领导小组及其办公室，组建专班，加强对改革的组织领导和统筹协调，全力推进上海司法行政改革，确保司法行政改革有组织地推进。这一年，我们加强顶层设计，精准对接上级精神和要求、精准对接社会治理创新、精准对接上海发展需要，认真研究起草本市贯彻落实《司法部关于加快推进司法行政改革的意见（送审稿）》的实施意见，初步拟定140多项具体改革举措，确保司法行政改革有系统地推进。这一年，我们强化责任落实，狠抓张军部长对上海提出的六项改革任务、司法部105个改革文件的落实，确保司法行政改革工作有重点地推进。

时代是思想之母，实践是理论之源。加强调查研究是一种根本的、生动深刻的党性锻炼。2017年也是上海司法行政研究工作奋发有为、继往开来的一年。我们坚持国际视野和前瞻思维，紧盯理论发展前沿，把握改革发展脉搏，与实务部门和高校密切联系、倾力攻关重点课题项目、协同创新，努力打造司法行政研究理论高地。我们举办培训班，开展第一次论文征集大赛、组织开展专项写作辅导培训，努力培养实践需要的司法行政研究实务人才，提升上海司法行政系统研究能力和水平，努力打造上海司法行政研究人才高地。我们大力提升研究成果的科学性和转化率，提升决策咨询的针对性和可操作性，为上海司法行政改革实践提供充分的智力支持，积极为党委提供一批有分量的政策建议，努力打造上海司法行政研究服务高地。我们坚持以问题为导向，不断创新工作思路和工作方法，搭建平台，充分展示司法行政研究和实践的最新成果，将司法行政改革的"上海经验"推向全国，同时，充分借鉴学习国际研究和实践的先进经验，提升上海司法行政的竞争力和公信力，努力打造上海司法行政研究成果高地。一年来，《法苑（上海司法行政研究）》成果丰富，关注度、影响力也在不断提升。

2017年《法苑（上海司法行政研究）》全年共刊出各类文章66篇，是上海司法行政研究工作阶段性成果的集中代表。这里摘选其中的26篇结集成册并公开出版。在此，真诚地向一直以来关注、支持上海司法行政研究工作的司法部办公厅、司法研究所（研究室）、市委政法委研究室、上海市法学会，以及一直给予关心支持的法学高校、研究机构及兄弟省市司法厅（局）研究部门表示衷心感谢！向始终关注司法行政工作改革发展并积极投身研究工作的各位作者、编者表示衷心感谢！

不忘初心、牢记使命、永远奋斗——这是共产党人永葆青春活力的秘诀，也是一个肩负历史重托的政党对人民的承诺。进入新时代，前景十分光明，挑战也十分严峻。"惟希望也，故进取；惟进取也，故日新"，只有以永不懈怠的精神状态和一往无前的奋斗姿态，朝着实现中国梦的宏伟目标奋勇前进，才能攻坚克难、闯关夺隘，奋力开创新局面。遥遥新征程，孜孜求索路。《法苑（上海司法行政研究）》将一如既往地在新的一轮上海司法行政改革发展中默默耕耘，孜孜以求，也期待您的参与和呵护！

编　者
2018年1月，建国西路648号上海司法行政大楼